山东省革命文物图文大系

山东博物馆　编著

科学出版社
北京

图书在版编目(CIP)数据

山东省革命文物图文大系：全十卷 / 山东博物馆编著. -- 北京：科学出版社, 2024. 12. -- ISBN 978-7-03-080020-6

Ⅰ. K871.62

中国国家版本馆CIP数据核字第2024SC9750号

责任编辑：张亚娜　樊　鑫 / 责任校对：张亚丹
责任印制：张　伟 / 书籍设计：北京美光设计制版有限公司

科学出版社 出版
北京东黄城根北街16号
邮政编码：100717
http://www.sciencep.com
北京华联印刷有限公司印刷
科学出版社发行　各地新华书店经销
*
2024年12月第　一　版　开本：889 × 1194　1/16
2024年12月第一次印刷　印张：123 3/4
字数：2 600 000

定价：3680.00元（全十卷）

（如有印装质量问题，我社负责调换）

分卷主编

第一卷	孙艳丽		第二卷	孙艳丽	贾依雪
第三卷	李 娉	贾依雪	第四卷	杨秋雨	
第五卷	杨秋雨	仪明源	第六卷	仪明源	于秋洁
第七卷	刘 宁	张小松	第八卷	刘 宁	怀培安
第九卷	怀培安	李 娉	第十卷	张小松	

撰写团队（按姓氏笔画排序）

卜 鑫	于佳鑫	于法霖	于秋洁	于颖欣	万本善	马 军	马 静	马天成
马克凡	王 美	王 浩	王 晶	王 鹏	王 睿	王小羽	王之信	王之谦
王丹青	王文红	王文博	王平云	王亚敏	王丽媛	王凯强	王思涵	王晓妮
王婀娜	王培栋	车 悦	毛洪东	孔凡胜	卢绪乐	仪明源	冯明科	宁志刚
毕晓乐	曲 菲	吕 健	吕其林	任 伟	任维娜	庄 倩	刘 宁	刘 畅
刘 凯	刘 婧	刘长艳	刘军华	刘丽丽	刘树松	刘剑钊	刘逸忱	江海滨
许 哲	许文迪	许盟刚	孙 佳	孙 颖	孙全利	孙利堂	孙纬陶	孙艳丽
苏 琪	苏力为	杜晨英	李 波	李 娉	李 媛	李 婷	李兴栋	李克松
李国盛	李寅初	李博文	李晶晶	李景法	李献礼	杨 坤	杨 昊	杨 燕
杨立民	杨亚昱	杨秋雨	杨靖楠	吴 昊	谷 淼	怀培安	宋 松	宋卓远
张 丹	张 卡	张 军	张 媛	张 璐	张小松	张世林	张有才	张秀民
张美玲	张晓文	张海燕	张淑敏	陈 晓	陈 鹏	陈孟继	林立东	昌筱敏
罗 琦	罗永华	周 宁	周光涛	周兴文	郑学富	郑德平	官春磊	项 项
赵 金	赵文彬	赵均茹	赵皎琪	赵蓓蓓	郝明安	胡可佳	姜羽轩	姜晴雯
姚 超	姚焕军	袁晓梅	聂惠哲	贾庆霞	贾依雪	贾婧恩	夏 敏	徐 艳
徐 静	徐 磊	徐晓方	徐赛凤	高丽娟	唐铭涓	黄巧梅	黄祖文	崔 强
崔萌萌	康甲胜	阎 虹	梁连江	梁新雅	董 艺	董倩倩	韩晓燕	焦玉星
赖大邃	雷 茜	蔡亚红	蔡运华	蔡言顺	薛喜来	穆允军	穆红梅	

学术顾问

邱从强　张艳芳　郑宁波　徐 畅　崔华杰

审校

李 娉　孙艳丽　怀培安　贾依雪

文物摄影

阮 浩　周 坤　赵蓓蓓　蔡启华

参加单位

★ 省直单位

山东博物馆

中共山东省委党校（山东行政学院）图书和文化馆

山东省档案馆

山东省图书馆

孔子博物馆

山东大学图书馆

★ 济南市

济南市博物馆

济南市章丘区博物馆

济南市济阳区博物馆

济南革命烈士陵园（济南战役纪念馆）

济南市莱芜区博物馆

中共山东早期历史纪念馆

★ 青岛市

青岛市博物馆

青岛海关博物馆

青岛道路交通博物馆

青岛市黄岛区博物馆

青岛市即墨区博物馆

青岛市即墨区烈士陵园

青岛市档案馆

青岛市革命烈士纪念馆

中共青岛党史纪念馆

中国人民解放军海军博物馆

莱西市博物馆

黄岛烈士陵园纪念馆

平度市博物馆

平度市烈士陵园

胶州烈士纪念馆

★ 淄博市

淄博市博物馆

淄博市焦裕禄纪念馆

淄博煤矿博物馆

黑铁山抗日武装起义纪念馆

淄博市公安局

桓台博物馆

高青县革命历史纪念馆

沂源博物馆

沂源县革命烈士陵园（革命历史纪念馆）

★ 枣庄市

枣庄市博物馆

铁道游击队纪念馆

台儿庄区贺敬之文学馆

台儿庄革命烈士陵园（战史陈列馆）

★ 东营市

东营市历史博物馆

中共刘集支部旧址纪念馆

东营市垦利区博物馆（含渤海垦区革命纪念馆）

★ 烟台市

烟台市博物馆

烟台北极星钟表文化博物馆

莱州市博物馆

龙口市博物馆

招远市博物馆

烟台市牟平区博物馆

烟台市蓬莱区烈士陵园管理处

地雷战纪念馆

栖霞市牟氏庄园管理服务中心

★ 潍坊市

潍坊市博物馆

潍坊市寒亭区博物馆

昌邑市博物馆

安丘市博物馆

潍坊市革命烈士陵园管理处

青州市博物馆

寿光市博物馆

潍县西方侨民集中营旧址博物馆

★ 济宁市

邹城博物馆

嘉祥县烈士陵园烈士纪念馆

金乡县文物保护中心

梁山县烈士陵园管理服务中心

★ 泰安市

泰安市博物馆

中共东平县工委纪念馆

肥城市档案馆

新泰市博物馆

泰安徂徕山抗日武装起义博物馆

东平县博物馆

新泰市档案馆

★ 威海市

中国甲午战争博物院

威海市博物馆

天福山起义纪念馆

乳山市文物保护中心

★ 日照市

日照市岚山区博物馆

莒州博物馆

日照市抗日战争纪念馆

五莲县博物馆

★临沂市

临沂市博物馆
山东省政府和八路军115师司令部旧址
大青山胜利突围纪念馆
华东野战军总部旧址暨新四军军部旧址纪念馆
沂水县博物馆
沂水县云头峪村《大众日报》创刊地纪念馆
沂水县中共中央山东分局旧址
沂蒙红嫂纪念馆
沂蒙革命纪念馆
莒南县博物馆
孟良崮战役纪念馆
平邑县博物馆
鲁南革命烈士陵园

★德州市

德州市博物馆
冀鲁边区革命纪念馆

★聊城市

孔繁森同志纪念馆
聊城中国运河文化博物馆
聊城市茌平区博物馆
聊城市茌平区档案馆
东阿县文物事业发展中心
东阿县文物管理所
运东地委革命纪念馆
临清市档案馆

★滨州市

滨州市博物馆
邹平市文物保护中心（邹平市博物馆）
滨州市滨城区文物保护修复中心（滨州市滨城区博物馆）
渤海革命老区纪念园
博兴县博物馆
阳信县博物馆

★菏泽市

菏泽市博物馆
菏泽市烈士陵园（菏泽市抗日纪念馆）
菏泽市定陶区博物馆
菏泽市定陶区档案馆
菏泽市定陶区烈士陵园
东明县博物馆（东明县文物保护中心）
巨野县博物馆
郓城县博物馆
中国鲁锦博物馆
冀鲁豫边区革命纪念馆
单县档案馆
曹县档案馆
成武县烈士陵园
成武县档案馆
鄄城县档案馆

山东省
革命文物
图文大系

第九卷

怀培安
李　娉　主编

命运决战

解放战争时期

（下）

科学出版社
北京

前言

解放战争期间，山东解放区颁布了一系列政策，推动了农业、工业、商业生产的恢复与发展。山东党政军民团结一心，各方面建设取得了很大成绩。作为北上南下的战略枢纽，山东是解放战争的主要战场和华东战场的重要战略基地，是中国人民解放军华东野战军的主要作战地区和后方。解放战争在山东战场持续了3年零3个月，最终以长山岛战役胜利为标志，山东全境获得解放。在新民主主义文艺思想的指导下，以“民族的、科学的、大众的”为指引的解放区文化运动蓬勃发展。本卷以党政文献、书籍报刊、奖状锦旗等各类文物，从财经保障、城市接管、反攻作战和文化战线等方面，充分展现山东解放区的时代风貌和山东人民为全中国解放所作出的巨大贡献。

目 录

第一章

财政建设 经济保障

第二章

城市接管 统筹后方

第三章
全境解放 光耀千秋

第一章

财政建设 经济保障

抗日战争胜利后，山东解放区面临着人力、物力、财力的亏空和大量难民返乡、土地荒芜、工业设施破坏严重等一系列困难。解决这些困难的根本办法，就是尽快恢复和发展生产，使人民群众安居乐业，为解放战争的胜利打下物质基础。这一时期，山东解放区出台了一系列政策，推动农业、工业、商业生产的恢复与发展。反映山东解放区促进经济恢复发展的政策文献、章程、票据等，涵盖了金融、财税、海关等各个领域。

《华北人民政府关于农业税土地亩数及常年应产量订定标准的规定》

1948年
山东博物馆藏

华北人民政府为统一全区土地亩数及常年应产量之评定登记，平衡全区人民负担，发布《华北人民政府关于农业税土地亩数及常年应产量订定标准的规定》，规定了土地产量与“常年应产量”的订定，种植作物的计算，果树、山货、桑园、竹园等常年平均产量的评定标准，土地常年应产量的订定标准等内容。

“常年应产量”为农业税的征税依据。“常年应产量”的订定，根据土地自然条件并参照当地近年一般农户经营概况在当地一般年头下的收获为标准。种植作物的计算，根据种植季数、粮食折合率、特种作物等有不同的计算标准。果树、山货、桑园、竹园等常年平均产量，应依丰收、歉收、挂枝、歇枝等情况和几年的平均数确定，并应按出卖季节的一般市价折五成计算。按常年产量征税，因勤劳耕作、改善经营而增产的不增税；因怠于耕作、不善经营而减产的也不减税，有利于鼓励先进，鞭策后进，促进农业生产的发展。

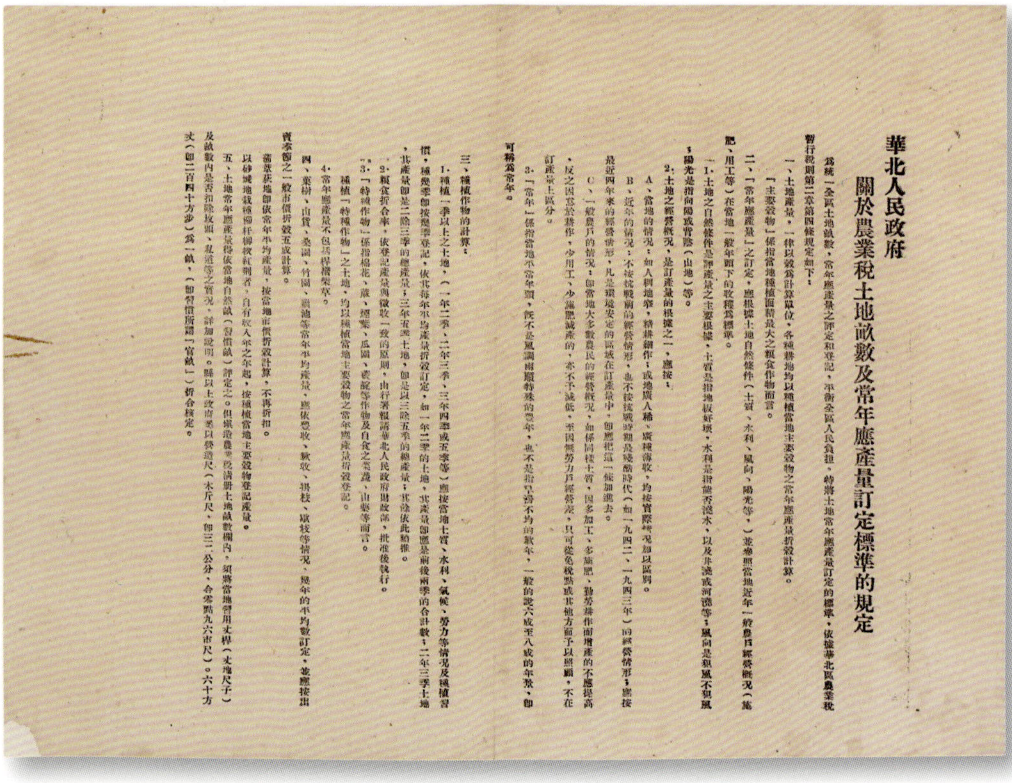

華北人民政府
關於農業稅土地畝數及常年應產量訂定標準的規定

為統一全區土地畝數，常年應產量之評定和登記，平衡全區人民負担，特將土地常年應產量訂定的標準，依據華北區農業稅暫行稅則第二章第四條規定如下：

一、土地產量，一律以穀為計算單位，各種耕地均以種植當地主要穀物之常年應產量折穀計算。

「主要穀物」係指當地種植面積最大之糧食作物而言。

二、「常年應產量」之訂定，應根據土地自然條件（土質、水利、風向、陽光等，）並參照當地近年一般農戶經營概況（施肥、用工等）在當地一般年頭下的收穫為標準。

1．土地之自然條件是評產量之主要根據，土質是指地板好壞，水利是指能否澆水，以及非澆或河澇等；風向是犯風不犯風；陽光是指向陽或背陰（山地）等。

2．土地之經營概況，是訂產量的根據之一，應按：

A、當地的情況：如人稠地窄，精耕細作；或地廣人稀，廣種薄收，均按實際情況加以區別。

B、近年的情況：不按抗戰前的經營情形，也不按抗戰時期最殘酷時代（如一九四二、一九四三年）的經營情形；應按最近四年來的經營情形，凡是環境安定的區域在訂產量中，即應把這一條加進去。

C、一般農戶的情況：即當地大多數農民的經營概況，如係同樣土質，因多加工、多施肥、勤勞耕作而增產的不應提高，反之因怠於耕作，少用工、少施肥減產的，亦不予減低，至因無勞力戶經營差，只可從免稅點或其他方面予以照顧，不在訂產量上區分。

3．「常年」係指當地平常年頭，既不是風調雨順特殊的豐年，也不是指旱澇不均的歉年，一般的說六成至八成的年景，即可稱為常年。

三、種植作物的計算：

1．種植一季以上之土地，（一年二季、二年三季、三年四季或五季等）應按當地土質、水利、氣候、勞力等情況及種植習慣，種幾季即按幾季登記，依其每年平均產量折穀訂定，如一年二季的土地，其產量即應是前後兩季的合計數；二年三季土地，其產量即是二除三季的總產量；三年五季土地，即是以三除五季的總產量；其餘依此類推。

2．糧食折合率，依登記產量與徵收一致的原則，由行署報請華北人民政府財政部，批准後執行。

3．「特種作物」係指棉花、蔴、煙葉、瓜園、藍靛等作物及自食之菜蔬、山藥等而言。

種植「特種作物」之土地，均以種植當地主要穀物之常年應產量折穀登記。

4．常年應產量不包括稈楷柴草。

四、棗樹、山貨、桑園、竹園、葦池等常年平均產量，應依豐收、歉收、掛枝、歇枝等情況，幾年的平均數訂定，並應按出賣季節之一般市價折穀五成計算。

蒲葦荻地即依常年平均產量，按當地市價折穀計算，不再折扣。

以砂城地栽種柳杆柳枝紅荊者，自有收入年之年起，按種植當地主要穀物登記產量。

五、土地常年應產量得依當地自然畝（習慣畝）評定之。但填造農業稅清冊土地畝數欄內，須將當地習用丈桿（丈地尺子）及畝數內是否扣除坟頭、私道等之實況，詳細說明。縣以上政府要以營造尺（木匠尺，即三二公分，合零點九六市尺）。六十方丈（即二百四十方步）為一畝，（即習慣所謂「官畝」）折合核定。

山东解放区各区、局海关工作报告

1947—1949年
青岛海关博物馆藏

1947年至1949年烟台东海关、石岛分关、龙口分关、南海工商局、北海工商局、乳山工商局、俚岛事务所、羊角沟事务所、金山港事务所上报的关税工作总结、审核工作总结等共11种，见证了中华人民共和国成立前人民海关关税与统计制度的建立和发展。

抗日战争结束后，山东各大解放区陆续建立起人民海关，并先后在胶东行署、山东省政府工商总局、华东财办工商部设立关务科（始称关税科）统一管理协调解放区海关业务工作，要求各口岸海关定期上报工作总结和关税、缉私等业务数据报表。1948年4月1日，山东省工商总局制定了《海口进出口货物统计的相关规定》，对各解放区海关统计工作规定统一格式和要求。年底，华东财办又制定了《山东解放区进出口统计工作制度》，在各海关统一实施。各解放区海关的统计工作得以逐步完善。

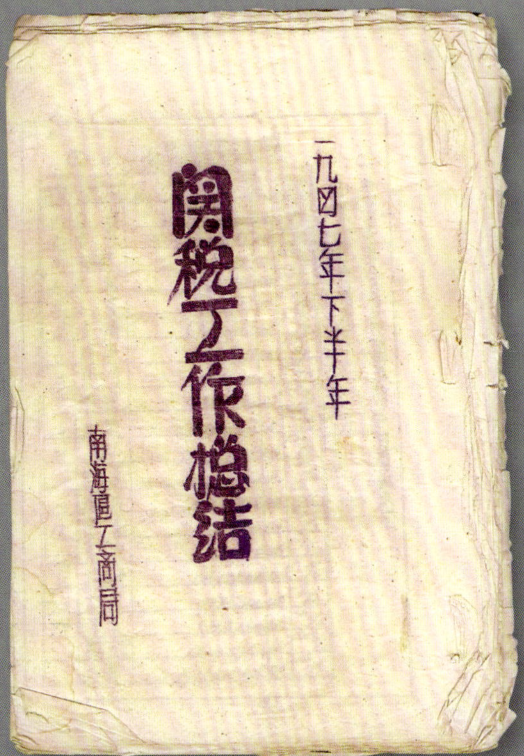

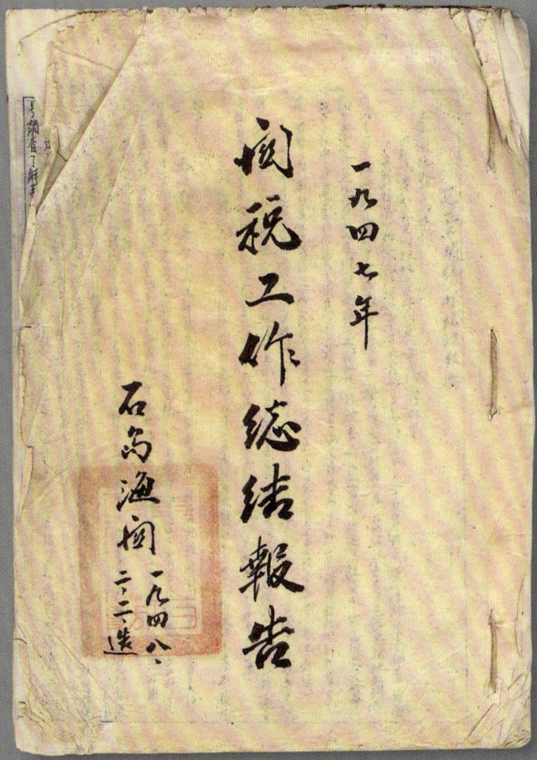

解放区东海关报告结关手续简明程序

1946年
青岛海关博物馆藏

青岛东海关报告结关手续简明程序，具体内容如下：“遵奉胶东区工商管理局决定关字第四号之指示，经具体研究，特规定船只货物进出口报关结关手续简明程序，现缮具一份送呈鉴核备案，谨呈烟台市工商管理局，转呈胶东区工商管理局，附呈船只货物进出口报关结关手续简明程序一份。东海关海关长贾振之，中华民国三十五年五月十五。”

1945年8月24日烟台解放，烟台市民主政府委派贾振之、张学礼、任西、张威伦、张超等干部接管东海关，贾振之任东海关关长。作为中国共产党领导下的第一个人民海关，东海关培养并选派了大批优秀海关干部随军南下，在艰苦复杂的新区开展海关工作，为中华人民共和国海关事业的建立和发展作出了表率，赢得了“中华人民共和国海关干部的摇篮”的美誉。1949年2月，解放区大军南下渡江前夕，渤海、滨海、胶东等各地海关抽调大批海关干部，编成500余人的华东财办海关南下大队，由贾振之、阮增余任正副大队长，随军南进。1949年上海解放后，贾振之作为军代表接管江海关，后任江海关代理关长、上海海关关长。

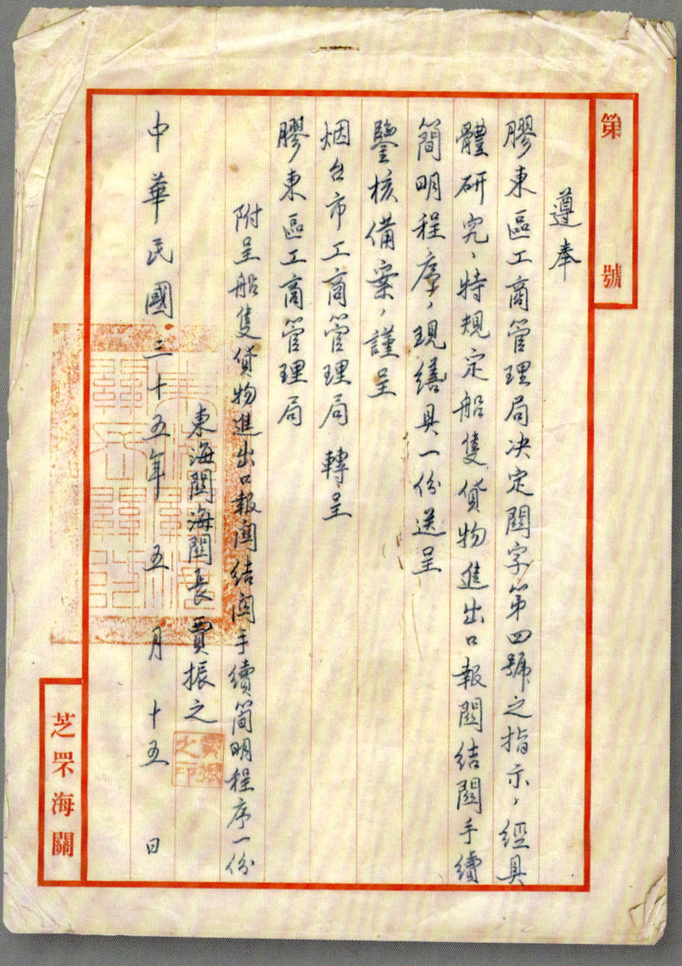
第 號
遵奉
膠東區工商管理局決定關字第四號之指示，經具體研究，特規定船隻貨物進出口報關結關手續簡明程序，現繕具一份送呈
鑒核備案，謹呈
烟台市工商管理局 轉呈
膠東區工商管理局
附呈船隻貨物進出口報關結關手續簡明程序一份
東海關海關長 賈振之
中華民國三十五年五月十五日
芝罘海關

东海关税务司公署旧址（位于今山东省烟台市芝罘区顺泰街13号）

1863年3月23日，东海关第一任税务司英国人汉南来烟台，修建东海关税务司公署。此署是烟台辟为商埠后丧失关税自主权的历史见证。公署内主体建筑是中西合璧的二层楼房，占地7.85亩，主楼16间，呈东西向，楼下东西两门有门廊，廊上有平台，楼下为东海关税务司署验货征税处，其东南处一间为“北方巡工司办公室”。楼上为税务司、检察长、税务司帮办等高级职员办公室。光绪二年（1876年）九月十三日，北洋大臣李鸿章与英国公使威妥玛在此签订《烟台条约》。主楼西门南北两侧各有平房四间，北侧平房西檐下建有木质廊厦，为报关处（现已改建），南侧平房为职工宿舍，主楼向西30米有拱形大门，为东海关税务司公署正门（已拆毁）。正门前有验货场及仓库、码头、货栈等。1987年确定为市级重点文物保护单位。2006年，东海关税务司公署旧址作为烟台山近代建筑群组成部分，被国务院公布为第六批全国重点文物保护单位。

华东财办翻印《华北财政经济会议决定》

1948年
山东博物馆藏

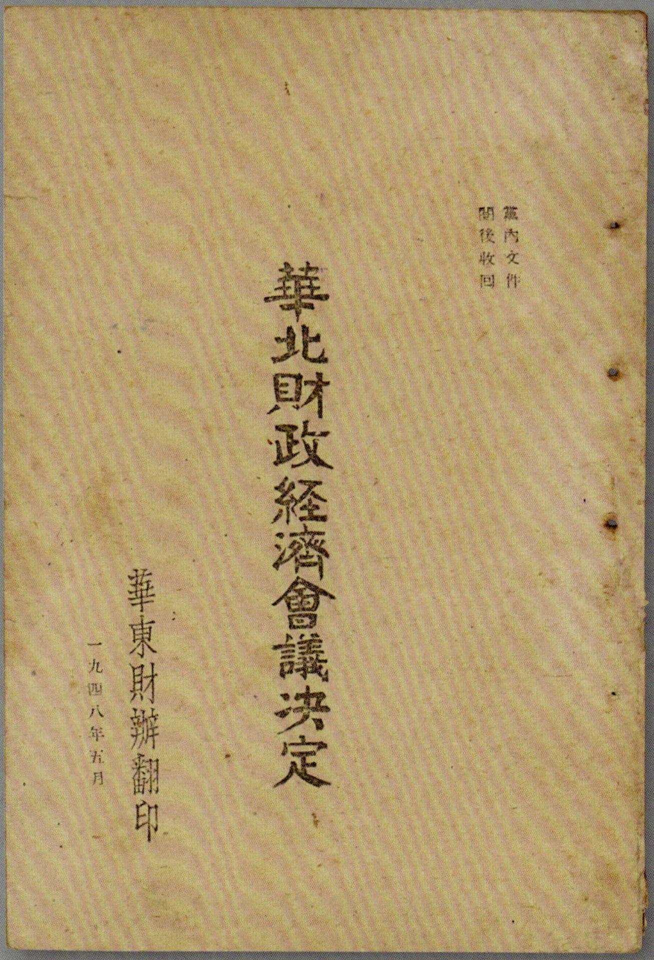

铅印。为贯彻中共中央“动员一切力量，全力准备反攻”的指示，1947年3月25日，华北财经会议在晋冀鲁豫边区机关驻地邯郸武安正式召开。出席会议的有晋冀鲁豫、晋察冀、晋绥、陕甘宁等各解放区代表17人，列席代表38人。

华北财经会议历时月余，出版了《华北财政经济会议决定》（简称《决定》）。《决定》分析了战争形势，总结了过去经验，研究了当前中心工作，作出了九条决定：一是经济建设必须奖励根据地产品，抵制美蒋货，加强对敌经济斗争，实行贸易保护政策；二是目前财政工作的首要任务是集中一切力量，保障战争供给；三是实行精兵简政，首先精简

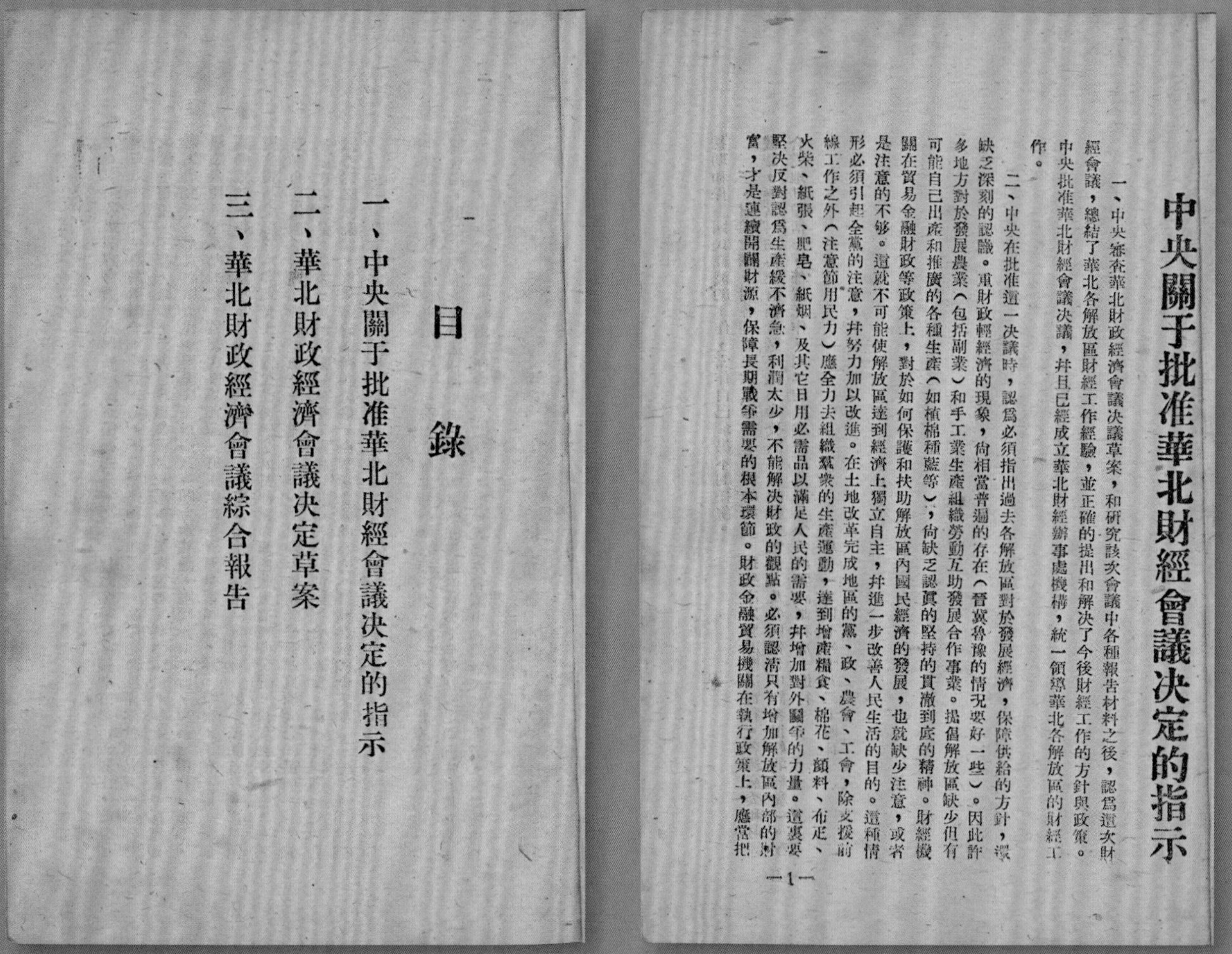

目錄

中央關于批准華北財經會議決定的指示

一、中央審査華北財政經濟會議決議草案，和研究該次會議中各種報告材料之後，認爲這次財經會議，總結了華北各解放區財經工作經驗，並正確的提出和解決了今後財經工作的方針與政策。中央批准華北財經會議決議，并且已經成立華北財經辦事處機構，統一領導華北各解放區的財經工作。

二、中央在批准這一決議時，認爲必須指出過去各解放區對於發展經濟，保障供給的方針，還缺乏深刻的認識。重財政輕經濟的現象，尚相當普遍的存在（晋冀魯豫的情况要好一些）。因此許多地方對於發展農業（包括副業）和手工業生產組織勞動互助發展合作事業。提倡解放區缺少但有可能自已出產和推廣的各種生產（如植棉種藍等），尚缺乏認眞的堅持的貫澈到底的精神。財經機關在貿易金融財政等政策上，對於如何保護和扶助解放區內國民經濟的發展，也就缺少注意，或者是注意的不够。這就不可能使解放區達到經濟上獨立自主，并進一步改善人民生活的目的。這種情形必須引起全黨的注意，并努力加以改進。在土地改革完成地區的黨、政、農會、工會，除支援前線工作之外（注意節用民力）應全力去組織羣衆的生產運動，達到增產糧食、棉花、顏料、布疋、火柴、紙張、肥皂、紙烟、及其它日用必需品以滿足人民的需要，并增加對外鬭爭的力量。這裏要堅決反對認爲生產緩不濟急，利潤太少，不能解決財政的觀點。必須認淸只有增加解放區內部的財富，才是連續開闢財源，保障長期戰爭需要的根本環節。財政金融貿易機關在執行政策上，應當把

—1—

地方机关人员，充实部队；四是扩大财源、取之于民，改进公粮税收工作，增加财政收入；五是整理村财政；六是调整战勤；七是贸易和金融货币工作要为发展生产服务，贸易工作的主要任务是对外争取有利交换；八是由于交通运输困难，南下作战部队的粮食等供给，主要依靠战争缴获和就地筹措，不应单纯依靠后方补给；九是组织领导，集中成立财经机关。华北财经工作会议讨论决定成立华北财经办事处，董必武任办事处主任，统一管理华北财政经济。华北财经会议的召开，统一了华北各解放区财经政策，从而有效地调动了一切力量，全力支援战略反攻，为夺取解放战争的最后胜利提供保障。

胶东区行政公署翻印《山东省进出口税率表》

1948年
山东博物馆藏

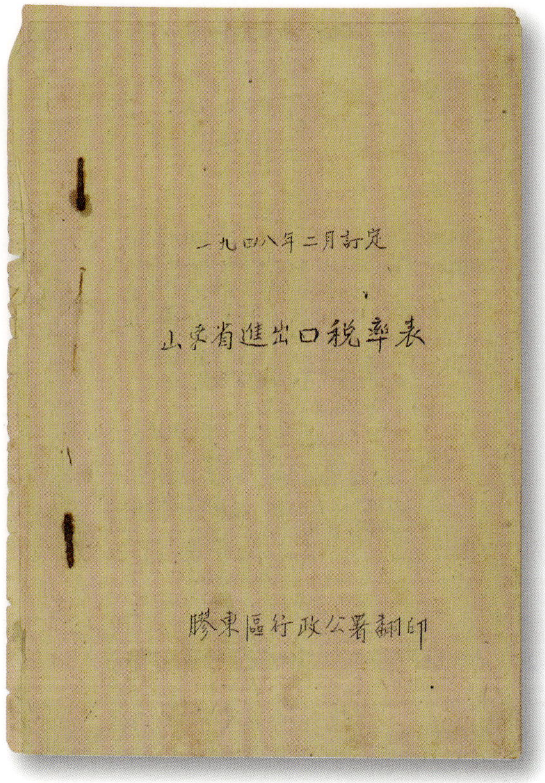

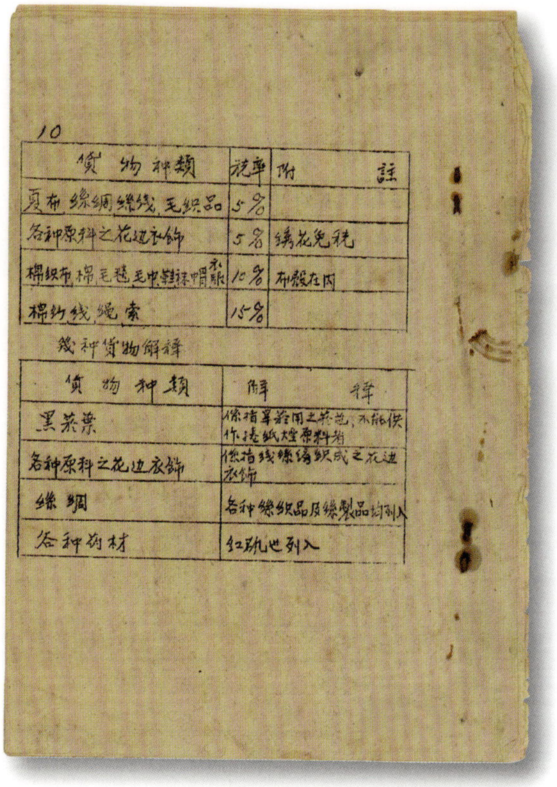

解放战争爆发后，由于军事斗争的需要，山东解放区的外贸方针是对敌占城市采取部分封锁，争取有利交换，奖励出口，限制入口，即“奖出制入”。其目的是掌握主要物资，增强对敌斗争力量，统一外贸管理，争取贸易上的主动地位，为战争和生产服务。当时的外贸出口物资主要有食油、食盐、丝绸、羊毛、黄烟、海产品等，进口物资主要是生活必需品之类。由于国民党的封锁等原因，进出口物资很有限，贸易工作比较薄弱。同时，山东省政府加强了政策和管理措施的制定。1948年2月22日，山东省政府发布布告颁布实施《山东省进出口税率表及内地税率表》，要求商民群众、税收机关必须严格遵守。根据《山东省进出口税率表》记载，毛织品、棉织品、麻织品等各类线纱制品禁止入口，以保护解放区线纱纺织业。牛、驴、马、粮食、花生、豆饼、蜂蜜、水果、烧酒、各种鲜菜等与群众日常生活息息相关的农副产品则禁止出口，以保障解放区内最基本的生活需求。

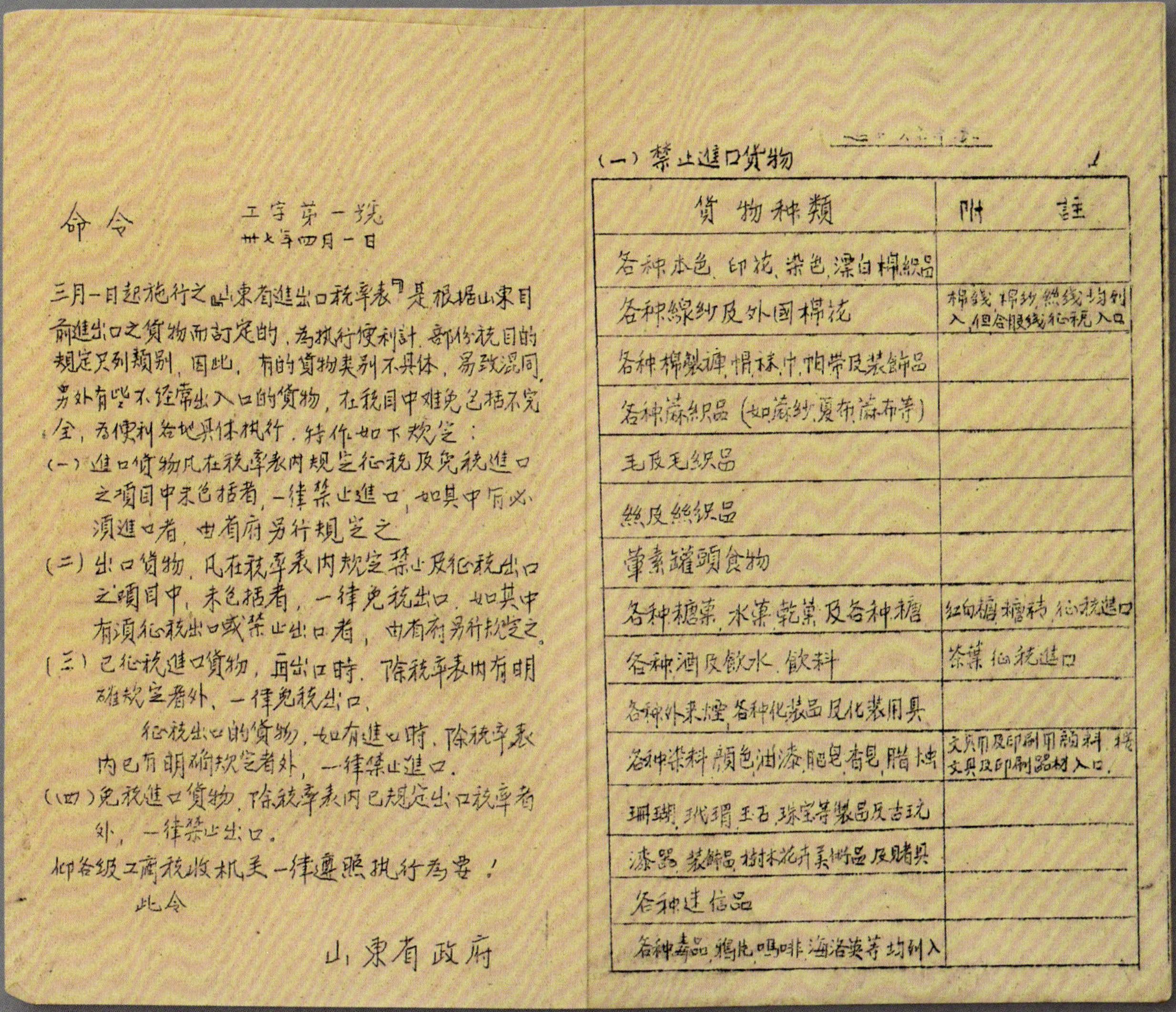

命令　　工字第一號
卅七年四月一日

三月一日起施行之『山東省進出口稅率表』是根据山東目前進出口之貨物而訂定的，為執行便利計，部份稅目的規定只列類别，因此，有的貨物类别不具体，易致混同，另外有些不经常出入口的貨物，在稅目中难免包括不完全，為便利各地具体执行，特作如下规定：

（一）進口貨物凡在稅率表内规定征稅及免稅進口之項目中未包括者，一律禁止進口，如其中有必須進口者，由省府另行規定之

（二）出口貨物，凡在稅率表内规定禁止及征稅出口之項目中，未包括者，一律免稅出口，如其中有須征稅出口或禁止出口者，由省府另行规定之。

（三）已征稅進口貨物，再出口時，除稅率表内有明確规定者外，一律免稅出口，

征稅出口的貨物，如有進口時，除稅率表内已有明確规定者外，一律禁止進口。

（四）免稅進口貨物，除稅率表内已規定出口稅率者外，一律禁止出口。

仰各级工商稅收机关一律遵照执行為要！

此令

山東省政府

（一）禁止進口貨物　　1

貨物种類	附註
各种本色、印花、染色、漂白棉織品	
各种線纱及外國棉花	棉线、棉纱、絲线均列入，但合股线征稅入口
各种棉製褲、帽、袜、巾、帕、带及装飾品	
各种蔴織品（如蔴纱、夏布、蔴布等）	
毛及毛織品	
絲及絲織品	
葷素罐頭食物	
各种糖菓、水菓、乾菓及各种糖	紅白糖、糖精，征稅進口
各种酒及飲水、飲料	茶葉征稅進口
各种外來煙、各种化装品及化装用具	
各种染料、顏色、油漆、肥皂、香皂、腊烛	文具用及印刷用顏料，按文具及印刷器材入口。
珊瑚、玳瑁、玉石、珠宝等製品及古玩	
漆器、装飾品、樹木花卉美術品及賭具	
各种迷信品	
各种毒品，鴉片、嗎啡、海洛英等均列入	

山东省政府印
《山东省进出口货物征税暂行章则》

1948年
山东博物馆藏

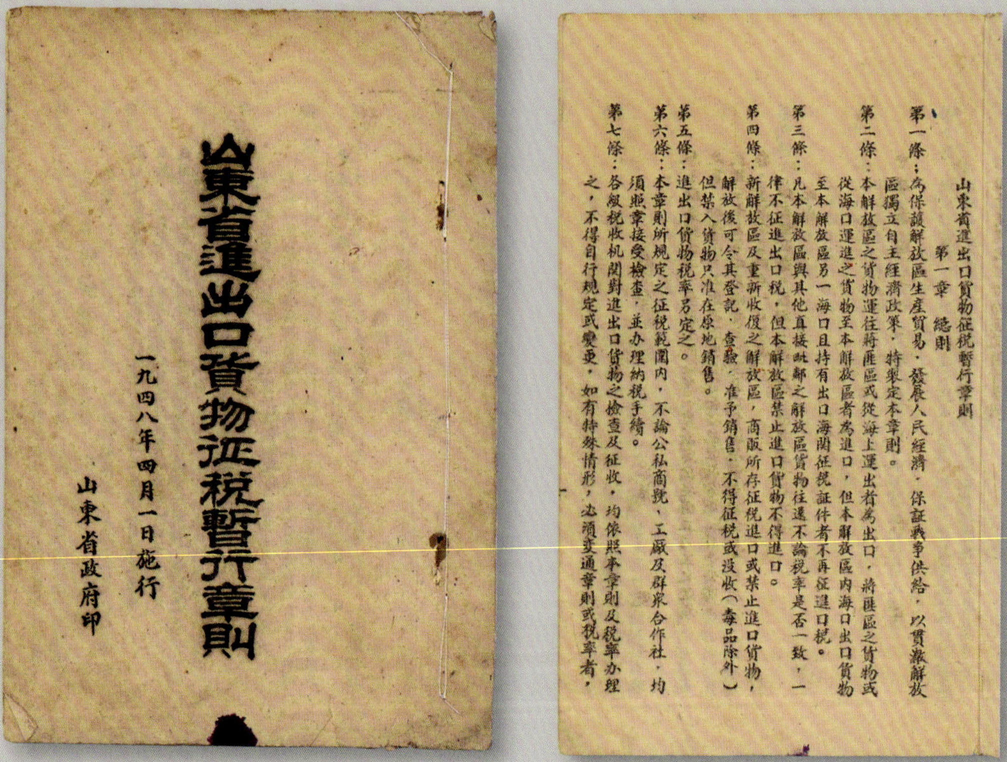

1948年3月6日，山东省政府制定《山东省进出口税率表》与《山东省进出口货物征税暂行章则》，命令各地于4月1日起执行。1946年4月颁发的《进出口货物征税暂行章则》作废。

解放战争爆发后，由于军事斗争的需要，山东解放区的外贸方针是对敌占城市采取部分封锁，争取有利交换，奖励出口，限制入口，即“奖出制入”。其目的是掌握主要物资，增强对敌斗争力量，统一外贸管理，争取贸易上的主动地位，为战争和生产服务。

新税则规定，禁止、免税、征税进出口货物计6大类。进出口以货物种类为数目单位，禁止和免税进口货物各定为13个种类，征税进口货物31个种类；禁止出口货物4个种类，免税出口货物6个种类，征税出口货物23个种类。另设有7种商品内地税率。1948年12月15日，山东省政府重新制定并公布执行《山东解放区征收进出口税暂行条例》及《山东解放区进出口货物税率税目表》，3月6日公布的《山东省进出口货物征税暂行章则》及所附税率表作废。

华北人民政府财政部印《华北区农业税暂行税则工作手册》

1948年
山东博物馆藏

华北人民政府正式成立于1948年9月26日，它是根据中共中央的指示精神在原晋察冀边区行政委员会和原晋冀鲁豫边区政府的基础上建立起来的。同年10月10日，晋察冀边区税务总局与晋冀鲁豫边区税务总局合并，组建了华北税务总局，即中华人民共和国中央人民政府财政部税务总局的前身。华北税务总局成立后，全面实行税制改革。于1948年12月25日公布了《华北区农业税暂行税则》（简称《税则》），规定“凡有农业收入的土地，均按负担亩缴纳农业税”，将救国公粮改征农业税，在土地改革完成地区贯彻执行。该《税则》共33条，具体规定了各种征税、免税的标准和范围。《人民日报》就《税则》施行发表社论指出，新农业税废除了抗日战争时期实行的累进农业税制，改按土地常年应征产量计算有免税点的比例税制，既可以使农民负担合理固定，又能调动广大农民的生产积极性，发展农业生产，以保障供给。《税则》的颁布得到了广大农民的热烈拥护，为发展农业生产和保证战时供给提供助力，也奠定了中华人民共和国成立初期农业税制度的基础。

土地改革后有了自己土地和耕牛的贫困农民在努力生产

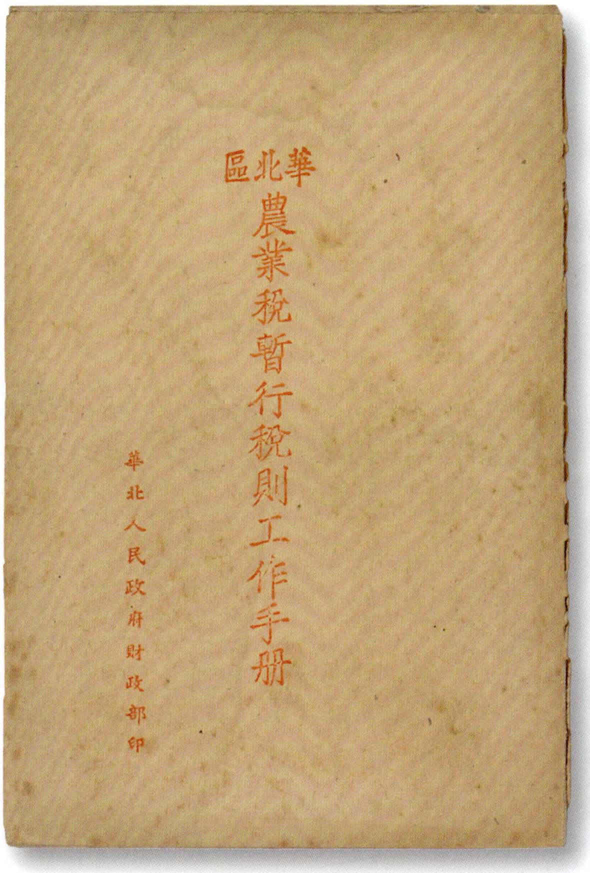

冀鲁豫行政公署印《关于实行农业税及评订产量的各种文献》

1948年
山东博物馆藏

1943年4月，晋冀鲁豫解放区开始实行合理负担、公平负担的统一累进税制，基本上达到了“军民兼顾，公私兼顾”、稳定人民负担的要求，广大人民特别是根据地的农民是拥护的。统一累进税鼓励了农业生产，保护了工商业，保证了战争的需要和军队的供给，同时鼓励了人民参加抗日和革命的积极性，帮助根据地全体军民共同渡过财政难关。但是在土地改革以后，原来的土地制度已经废除，农民得到了大体平均的土地，要开展新民主主义的经济建设，如再实行统一累进税，就势必会影响农民生产的积极性。为了适应新的农村经济情况，1948年9月，华北人民政府根据土地改革以后的农村政治、经济新情况，以及晋察冀、晋冀鲁豫两区多年实行统一累进税的经验起草了《华北区农业税暂行税则（草案）》，后经华北临时人民代表大会通过，于1948年12月正式公布。经党中央研究后决定批准各解放区参照执行。这本手册是冀鲁豫行政公署为了推行新农业税则时，评定常年应产量的标准而付印的。内容包括《贯彻执行新农业税则（人民日报社论）》《为颁发华北区农业暂行税则通令》《华北区农业税暂行税则》《如何评土地的常年应产量（工作研究）》等。目的在于使各地根据手册文献，结合当地情况进行学习研究，领会文件精神，以便指导、推进新农业税顺利实施。

解放区人民喜交拥军棉

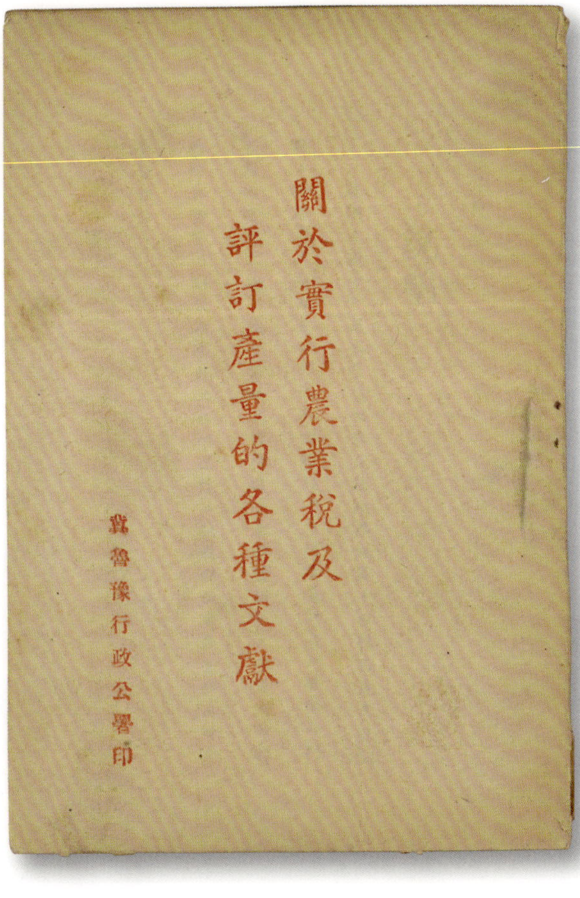

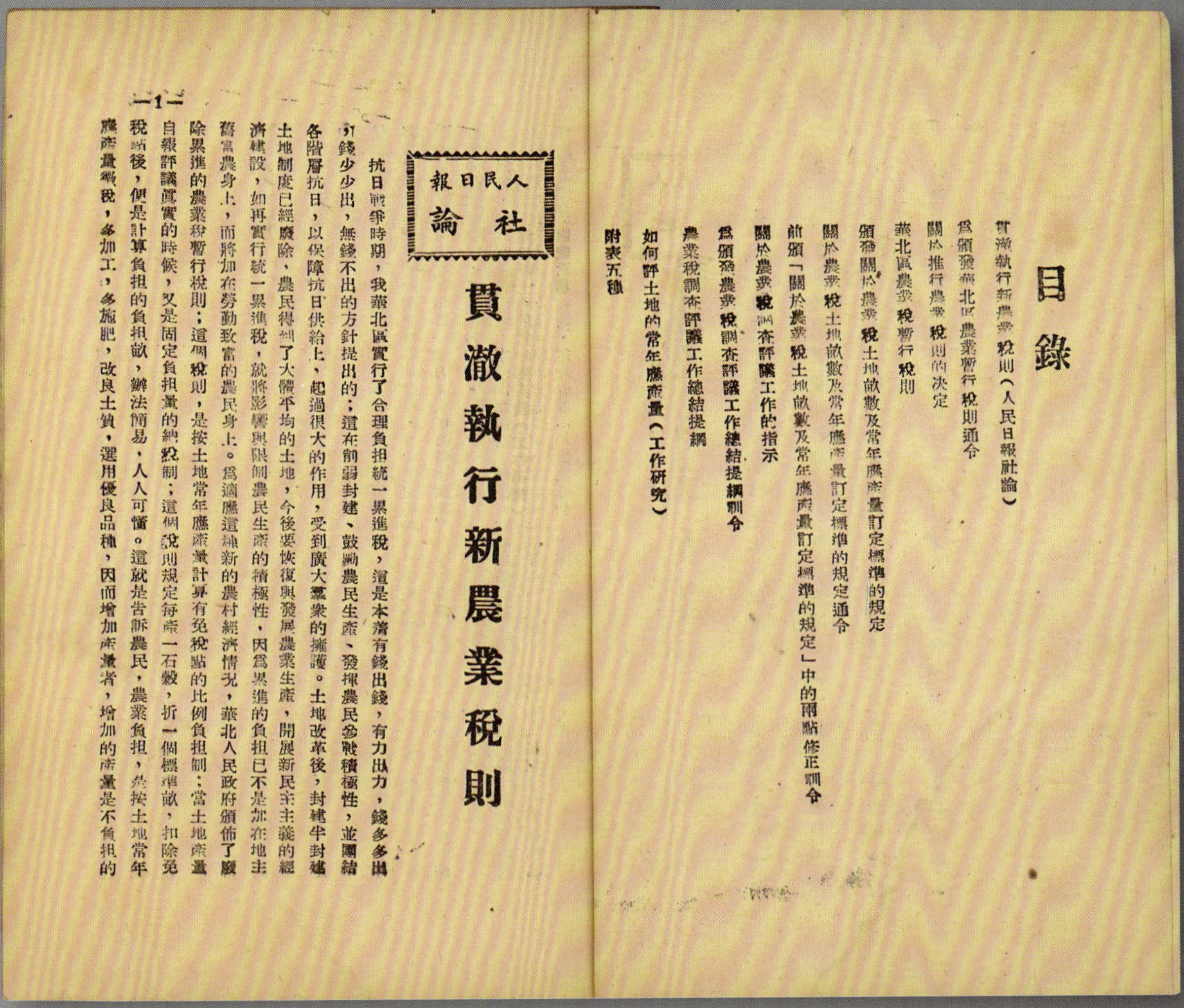

目錄

人民日報
社論

貫徹執行新農業稅則

抗日戰爭時期，我華北區實行了合理負担統一累進稅，這是本着有錢出錢，有力出力，錢多多出，錢少少出，無錢不出的方針提出的；這在削弱封建、鼓勵農民生產、發揮農民參戰積極性，並團結各階層抗日，以保障抗日供給上，起過很大的作用，受到廣大羣衆的擁護。土地改革後，封建半封建土地制度已經廢除，農民得到了大體平均的土地，今後要恢復與發展農業生產，開展新民主主義的經濟建設，如再實行統一累進稅，就將影響與限制農民生產的積極性，因爲累進的負担已不是加在地主舊富農身上，而將加在勞動致富的農民身上。爲適應這種新的農村經濟情況，華北人民政府頒佈了廢除累進的農業稅暫行稅則；這個稅則，是按土地常年應產量計算有免稅點的比例負担制；當土地產量自報評議眞實的時候，又是固定負担量的納稅制；這個稅則規定每產一石穀，折一個標準畝，扣除免稅點後，便是計算負担的負担畝，辦法簡易，人人可懂。這就是告訴農民，農業負担，是按土地常年應產量徵稅，多加工，多施肥，改良土質，選用優良品種，因而增加產量者，增加的產量是不負担的

—1—

山东省工商总局印《山东省营业税征收办法及宣传解释参考材料》

1947年

山东博物馆藏

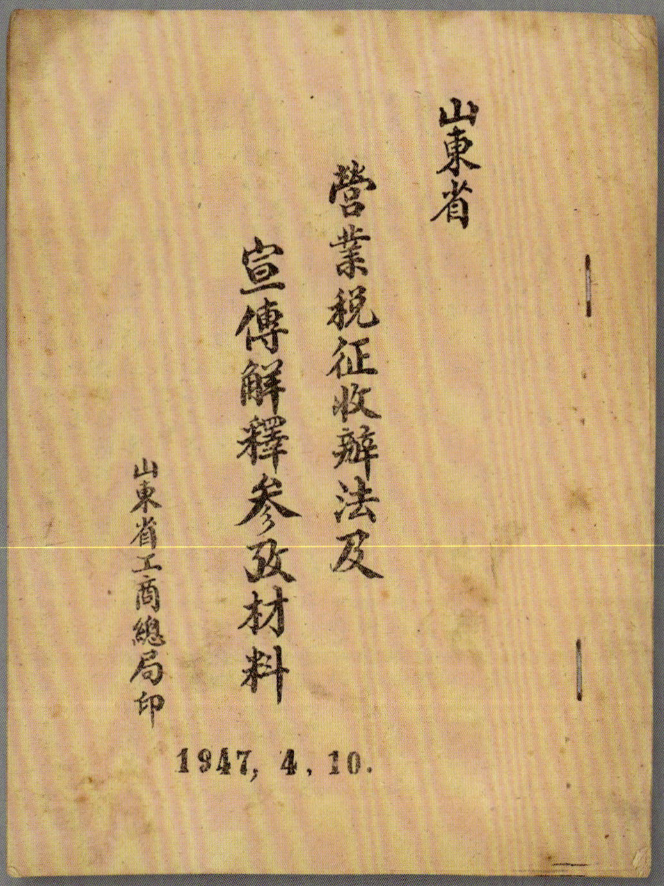

此参考材料从征收营业税的原因、营业税征收的办法、营业税征收的方法（担负比例）、营业纯利征收的优点、纳税行业和免征行业等方面对山东省征收营业税问题进行了详细的解释说明。

主要内容为：①征收营业税的原因，一切为了爱国自卫战争的胜利，一切为了前线，在爱国自卫战争中缴纳营业税是支援前线和争取战争胜利的保障；②营业税征收的办法，根据营业资金额计算征收和按总数征收；③实行的营业税征收办法，按照营业的多少计算征收；④营业纯利征收的优点，负担合理，纯利不满五千的，免征税；⑤纳税行业和免征行业，以营利为目的的行业不分公私都要纳税，非以营利为目的的行业如通过劳动力进行农业生产、捕鱼、采盐而非营利的免征税。

山东解放区发行的各类税率税则

1944—1948年
青岛海关博物馆藏

山东解放区发行的各类税率税则，包括1944年12月胶东区工商管理局印《山东省胶东区货物税暂行条例》《山东省胶东区过境货物征税办法》《山东省胶东区纸烟出厂税暂行办法》《山东省胶东区烧酒专卖暂行办法》《山东省胶东区营业税修正暂行条例》、山东省胶东区行政公署1946年4月1日起施行《暂行关税税则、税率》、山东省胶东区行政公署1947年8月1日起施行《暂行进出口货物税税则、税率》、胶东区行政公署1948年2月制定《山东省进出口税率表》、山东省政府1948年4月1日起施行《山东省进出口货物征税暂行章则》等。

抗日战争结束后，中共胶东党组织迅速接收胶东地区诸海关，开展人民海关建设工作。解放战争期间，胶东解放区依据战争发展态势，发布相关进出口贸易管理的训令、指示及命令，通过海关对进出口物资的管控，保障解放区内所需物资，稳定解放区经济，为解放战争胜利提供了有力支援。

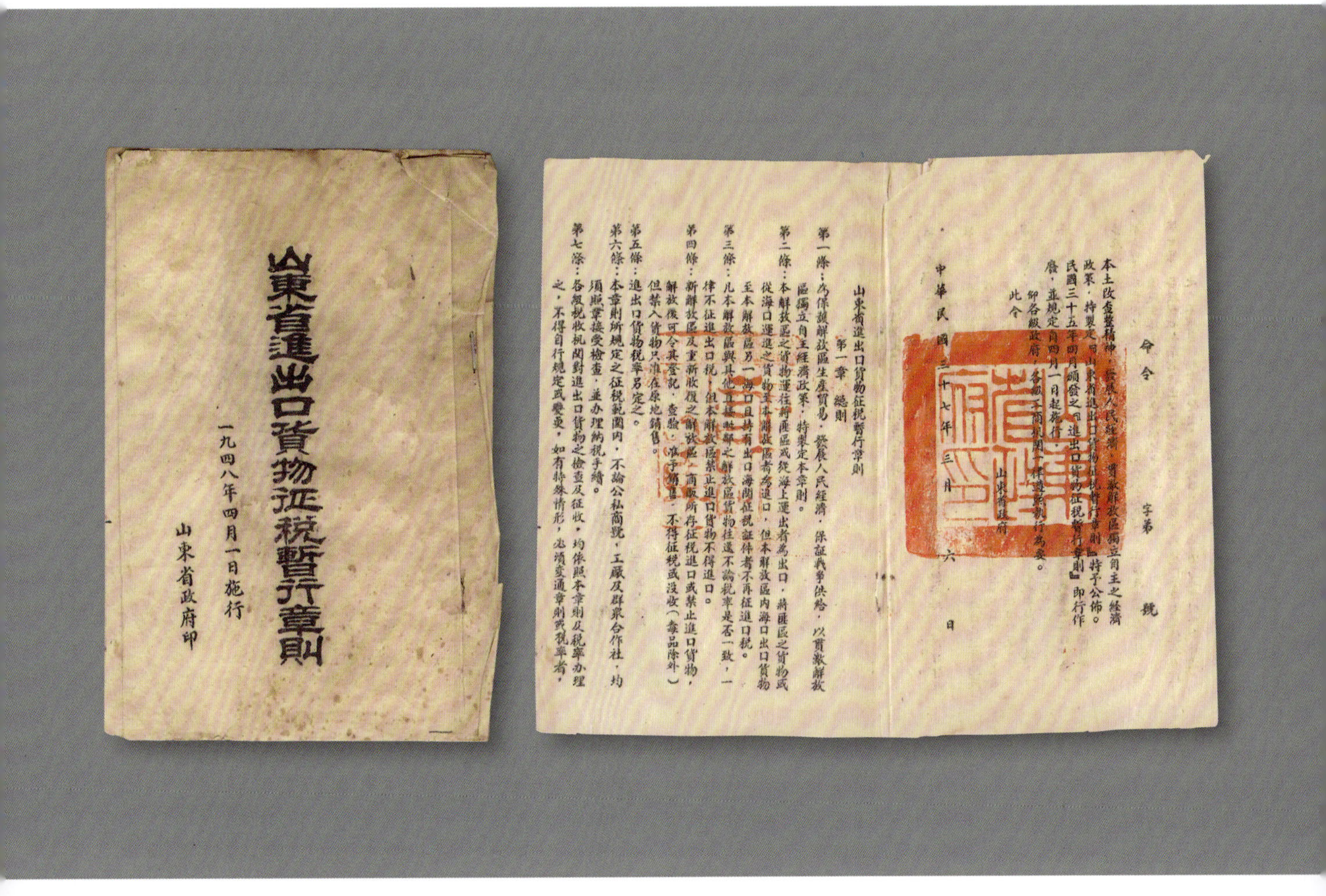

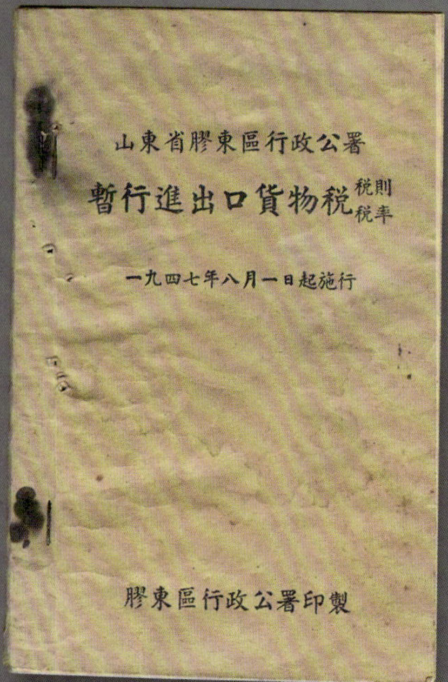
山東省膠東區行政公署
暫行進出口貨物稅稅則稅率
一九四七年八月一日起施行
膠東區行政公署印製

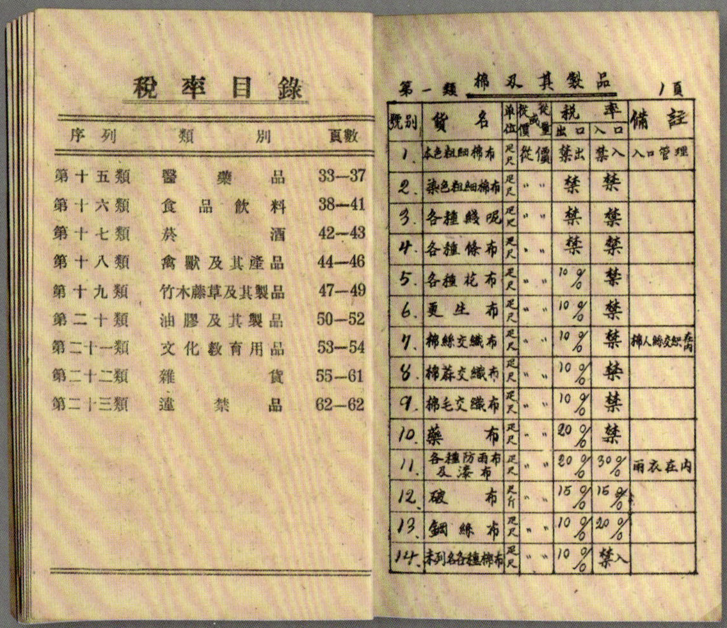
稅率目錄

第一類 棉及其製品 1頁

號別	貨名	單位	從價或從量	稅率 出口	稅率 入口	備註
1.	本色粗細棉布	疋尺	從價	禁出	禁入	入口管理
2.	染色粗細棉布	疋尺	〃〃	禁	禁	
3.	各種綫呢	疋尺	〃〃	禁	禁	
4.	各種條布	疋尺	〃〃	禁	禁	
5.	各種花布	疋尺	〃〃	10%	禁	
6.	更生布	疋尺	〃〃	10%	禁	
7.	棉絲交織布	疋尺	〃〃	10%	禁	棉人絲交織在內
8.	棉蔴交織布	疋尺	〃〃	10%	禁	
9.	棉毛交織布	疋尺	〃〃	10%	禁	
10.	藥布	疋尺	〃〃	20%	禁	
11.	各種防雨布及漆布	疋尺	〃〃	20%	30%	雨衣在內
12.	破布	疋斤	〃〃	15%	15%	
13.	鋼絲布	疋尺	〃〃	10%	20%	
14.	未列名各種棉布	疋尺	〃〃	10%	禁入	

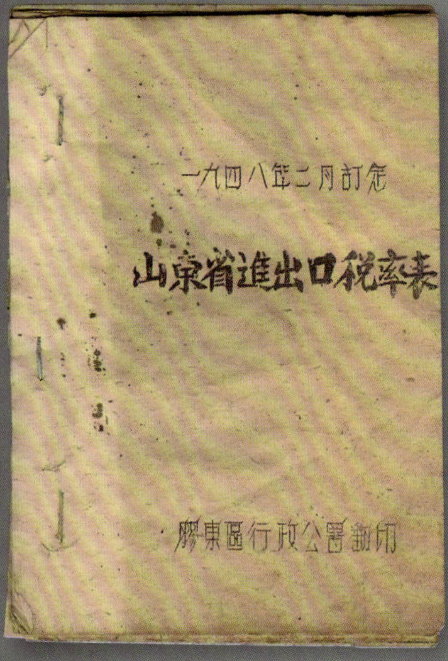
一九四八年二月訂定
山東省進出口稅率表
膠東區行政公署翻印

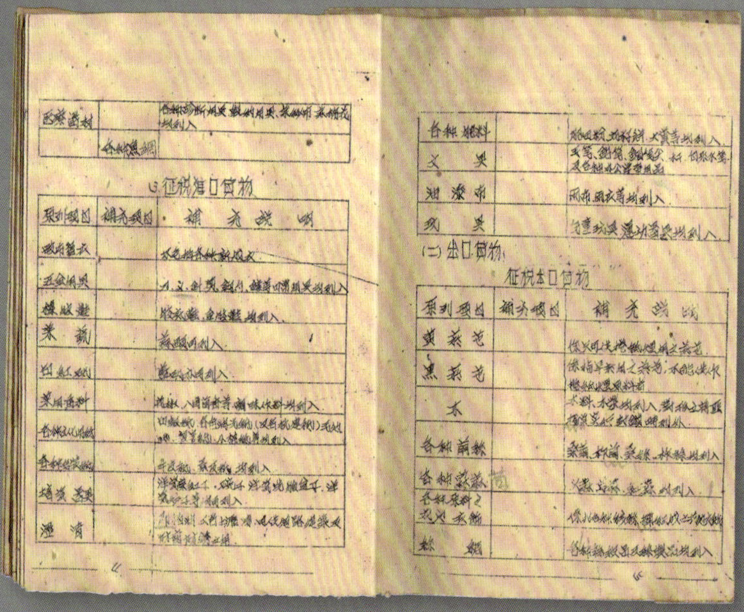
(二) 出口貨物

山东解放区印花税票

20世纪40年代
青岛海关博物馆藏

此组税票包括山东省胶东区火柴税证、山东省胶东区印花税票贰佰元。1947年3月，胶东区行政委员会公布《胶东区征收印花税暂行条例》，曾开征印花税，但由于当时处于农村环境，执行殊多困难，而对增加财政收入意义不大，因此又决定自1948年2月15日起停征。

印花税票
贰佰圆
山東省
膠東区
200
1947
200

黄县胜利合作社营业牌照

1947年
龙口市博物馆藏

牌照为白底蓝字印制。盖有“黄县县政府印”及县长印章。牌照内容包含商号名称、地址、业务范围、人员规模、有效日期等信息，主要经营纺织轧花。

全面抗战爆发后，中共山东省委着手创建抗日民主根据地，建立抗日民主政权。1938年春，中共山东省委首先在胶东蓬莱、黄县、掖县三县建立抗日民主政府，同年8月以此三县为基础设立北海区行政督察专员公署，这是中国共产党在山东设置的第一个专区级政权，标志着胶东第一个抗日根据地——蓬黄掖抗日根据地基本形成。解放战争期间，黄县为北海专区的专署机关驻地。

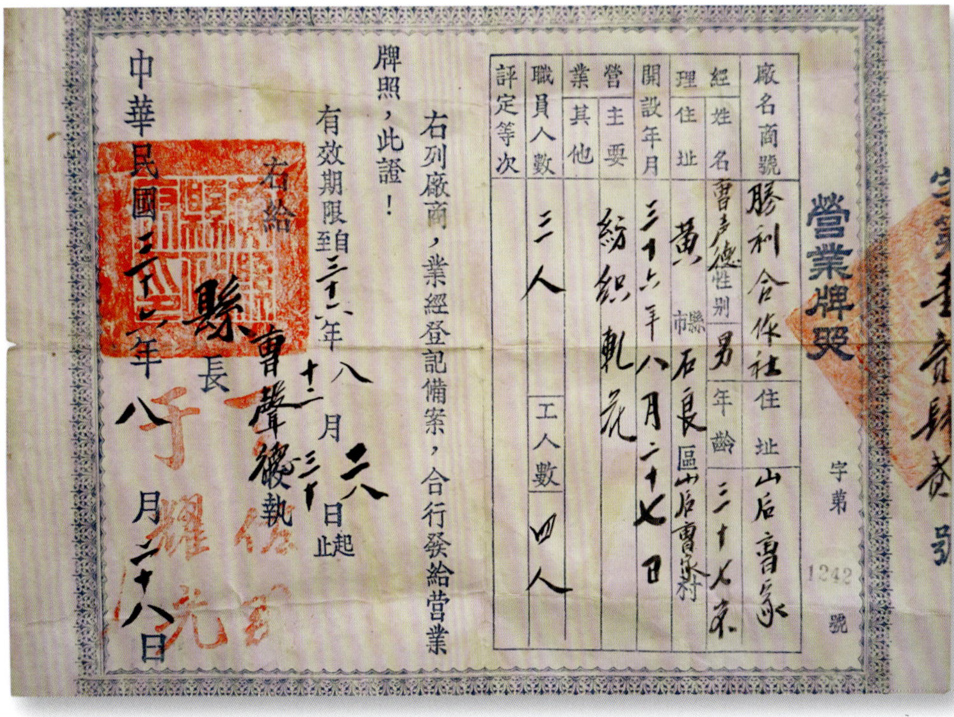

營業牌照　字第 1242 號

廠名商號	勝利合作社　住址 山后曹家
經理姓名	曹聲德　性別 男　年齡 三十七歲
住址	黃縣 石良區山后曹家
開設年月	三十六年八月二十七日
營業 主要	紡織軋花
其他	
職員人數	三人　工人數 四人
評定等次	

右列廠商，業經登記備案，合行發給營業牌照，此證！

有效期限自三十六年八月二十八日起至十二月三十日止

右給

縣長 曹聲德

中華民國三十六年八月二十八日

晋冀鲁豫边区政府、晋察冀边区行政委员会联合通令（总金字第一号）《在全华北区建立统一之金库制度由》

1948年
山东博物馆藏

《在全华北区建立统一之金库制度由》，1948年8月9日印发。山东抗日根据地统一财政收支后，即实行了金库制度。1940年11月，山东省战时工作推行委员会（简称省战工会）发出的《关于统一财政工作之决定》中规定“各级财政机关的金库，要切实建立收款单据和支票制度，并保证所有收入交给金库保管”。1941年6月，省战工会公布了《山东省金库暂行条例》，规定“省战工会财政处设总金库，直接受财政处领导；各行署设分金库，各专署设支金库，各县政府设县金库”。1946年2月山东省政府为实现统一收支，又重新制定颁发了《山东省暂行金库条例（草案）》，规定“省政府所在地设总金库，行署所在地设分金库，专署所在地设支金库”。

为统一财政收支，保证边区款项及时解库，便于拨付，1948年8月9日，晋冀鲁豫边区政府、晋察冀边区行政委员会颁布《在全华北区建立统一之金库制度由》的联合通令，规定华北区内设总金库、分金库、支金库，由华北银行总行、分行、支（县、市）行分别代理，并任命各级行正、副经理为各级金库正、副主任。边区实行的金库制度成为根据地在艰苦环境下立足的生命线，对中华人民共和国成立后的现代化经济建设有着重要的借鉴作用。

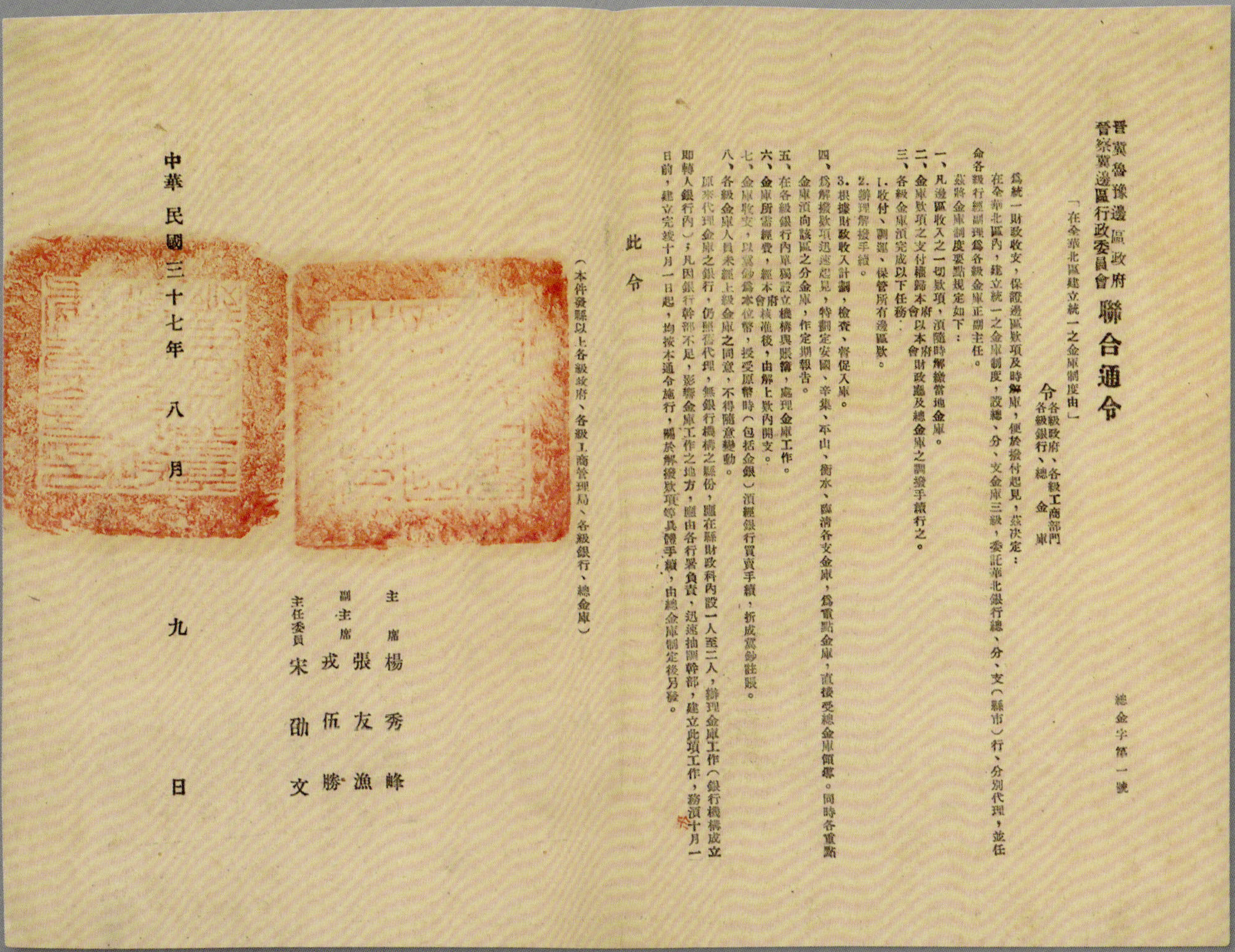

總金字第一號

晉冀魯豫邊區政府
晉察冀邊區行政委員會 聯合通令

「在全華北區建立統一之金庫制度由」

令各級政府、各級工商部門
　各級銀行、總金庫

爲統一財政收支，保證邊區款項及時解庫，便於撥付起見，茲決定：

在全華北區內，建立統一之金庫制度，設總、分、支金庫三級，委託華北銀行總、分、支（縣市）行、分別代理，並任命各級行經副理爲各級金庫正副主任。

茲將金庫制度要點規定如下：

一、凡邊區收入之一切款項，須隨時解繳當地金庫。

二、金庫款項之支付統歸本府本會以本府本會財政廳及總金庫之調撥手續行之。

三、各級金庫須完成以下任務：

1.收付、調運、保管所有邊區款。

2.辦理解撥手續。

3.根據財政收入計劃，檢查、督促入庫。

四、爲解撥款項迅速起見，特劃定安國、辛集、平山、衡水、臨清各支金庫，爲重點金庫，直接受總金庫領導。同時各重點金庫須向該區之分金庫，作定期報告。

五、在各級銀行內單獨設立機構與賬簿，處理金庫工作。

六、金庫所需經費，經本府本會核准後，由解上款內開支。

七、金庫收支，以冀鈔爲本位幣，授受原幣時（包括金銀）須經銀行買賣手續，折成冀鈔註賬。

八、各級金庫人員未經上級金庫之同意，不得隨意變動。

原來代理金庫之銀行，仍照舊代理，無銀行機構之縣份，應在縣財政科內設一人至二人，辦理金庫工作（銀行機構成立即轉入銀行內）；凡因銀行幹部不足，影響金庫工作之地方，應由各行緊負責，迅速抽調幹部，建立此項工作，務須於十月一日前，建立完竣十月一日起，均按本通令施行，關於解撥款項等具體手續，由總金庫制定後另發。

此令

（本件發縣以上各級政府、各級工商管理局、各級銀行、總金庫）

主席 楊秀峰
副主席 張友漁
　　　 戎伍勝
主任委員 宋劭文

中華民國三十七年八月九日

北海银行本票存根

解放战争时期

东营市垦利区博物馆（含渤海垦区革命纪念馆）藏

此北海银行本票存根为空白支票，限在济南市区使用，出境无效。

1948年11月20日，北海银行颁布了《北海银行发行本票暂行办法》，并在新解放的城市如济南、潍坊、徐州等地发行了定额为拾万元的本票，总计发行量达到了49000万元。

北海银行，是中国人民银行的三大奠基行之一，该行所发行的纸币在抗日战争时期是山东革命根据地的主币，在解放战争时期成为山东解放区乃至华北、华中解放区的本位币。北海银行在抗日战争及解放战争时期为保证战争胜利、推进全国货币金融统一立下了功绩，为中华人民共和国金融系统的建立和完善奠定了重要基础。

北海銀行本票存根

本票號數	008462
受款人	
用途	
金額	
簽發日期	年 月 日
簽發者	
經手人	

本票號數 008462

憑票即付

北海幣

或持票人

此證

民國 年 月 日

注意：一、本票自出票日起 天內無息兌付北海幣。
二、本票限在濟南市區使用，出境無效。
三、本票塗改無效。

北海银行支票存根

1949年5月30日
山东省档案馆藏

胶东医院的北海银行支票存根，人民币80元整。

北海银行是在抗日战争中建立与发展起来的地方国家银行，是山东解放区地方银行的最高机关。1938年秋，胶东民主政权在掖县成立了北海银行。1940年秋，山东省战时工作推行委员会在鲁中区正式成立山东北海银行总行，原北海银行改为胶东分行，银行的任务由初期的负责货币发行、贷款扩至存款、汇兑等业务。1948年12月，北海银行总行、华北银行、西北农业银行合并为中国人民银行。1949年4月，北海银行总行兼中国人民银行山东分行之职能，但对外债权、债务仍沿用北海银行总行名称。1949年1月，北海银行总行正式改称中国人民银行山东分行，并承担原北海银行总行所订立的一切契约、合同、债权、债务。北海银行总行设济南分行、胶东分行、渤海分行、鲁中分行及徐州支行、昌潍支行等直属支行。

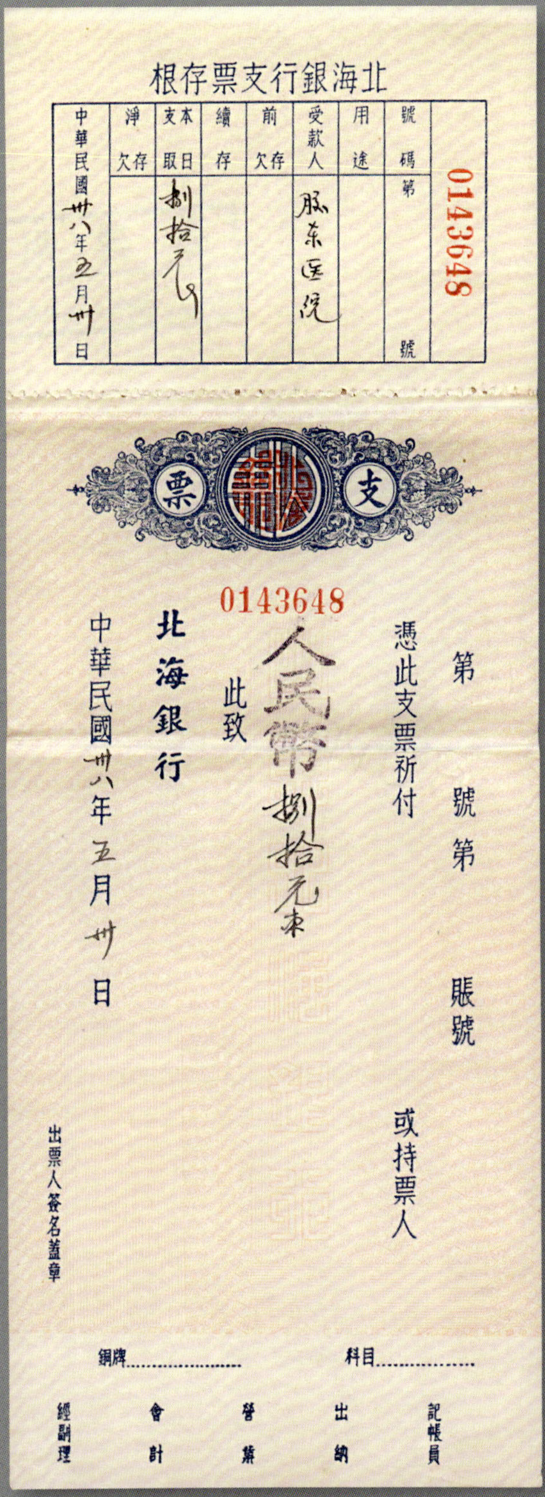

《山东省政府对银行工作指示》（财字第三十号）

1946年
沂源博物馆藏

随着山东已解放地区经济的恢复和发展，物资交流日益频繁，经济往来更加密切，各地银行工作在调节金融、扶持生产、根据地建设上均起了很大作用，但由于敌后分割形势，各地区银行的经营尚不统一，为了加强银行工作统一步骤，1946年1月17日，山东省政府发布了《山东省政府对银行工作指示》（财字第三十号），文件明确了银行主要任务、组织建设、贷款业务、货币发行及各级政府对银行的监管等内容。

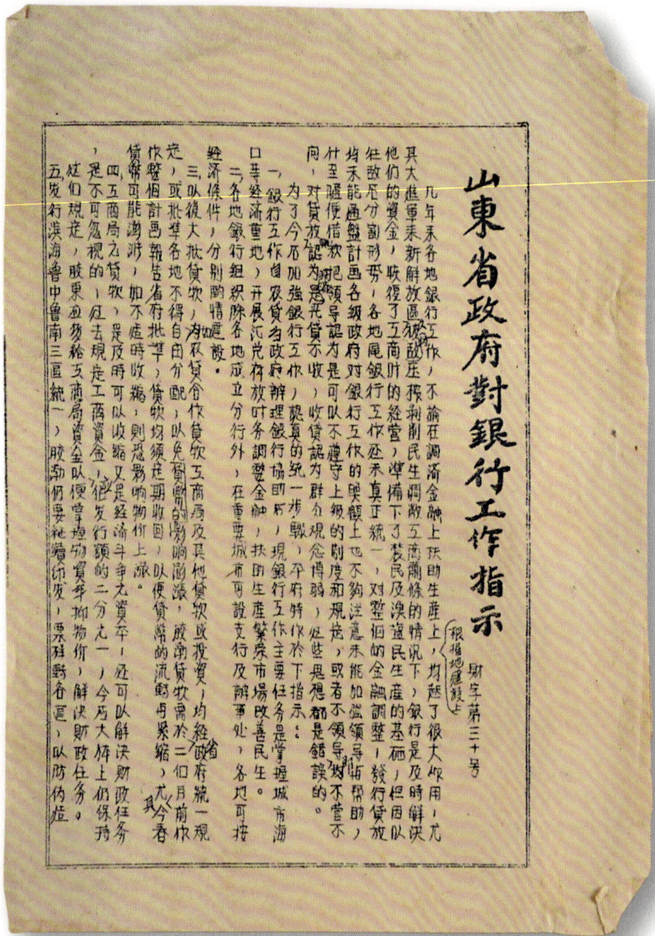
山東省政府對銀行工作指示
財字第三十号
几年來各地銀行工作，不論在調濟金融上扶助生產上（根據地建設上），均起了很大作用，尤其大進軍來新解放區，被敵壓榨剝削民生凋敝工商蕭條的情況下，銀行是及時解決他們的資金，恢復了工商業的經營，準備下了农民及漁鹽民生產的基础，但因以往敵后分割形勢，各地區銀行工作还未真正統一，对整個的金融調整，發行貸放均未能通盤計画，各級政府对銀行工作的與趣上也不夠注意，未能加強領导，帮助，什至隨便借款，把領导認为是可以不遵守上級的制度和規定，或者不領导，对不當不向，對貸放認為是死貨不收，收貸認為群众觀念薄弱，这些思想都是錯誤的。
為了今后加強銀行工作，認真的統一步驟，本府特作於下指示：
一、銀行工作自农貸為政府辦理銀行協助外，現銀行工作主要任务是掌握城市海口等經濟重地，开展汇兑存放等业务調整金融，扶助生產繁荣市場改善民生。
二、各地銀行組織除各地成立分行外，在重要城市可設支行及辦事处，各地可按經濟條件，分別酌情建設。
三、以後大批貸款，为农貸合作貸款工商局及其他貸款或投資，均經省政府統一規定，或批准各地不得自由分配，以免貨幣的影响澎漲，故今貸款需於二個月前作整個計画報告省府批准，貸款均須定期收回，以便貨幣的流通与緊縮，尤其今春貨幣可能澎漲，如不適時收縮，則恐影响物價上漲。
四、工商局之貸款，是及時可以收縮又是經濟斗争之資本，还可以解決財政任务，是不可忽視的，过去規定工商資金，總发行額的二分之一，今后大体上仍保持此的規定，膠東亦务給工商局資金以便掌握物資平抑物價，解決財政任务。
五、发行濱海魯中魯南三區統一，膠渤仍要統一印发，票額對各區，以防偽造。

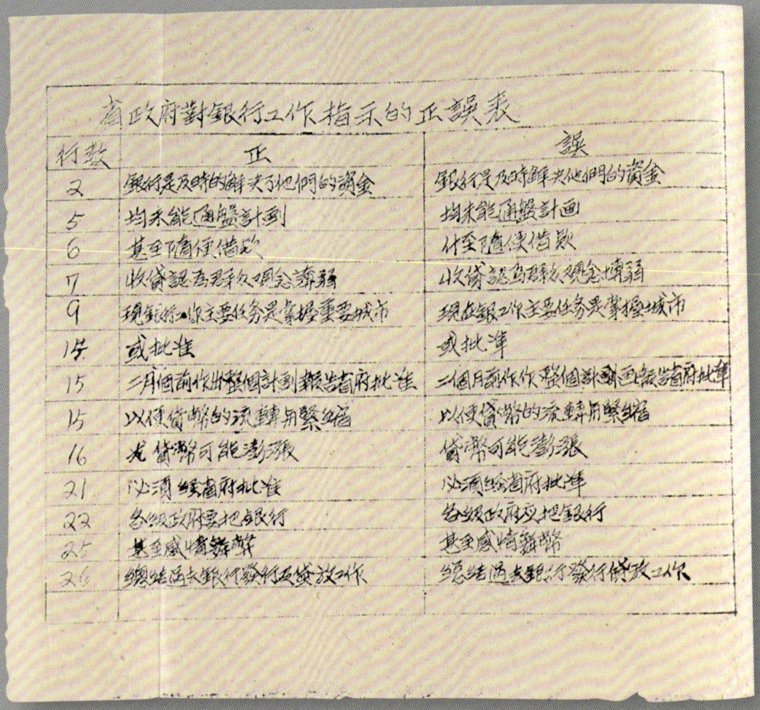

省政府對銀行工作指示的正誤表

行数	正	誤
2	銀行是及時的解决了他們的資金	銀行還及時解决他們的資金
5	均未能通盤計劃	均未能通盤計画
6	甚至隨便借款	什至隨便借款
7	收貸認為是救濟觀念濃厚	收貸認為救濟觀念情厚
9	現銀行工作主要任务是掌握重要城市	現在銀工作主要任务是掌握城市
14	或批准	或批準
15	二月個前作出整個計劃報告省府批准	二個月前作作整個計劃画報告省府批準
15	以使貨幣的流轉开緊縮	以使貨幣的流轉开緊縮
16	是貨幣可能膨脹	貨幣可能膨脹
21	必須經省府批准	必須經省府批準
22	各級政府要把銀行	各級政府应把銀行
25	甚至感情舞弊	甚至感情舞弊
26	總结過去銀行發行及貸放工作	總结過去銀行發行貸放工作

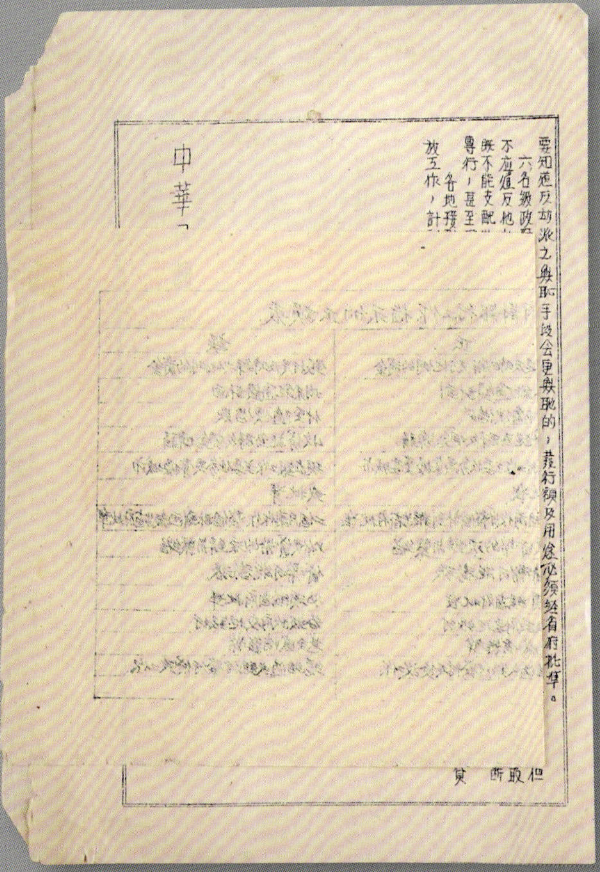

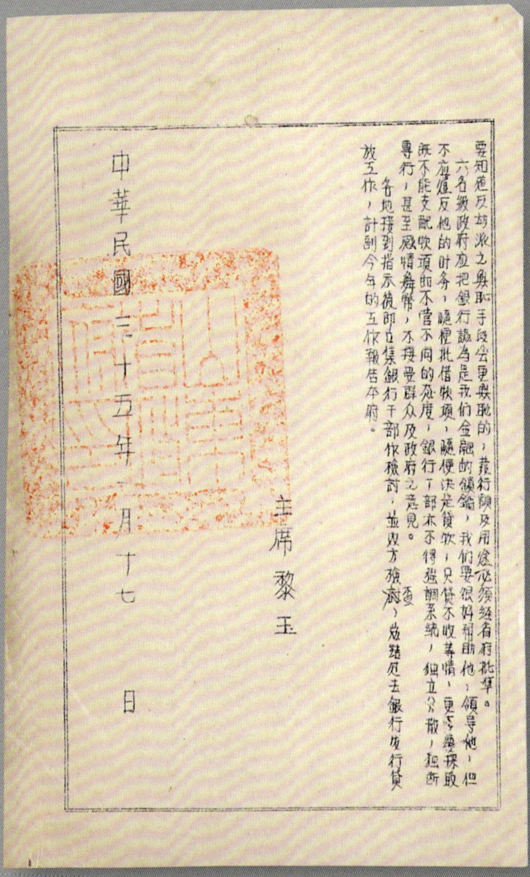

要知道反動派之奪取手段会更奧妙的，銀行貸放及用途必須經省府批準。

六、各級政府應把銀行認為是我們金融的領導，我們要很好幫助他，領導他，但不應違反他的业务，隨便批借款項，隨便決定貸款，只貸不收等情，更不要採取既不能支配款項而不管不問的态度，銀行干部亦不得強調系統，獨立分散，擅斷專行，甚至感情舞弊，不接受群众及政府之意見。

各地接到指示後，即召集銀行干部作檢討，並要收方檢討，总結过去銀行貸放工作，計劃今年的工作報告本府。

中華民國三十五年一月十七日

主席 黎玉

北海银行印
《山东北海银行业务章程汇编》

1948年
山东博物馆藏

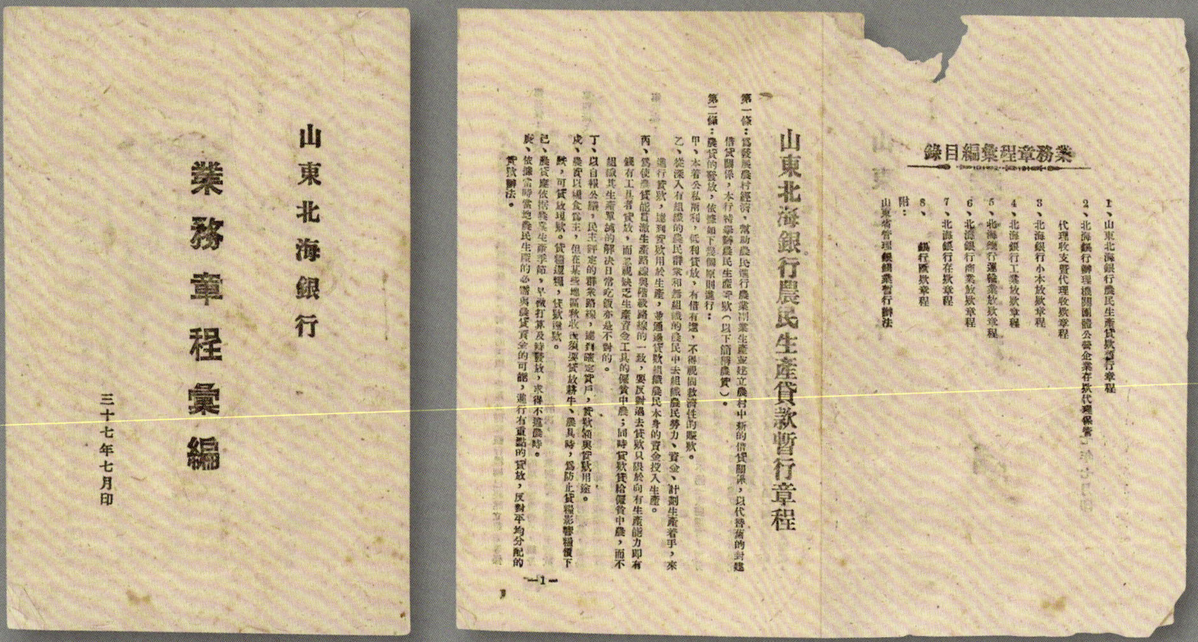

解放战争时期北海银行出版的银行业务相关章程。内刊有《山东北海银行农民生产货款暂行章程》《北海银行办理机关团体公营企业存款代理保管代理收支暨代理收款章程》《北海银行小本放款章程》《北海银行工业放款章程》《北海银行运输业放款章程》《北海银行商业放款章程》《北海银行存款章程》《北海银行汇款章程》《山东省管理银钱业暂行办法》9篇章程和办法。

中国人民银行山东省行、山东北海银行总行编印《金融旬报》（第三卷第十期）

1949年
山东博物馆藏

1948年12月1日，华北银行、北海银行、西北农民银行合并，在石家庄成立中国人民银行。因工作需要，北海银行继续营业。1949年4月3日北海银行总行迁至济南，11月1日改称中国人民银行山东省行。金融业素有调查市场行情和客户信用的传统，《金融旬报》于1949年9月创刊于济南，是由北海银行主办的面向山东地区的金融报刊，主要作用是宣传金融政策、传递物价信息，反映地区金融情况以及交流经验。1949年10月10日的《金融旬报》第三卷第十期内容主要包括银行业系统的指示、通函，“本旬物价情况”“保险常识”“潍坊银钱业调查”，各地黄金、银元、商品的价格表、价格指数及黄金与主要物品的交换比率表。这些内容在理论、实务及政策等不同层面上详细地记录和分析了当时山东乃至全国金融、银行业的现实状况及相关制度等。

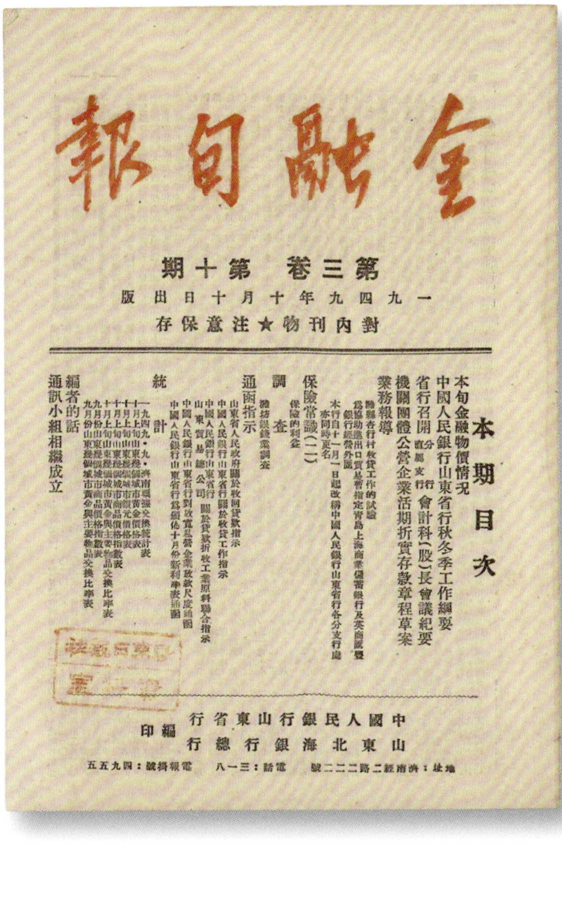
金融旬報
第三卷 第十期
一九四九年十月十日出版
對內刊物★注意保存

本期目次
本旬金融物價情況
中國人民銀行山東省行秋冬季工作綱要
省行召開分直屬支行會計科(股)長會議紀要
機關團體公營企業活期折實存款章程草案
業務報導
滕縣杏行村放貸工作的試驗
爲協助進出口貿易暫指定青島上海商業儲蓄銀行及英商滙豐銀行經營外匯
本行自十一月一日起改稱中國人民銀行山東省行各分支行處亦同時更名
保險常識(二)
保險的利益
調查
濰坊銀錢業調查
通函指示
山東省人民政府關於收回貸款指示
中國人民銀行山東省行關於放貸工作指示
中國人民銀行山東省行 山東貿易總公司 關於貸款折收工業原料聯合指示
中國人民銀行山東省行對放寬私營企業放款尺度通函
中國人民銀行山東省行爲頒佈十月份新利率表通函
統計
一九四九·九·濟南[illegible]交換統計表
十月上旬山東幾個城市黃金價格表
十月上旬山東幾個城市銀元價格表
十月上旬山東幾個城市商品價格指數表
十月上旬山東幾個城市黃金與主要物品交換比率表
九月份山東幾個城市商品價格指數表
九月份山東幾個城市黃金與主要物品交換比率表
編者的話
通訊小組相繼成立

中國人民銀行山東省行
山東北海銀行總行 編印
地址：濟南經二路二二二號 電話：三一八 電報掛號：四九五五

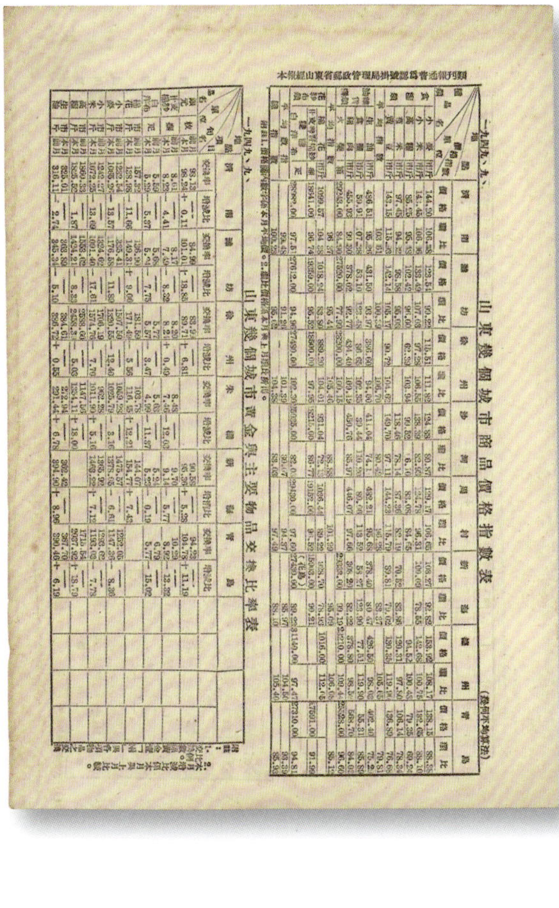
本報經山東省郵政管理局掛號認爲普通刊報類
一九四九、九、
山東幾個城市商品價格指數表
一九四九、九、
山東幾個城市黃金與主要物品交換比率表

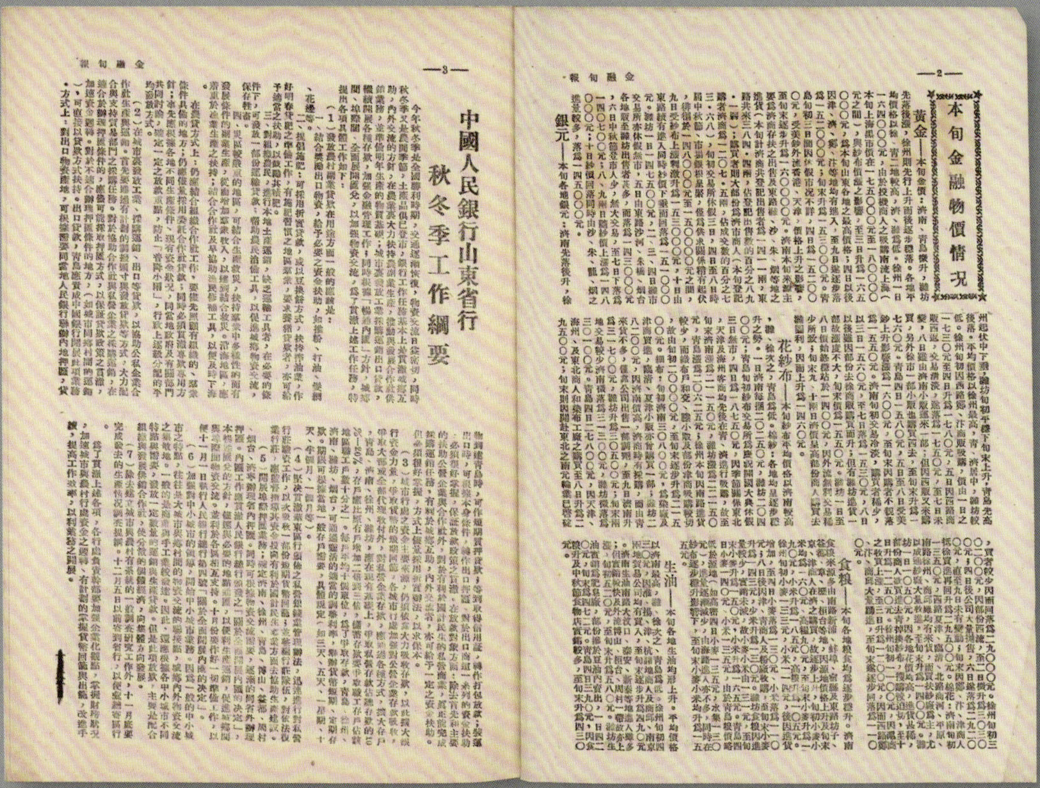
—3—
金融旬報
中國人民銀行山東省行
秋冬季工作綱要
—2—
金融旬報
本旬金融物價情况
黄金
銀元
花紗布
食糧
生油

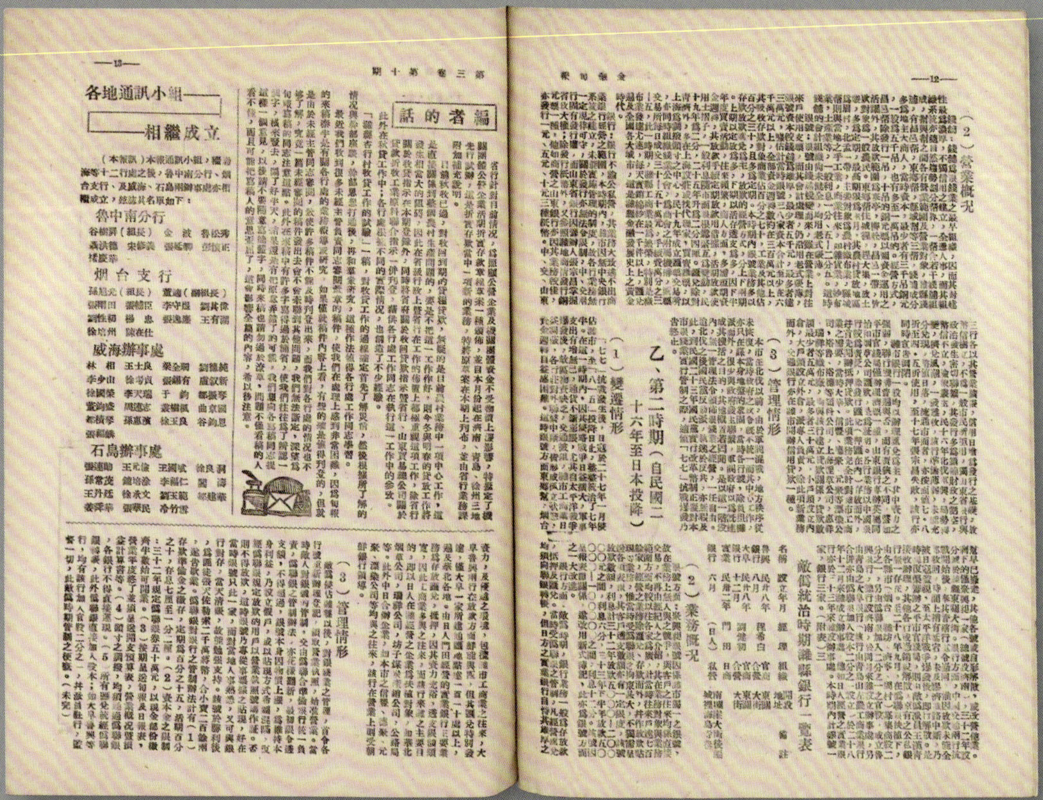
—13—
第三卷 第十期
各地通訊小組
相繼成立
編者的話
魯中南分行
烟台支行
威海辦事處
石島辦事處
（3）營運情形
—12—
金融旬報
（2）營業概況
（3）管理情形
乙、第二時期（自民國二十六年至日本投降）
（1）變遷情形
敵僞統治時期銀行一覽表
（2）業務概況

中国人民解放军华东军区政治部印《保护发展工商业》

1948年
山东博物馆藏

从1948年1月起，中共中央集中全力解决新形势下关于工商业等方面的具体政策和策略问题。党在制定城市政策时，着重解决了如何正确对待工商业的问题。2月27日，中央发出《关于工商业政策》的指示，明确指出：对于城市中地主、富农经营的工商业应当保护。应当坚决执行发展生产、繁荣经济、公私兼顾、劳资两利的经济工作方针。1948年3月23日，山东省政府发布《关于新解放城市各项政策的布告》，宣布“发展工商业，保护公私营各种企业商业，在劳资两利、公私兼顾、增加生产的原则下，适当改善工人店员待遇，并保证资方一定之利润，以利解放区经济之繁荣”。3月至9月间，淄博、潍坊、济南等各城市相继解放，各城市军管会颁布“约法七章”政治命令，明确宣布“本军保护民族工商业及私人资本，奖励执行保护政策有功者，惩罚违背与破坏保护政策的肇事者”。在此期间华东军区政治部将《毛泽东论工商业政策》《关于新解放城市各项政策的布告》《在民主政府保护下吉林市工商业日渐繁荣》《潍坊工商业欣欣向荣——现已复业二千余家、成品畅销买卖好做》以及《潍坊市苦力运输、手工业工人几近全部就业，打铁运输较解放前有发展》等政策和经验文章结集成册，作为接管新解放城市、保护发展工商业的经验进行推广。

济南特别市政府财政局关于供给人员薪金的通知

1949年
山东博物馆藏

济南解放初期，济南市根据中共中央《关于新解放城市职工薪资问题的指示》，对“凡留任原职的职工和公教人员，暂时一律照旧支薪”。对国家机关、部分事业单位以及驻军和部分教员等实行以实物为主的供给制。在1949年4月，济南特别市政府制定了《职员薪资标准及评薪办法》：职员的工资以“分”计算，每分包含小米2斤、小麦1斤、油5钱、盐5钱、柴3斤（或等价的煤）、济南产白布1市尺。以每月10日至20日的中等货物的平均市价，折合本币发给。这份1949年4月18日济南特别市政府财政局的通知，详细记述了当时的市委市府系统各机关薪给人员的新的薪资等级评定算法，经过评定的当月的每分价值为82.4元。由于当时的物价存在一定幅度的波动，所以文件中还将《大众日报》在4月18日的物价随文附上。

本文件所规定的薪资标准与评薪办法对此后相关标准的制定起到了深远影响。1952年济南在全市国营及私营企业、事业单位、国家机关、人民团体、学校都进行了工资改革。改革的内容主要是：确定“工资分”为统一的计算单位，并统一“工资分”所含实物的品种和数量，确定产业顺序，每一产业划分为若干类工资标准。此后又多次调整工资，城镇职工的生活水平不断提高。

1948年济南解放后，城市水电、通讯和交通运输渐次恢复，加之整顿金融、平抑物价、援助工商各项措施迅速推行，到1949年初，全市工商业恢复正常生产经营。

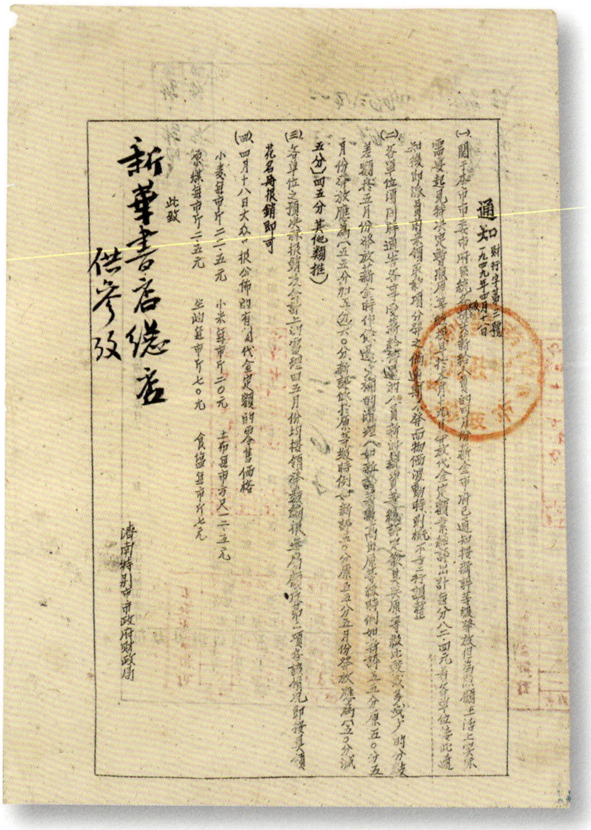

通知

此致
新華書店總店
供給股

濟南特別市市政府財政局

华东区铁路管理总局庆祝津浦、胶济两路通车典礼的纪念照片

1949年1月
济南市博物馆藏

津浦铁路是贯通中国南北的重要交通命脉。济南，位于津浦路、胶济路的连接点，北濒黄河，南倚泰山。由于年年战争，铁路反复遭受破坏，1947年4月，胶济铁路中断。1948年9月24日，济南解放。中国人民解放军华东军区济南特别市军事管理委员会正式接管国民政府交通部津浦区铁路管理局。11月1日，济南军管会在济南成立华东区铁路管理总局，同时成立中共华东区铁路管理总局委员会。次年1月，管理总局改归华东区财政经济办事处领导。12月20日，华东区铁路管理总局撤销原解放区的胶济铁路局和张博铁路局，成立胶济南铁路办事处（驻张店）。后改称张店铁路办事处。1949年1月1日，胶济铁路济南至坊子段修复通车，并在济南举行通车典礼。4月25日，华东区铁路管理总局改由中国人民革命军事委员会铁道部领导，称济南铁路管理局。1949年1月10日，中央军委决定成立铁道部，统一全国各解放区铁路的修建、管理和运输。

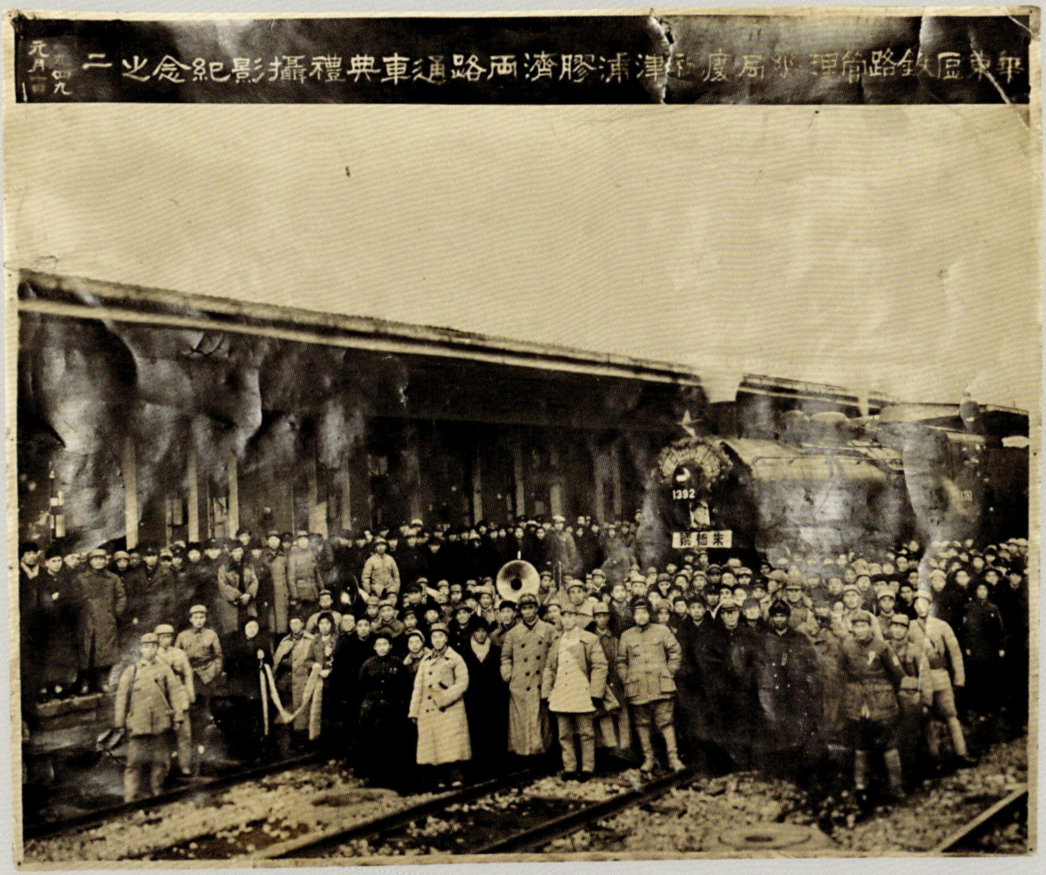

津浦铁路济南站是德国著名建筑师赫尔曼·弗舍尔设计的一座典型的德国风格日耳曼式车站建筑，建成于1909年，曾是亚洲最大的火车站，登上清华大学、同济大学的建筑专业教科书，并曾被战后西德出版的《远东旅行》列为远东第一站。

华东工商部业务研究室翻印《商业情报工作》

20世纪40年代
山东博物馆藏

华东工商部业务研究室翻印，作为业务学习材料使用，内刊载《商情工作的立场观点和工作方法》等文章，原文刊载于晋察冀贸易总公司所出《贸易月刊》第10期。

华东工商部，1948年7月成立，前身为1946年1月成立的山东省工商管理总局。1949年4月，华东工商部划归山东省政府领导，名称改为山东省人民政府工商部。在此期间，工商部主管进出口贸易经营、进出口行政管理、海关工作，有关全省内地贸易经营的业务，包括“扶助生产、调剂物资、支持外汇、军需供应”，以及全省工商行政管理等。

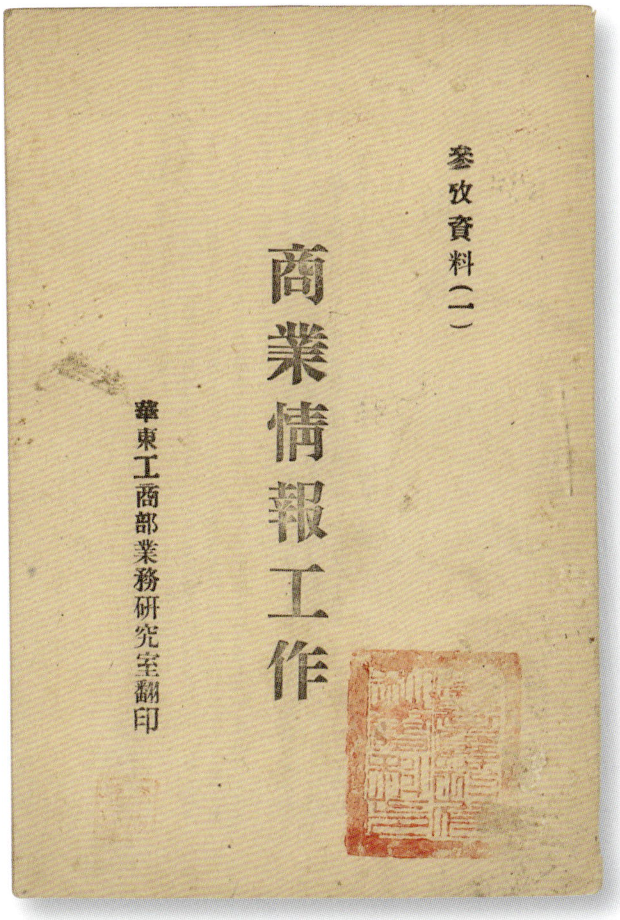

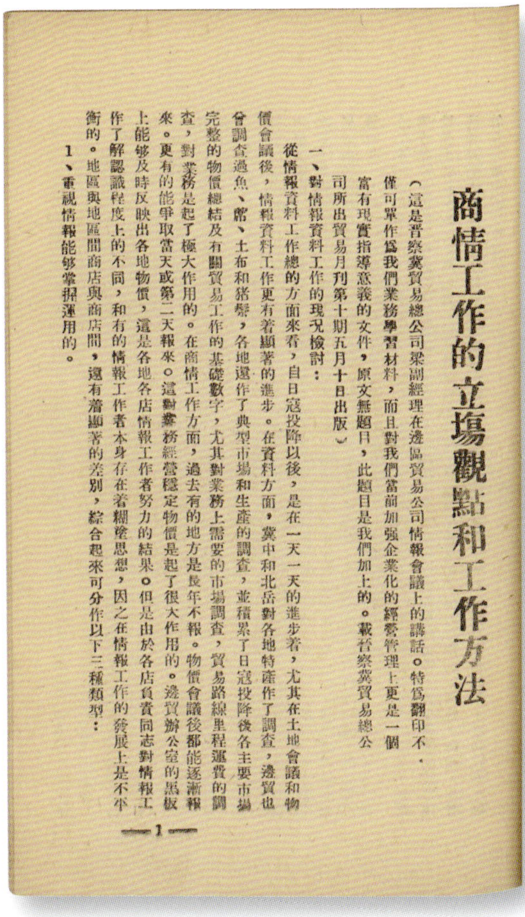

商情工作的立場觀點和工作方法

(這是晉察冀貿易總公司梁副經理在邊區貿易公司情報會議上的講話。特為翻印不僅可單作為我們業務學習材料，而且對我們當前加強企業化的經營管理上更是一個富有現實指導意義的文件，原文無題目，此題目是我們加上的。載晉察冀貿易總公司所出貿易月刊第十期五月十日出版)

一、對情報資料工作的現況檢討：

從情報資料工作總的方面來看，自日寇投降以後，是在一天一天的進步着，尤其在土地會議和物價會議後，情報資料工作更有着顯著的進步。在資料方面，冀中和北岳對各地特產作了調查，邊貿也會調查過魚、鹽、土布和豬鬃，各地還作了典型市場和生產的調查，並積累了日寇投降後各主要市場完整的物價總結及有關貿易工作的基礎數字，尤其對業務上需要的市場調查，貿易路線里程運費的調查，對業務是起了極大作用的。在商情工作方面，過去有的地方是長年不報。物價會議後都能逐漸報來。更有的能爭取當天或第二天報來。這對業務經營穩定物價是起了很大作用的。邊貿辦公室的黑板上能够及時反映出各地物價，這是各地各店情報工作者努力的結果。但是由於各店負責同志對情報工作了解認識程度上的不同，和有的情報工作者本身存在着糊塗思想，因之在情報工作的發展上是不平衡的。地區與地區間商店與商店間，還有着顯著的差別，綜合起來可分作以下三種類型：

1、重視情報能够掌握運用的。

—1—

山东省胶东区行政公署公布令（财字第四号）《山东省胶东区田房契税暂行条例》

1946年

烟台市博物馆藏

1946年，山东省胶东区行政公署依据《修正山东省田房契税暂行条例》暨胶东区具体情况，决定制定《山东省胶东区田房契税暂行条例》，故公布此令。文件后附《山东省胶东区田房契税暂行条例》和《契纸缮写与投税手续说明》各一份。

其中田房契税暂行条例共二十条，规定条例于1946年11月1日起实施，涵盖不动产交换、地权转移及战前战后相关税率等方面的规定，使在各种形式下不动产权的转移都有统一合理规范的制度保障；契纸缮写与投税手续说明共六条，规定了契纸的来源、填写形式、填写内容、填写权限及税款的交付等内容，详细阐明了田房契税的办理及缴纳方法。

抗日战争结束后，山东解放区的土地关系发生显著变化，为确定人民土地所有权和增加财政收入，山东省政府决定1946年冬和1947年春普遍进行契税工作。1946年9月，省政府公布《修正山东省田房契税暂行条例》（简称《条例》），10月省政府又修正《条例》个别条款。《条例》的出台，适应了解放区的新形势，促进了经济生产的恢复与发展。

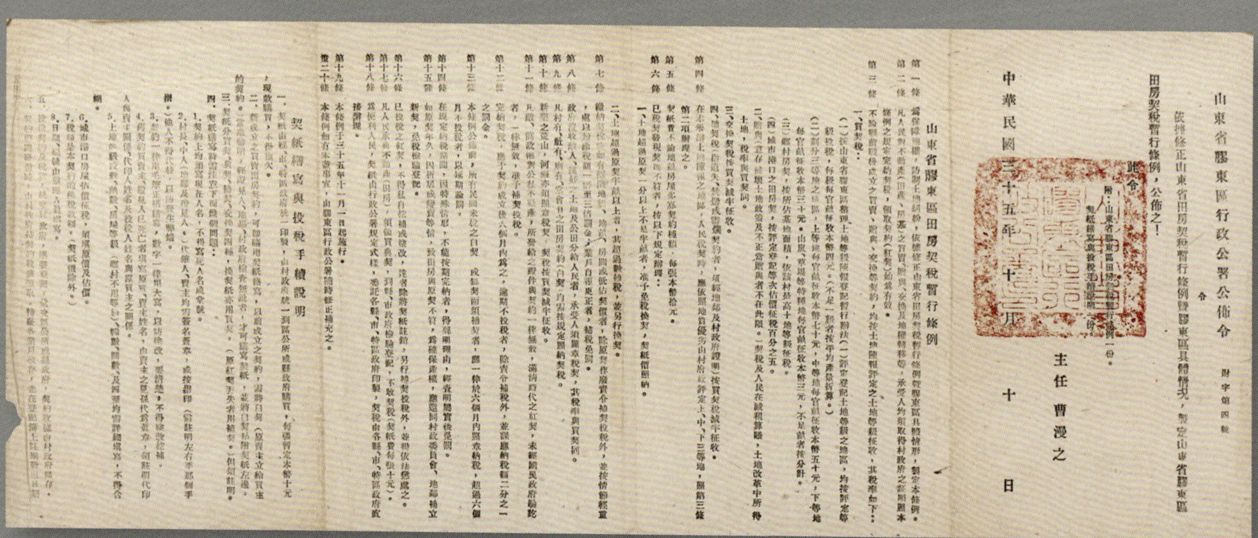

山東省膠東區行政公署公佈令 財字第四號

令

依據修正山東省田房契稅暫行條例暨膠東區具體情況，製定山東省膠東區田房契稅暫行條例，公佈之！

此令

附：山東省膠東區田房契稅暫行條例一份。

契紙繕寫與投稅手續說明一份。

主任 曹漫之

中華民國三十五年十月十日

山東省膠東區田房契稅暫行條例

契紙繕寫與投稅手續說明

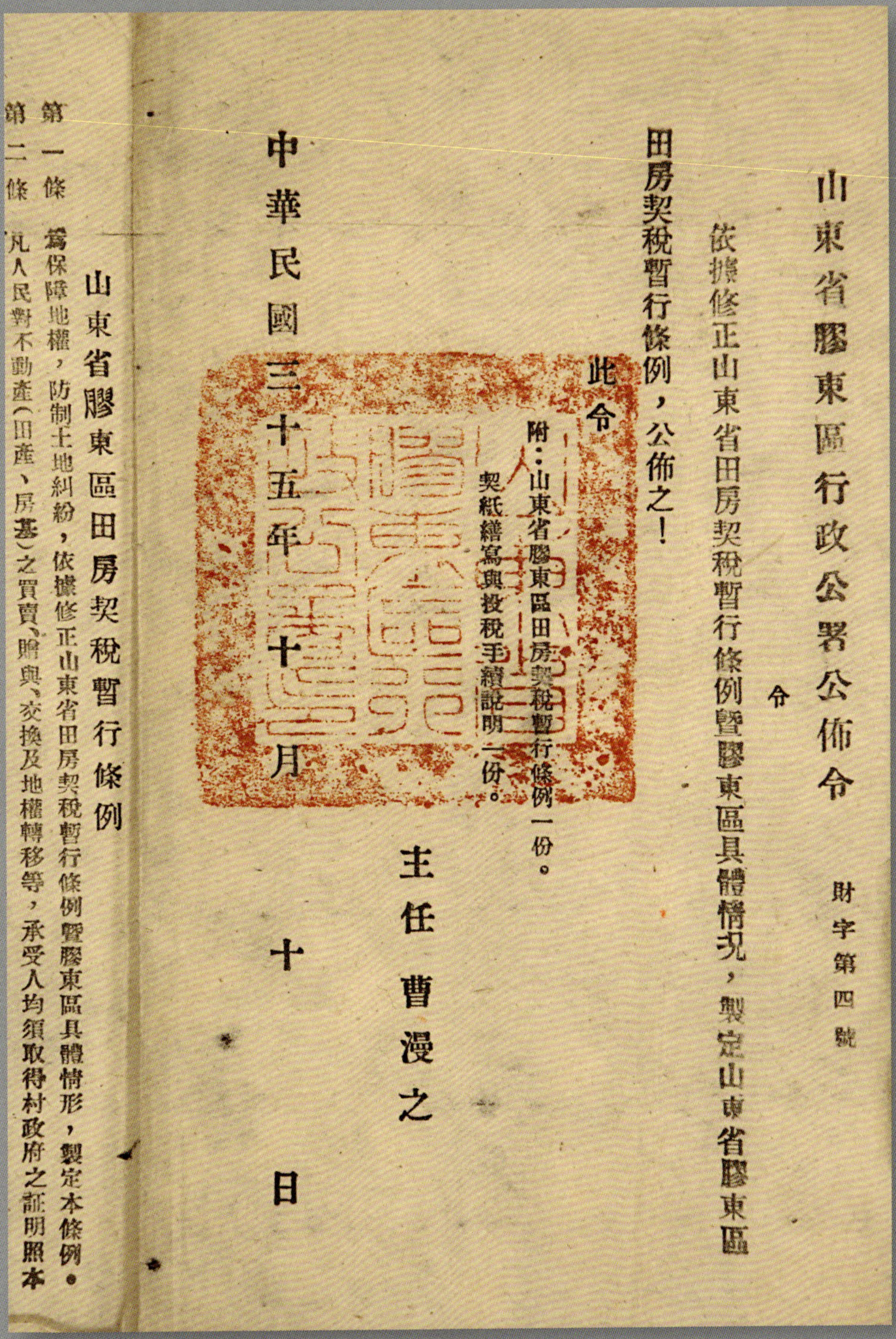

山東省膠東區行政公署公佈令

財字第四號

令

依據修正山東省田房契稅暫行條例暨膠東區具體情況，製定山東省膠東區田房契稅暫行條例，公佈之！

此令

附：山東省膠東區田房契稅暫行條例一份。

契紙繕寫與投稅手續說明一份。

主任　曹漫之

中華民國三十五年十月　十日

山東省膠東區田房契稅暫行條例

第一條　為保障地權，防制土地糾紛，依據修正山東省田房契稅暫行條例暨膠東區具體情形，製定本條例。

第二條　凡人民對不動產(田產、房基)之買賣、贈與、交換及地權轉移等，承受人均須取得村政府之証明照本

华东人民政府财政部编《一九四七年华北区农村经济调查》

1949年

山东博物馆藏

华北人民政府财政部编，是在1947年由当时的冀鲁豫、冀南、太行、太岳等四个行署组织专人进行的农村经济情况调查报告，为《华北政报》副刊之一。目的是对当时华北区的农村人民生活情况进行一次摸底式的了解。由于当时农村负担的轻重对生产影响极大，在计算当时人民负担及平衡各区负担时，需要准确数字以支撑政策制定。对各区人民收入、生产及生活消耗、负担能力、生产投资情况以及人民交纳公粮后的生活情况都需要清晰掌握。随之根据调查数据和情况推行合理负担，达成财政收入目标与负担的公平。调查材料包括各区收入总体概况、生活水平统计、再生产投资等部分。该报告以山地和平原分类，详细列举了各阶层收支亏余、国民收入情况、国民再生产投资情况、粮食蔬菜收入食用剩余统计情况等图表。

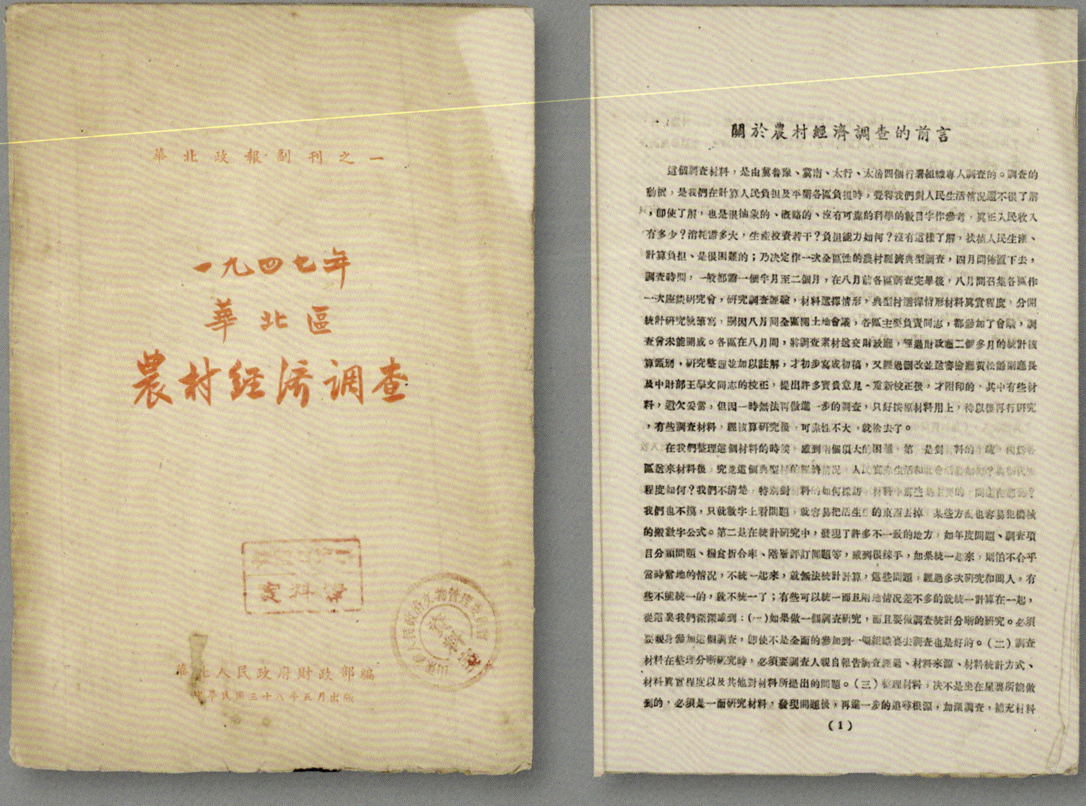

關於農村經濟調查的前言

這個調查材料，是由冀魯豫、冀南、太行、太岳四個行署組織專人調查的。調查的動機，是我們在計算人民負担及平衡各區負担時，覺得我們對人民生活情況還不很了解，即使了解，也是很抽象的、概略的、沒有可靠的科學的數目字作參考，真正人民收入有多少？消耗許多大，生產投資若干？負担能力如何？沒有這樣了解，扶植人民生產、計算負担、是很困難的；乃決定作一次全區性的農村經濟典型調查，四月間佈置下去，調查時間，一般都需一個半月至二個月，在八月該各區調查完畢後，八月間召集各區作一次座談研究會，研究調查經驗，材料選擇情形，典型村選擇情形材料真實程度，分開統計研究後編寫，剛因八月間全黨開土地會議，各區主要負責同志，都參加了會議，調查會未能開成。各區在八月間，將調查素材送交財政廳，經過財政廳二個多月的統計核算甄別，研究整理並加以註解，才初步寫成初稿，又經過修改並送審給戎副廳長及中財部王學文同志的校正，提出許多寶貴意見，重新校正後，才附印的，其中有些材料，還欠妥當，但因一時無法再做進一步的調查，只好按原材料用上，待以後再行研究，有些調查材料，經核算研究後，可靠性不大，就捨去了。

在我們整理這個材料的時候，感到有[illegible]大的困難，第一是對材料的[illegible]，因[illegible]區送來材料後，究竟這個典型村的經濟情況，人民實際生活和生產[illegible]如何？[illegible]程度如何？我們不清楚，特別對材料的如何採訪，材料中那些是主要的，問題在那裏？我們也不摸，只就數字上看問題，就容易把活生生的東西去掉，某些方面也容易犯機械的搬數字公式。第二是在統計研究中，發現了許多不一致的地方，如年度問題、調查項目分類問題、糧食折合率、階層評訂問題等，感到很棘手，如果統一起來，則怕不合乎當時當地的情況，不統一起來，就無法統計計算，這些問題，經過多次研究和[illegible]人，有些不能統一的，就不統一了；有些可以統一而且兩地情況差不多的就統一計算在一起，從這裏我們深深感到：（一）如果做一個調查研究，而且要做調查統計分析的研究。必須要親身參加這個調查，即使不是全面的參加到一個組織裏去調查也是好的。（二）調查材料在整理分析研究時，必須要調查人親自報告調查經過、材料來源、材料統計方式、材料真實程度以及其他對材料所提出的問題。（三）整理材料，決不是坐在屋裏所能做到的，必須是一面研究材料，發現問題後，再進一步的追尋根源，加深調查，補充材料

（1）

山东省政府印发关于粮（草）票使用规定的布告

1948年
山东省档案馆藏

解放战争时期，为统一全省粮（草）票发行与严格使用制度，杜绝使用松懈和非法滥发现象，防止舞弊、澄清粮政，以节约备荒、保证战争胜利，1948年1月28日，山东省政府印发关于本省粮（草）票使用规定的布告。规定自1948年2月1日起，过去山东省粮食总局所发行的粮（草）票及各地自印的粮（草）票一律停用作废，另有粮食总局发行新粮（草）票。同时对停用收兑旧票推出六条办法，对改用新票提出证明文件、严禁买卖粮（草）票、改用市秤等五条规定。

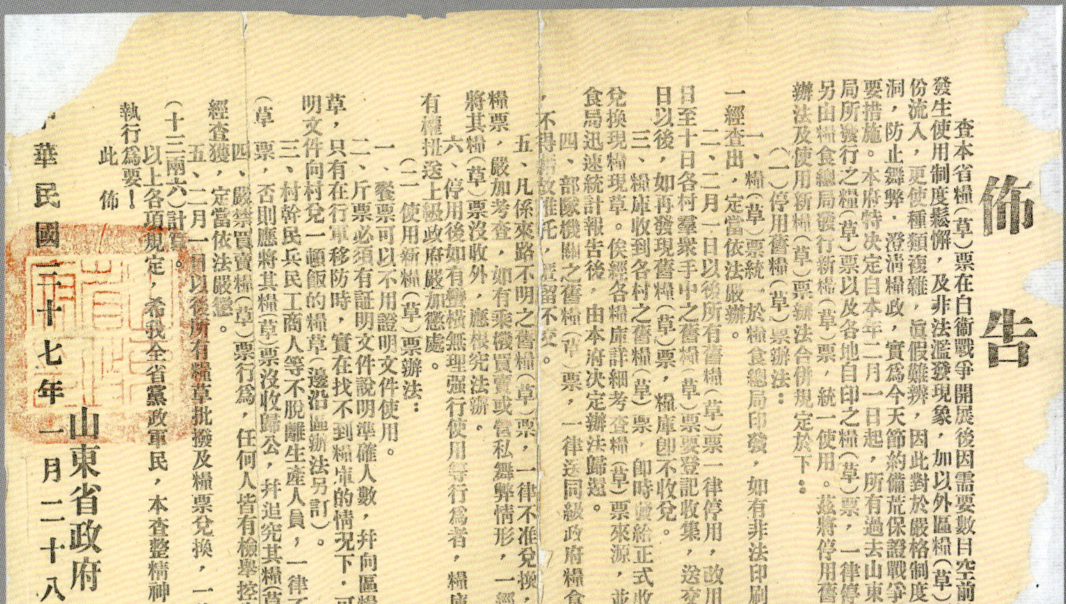

佈告

查本省糧(草)票在自衛戰爭開展後因需要數目空前增加，而發生使用制度鬆懈，及非法濫發現象，加以外區糧(草)票亦有部份流入，更使種類複雜，眞假難辨，因此對於嚴格制度，杜絕漏洞，防止舞弊，澄清糧政，實爲今天節約備荒保證戰爭勝利之必要措施。本府特決定自本年二月一日起，所有過去山東省糧食總局所發行之糧(草)票以及各地自印之糧(草)票，一律停用作廢，另由糧食總局發行新糧(草)票，統一使用。茲將停用舊糧(草)票辦法及使用新糧(草)票辦法合併規定於下：

（一）停用舊糧(草)票辦法：

一、糧(草)票統一於糧食總局印發，如有非法印刷發行者，一經查出，定當依法嚴辦。

二、二月一日以後所有舊糧(草)票一律停用，改用新票，一日至十日各村羣衆手中之舊糧(草)票要登記收集，送交糧庫。十日以後，如再發現舊糧(草)票，糧庫即不收兌。

三、糧庫收到各村之舊糧(草)票，即時發給正式收據，暫不兌換現糧現草。俟經各糧庫詳細考查糧(草)票來源，並由各級糧食局迅速統計報告後，由本府決定辦法歸還。

四、部隊機關之舊糧(草)票，一律送同級政府糧食部門繳銷，不得藉故推托，遲留不交。

五、凡係來路不明之舊糧(草)票，一律不准兌換，並須扣留糧票，嚴加考查，如有乘機買賣或營私舞弊情形，一經查明，除將其糧(草)票沒收外，應根究法辦。

六、停用後如有蠻橫無理強行使用等行爲者，糧庫及村政府有權扭送上級政府嚴加懲處。

（二）使用新糧(草)票辦法：

一、餐票可以不用證明文件使用。

二、斤票必須有証明文件說明準確人數，並向區糧庫兌撥糧草，只有在行軍移防時，實在找不到糧庫的情況下，可用正式証明文件向村兌一頓飯的糧草(邊沿區辦法另訂)。

三、村幹民兵民工商人等不脫離生產人員，一律不准使用糧(草)票，否則應將其糧(草)票沒收歸公，並追究其糧(草)票來源。

四、嚴禁買賣糧(草)票行爲，任何人皆有檢舉控告之權，一經查獲，定當依法嚴懲。

五、二月一日以後所有糧草批撥及糧票兌換，一律改用市秤(十三兩六)計算。

以上各項規定，希我全省黨政軍民，本查整精神，協助監督執行爲要！

此佈

山東省政府

中華民國三十七年一月二十八日

山东解放区发行的票证

解放战争时期
山东省档案馆藏

山东解放区发行的票证，种类繁多，如税务印花、邮票、粮票、草票、卷烟商标等，是研究解放区经济政策和发展的第一手宝贵资料。山东解放区各级党组织贯彻执行党中央“发展经济、保障供给”的方针，在建立民主政权的同时，设立了专门的经济管理机构，制定了发展经济的有关政策，山东解放区的粮食生产、小手工业、工商税务等各项事业都得到较快发展，为战争的顺利进行提供了坚实的保障。

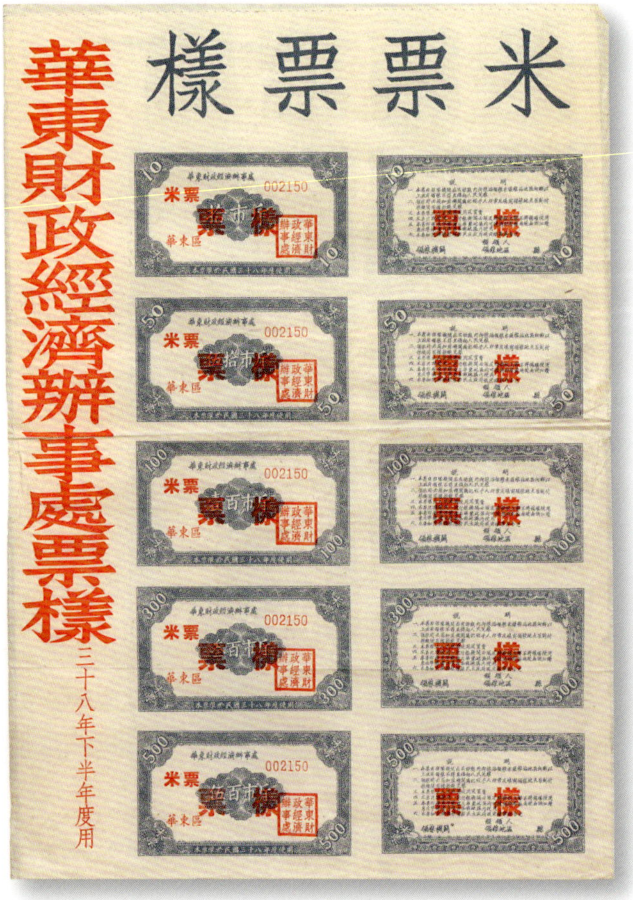

草
票
票
樣

山東省糧食總局
壹餐
中華民國三十五年印

第二章

城市接管 统筹后方

1945年8月抗日战争胜利时，山东解放区是中国共产党领导的全国最大的战略区之一。解放战争初期，华东战场是全国主战场。华东野战军英勇作战，粉碎了国民党军的全面进攻和重点进攻。随着解放战争不断取得胜利，山东省政府在山东解放区成功完成城市接管、开启社会建设。本章收录的山东解放区的各类文物，如1948年华东军区政治部印制的《新解放城市安民布告与安民口号》、1948年山东省政府公布的《恢复和整顿小学实施办法草案》等，从多方面展现了山东解放区接管城市、全面开展社会建设的崭新风貌。

中国纺织建设公司青岛分公司处理代管接收敌伪物资总报告表

解放战争时期
青岛市博物馆藏

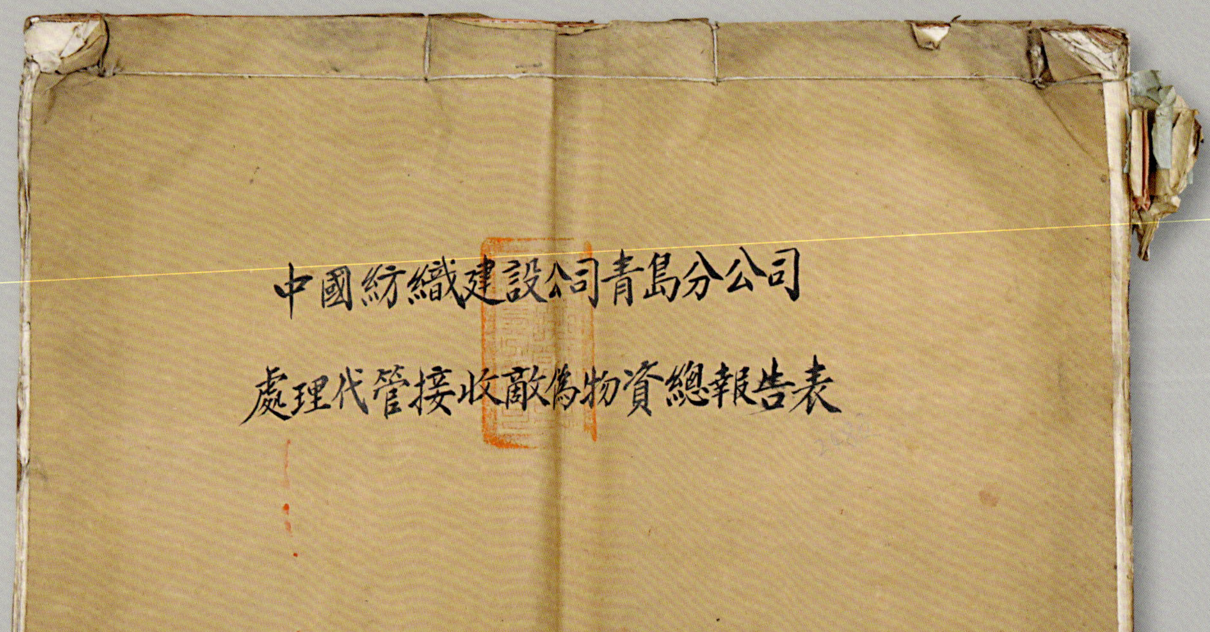

中国纺织建设公司青岛分公司处理代管接收敌伪物资总报告表，是接收汪伪政权相关物资的重要凭证。中国纺织建设公司于1945年12月4日成立，1946年1月2日总公司在上海开业，接着在青岛、天津、沈阳等地设立分公司。企业接收的固定资产总值估计折合7亿美元，包括棉、毛、麻、绢丝纺织、印染、针织等58个厂。棉纺织厂是主体，上海有18个厂，其他各地有20个厂；共有纺锭177万锭，织机3.9万台。国民党政府投资法币10亿元，长期贷款50亿元，两项折合美元297万元，只占固定资产的千分之四。营运的资金取自接收来的原物料和制成品，主要是棉花、纱、布。

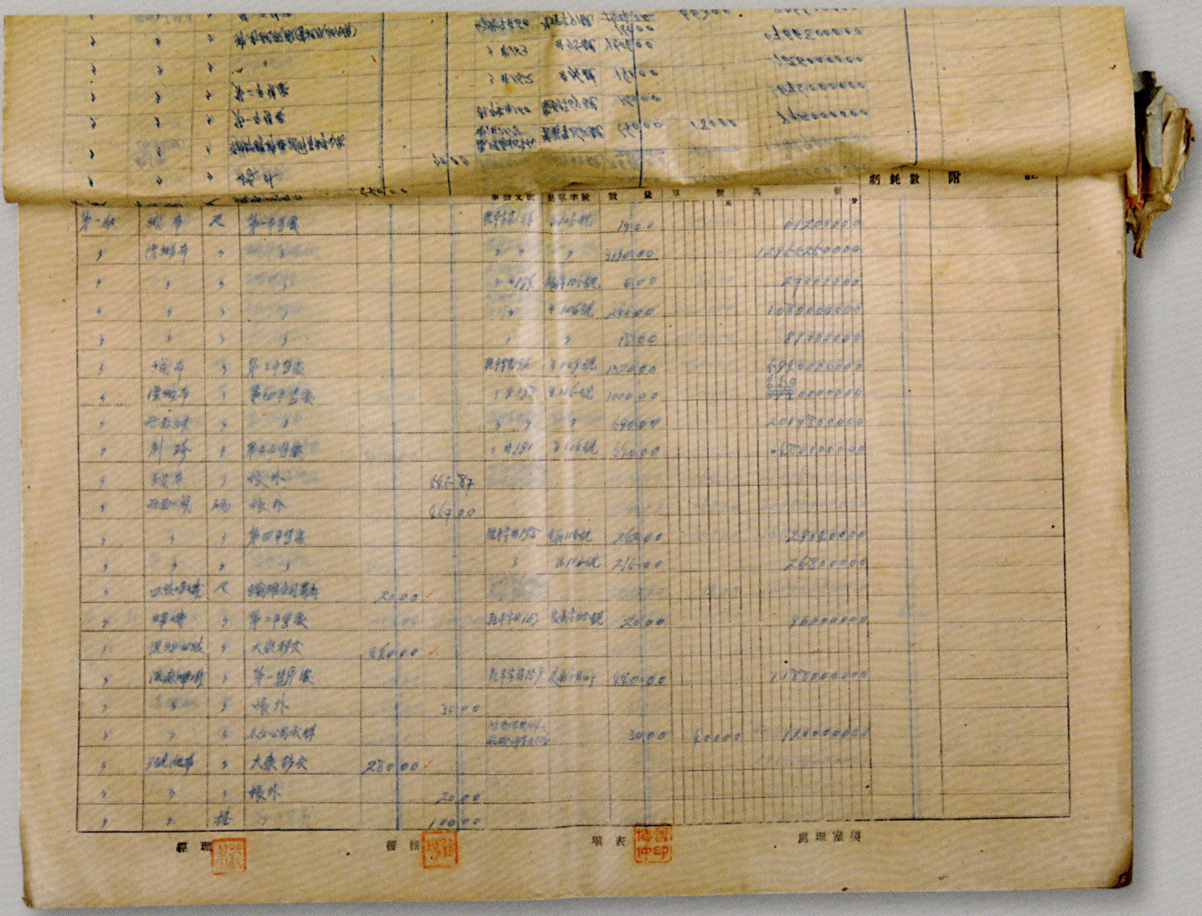

中共华东中央局、山东军区司令部、山东省政府联合发布《战时发行联合通知》

20世纪40年代
沂源博物馆藏

在解放战争时期，由于政治环境恶化、时局动荡及邮政条件不足等，大批宣传品、报纸等无法及时被运出。为了更好地支援前线工作，及时对敌展开政治攻势，集中一切力量，确保各战略区之间及通往各个前线的邮政工作，中共华东中央局、山东军区司令部、山东省政府发布联合通知，要求各地党政军民领导机关督促及协助各地邮局，设法克服困难，保证各条邮政线畅行无阻，保证一切宣传品书籍报纸等及时迅速地运往前方。

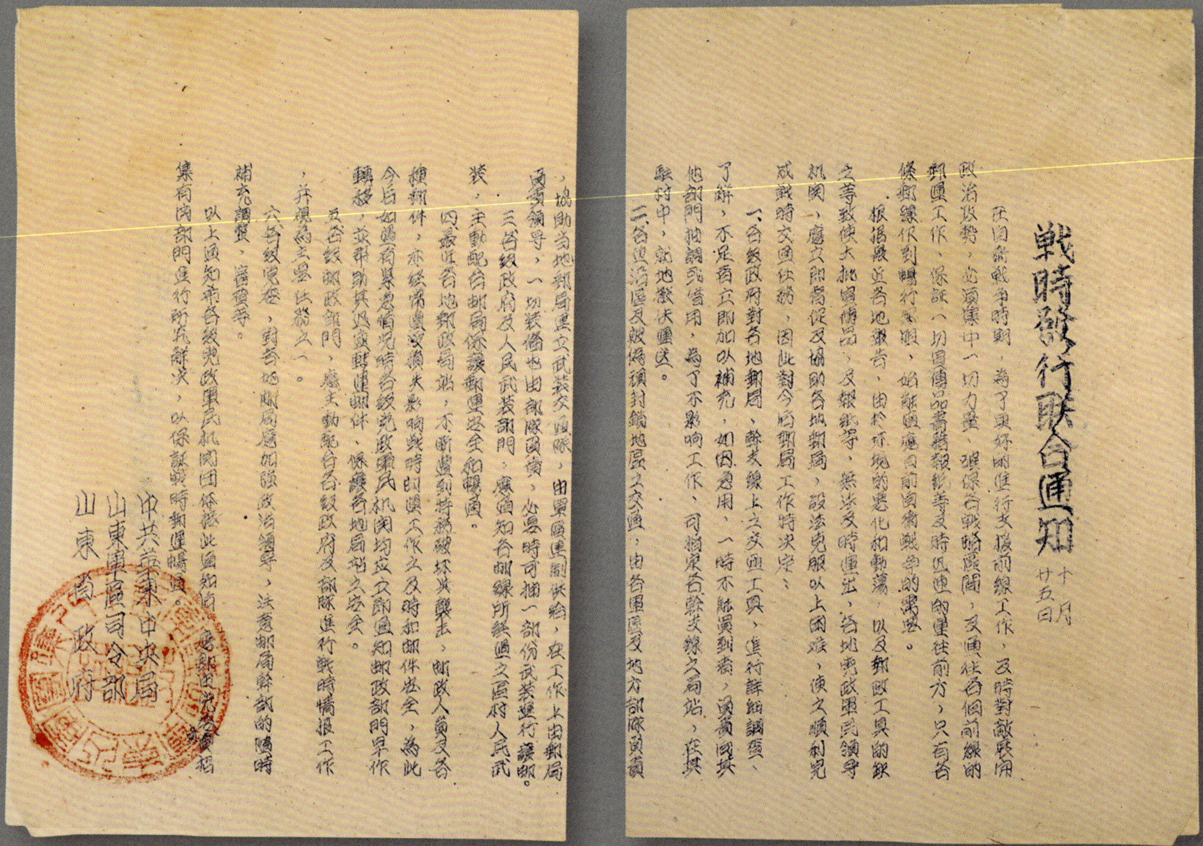

冀鲁豫职工总筹委会印
《关于中国职工运动当前任务的决议》

1948年
聊城市茌平区档案馆藏

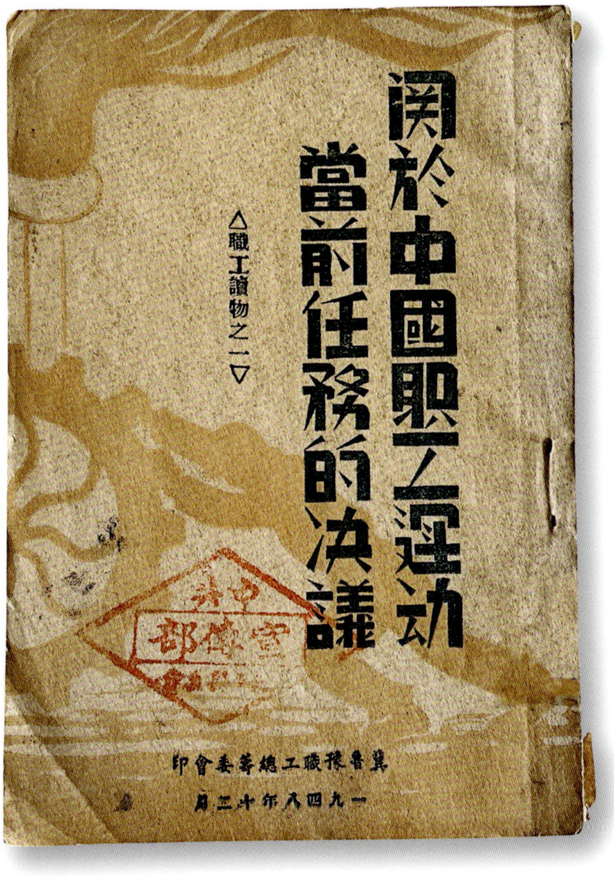

冀鲁豫职工总筹委会印，由《中华全国总工会章程》《关于中国职工运动当前任务的决议》《关于中国职工运动当前任务决议案中几个问题的说明》《东北公营企业战时暂行劳动保险条例》等文章组成，是解放战争时期中共冀鲁豫区职工读物之一。

1948年8月，第六次全国劳动大会通过了《关于中国职工运动当前任务的决议》（简称《决议》），是中华人民共和国建立前后全国职工运动的纲领性文件。《决议》明确提出了工人阶级的历史地位和作用，并为动员和组织全国工人配合支援人民解放军夺取全国胜利的工人运动确定了方针和任务，指导了工人运动和工会工作的正确开展。第六次全国劳动大会是中国工人运动史上的里程碑。大会通过的报告和章程、制定的方针和策略，是马克思主义与中国工人运动和工会运动相结合的典范，在中国工人运动史上具有重要意义。

冀鲁豫行政公署为常乐进颁发的第二专区南华县县长委任状

1949年

冀鲁豫边区革命纪念馆藏

该委任状于1949年2月7日颁发，为冀鲁豫行政公署委任常乐进为第二专区南华县县长的委任状，落款为行署主任潘复生和副主任贾心斋、韩哲一，并加盖“冀鲁豫行政公署印”的朱文方印。

1941年1月冀鲁豫边区行政主任公署成立，辖直南、豫北、鲁西南三个专区。同年7月与鲁西行政区合并，仍称冀鲁豫边区。至1946年3月，冀鲁豫边区共辖6个专区、3个市，其中第一（泰运）、二（运西）、三（湖西）、五（鲁西南）4个专区和济宁、菏泽2个市今属山东省。1945年11月，南华县划归冀鲁豫第五专区（鲁西南专区）管辖。

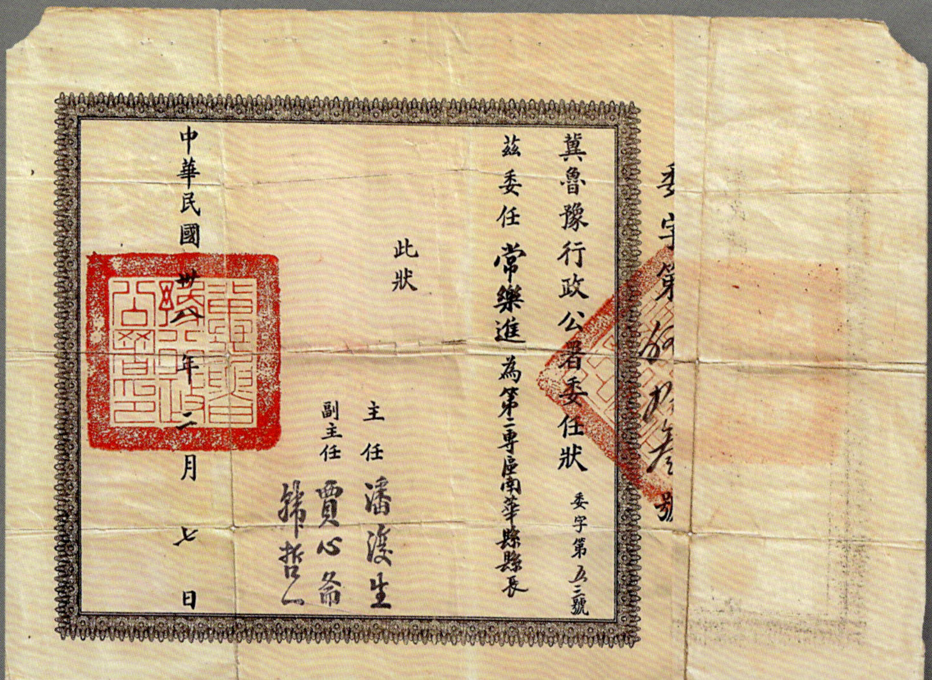

冀魯豫行政公署委任狀

委字第五三號

茲委任常樂進為第二專區南華縣縣長

此狀

主任 潘復生

副主任 賈心齋 韓哲一

中華民國卅八年二月七日

鲁中行政公署编印、鲁中新华书店出版《司法手册》（上、下册）

1946年
山东博物馆藏

鲁中行政公署1946年3月编印，鲁中新华书店出版发行，上册主要刊载《山东省战时施政纲领》《山东省土地租佃条例》《山东省婚姻暂行条例　保护抗日军人婚姻暂行条例》《山东省女子继承暂行条例》《修正山东省惩治贪污暂行条例》《山东省惩治战争罪犯及汉奸条例》《山东省汉奸自首自新暂行条例》《山东省汉奸财产处理暂行办法》《山东省关于执行宽大政策的决定》等10篇文章；下册主要刊载《修正改进司法工作纲要（草案）》《彻底改革司法工作走群众路线——黎主任委员在山东行政工作会议上总结报告》《省行政工作会议司法组总结报告》《苏皖边行署刘主任在边区司法会议上的报告》《解放日报民间调解工作短评》《马锡五同志的审判方式》《调解与审判的原则》《调解与审判》《扶植群众运动中的司法工作——节录冀鲁豫行署贾处长在司法会议上的总结报告》9篇文章，体现了山东解放区蓬勃开展的法治建设。

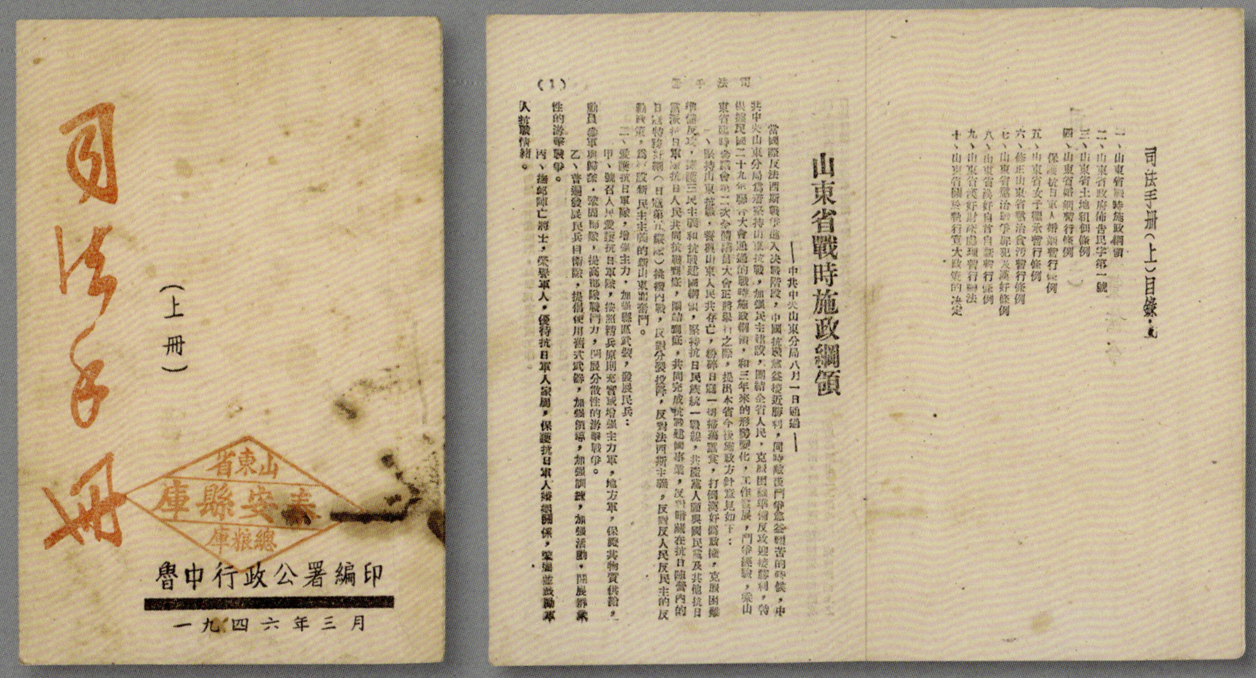

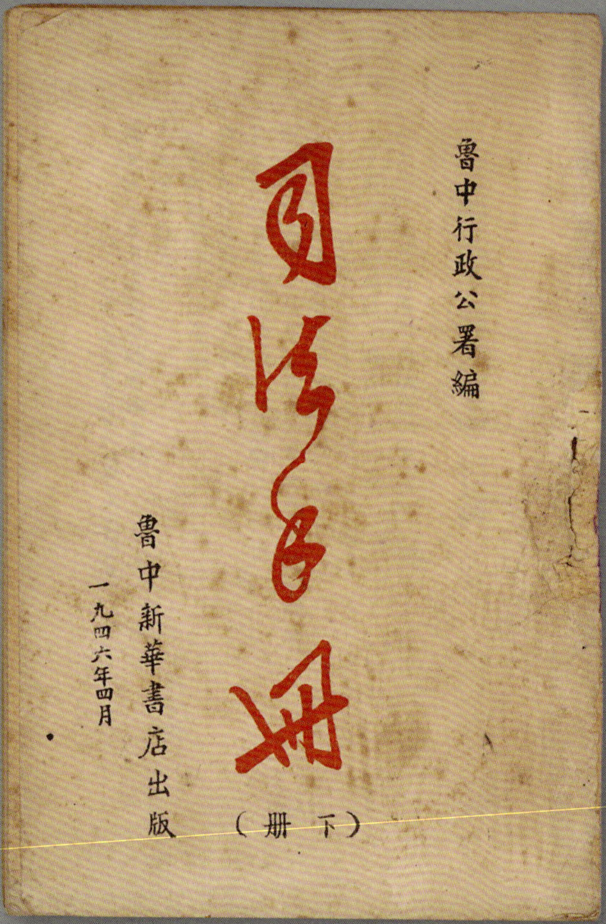
司法手冊

魯中行政公署編

（下冊）

魯中新華書店出版

一九四六年四月

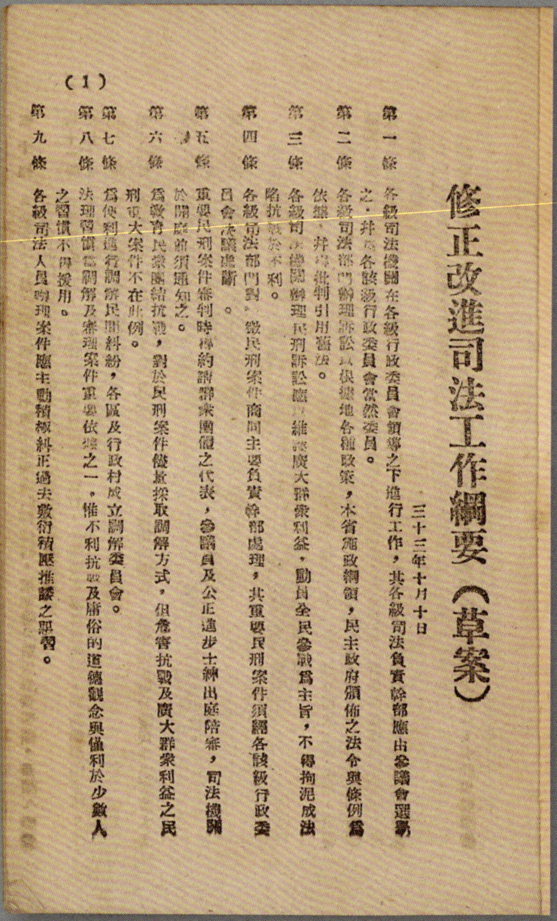
修正改進司法工作綱要（草案）

三十三年十月十日

第一條 各級司法機關在各級行政委員會領導之下進行工作，其各級司法負責幹部應由參議會選舉之，并為各該級行政委員會當然委員。

第二條 各級司法部門辦理訴訟以根據各種政策，本省施政綱領，民主政府頒佈之法令與條例為依據，并得批判引用舊法。

第三條 各級司法機關辦理民刑訴訟應以維護廣大群衆利益，動員全民參戰為主旨，不得拘泥成法貽抗戰於不利。

第四條 各級司法部門對一般民刑案件商同主要負責幹部處理，其重要民刑案件須經各該級行政委員會決議處斷。

第五條 重要民刑案件審判時得約請群衆團體之代表，參議員及公正進步士紳出庭陪審，司法機關於開庭前須通知之。

第六條 為教育民衆團結抗戰，對於民刑案件儘量採取調解方式，但危害抗戰及廣大群衆利益之民刑重大案件不在此例。

第七條 為便利處理調解民間糾紛，各區及行政村成立調解委員會。

第八條 法理習慣為調解及審理案件重要依據之一。惟不利抗戰及庸俗的道德觀念與僅利於少數人之習慣不得援用。

第九條 各級司法人員辦理案件應主動積極糾正過去敷衍積壓推諉之惡習。

（1）

冀鲁豫行政公署通令（财字十一号）《为停发今冬棉衣及时报销并明确几项规定由》

1948年
山东博物馆藏

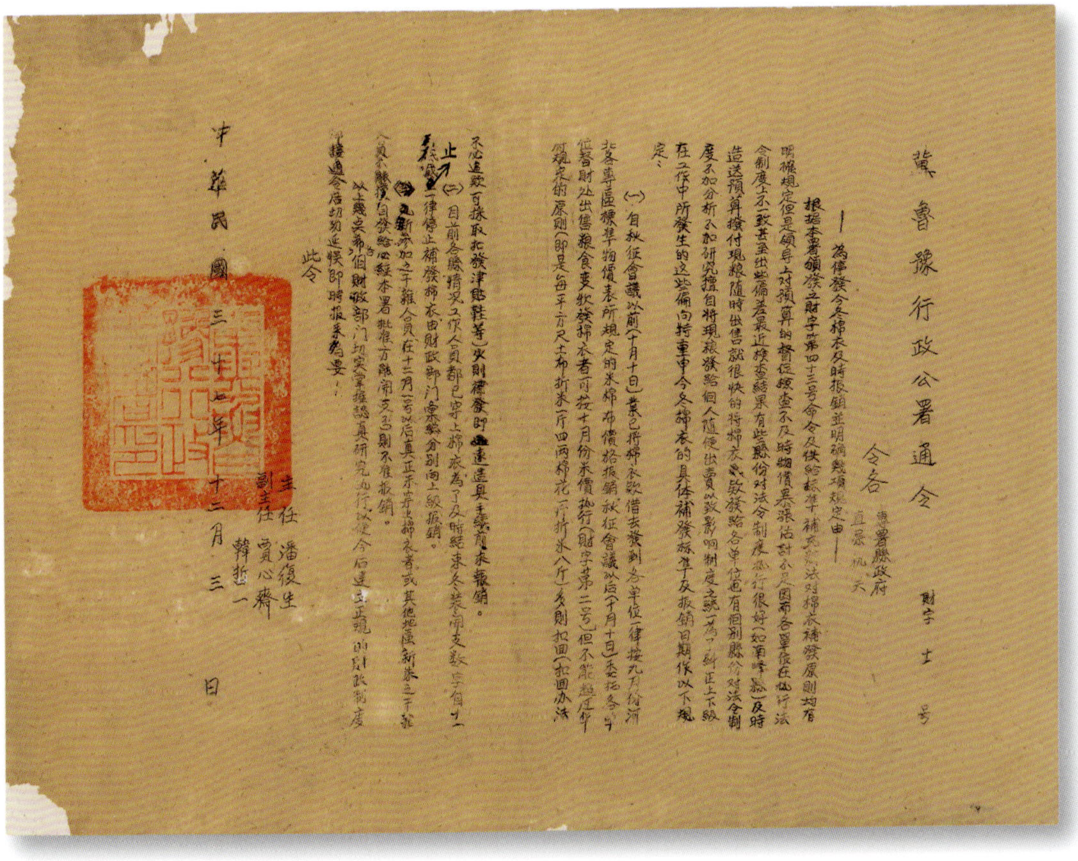
冀魯豫行政公署通令
財字十一號
令各專署縣政府 直屬機關
一、為停發今冬棉衣及時報銷並明確幾項規定由——
根據本署頒發之財字第四十三號命令及供給標準補充辦法對棉衣補發原則均有明確規定，但是領導上對預算的督促檢查不及時，物價暴漲估計不足，因而各單位在執行法令制度上不一致甚至出些偏差，最近檢查結果有些縣份對法令制度執行很好（如南峰縣）及時造送預算撥付現糧隨時出售就很快的將棉衣發給各單位，也有個別縣份對法令制度不加分析不加研究擅自將現糧發給個人隨便出賣以致影響制度之統一。為了糾正上下級在工作中所發生的這些偏向，特重申今冬棉衣的具體補發標準及報銷日期作以下規定：
（一）自秋征會議以前（十月十日）業已將棉衣款借去發到各單位一律按九月份所在專區標準物價表所規定的米棉布價格報銷，秋征會議以後（十月十日）委托各專區財政出售糧食支款發棉衣者可按十月份米價執行（財字第二號），但不能超過所規定的原則（即是每平方尺土布折米一斤四兩，棉花一斤折米八斤），否則扣回（扣回辦法不必追款，可採取扣發津貼鞋等），以則從發即速造具手續前來報銷。
（二）目前各縣情況工作人員都已穿上棉衣，為了及時結束冬裝開支，數字自十一月一日起一律停止補發棉衣，由財政部門彙報分別向上級報銷。
（三）新參加之干雜人員在十二月一號以後真正未穿上棉衣者或其他地區新來之干雜人員不能擅自發給，必經本署批准方能開支，否則不准報銷。
以上幾點希各個財政部門切實掌握認真研究執行，以便今後建立正規的財政制度，接通令後切勿延誤，即時報來為要！
此令
主任 潘復生
副主任 賈心齋 韓哲一
中華民國三十七年十二月三日

油印。落款为行署主任潘复生和副主任贾心斋、韩哲一，并加盖“冀鲁豫行政公署印”朱文方印，系冀鲁豫行政公署1948年12月3日向各专署县政府直属机关颁布的通令。通令指出“根据本署颁发财字第四十三号命令及供给标准补充办法对棉衣补发原则均有明确规定，但是领导上对预算的督促检查不及时、物价上涨估计不足，因而各单位在执行法令制度上不一致，甚至出现偏差”“为了纠正上下级在工作中所发生的这些偏向，特重申今冬棉衣的具体补发标准及报销日期”。通令明确作出规定，以便之后建立正规的财政制度。

冀鲁豫第三行政区督察专员公署发布的紧急通知（合字第一号）

1948年
山东博物馆藏

油印。落款为专员鹿渠清，为冀鲁豫第三行政区督察专员公署发布的关于数件事项的紧急通知。通知事宜有：一是关于战勤米停止运送的通知；二是召开紧急联席会议的通知；三是关于秋征会议、生产救灾会议的通知；四是关于电话线、架通电话等事项。

1946年2月8日，冀鲁行署决定原晋冀鲁豫边区第十一专署改称为晋冀鲁豫边区冀鲁豫第三行政督察专员公署，主要辖鱼台、金乡、成武、单县、砀山、丰县、沛县等。

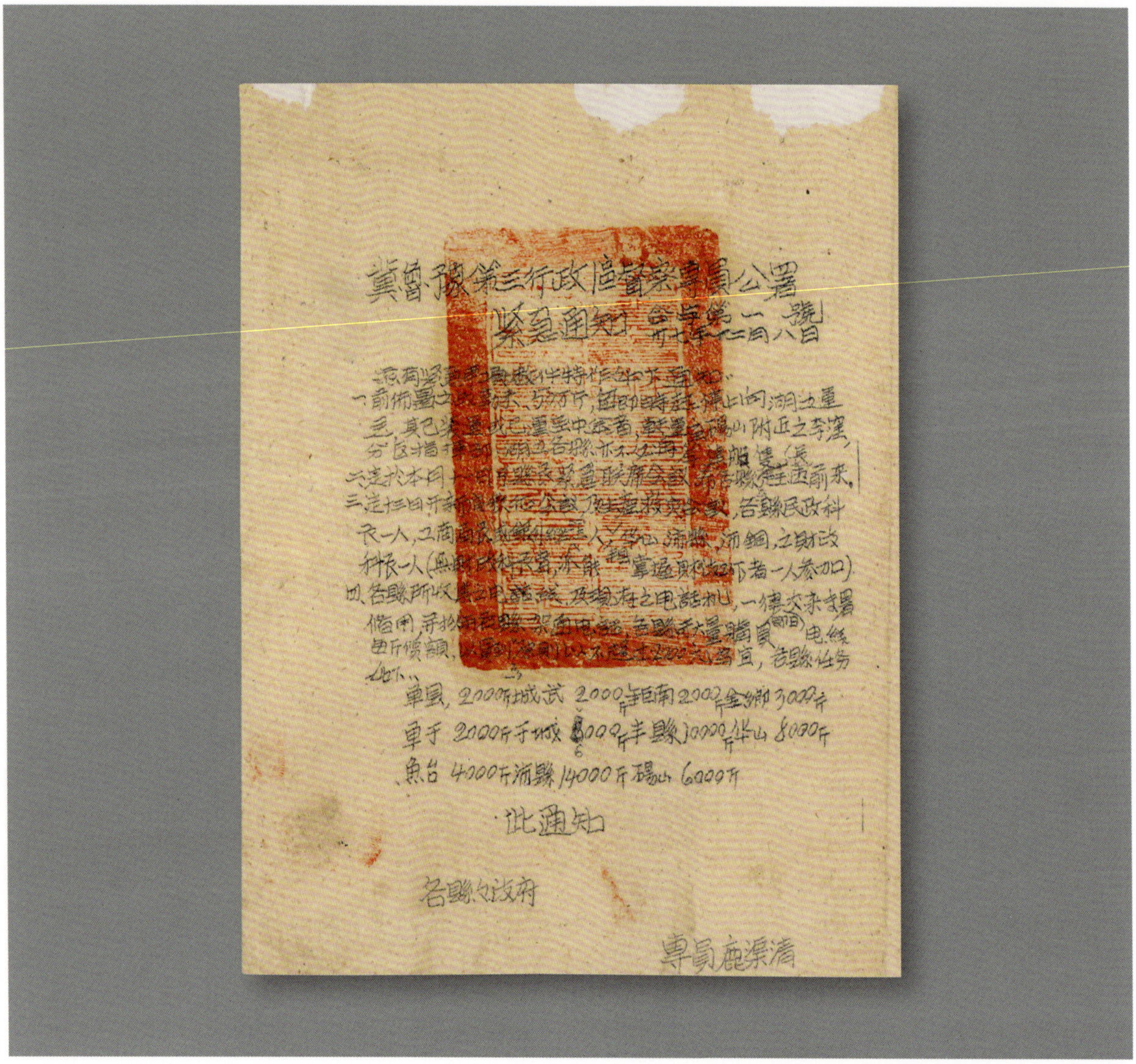

冀魯豫第三行政區督察專員公署
緊急通知 合字第一號
卅七年十二月八日

[illegible]

單縣 2000斤 城武 2000斤 鉅南 2000斤 金鄉 3000斤
單于 2000斤 于城 6000斤 丰縣 10000斤 华山 8000斤
魚台 4000斤 沛縣 14000斤 碭山 6000斤

此通知

各縣政府

專員鹿渠清

胶东区党委、胶东区行政公署、胶东军区司令部、胶东军区政治部《关于处理与安置荣军的联合决定》

1948年
山东博物馆藏

解放战争爆发后，随着参军人数的大幅增加和战役规模的扩大，山东解放区的荣誉军人数量也随之增加。如何妥善解决好荣军的安置问题，进而稳定军队士气，提高民众参战情绪，成为山东解放区后方各级军政机构不得不面对的一大问题。《关于处理与安置荣军的联合决定》（简称《联合决定》）针对某些地区、某些部门在具体方针、供给制度、处理方法等方面存在的重视不够等问题，指出荣军工作关系到部队巩固、士气旺盛及战斗力提高问题和人民群众参军问题，要求今后必须把荣军工作作为战争任务来完成，把动员归队、治疗伤员、安置残疾看成是一连串的战争任务。《联合决定》特从处理方针、接收办法、出院工作注意事项、供给问题、伤员荣军的组织领导问题等方面作出统一规定。

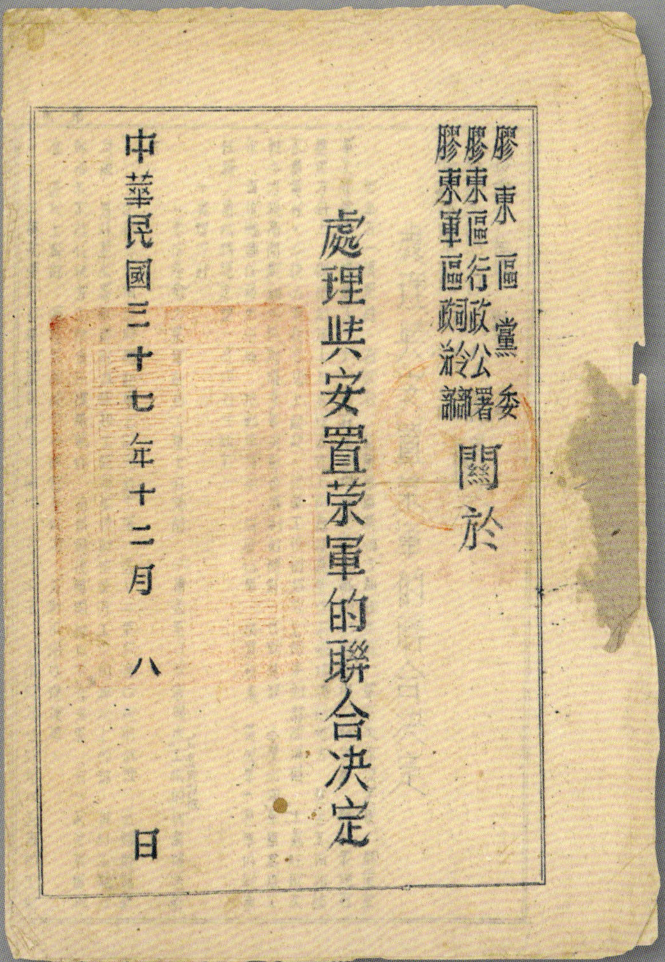
膠東區黨委
膠東區行政公署
膠東軍區司令部
膠東軍區政治部
關於
處理與安置榮軍的聯合決定
中華民國三十七年十二月 八 日

华东军区政治部编印《新参军战士、新解放战士的政治工作》

1948年

山东博物馆藏

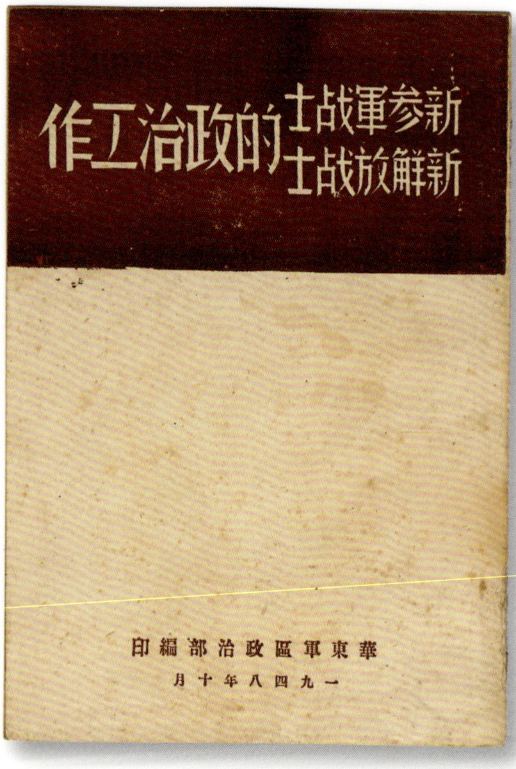

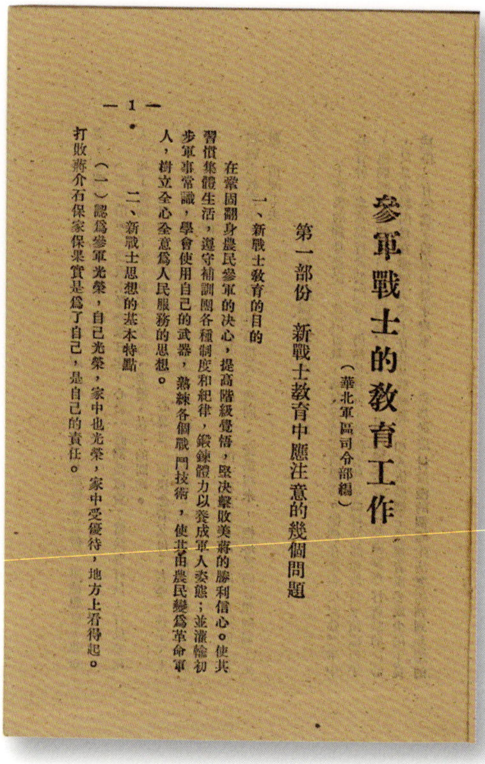

參軍戰士的教育工作

（華北軍區司令部編）

第一部份　新戰士教育中應注意的幾個問題

一、新戰士教育的目的

在鞏固翻身農民參軍的決心，提高階級覺悟，堅決擊敗美蔣的勝利信心。使其習慣集體生活，遵守補訓團各種制度和紀律，鍛鍊體力以養成軍人姿態；並灌輸初步軍事常識，學會使用自己的武器，熟練各個戰鬥技術，使其由農民變爲革命軍人，樹立全心全意爲人民服務的思想。

二、新戰士思想的基本特點

（一）認爲參軍光榮，自己光榮，家中也光榮，家中受優待，地方上看得起。打敗蔣介石保家保果實是爲了自己，是自己的責任。

—1—

华东军区政治部编印，山东新华书店出版。新参军战士指的是解放战争进行过程中新加入解放军的战士；新解放战士是指起义、投诚、被俘且愿意加入解放军的国民党军士兵。解放战争期间，特别是在淮海战役中，前线部队伤亡很大，为此，解放军各部队贯彻“即俘即补，即补即战”的原则，以新参军战士、新解放战士随时补充部队编制。

为做好新参军战士、新解放战士的思想工作，各军区政治部编印《新参军战士、新解放战士的政治工作》手册，特别强调政治工作的重要性。在接收新战士时，为加深我军干部给新战士的好印象，要求干部态度需要和蔼可亲，在衣食住行各方面体贴照顾新战士，以革命大家庭的温暖使新战士深深体会到革命军队、阶级友爱的高尚。此外，还要做好准备工作，包括健全组织，配备好干部，准备好给养，搞好必要的家务，行军时计划适当，顾及战士疲劳等。在解决问题时，要配合进行耐心解释教育，对新战士不合理的要求，或者是在动员参军时村干部给予了不适当的诺言、不能实现的问题都要讲清楚。

晋冀鲁豫边区政府、晋察冀边区行政委员会、冀鲁豫行署发布的紧急通知

1948年

山东博物馆藏

1948年8月19日，国民党政府发布《财政经济紧急处分令》，开始推行币制改革，由中央银行发行金圆券。规定法币300万元折合金圆券1元，并强制民间交售黄金、白银、外币，以期制止严重的通货膨胀。晋冀鲁豫边区政府、晋察冀边区行政委员会、冀鲁豫行署发布的紧急通知正是在国民党《财政经济紧急处分令》实施4天后颁布的，足见我边区政府应对速度之快，预见之准。通知中要求“银行应停止挂牌收兑……并应大力压低蒋钞价格”“应在群众中进行广泛宣传蒋币的崩溃与新蒋币的阴谋”“在此期间我们应该严禁金银走私……必要时可以换回禁入品”。针对国民党的“币制改革”，边区政府制定并颁布实施了金融对策，稳定了市场和调节了边区的军需民用物资，为即将全面展开的三大战役奠定了坚实的物质基础。

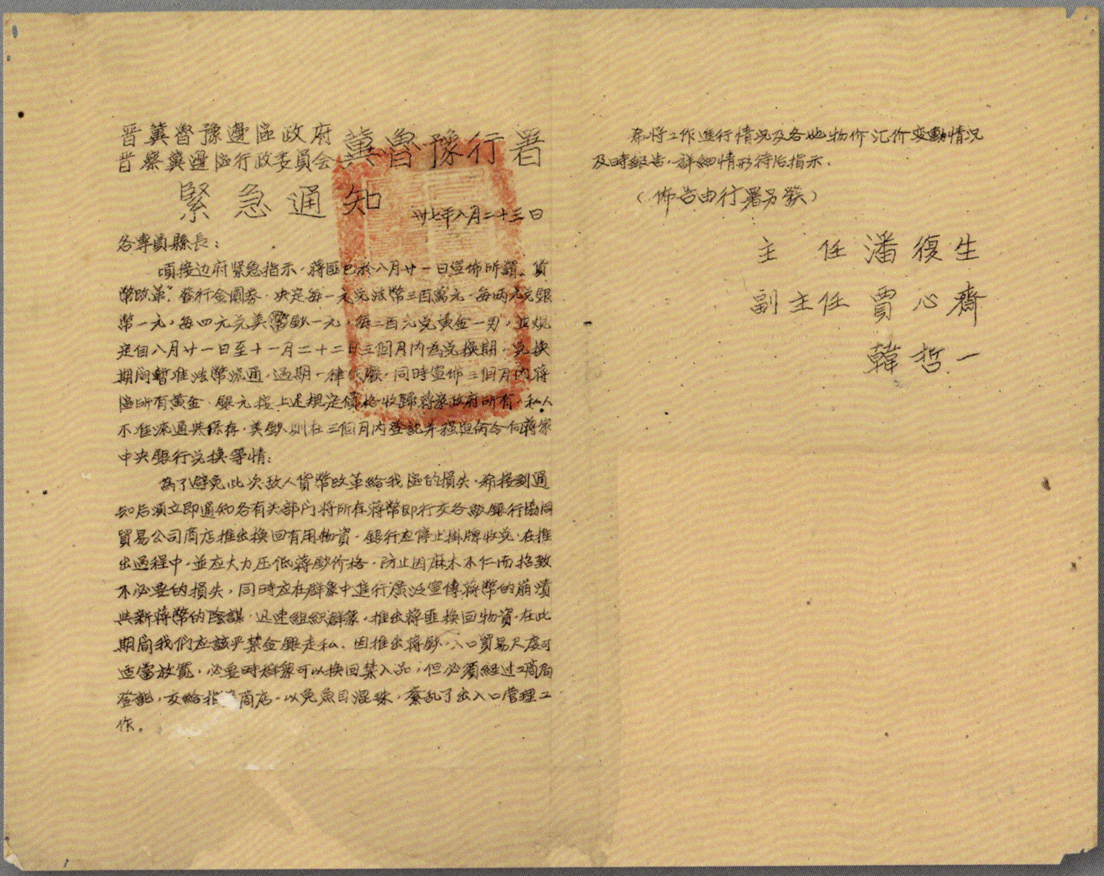

晋冀魯豫邊區政府
晉察冀邊區行政委員会 冀魯豫行署

緊急通知

卅七年八月二十三日

各專員縣長：

頃接边府緊急指示，蔣匪已於八月廿一日宣佈所謂“貨幣改革”，發行金圓券，決定每一元兌法幣三百萬元，每兩元兌銀幣一元，每四元兌美鈔一元，每二百元兌黄金一兩，並規定自八月廿一日至十一月二十二日三個月內為兌換期，兌換期間暫准法幣流通，逾期一律作廢，同時宣佈三個月內蔣區所有黄金、銀元按上述規定價格收歸蔣家政府所有，私人不准流通與保存，美鈔則在三個月內登記並按照價合向蔣家中央銀行兌換等情：

為了避免此次敌人貨幣改革給我區的損失，希接到通知后須立即通知各有关部门将所存蔣幣即行交各地銀行協同貿易公司商店推出換回有用物資，銀行应停止掛牌收兌，在推出過程中，並应大力压低蔣鈔價格，防止因麻木不仁而招致不必要的損失，同時应在群眾中進行廣泛宣傳蔣幣的崩潰與新蔣幣的陰謀，迅速組織群眾，推出蔣匪換回物資，在此期間我們应該严禁金銀走私，因推出蔣鈔，入口貿易尺度可適當放寬，必要時群眾可以換回禁入品，但必須經过工商局查驗，交給指定商店，以免魚目混珠，紊亂了出入口管理工作。

希将工作進行情況及各地物價匯價變動情況及時報告，詳細情形待后指示。

（佈告由行署另發）

主任 潘復生

副主任 賈心齋

韓哲一

晋冀鲁豫边区政府、晋察冀边区行政委员会、中国人民解放军华北军区司令部政治部联合命令（会民社字第一号）《为统一规定荣退军人之退伍生产补助金发给办法由》

1948年

山东博物馆藏

《为统一规定荣退军人之退伍生产补助金发放办法由》，晋冀鲁豫边区政府、晋察冀边区行政委员会、中国人民解放军华北军区司令部政治部联合命令。该命令由冀鲁豫行政公署翻印，钤“晋冀鲁豫边防政府冀鲁豫行署关防”。发放办法为：一是根据荣退军人的入伍年限和级别，规定了退伍生产补助金的标准；二是规定了退伍生产补助金一律由荣退军人原籍或安置地县政府发放。

因作战或因公而负伤致残的战士称为荣誉军人（简称荣军），他们在对敌战争中有的暂时受伤，有的永久失去正常人的基本生活能力和劳动能力。中国共产党也考虑如何解决他们的伤残问题和其因伤重而无生活能力的问题。为了奖励荣军的所作所为，保障其退伍后能够得到一定的权益、安定生活，同时借此鼓励前线战士安心作战，各解放区专门颁发了荣军优待抚恤条例。

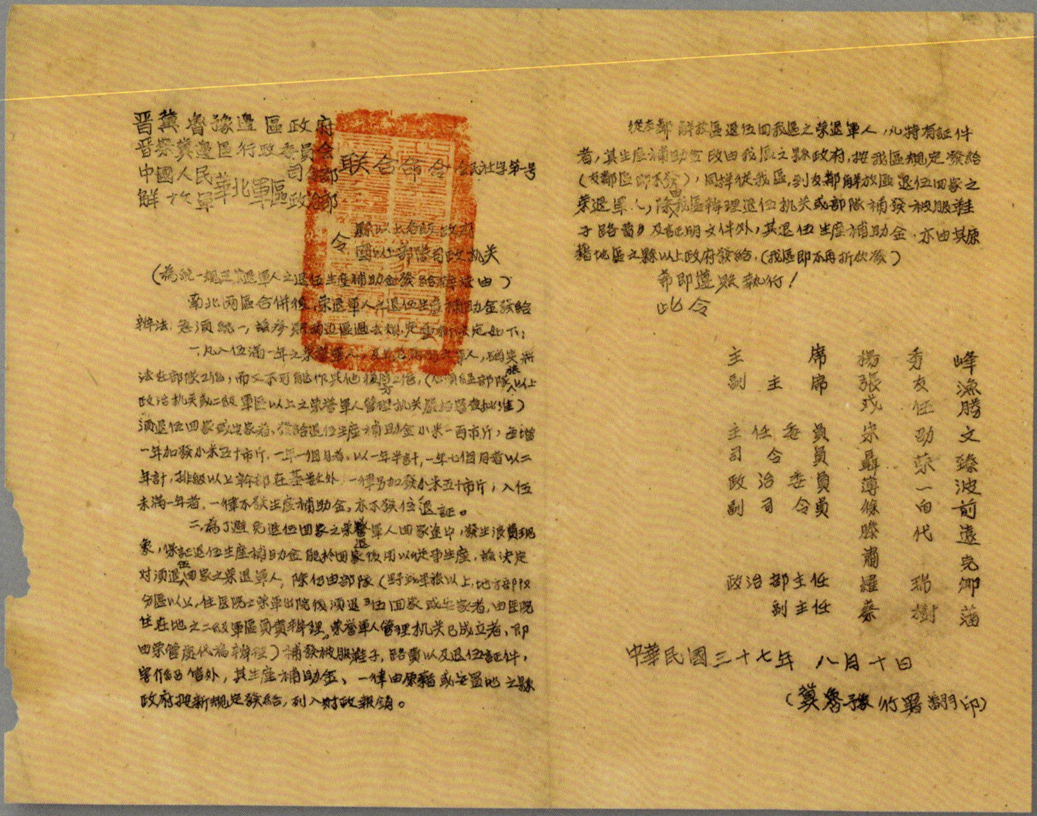
晋冀鲁豫边區政府
晋察冀邊區行政委員会
中國人民解放軍華北軍區司令部政治部
联合命令（会民社字第一号）

令 縣以上各級政府 團以上部隊司政机关

（為統一規定荣退軍人之退伍生產補助金發給辦法由）

南北兩區合併後，荣退軍人之退伍生產補助金發給辦法，急須統一，茲參照兩边區過去規定，重新決定如下：

一、凡入伍满一年之荣譽軍人，[illegible]，确实無法在部隊工作，而又不可能作其他[illegible]工作，（必須經部隊旅以上政治机关或二級軍區以上之荣譽軍人管理机关严格審查批准）須退伍回家或安家者，發給退伍生產補助金小米一百市斤，每增一年加發小米五十市斤，一年一個月者以一年半計，一年七個月者以二年計，排級以上幹部在基数外，一律另加發小米五十市斤；入伍未满一年者，一律不發生產補助金，亦不發退伍證。

二、為了避免退伍回家之荣譽軍人回家途中，發生浪費現象，保証退伍生產補助金能於回家後用以從事生產，茲決定对須退伍回家之荣退軍人，除由部隊（野戰軍旅以上，地方部隊分區以上，住医院之荣軍出院後須退伍回家或安家者，由医院住在地之二級軍區負責辦理，荣譽軍人管理机关已成立者，即由荣管處代為辦理）補發被服鞋子、路費以及退伍證件，寫介紹信外，其生產補助金，一律由原籍或安置地之縣政府按新規定發給，列入財政報銷。

從友鄰解放區退伍回我區之荣退軍人，凡持有証件者，其生產補助金改由我區之縣政府，按我區規定發給（友鄰區即不發），同樣從我區到友鄰解放區退伍回家之荣退軍人，除由我區辦理退伍机关或部隊補發被服鞋子路費及証明文件外，其退伍生產補助金，亦由其原籍地區之縣以上政府發給。（我區即不再折發）

希即遵照執行！

此令

主席 楊秀峰
副主席 張友漁 戎伍勝
主任委員 宋劭文
司令員 聶榮臻
政治委員 薄一波
副司令員 徐向前 滕代遠 蕭克
政治部主任 羅瑞卿
副主任 蔡樹藩

中華民國三十七年 八月十日

（冀魯豫行署翻印）

华东财经办事处《山东党政民武学校机关团体供给标准》

1948年
山东博物馆藏

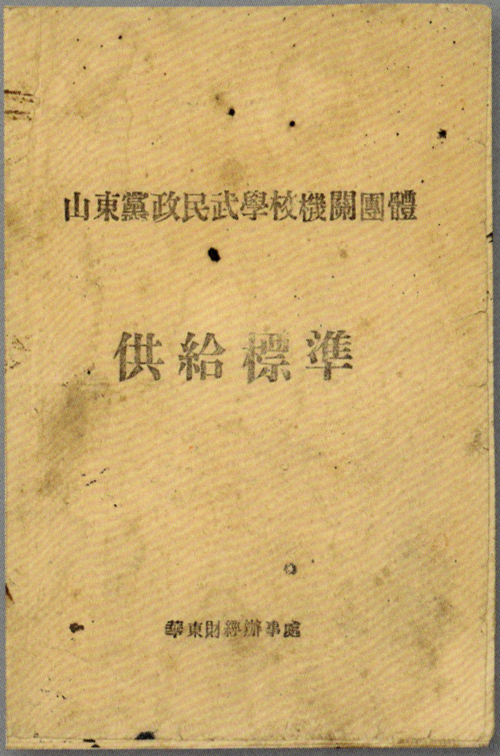

山東黨政民武學校機關團體

供給標準

華東財經辦事處

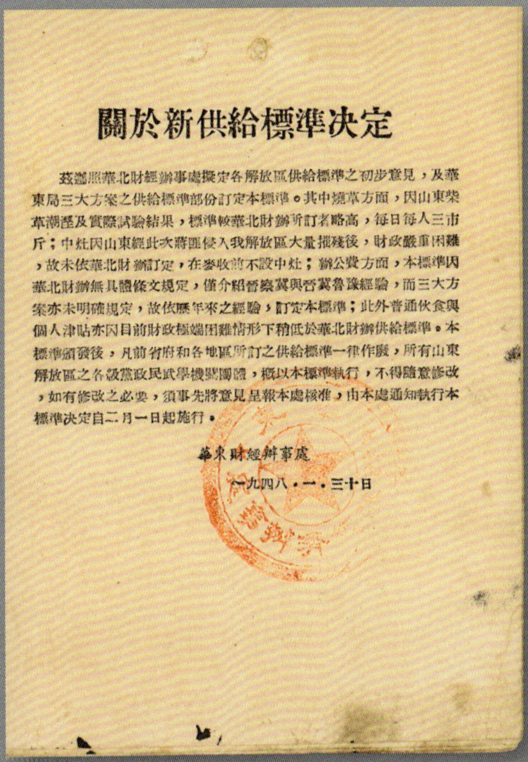

關於新供給標準決定

茲遵照華北財經辦事處擬定各解放區供給標準之初步意見，及華東局三大方案之供給標準部份訂定本標準。其中燒草方面，因山東柴草潮溼及實際試驗結果，標準較華北財辦所訂者略高，每日每人三市斤；中灶因山東經此次蔣匪侵入我解放區大量摧殘後，財政嚴重困難，故未依華北財辦訂定，在麥收前不設中灶；辦公費方面，本標準因華北財辦無具體條文規定，僅介紹晉綏冀與晉冀魯豫經驗，而三大方案亦未明確規定，故依歷年來之經驗，訂定本標準；此外普通伙食與個人津貼亦因目前財政極端困難情形下稍低於華北財辦供給標準。本標準頒發後，凡前省府和各地區所訂之供給標準一律作廢，所有山東解放區之各級黨政民武學機關團體，概以本標準執行，不得隨意修改，如有修改之必要，須事先將意見呈報本處核准，由本處通知執行本標準決定自二月一日起施行。

華東財經辦事處

一九四八·一·三十日

1947年，对国民党军队的战略反攻全面开始，在这种形势下山东解放区一方面要恢复生产，救济灾民，另一方面要集中人力、物力、财力做好支援前线的供应工作，以确保解放军战略进攻的顺利进行。为此，1947年3月23日中共华东局决定，在山东成立财经委员会，统一财经管理，同时公布中共华东财经办事处成立。华东财经办事处的主要职责是：执行党的财经方针任务，经管财经、粮食、工商、银行、收支审核等工作。所有山东省内一切部队、政府、团体之收支预、决算，以华东财委会为最后批准机关。华东财办驻山东，并直接领导山东解放区的财经工作。为了统一标准、紧缩财政开支，华东财经办事处于1948年对山东地区党政民武等机关团体制定供给标准。标准中规定了普通人员、伤病员、勤杂及警卫人员、工人、民工等人员的每人每日麦粮、秋粮、柴草、炭、木柴的定量，同时还对骡、马、牛等牲畜做出每天定量的规定。

华东局、华东军区政治部《关于动员兵员补充主力的政治工作指示》

1948年
山东博物馆藏

1948年11月6日，华东和中原人民解放军以22个纵队以及地方武装共60余万兵力协同进行淮海战役。至11月22日，整个战役第一阶段结束。在徐州以东碾庄地区，歼灭国民党黄百韬兵团5个军10个师，黄百韬被击毙，国民党第三绥靖区副司令长官何基沣、张克侠率2.3万余人起义，枣庄解放。鉴于华野在围歼黄百韬兵团的过程中伤亡较大，急需解放区紧急动员大批兵员开赴前线补充部队。

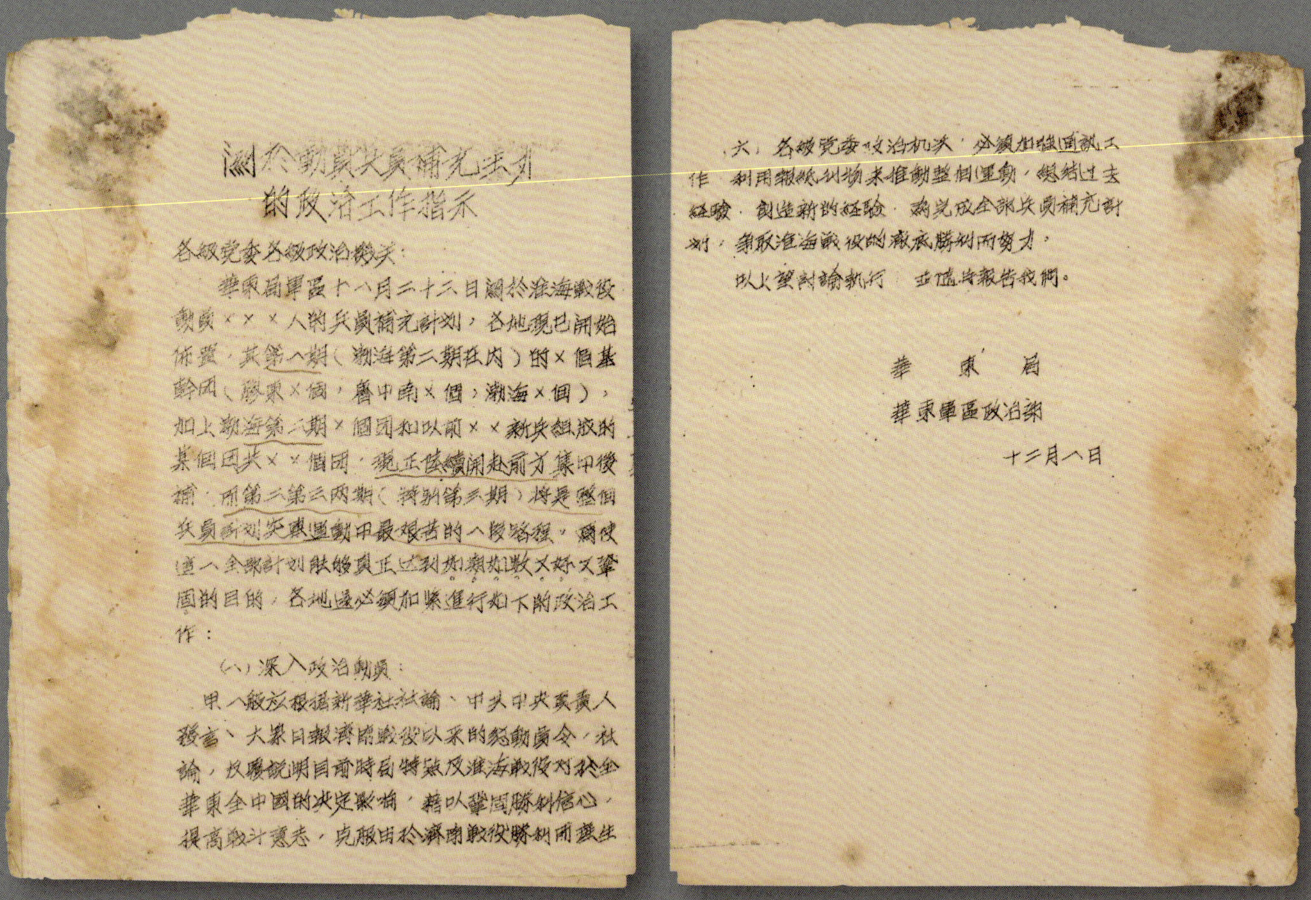

關於動員兵員補充主力
的政治工作指示

各級黨委各級政治機关：

華東局軍區十一月二十二日關於淮海戰役動員×××人的兵員補充計划，各地現已開始佈置，其第一期（渤海第二期在內）的×個基幹团（膠東×個，魯中南×個，渤海×個），加上渤海第二期×個团和以前××新兵組成的某個团共××個团，現正陸續開赴前方集中後補，而第二第三兩期（渤海第三期）將是整個兵員補充運動中最艰苦的一段路程，為使這一全部計划能够真正达到如期如數又好又鞏固的目的，各地還必須加紧進行如下的政治工作：

（一）深入政治動員：

甲、一般的根据新華社社論、中共中央負責人發言、大眾日報濟南戰役以來的総動員令、社論，反覆說明目前時局特點及淮海戰役对於全華東全中國的决定影响，藉以鞏固勝利信心，提高戰斗意志，克服由於濟南戰役勝利而產生

（六）各級党委政治机关，必須加強通訊工作，利用報紙刊物来推動整個運動，總結过去經驗，創造新的經驗，為完成全部兵員補充計划，爭取淮海戰役的徹底勝利而努力。

以上望討論執行，並隨時報告我們。

華東局

華東軍區政治部

十二月八日

为使华野在今后数月内能够得到补充，华东军区副司令员张云逸等人于11月21日作出《关于淮海战役兵员补充计划》，以华东局的名义致电粟裕、谭震林等并报中央军委：计划分三期，在山东动员11万兵员补充主力。为使补充计划能够真正达到“如期如数”“又好又巩固”的目的，华东局及华东军区政治部对各级党委及各级政治机关作出了政治工作指示，积极开展形势教育，介绍淮海战役初战大捷的有利形势和淮海战役的重要意义，帮助群众树立必胜信念，提高参军热情，通过深入政治动员、加强宣传工作、广泛发动群众等手段为完成全部兵员补充计划做出保障。截至1949年1月10日淮海战役结束，整个山东解放区共动员16.8万余名青年参军入伍，其中8万人补入主力部队，保证了淮海战役的兵员需求。

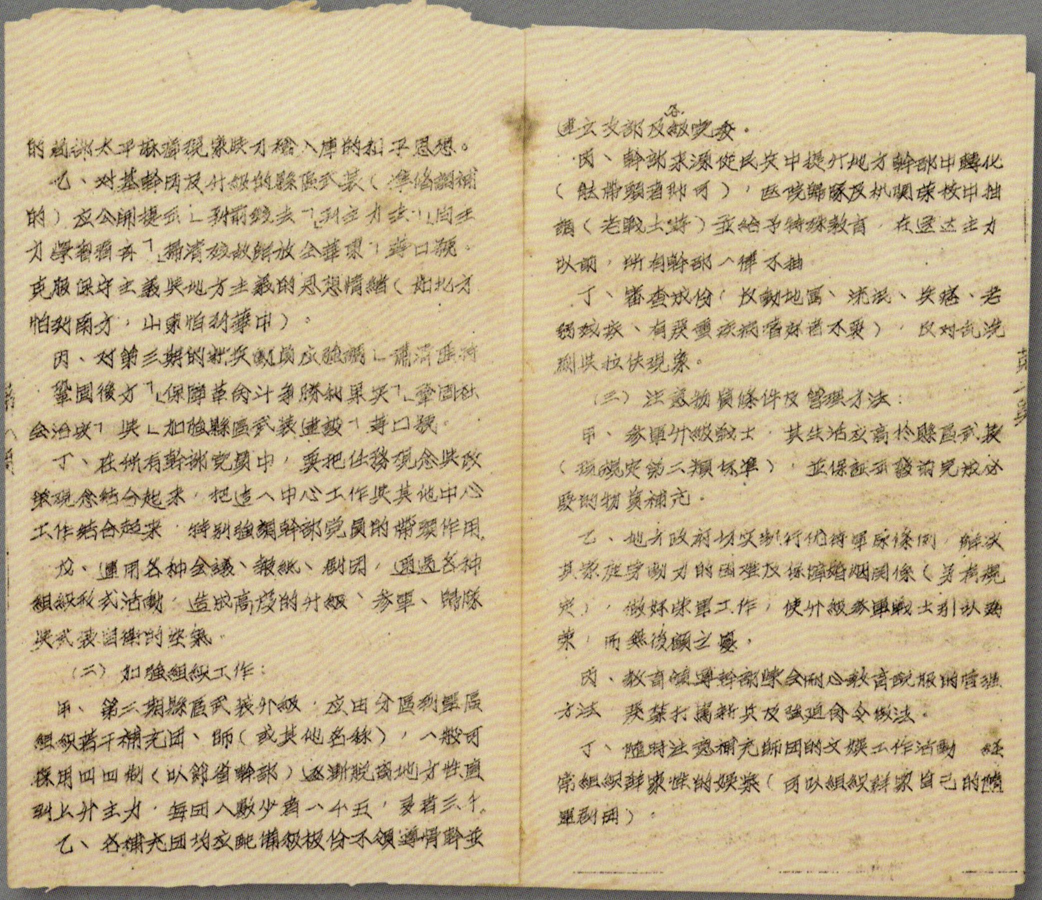
的積極太平麻痺觀念與不願入伍的私字思想。
乙、對基幹團及升級的縣區武裝（準備調補的）應公開提出「到前線去」「到主力去」「向主力學習看齊」「補充殲敵解放全華東」等口號。克服保守主義與地方主義的思想情緒（如北方怕到南方，山東怕到華中）。
丙、對第三期的新兵動員應強調「補充主力鞏固後方」「保障革命斗爭勝利果實」「鞏固社會治安」與「加強縣區武裝建設」等口號。
丁、在所有幹部黨員中，要把任務觀念與政策觀念結合起來，把這一中心工作與其他中心工作結合起來，特別強調幹部黨員的帶頭作用。
戊、運用各种会議、報紙、劇團，通過各种組織形式活動，造成高度的升級、參軍、歸隊與武裝自衛的空氣。
（二）加強組織工作：
甲、第二期縣區武裝升級，應由分區制縣區組織若干補充團、師（或其他名称），一般可採用四四制（以節省幹部），逐漸脫離地方性直到上升主力，每團人數少者一千五，多者三千。
乙、各補充團均應配備積極份子領導骨幹並

建立各支部及教學委。
丙、幹部來源從民兵中提升地方幹部中轉化（既帶領者即可），區隊歸隊及機關學校中抽調（老戰士等）並給予特殊教育，在並送主力以前，所有幹部一律不抽。
丁、審查成份（反動地富、流氓、兵痞、老弱殘疾、有嚴重疾病者均不要），反對亂洗剔與拉伕現象。
（三）注意物質條件及管理方法：
甲、參軍升級戰士，其生活應高於縣區武裝（按規定第二類標準），並保證冬衣發前先發必要的物質補充。
乙、地方政府切實執行優待軍屬條例，解決其家庭勞動力的困難及保障婚姻關係（另有規定），做好慰軍工作，使升級參軍戰士引以為榮，而無後顧之憂。
丙、教育領導幹部學會耐心教育說服的管理方法，嚴禁打罵新兵及強迫命令做法。
丁、隨時注意補充師團的文娛工作活動，經常組織群眾性的娛樂（可以組織群眾自己的簡單劇團）。

胶东区党委、胶东军区司令部翻印《对山东人民武装工作今后工作的意见》

1948年
山东博物馆藏

1948年7月6日华东局高级干部会议报告《对山东人民武装工作今后工作的意见》，明确指出：解放区的民兵自卫队不是可以不再加强领导，不再加强建设，甚至可以取消了事；相反的还要努力广泛地建设民兵自卫队武装，扩大充实其组织，加强其训练，增加其质量与数量。只有这样，才能作为警备力量巩固后方民主政权，才能在边沿区坚持游击战争，保卫人民，才能在后方防止和镇压地主阶级的反抗，保护农民的土地改革，同时支持人民解放战争。报告还阐述了民兵自卫队是劳武结合的人民武装的性质，提出了普遍发展民兵，使之成为国民后备兵的民兵发展方向。

鲁中第一分区支前司令部命令

1948年
山东博物馆藏

1948年春夏之交，中共中央军委指示山东兵团逐步歼灭泰安至临城各点国民党守军，进迫徐州，打通鲁中南、鲁西南解放区的联系，配合外线兵团的夏季攻势。5月29日至7月21日，华东野战军山东兵团和地方部队一部，在津浦路中段地区打击国民党守军。在津浦前线的第一批随军常备民工将于7月10日到期，为了及时完成对前线部队的支前任务，鲁中第一分区支前司令部于6月24日向莱芜、章丘、历城、博山以及泰安等地开始布置常备民工的组织工作。此次共需常备担架六百副、运粮小车三百辆、运粮小挑五百名，服务期为自接受任务起一个半月。命令中对支前动员工作、民工的组织保障工作、人员编制办法、干部勤务人员配备等情况作了详细的安排。特别指出“不宜平均主义分配”，根据各地区具体情况进行分配民力。紧贴实际、实事求是的动员措施，真正获得了人民群众对支前工作的理解和支持。

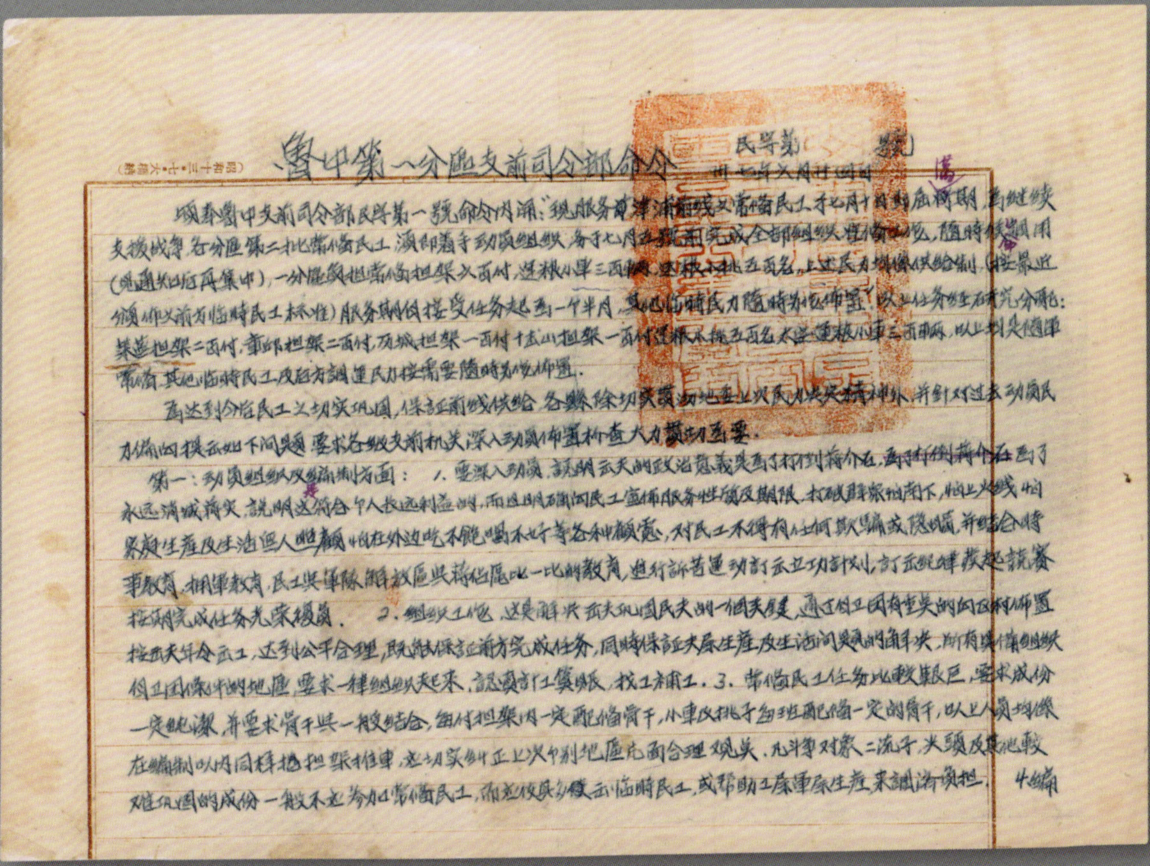
鲁中第一分区支前司令部命令

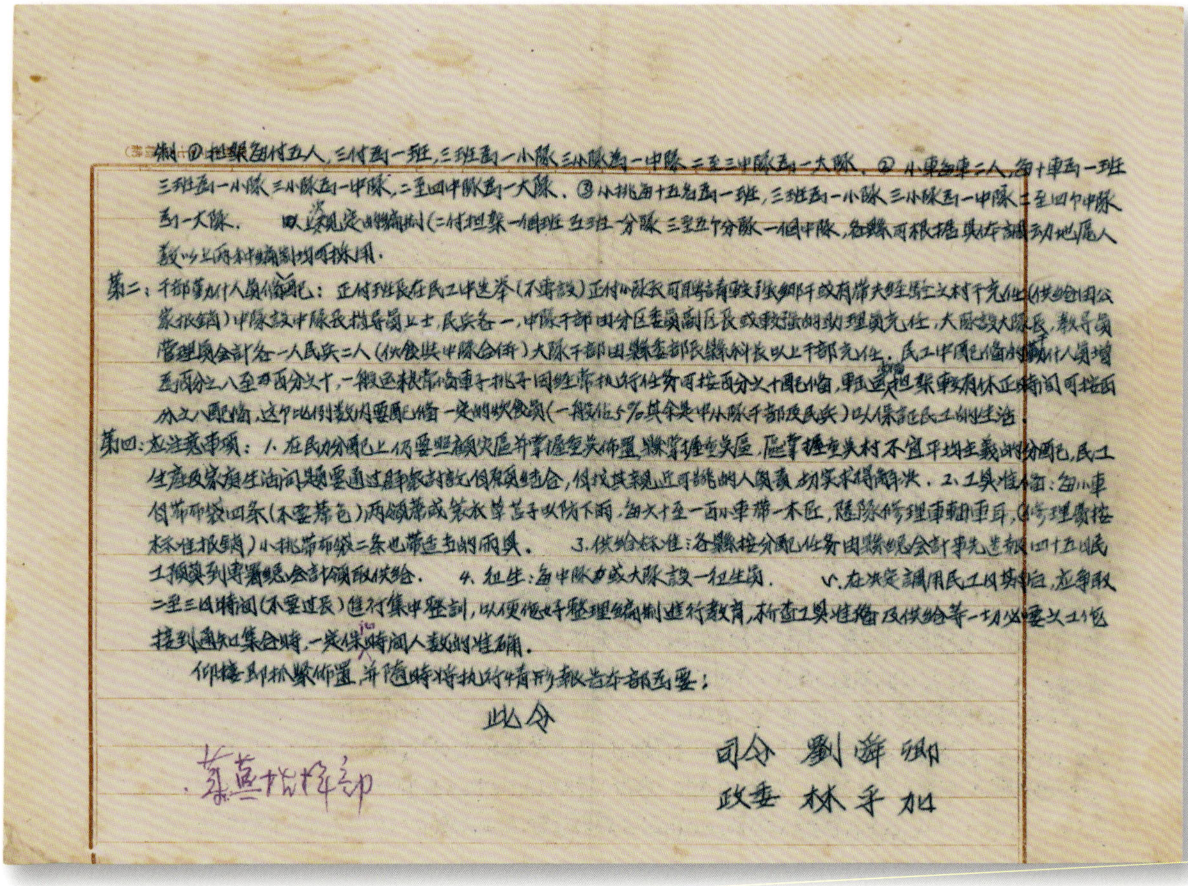

编制：①担架每付五人，三付为一班，三班为一小队，三小队为一中队，二至三中队为一大队。②小車每車二人，每十車为一班，三班为一小队，三小队为一中队，二至四中队为一大队。③小挑每十五名为一班，三班为一小队，三小队为一中队，二至四个中队为一大队。以上规定的编制（二付担架一个班，五班一分队，三至五个分队一个中队，各县可根据具体情况与地区人数以上两种编制均可採用。

第二：干部与炊事人員配備：正付班長在民工中选举（不脱產），正付小队長可由临时有威信的乡干或有带夫经验之村干充任（供给由公家报销），中队設中队長指导員上士，民兵各一，中队干部由分区委員副区長或有斗争经验的助理員充任，大队設大队長，教导員，管理員，会計各一人，民兵二人（伙食與中队合併），大队干部由县委部長县科長以上干部充任。民工中配備的炊事人員增至百分之八至百分之十，一般运粮常備車子挑子因经常执行任务可按百分之十配備，車运担架較有休正時间可按百分之八配備，这个比例数内要配備一定的炊食員（一般佔5%其余要中小队干部及民兵）以保証民工的生活。

第四：应注意事项：1. 在民力分配上仍要照顾灾区，并掌握重灾佈置，照顾重灾区，照顾重灾村，不宜平均主义的分配，民工生産及家庭生活问题要通过群众讨论，但须与结合，但找其亲近可能的人負責，切实求得解决。2. 工具准備：每小車付带麻袋四条（不要蓆包），两領蓆或簑衣草苫子以防下雨，每六十至一百小車带一木匠，随队修理車輛車具（修理費按标准报销），小挑带麻袋二条也带遮雨的雨具。3. 供给标准：各县按分配任务由县总会計事先造報四十五日民工预算到專署總会計領取供給。4. 衛生：每中队或大队設一衛生員。5. 在决定調用民工以後，应争取二至三日時间（不要过長）進行集中整训，以便做好整理编制進行教育，檢查工具准備及供給等一切必要之工作，接到通知集合時，一定保証時间人数的准確。

仰接即抓紧佈置，并随時将执行情形報告本部为要；

此令

冀燕指挥部

司令 劉游卿
政委 林乎加

支前民工运输队随部队开赴前线

冀鲁豫区公安局发给张崐玉的手枪证

1948年
山东博物馆藏

冀鲁豫区公安局颁发给八区区长张崐玉的枪证，印有“枪支号码”“子弹数目”等条目，钤“昆山县公安局关防”印。

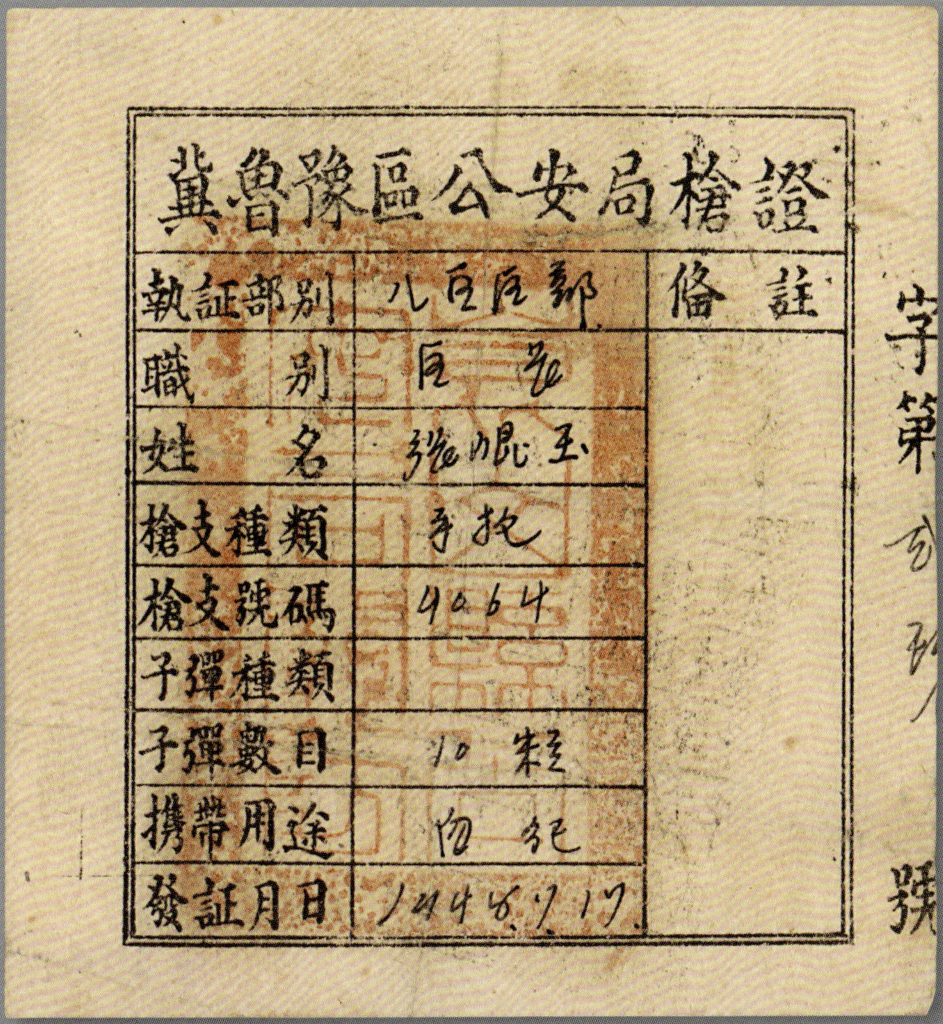

冀魯豫區公安局槍證

執証部別	八區區部	備註
職別	區長	
姓名	張崐玉	
槍支種類	手槍	
槍支號碼	9064	
子彈種類		
子彈數目	10 粒	
携帶用途	自衛	
發証月日	1948.7.17	

字第 號

晋冀鲁豫边区政府、晋察冀边区行政委员会、冀鲁豫行署通令（秘字65号）《为印发华北人民政府关于妇女干部生育费婴儿保育费之规定仰即遵照执行由》

1948年
山东博物馆藏

晋冀鲁豫边区政府、晋察冀边区行政委员会、冀鲁豫行署发布《为印发华北人民政府关于妇女干部生育费婴儿保育费之规定仰即遵照执行由》的通令。抗日战争和解放战争时期，根据地党政军民的供给标准是从土地革命战争时期红军和苏维埃政府的供给制度发展而来的，是我党重大政策之一，也是后来根据地财政工作的重要内容之一。而以小米作为计量单位是从全面抗战时期开始的，当时物价波动加上各地发行币值不同的货币，因此财政预决算和供给标准均以小米计算。

1946年6月，国民党发动全面内战。随着解放战争的不断胜利，战场深入到国民党统治区，解放区的人力物力的消耗大为增加。各解放区都适当降低供给标准，以节省开支。通令中规定“兹为尊重集中统一的精神并深体目前财政困难，关于供给标准中之婴儿保育产妇保健部分，自应按照规定如期执行”。在后附的《华北人民政府关于妇女干部生育费婴儿保育费之规定》中详细规定了妇女干部生育费、婴儿保育费以及因工作关系须找保姆带养婴儿产生的保姆费。后期随着解放战争的不断胜利，根据地的经济状况日益改善，供给标准又有不同程度的提升。

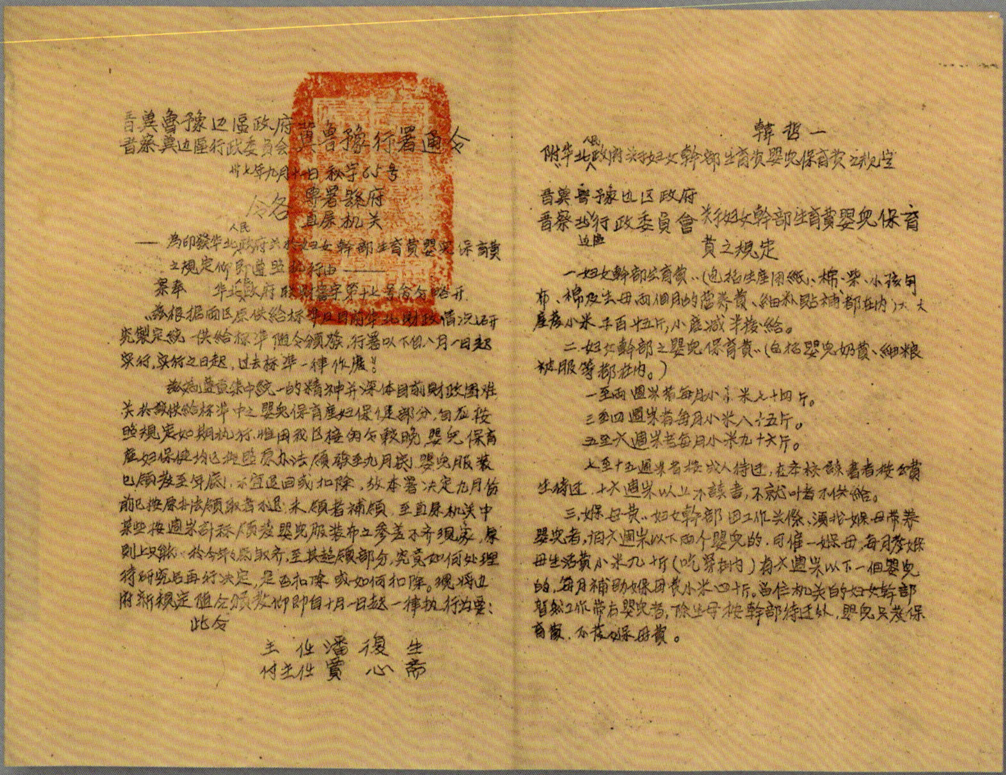
晋冀鲁豫边区政府
晋察冀边区行政委员会 冀鲁豫行署通令
卅七年九月十日 秘字65号
令各 专署县府 直属机关
——为印发华北人民政府关于妇女干部生育费婴儿保育费之规定仰即遵照执行由——
案奉 华北人民政府[illegible]字第十七号令略开
“兹根据两区原供给标准，目前华北财政情况，研究制定统一供给标准，随令颁发，希自八月一日起实行，实行之日起，过去标准一律作废！”
“兹为尊重集中统一的精神并深体目前财政困难，关于供给标准中之婴儿保育产妇保健部分，自应按照规定如期执行，惟因我区接到令较晚，婴儿保育产妇保健均已按照原办法领发至九月底，婴儿服装也领发至年底，不宜退回或扣除，故本署决定九月份前已按原办法领取者不退，未领者补领，至直属机关中某些按[illegible]领发婴儿服装布之参差不齐现象，原则上只能[illegible]，至其超领部分，究竟如何处理待研究后再行决定，是否扣除或如何扣除。现将此附新规定随令颁发，仰即自十月一日起一律执行为要！
此令
主任 潘复生
副主任 贾心斋

附件一
附华北人民政府关于妇女干部生育费婴儿保育费之规定
晋冀鲁豫边区政府
晋察冀边区行政委员会 关于妇女干部生育费婴儿保育费之规定
一、妇女干部生育费：（包括生产用纸、棉、米、小孩用布、棉及生母两个月的营养费、细粮贴补都在内）大产发小米二百廿五斤，小产减半发给。
二、妇女干部之婴儿保育费：（包括婴儿奶费、细粮被服等都在内。）
一至两周岁者每月小米七十四斤。
三至四周岁者每月小米八十五斤。
五至六周岁者每月小米九十六斤。
七至十五周岁者按成人待遇，在本校读书者按学生待遇，十六周岁以上不读书，不就业者不供给。
三、保姆费：妇女干部因工作关系，须找保姆带养婴儿者，两个周岁以下两个婴儿的，可雇一保姆，每月发保姆生活费小米九十斤（吃穿在内），有六周岁以下一个婴儿的，每月补助保姆费小米四十斤。当任机关的妇女干部暂能工作带有婴儿者，除生母按干部待遇外，婴儿只发保育费，不发保姆费。

晋冀鲁豫边区政府、晋察冀边区行政委员会、冀鲁豫行署通令（秘财字第六十四号）

1948年
山东博物馆藏

为了提高工作效率，减少浪费，节省民力，减轻根据地人民的负担。1948年9月11日，晋冀鲁豫边区政府、晋察冀边区行政委员会、冀鲁豫行署发布该通令，通令要求地方招待所与战勤系统招待所需要明确划分。地方招待所不再归战勤系统报销，改由财政部门负责，各招待所编制人数也缩减为3—4人。对行署第六、八、九专区银行系统非企业化单位在1948年10月后必须按照新的编制予以裁减。通过精简机构，压缩编制，使得根据地各级政府的机构日趋精干，经费大量节约，使人民的负担大大减轻。

晋冀魯豫邊區政府
晋察冀邊區行政委員會
冀魯豫行署

通令

三十七年九月十一日
秘財字第六十四號

令各專縣政府

一、城市及衙町較大集鎮，去經黃河渡口過去曾設有招待所歸戰勤系統報銷，今後為使地方一般招待所與戰勤上需要之招待所明確劃分計，決定凡不為戰勤使用之招待所，自九月份起，即一律由財政部門負責報銷，其編制人數一律不得超過三——四人，此項人數之分工為所長兼管理員一人，事務兼會計一人，炊事員一人或二人。

二、六、八、九、專區銀行系統，自新編制下達後，由於工作關係，一方面現有人數陸續有增加，一方面又需準備十月份起轉入企業化，故其超編制人數未能按照現行編制，即予裁減，為此特決定冀魯豫六、八、九、專區銀行系統於九月份按實有人數報銷，十月份起，其不企業化者必需按照新編制整編

此令

主任 潘復生
付主任 賈心齋
韓哲一

山东省政府公布《恢复和整顿小学实施办法草案》

1948年
烟台市牟平区博物馆藏

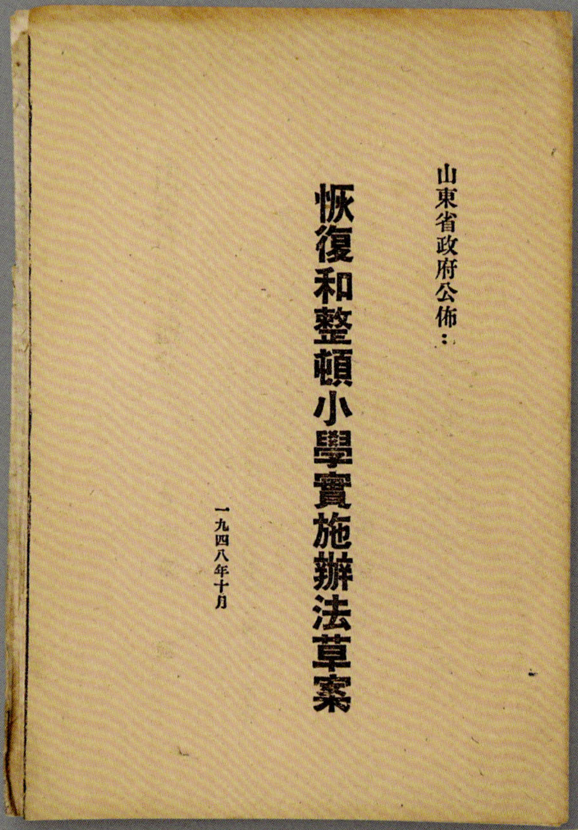

山東省政府公佈：
恢復和整頓小學實施辦法草案
一九四八年十月

1948年10月山东省政府公布的《恢复和整顿小学实施办法草案》的单行本。扉页为关于《恢复和整顿小学实施办法草案》的山东省政府通令。

《恢复和整顿小学实施办法草案》反映了山东省小学教育改革具体措施，分为小学设学原则、小学学制及编制、小学教育目标及教育内容、小学教导及管理问题、小学行政及领导、小学与群众教育及村工作、经费和附则，共八个部分，对小学课程、授课时间、在校时间、教导管理等方面提出了具体的实施办法。

1946年中秋节，渤海区行署主任李人凤邀请在实验小学、惠民中学上学的烈军属子女到行署一起欢度中秋节。

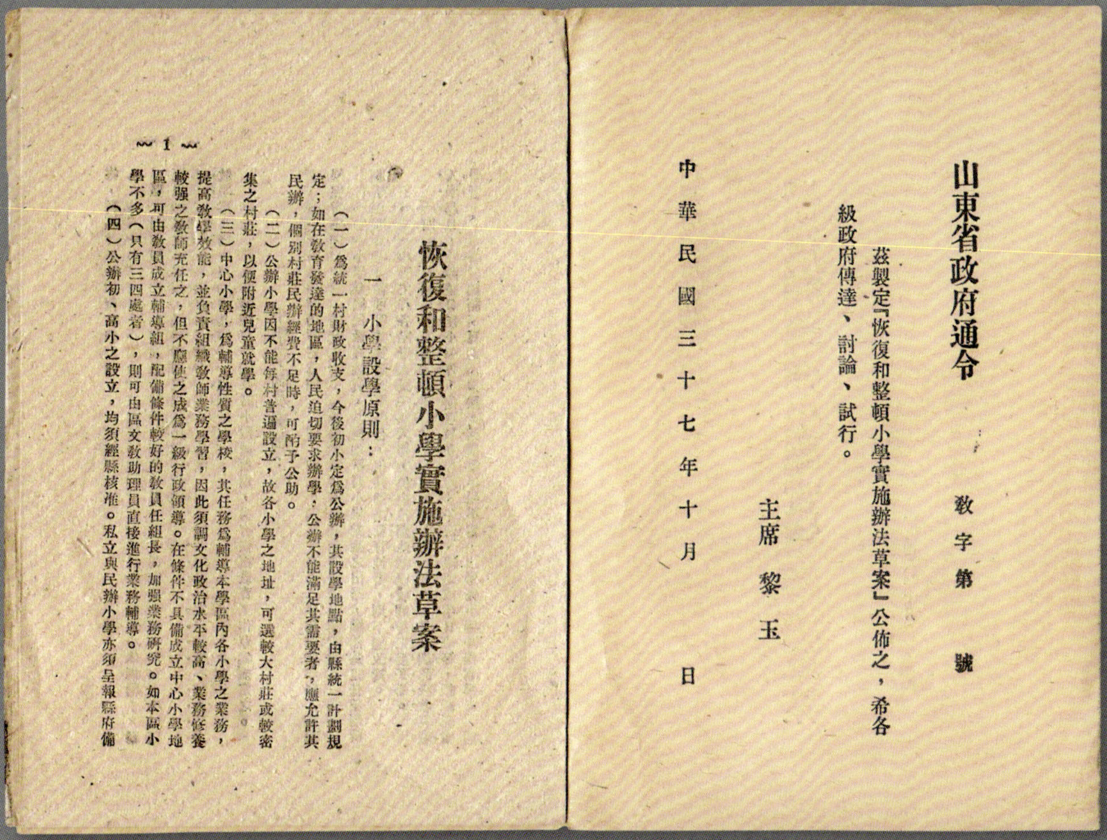
山東省政府通令

教字第 號

茲製定『恢復和整頓小學實施辦法草案』公佈之，希各級政府傳達、討論、試行。

主席 黎玉

中華民國三十七年十月 日

恢復和整頓小學實施辦法草案

一 小學設學原則：

（一）爲統一村財政收支，今後初小定爲公辦，其設學地點，由縣統一計劃規定；如在教育發達的地區，人民迫切要求辦學；公辦不能滿足其需要者，應允許其民辦，個別村莊民辦經費不足時，可酌予公助。

（二）公辦小學因不能每村普遍設立，故各小學之地址，可選較大村莊或較密集之村莊，以便附近兒童就學。

（三）中心小學，爲輔導性質之學校，其任務爲輔導本學區內各小學之業務，提高教學效能，並負責組織教師業務學習，因此須調文化政治水平較高、業務修養較强之教師充任之，但不應使之成爲一級行政領導。在條件不具備成立中心小學地區，可由教員成立輔導組，配備條件較好的教員任組長，加强業務研究。如本區小學不多（只有三四處者），則可由區文教助理員直接進行業務輔導。

（四）公辦初、高小之設立，均須經縣核准。私立與民辦小學亦須呈報縣府備

～1～

《恢复和整顿小学实施办法草案》中规定：各级授课时间初级每节四十分钟，高级每节四十五分钟，每周共合三十节，在不同情况下，可以有所伸缩（如复式教学每节时间可以略长些）；周会、朝会不列入正课时间内；由县教育科统一制定课程表，一般应将国语、算数置于上午第一、二节，音乐、美术、体育等置于下午末一、二节。中高级可酌设书法，每周二至三次。儿童每天在校时间，以七小时为原则。如家庭需要其参加劳动之学生，可于正课完毕后，提早回家；如家庭不需其劳动者，可在课后有组织地进行各种活动与自习。小学教学方法应采用启发诱导，注重课堂讲授及反复练习，启发儿童研究兴趣，使儿童用脑思考问题，防止单纯注入式办法。小学教学方法应注意联系实际，指导儿童搜集材料，实地观察，多做实验，参照本地现实材料，进行教学，求得学以致用，充分发展儿童的智慧与创造能力等。

五四运动后至中华人民共和国成立前，中国的教育改革思潮日渐成熟，山东省政府公布的《恢复和整顿小学实施办法草案》，立足山东省，较为系统地涵盖了小学教育的各项方面，对学校教育活动的微观管理、推动现代学校教育改革奠定了基础。

胶东妇联给各级妇联的信

1949年
山东博物馆藏

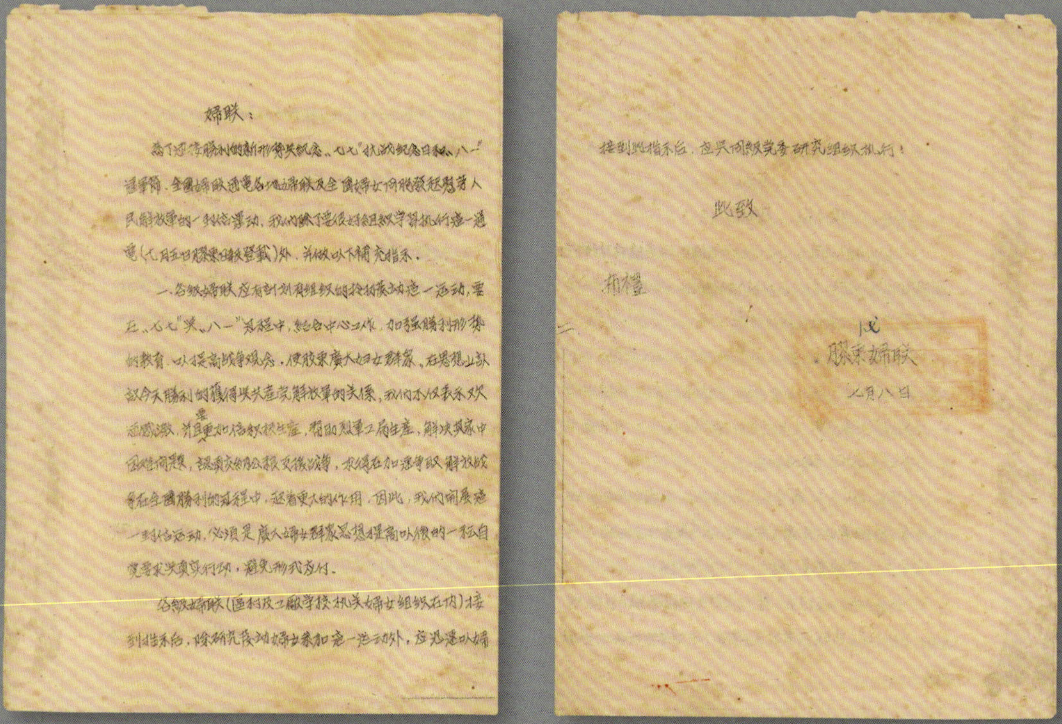
婦联：

為了迎接勝利的新形勢與紀念"七七"抗戰紀念日和"八一"建軍節，全國婦联通電各地婦联及全體婦女開展慰勞人民解放軍的一封信運動，我們除了要很好組織学習執行這一通電（七月五日膠東日報登載）外，并做以下補充指示。

一、各級婦联应有計劃有組織的發動這一運動，要在"七七"與"八一"過程中，結合中心工作，加強勝利形勢的教育，以提高戰爭觀念，使膠東廣大婦女群众，在思想上認識今天勝利的獲得與共產党解放軍的关係，我们不仅表示欢迎感激，并且要更加倍積極生產，幫助軍工屬生產，解決其家中困難問題，認真交納公糧支援戰爭，求得在加速争取解放戰爭在全國勝利的過程中，起着更大的作用。因此，我們開展這一封信運動，必須是廣大婦女群众思想提高以後的一種自覺要求與真實行動，避免形式應付。

各級婦联（區村及工廠学校機关婦女組織在内）接到指示後，除研究發動婦女參加這一運動外，应迅速以婦

接到此指示後，应與同級党委研究組織執行！

此致

敬禮

膠東婦联

七月八日

1949年7月4日，为了迎接胜利的新形势与纪念七七抗战纪念日以及八一建军节，《解放日报》登载全国妇联"慰劳人民解放军的一封信运动"。号召广大妇女同志表示对人民军队的感谢、爱戴与崇敬，用生产、学习、工作来支援人民军队解放全中国。胶东妇联于7月8日对活动专做补充指示。指示要求："各级妇联应有计划、有组织地发动这一活动，要在（纪念）'七七'与'八一'过程中，加强胜利形势的教育，以提高战争观念，使胶东广大妇女群众，在思想上认识今天胜利的获得与共产党解放军的关系。我们不仅表示欢迎感激，并且要更加倍积极生产，认真交纳公粮支援战争，求得在加速争取解放战争在全国胜利的过程中，起着更大的作用"。

1939年9月，胶东妇女抗日救国联合会（简称胶东妇救会）在莱阳县张格庄成立，李紫辉任会长。1945年8月，胶东妇女抗日救国联合会改称胶东民主妇女联合会（简称胶东妇联）。胶东是山东的革命老区，胶东妇女群众在开展地下斗争、参军、拥军、发展生产、支援战争等方面发挥了重要作用，成为稳定后方、支援前线的生力军。

《华东前线》刊登陈毅《谈整理后方工作——在野战军后方干部会上的报告》

1947年
滨州市滨城区文物保护修复中心
（滨州市滨城区博物馆）藏

原是1947年12月20日中共华东中央局编印的《斗争》第五期中的内容，转载于《华东前线》增刊第八期。1947年11月10日，陈毅在野战军后方干部会上的报告，对华东后方各机关、单位存在的一些情况作重要讲话。报告对整理后方工作已取得的成绩给予肯定，分析并严厉批评了后方严重存在的资本主义、本位主义、官僚主义和贪污浪费现象。

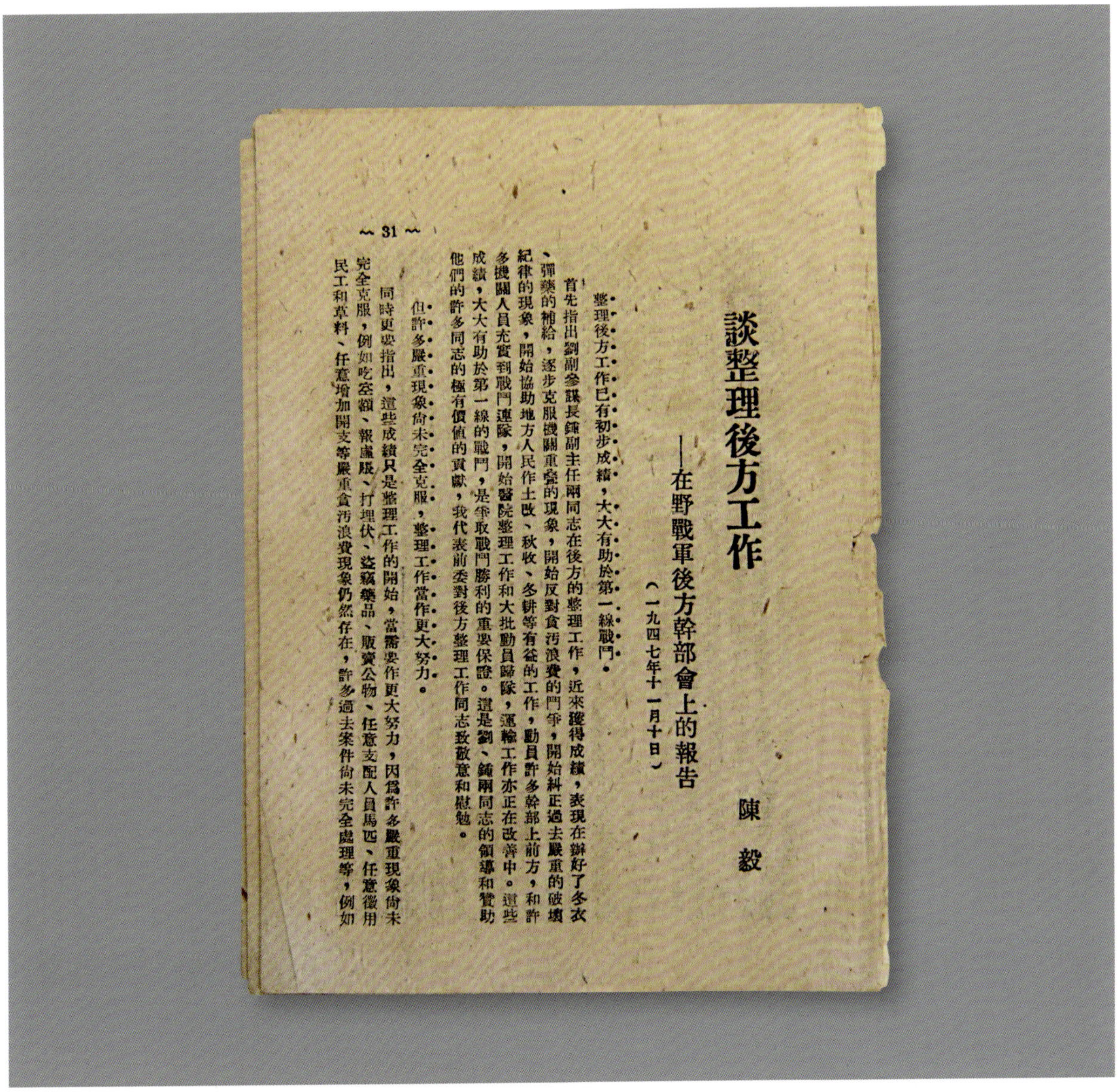

談整理後方工作

——在野戰軍後方幹部會上的報告

（一九四七年十一月十日）

陳毅

整理後方工作已有初步成績，大大有助於第一線戰鬥。

首先指出劉副參謀長鍾副主任兩同志在後方的整理工作，近來獲得成績，表現在辦好了冬衣、彈藥的補給，逐步克服機關重叠的現象，開始反對貪污浪費的鬥爭，開始糾正過去嚴重的破壞紀律的現象，開始協助地方人民作土改、秋收、冬耕等有益的工作，動員許多幹部上前方，和許多機關人員充實到戰鬥連隊，開始醫院整理工作和大批動員歸隊，運輸工作亦正在改善中。這些成績，大大有助於第一線的戰鬥，是爭取戰鬥勝利的重要保證。這是劉、鍾兩同志的領導和贊助他們的許多同志的極有價值的貢獻，我代表前委對後方整理工作同志致敬意和慰勉。

但許多嚴重現象尚未完全克服，整理工作當作更大努力。

同時更要指出，這些成績只是整理工作的開始，當需要作更大努力，因爲許多嚴重現象尚未完全克服，例如吃空額、報虛賬、打埋伏、盜竊藥品、販賣公物、任意支配人員馬匹、任意徵用民工和草料、任意增加開支等嚴重貪污浪費現象仍然存在，許多過去案件尚未完全處理等，例如

～31～

华东野战军发放的通行证

1947年
烟台市博物馆藏

1947年9月由人民解放军华东野战军发放的通行证。通行证封面写有“大家要和平，不当蒋家兵”口号。反面印有四大保证“一、缴枪不杀。二、放下武器者，一切私人财物概不没收。三、携带枪械材器来归者有赏。四、凡自动来归者按下列情形处理：（一）愿工作者，分配工作，并保留其年资及抗战中功绩。（二）愿回家者，发路单、路费，资送回籍。（三）愿在解放区生活者，协助其安家生产。”

山东省宁阳县东疏镇华东野战军司令部指挥部旧址，位于济南、滕县、金乡三足鼎立的中心位置，在此设指挥部方便指挥三线作战。“攻济打援”战役的胜利结束，对中国解放战争战略决战意义非常重大，为下一步淮海战役的胜利作了重要铺垫。

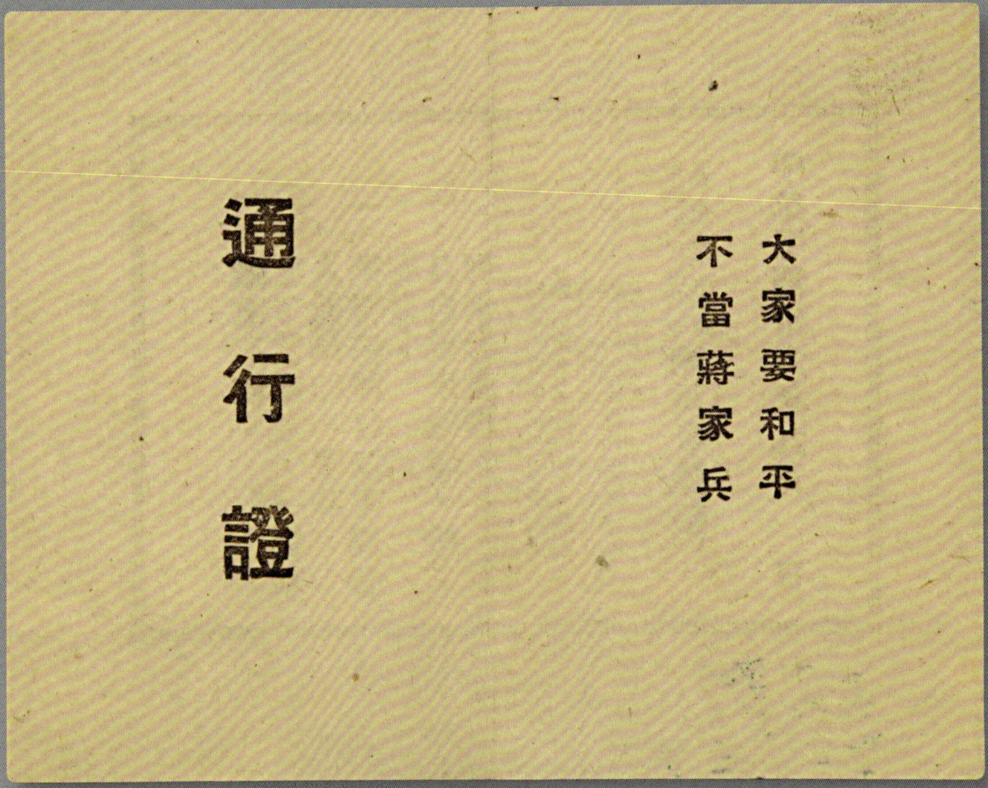
大家要和平
不當蔣家兵

通行證

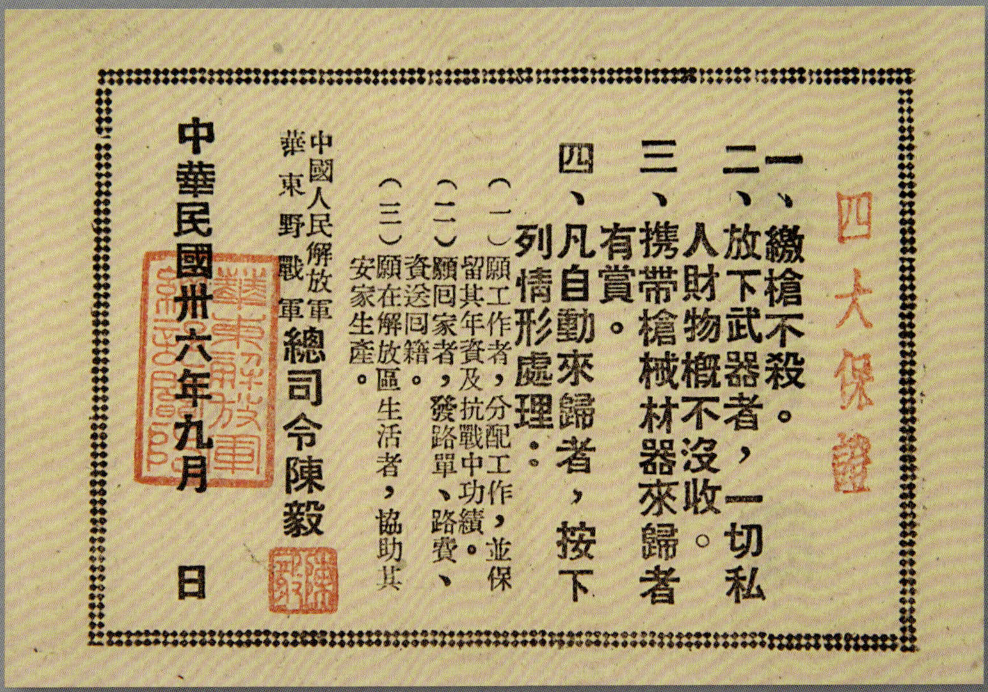
四大保證

一、繳槍不殺。
二、放下武器者，一切私人財物概不沒收。
三、携帶槍械材器來歸者有賞。
四、凡自動來歸者，按下列情形處理。
（一）願工作者，分配工作，並保留其年資及抗戰中功績。
（二）願回家者，發路單、路費、資送回籍。
（三）願在解放區生活者，協助其安家生產。

中國人民解放軍
華東野戰軍總司令陳毅

中華民國卅六年九月　日

刘德侦因公赴荣成时组织开具的通行证

1948年

烟台市博物馆藏

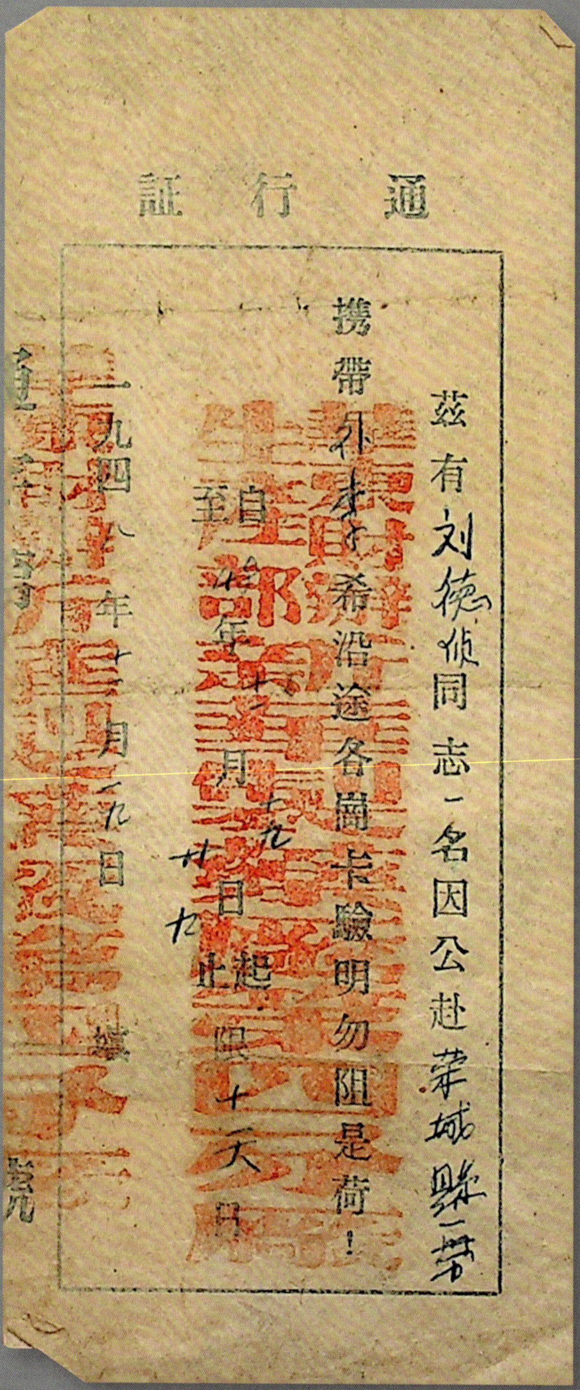
通行証

茲有刘德侦同志一名因公赴荣城縣一帶

携帶行李希沿途各關卡驗明勿阻是荷！

自卅七年十一月十九日起

至廿九日止　限十天

一九四八年十一月十九日　填

封面内容为："兹有刘德侦同志一名，因公赴荣成县一带，携带行李。希沿途各关卡验明，勿阻是荷！自（19）48年十一月十九日起廿九日止，限十天。一九四八年十一月十九日填。"中间及左侧盖红印：华东财办生产部新华制药厂第四分厂。

1943年11月，为解决军用药品和医疗器械匮乏的问题，胶东军区卫生部从五旅卫生处、后方医院抽调18名战士，在牟平县后垂柳村成立制药组，进行药品研制和生产。这个制药小组即现今山东新华制药股份有限责任公司、山东新华医疗器械股份有限公司的前身。

胶东军区颁发给解放军战士刘敬文的功劳证

1948年6月

烟台市博物馆藏

北海一团八连战士刘敬文的功劳证。背面蓝字印“注意事项：（一）功劳证为立功者之总的立功荣誉凭据，由立功者随身携带，不得遗失。（二）凡立功者每人一份，每立一次功，即填写一格。（三）由一定机关首长签名盖章（‘功级’与‘批准机关’两项内盖章）。（四）携此证者，可享有人民与我党我军一定之政治荣誉，并做调动分配，组织鉴定考核品质等之重要根据”。落款：人民解放军华东胶东军区司令员、政治委员、副司令员、副政治委员、政治部主任。证内记录“1948年1月6日，功级：三等。主要立功事迹：战斗勇敢，利用地形好，劳动观念强。同年6月25日，功级：四等”。

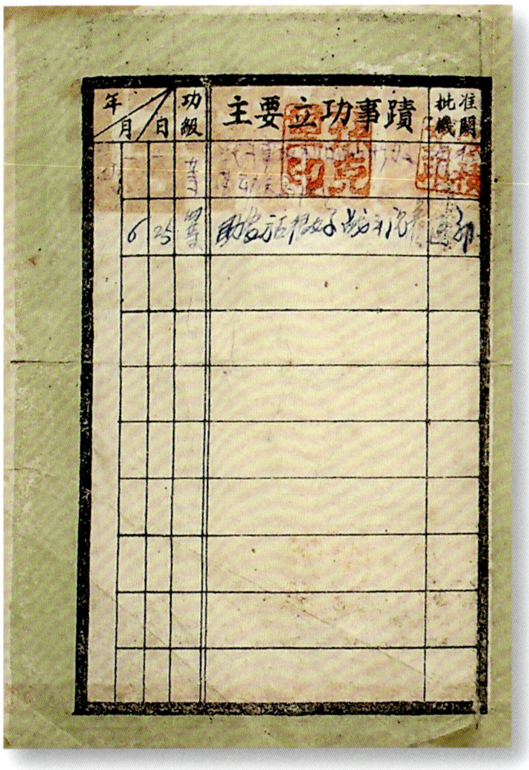

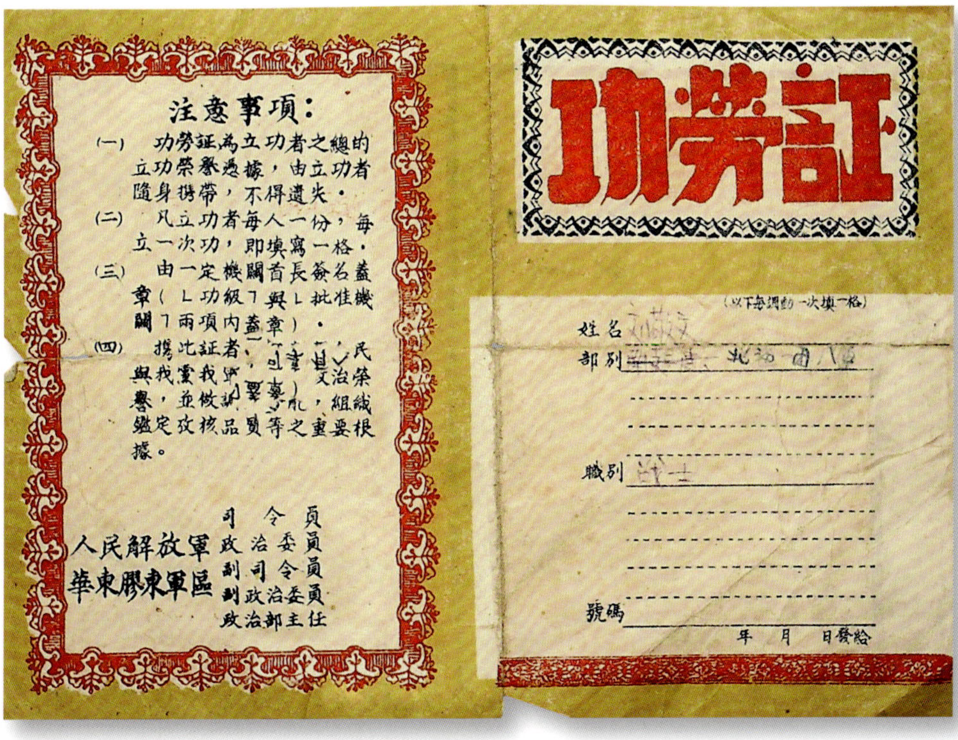

胶东公安局局长丛烈光的书券

1947年

烟台市博物馆藏

山东新华书店书券，面值壹仟元，背面附有使用条例五条，规定凭书券购书，一律按定价计算，不打折扣；书券不能购买文具及解放区外出版之图书；书券不得兑换现金；书券不得挂失。华东野战军可向随军书店接洽购买。

使用條例

一 憑書券購書，一律按定價計算，不打折扣。

二 書券不能購買文具及解放區外出版之圖書。

三 書券不得兌換現金。

四 書券不得掛失。

五 華東野戰軍可向隨軍書店接洽購買。

1000元 1947.12.

胶东新华书店出版《中共中央关于一九三三年的两个文件的决定》

20世纪40年代
招远市博物馆藏

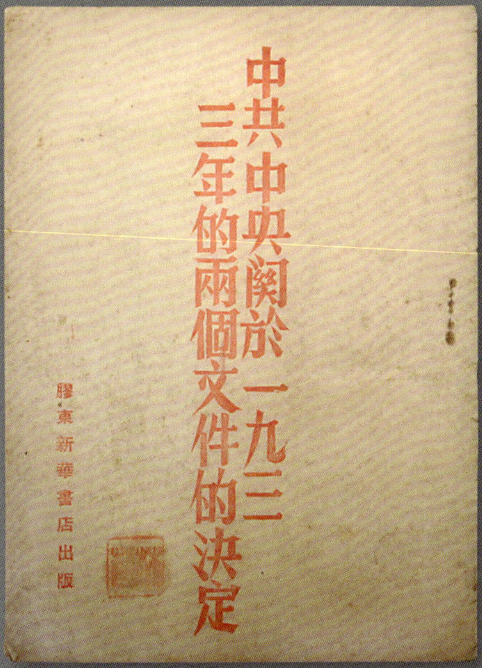

中共中央關於一九三三年的兩個文件的決定
膠東新華書店出版

1933年的“两个文件”是指《怎样分析阶级》《关于土地斗争中一些问题的决定》，都是当时为纠正在土地改革工作中所发生的偏向，并为正确地解决土地问题而发的文件。这两个文件在1945年5月25日由中共中央重新公布，并在土地改革工作中加以应用，以证明其在当时的土地改革中是适用的。

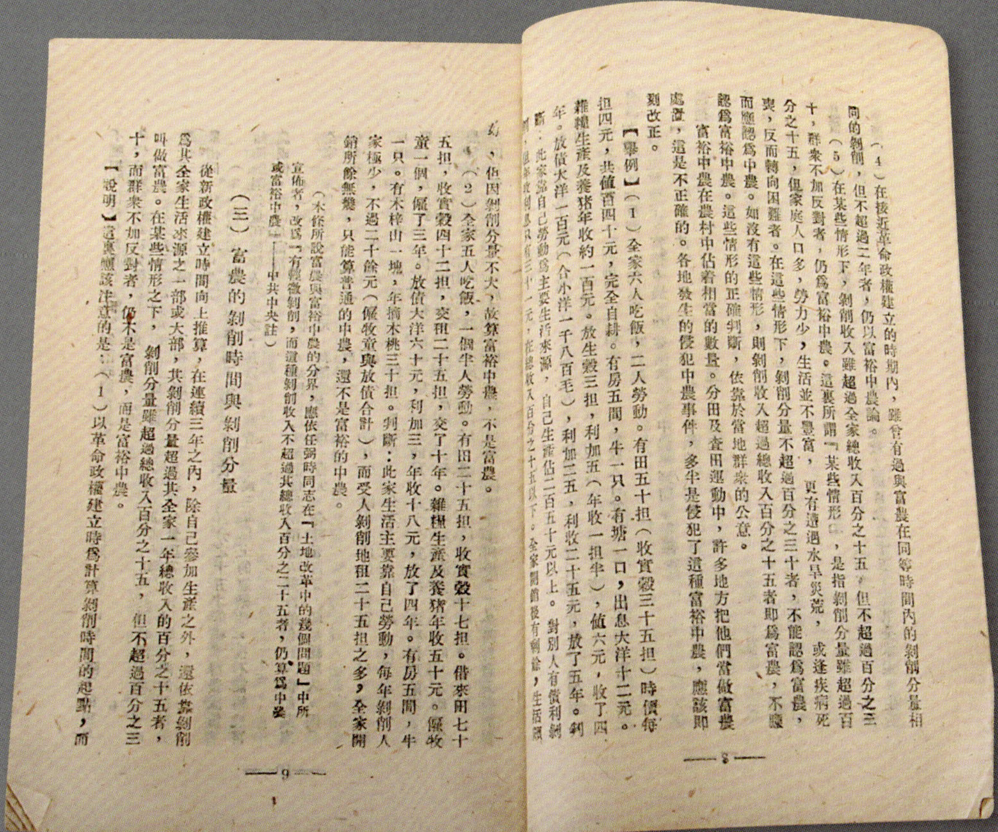

鲁中南行政区淄博特区公安局印

1948—1949年
淄博市公安局藏

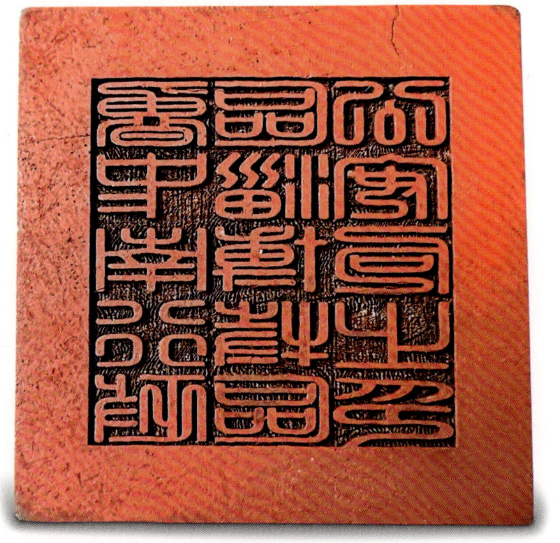

正方印章，章内印文“鲁中南行政区淄博特区公安局之印”。

1948年3月，淄博全境解放。7月13日，渤海行署公安局副局长季明奉省公安总局命令，带领3名干部抵达博山，再次组建淄博特区公安局，8月中旬，特区公安局正式成立，季明任局长。1948年8月26日启用“鲁中南行政区淄博特区公安局之印”，是淄博市公安局正式使用的第一枚公章，使用时间至1949年10月29日。

曹县《县委书记王耀亭同志关于游击战争、活动分子、清剿会议上的报告》

1948年
曹县档案馆藏

报告分为三部分内容：1948年曹县县委半年来游击战争总结及今后工作任务、王耀亭在活动分子会议上的总结报告、十一月份新区清剿工作报告。报告分析了半年来敌我斗争形势及其演变、半年来游击战争做法、游击战争的几个问题、目前形势与工作任务等。确定了开展全面的政治攻势加强军事斗争是九月份的中心工作，是全县党政军民武各部门的共同的中心任务。12月8日，县委会作11月份新区清剿工作报告，共分为四个部分：一是地区概况的简单介绍，二是清剿工作的过程，三是清剿工作中几个问题的检查，四是目前情况与工作方针。

报告详细介绍了曹县当时的现状及巩固政权采取的措施，真实反映了解放战争后期曹县县委当时的情况。

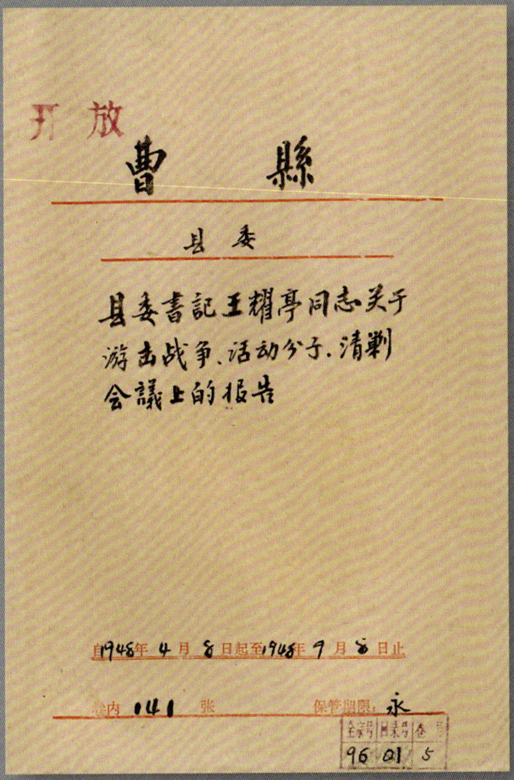
开放

曹縣

县委

县委書記王楫亭同志关于游击战争、活动分子、清剿会議上的报告

自1948年4月8日起至1948年9月6日止

卷内141张　保管期限：永

全宗号	目录号	卷号
96	01	5

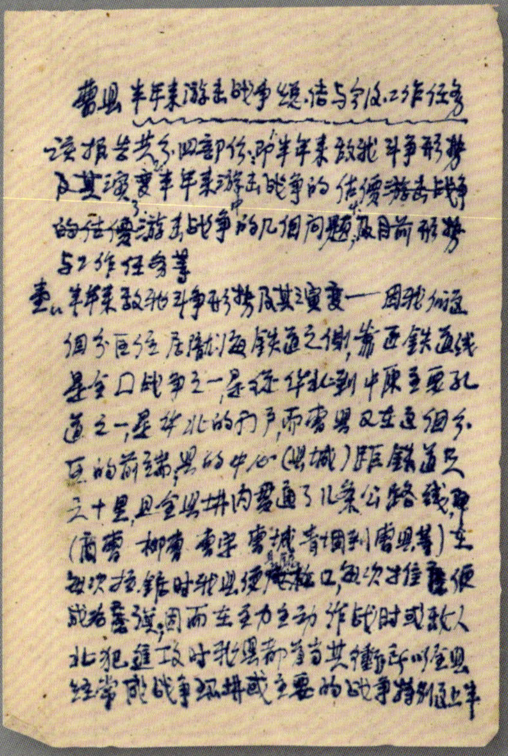
曹县半年来游击战争總结与今后工作任务

该报告共分四部份：即半年来敌我斗争形势及其演变，半年来游击战争的经验，游击战争中的几個问题，及目前形势与工作任务等

壹、半年来敌我斗争形势及其演变——因我们这個分区经[illegible]铁道之衡，并且铁道线是全国战争之一条从华北到中原主要孔道之一，是华北的门户，而曹县又在这個分区的前端，县的中心（县城）距铁道只三十里，且全县境内要道了几条公路线，（商曹 柳曹 曹定 曹城 青堌到曹县等）在每次接触时我县便是[illegible]口，每次出往便成为要道，因而在主力主动作战时或敌人北犯进攻时我县都首当其衝，所以全县经常是战争环境或主要的战争[illegible]

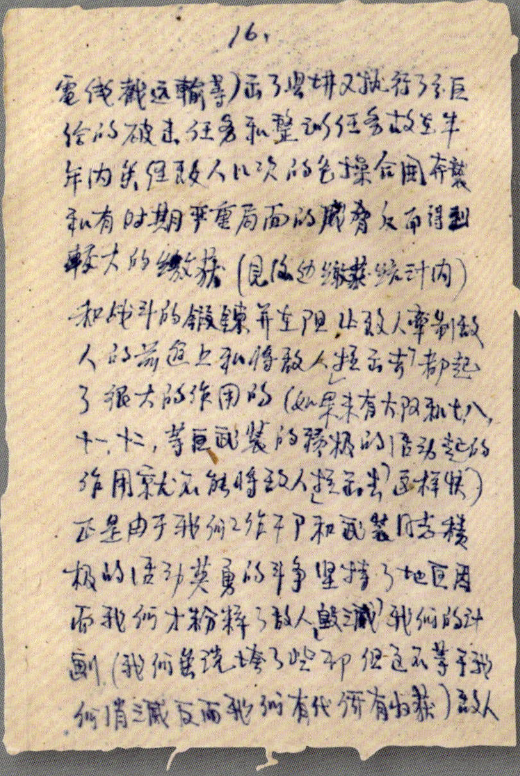
16、

电线截运输等）西了县境又执行了三区给的破击任务和整训任务故在半年内虽经敌人几次的包操合围奔袭和有时期严重局面的威胁又而得到较大的缴获（见后边缴获统计内）和战斗的锻鍊并在阻止敌人牵制敌人的前进上和将敌人拖出去都起了很大的作用的（如果未有大队和七八、十一、十二等区武装的积极的活动起的作用就不能将敌人拖出去这样快）正是由于我们工作干部和武装们积极的活动英勇的斗争坚持了地区因而我们才粉粹了敌人[illegible]我们的计劃（我们虽说垮了些却但这不等于我们消减反而我们有些仍有收获）敌人

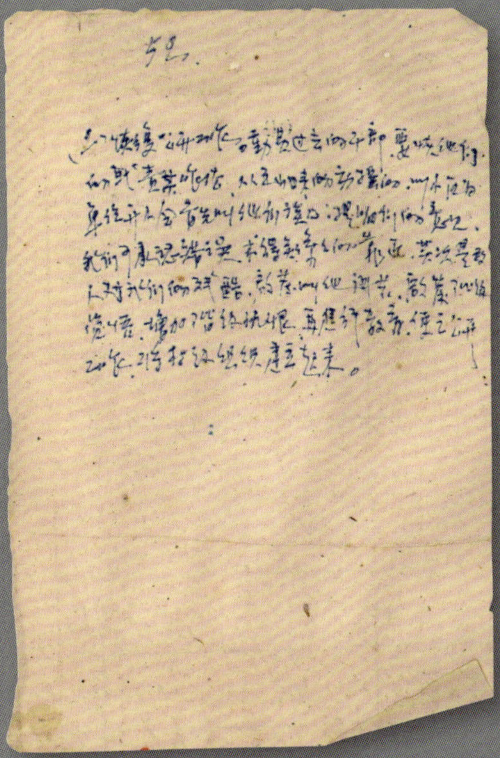

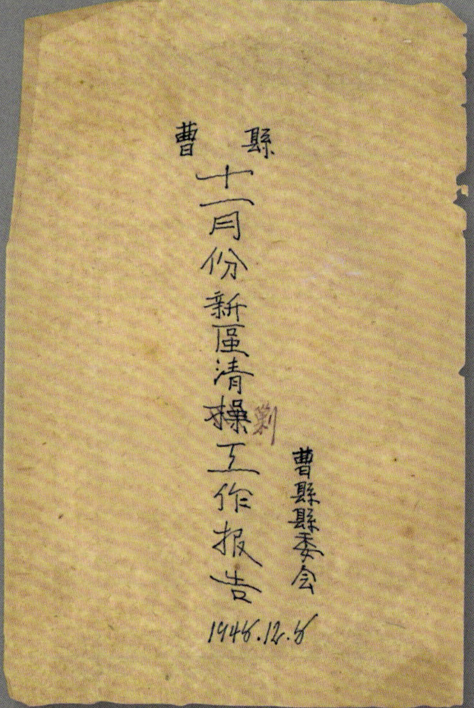
曹　县

十一月份新区清剿工作报告

曹县县委会

1946.12.6

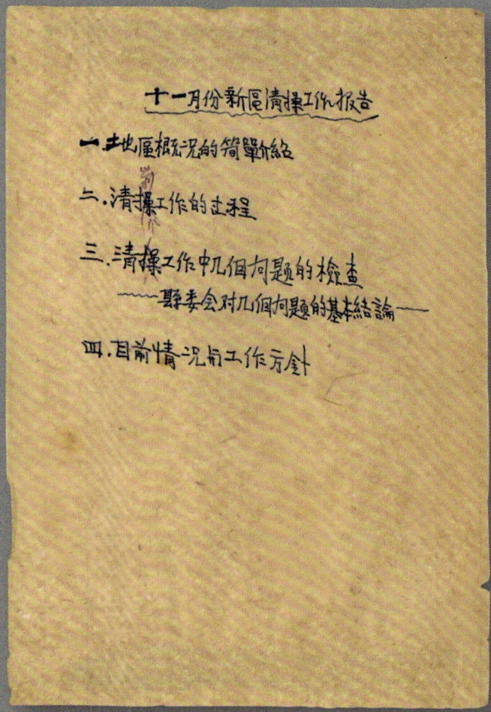
十一月份新区清剿工作报告

一、地区概况的简单介绍

二、清剿工作的过程

三、清剿工作中几个问题的检查
——县委会对几个问题的基本结论——

四、目前情况与工作方针

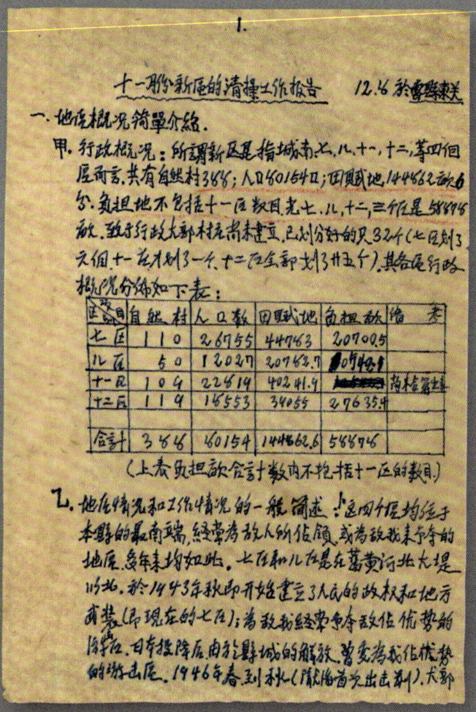
1.

十一月份新区的清剿工作报告　12.6 於曹县县委

一、地区概况简单介绍。

甲. 行政概况：所谓新区是指城南七、八、十一、十二等四个区而言，共有自然村388；人口60154口；田赋地144862亩6分。负担地不包括十一区数目光七、八、十二三个区是58876亩。政权行政大部村庄尚未建立，已划分好的只32个（七区划了六个，十一区才划了一个，十二区全部划了廿五个）。其各区行政概况分布如下表：

区别＼项目	自然村	人口数	田赋地	负担亩	备考
七区	110	26755	44763	20700.5	
八区	50	12027	20762.7	[illegible]	
十一区	104	22819	40241.9	[illegible]	[illegible]
十二区	119	18553	34055	27635.4	
合计	388	60154	144862.6	58876	

（上表负担亩合计数内不包括十一区的数目。）

乙. 地区情况和工作情况的一般简述：这四个区均位于本县的最南端，经常为敌人所占领，或为敌我来争夺的地区，多年来均如此。七区和八区是在旧黄河北大堤以北，於1943年秋即开始建立了人民的政权和地方武装（即现在的七区）；为敌我经常争夺敌占优势的游击区。日本投降后由于县城的解放，曾变为我占优势的游击区。1946年春到秋（蒋伪首先出击时），大部

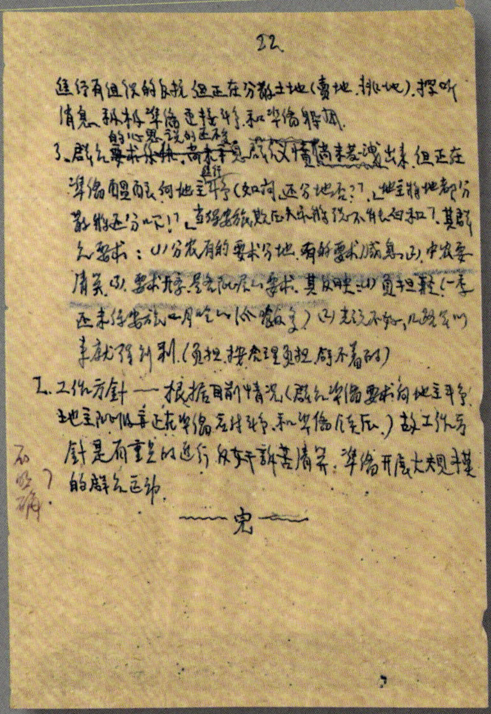
22.

进行有组织的反抗，但正在分散土地（卖地、挑地），探听消息，拉拢群众准备逃跑和准备报复。

3. 群众的心思说的还好……情绪尚未普遍发出来，但还在准备酝酿向地主斗争（如何还分地呢？「地主将地都分散了，还分啥呢！」「直接要族鬼在大人的……」），其群众要求：（1）分农有的要求分地，有的要求减息；（2）中农要清算；（3）要求开展群众的要求，其反映：（1）负担轻（一季还未征为一月吃的……）；（2）……来就得利了。（负担按合理负担，负不着的）

工. 工作方针——根据目前情况（群众准备要求向地主斗争，地主们……还在准备逃跑和准备报复），故工作方针是有重点的进行反奸诉苦清算，准备开展大规模的群众运动。

——完——

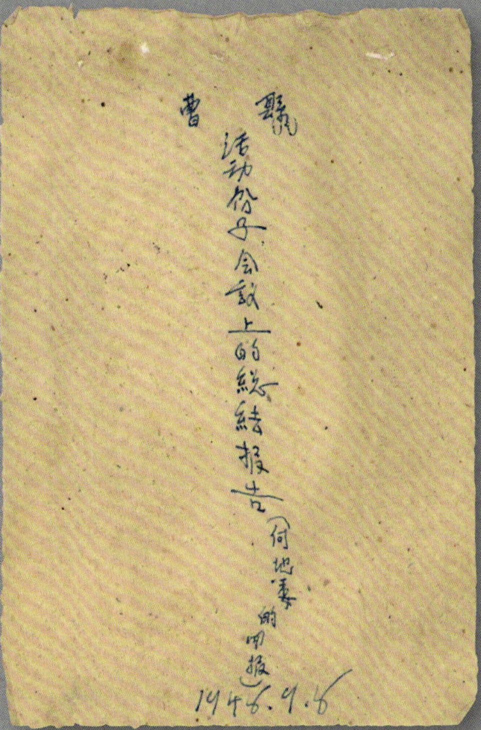

活动分子会议上的总结报告

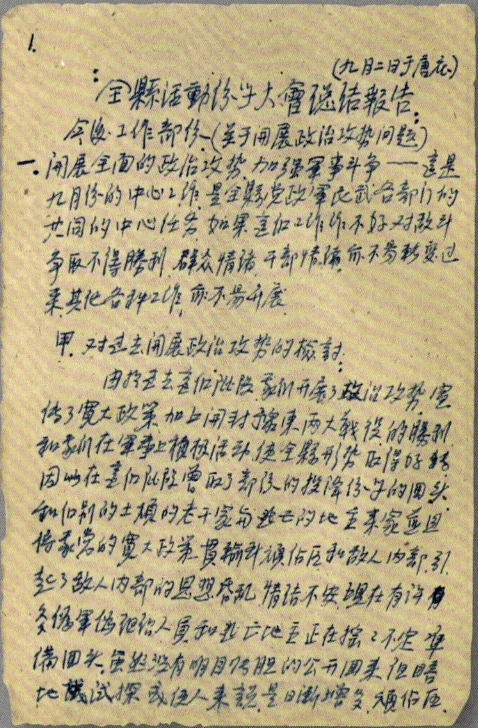

1.

（九月二日于唐县）

全县活动分子大会总结报告

今后工作部分（关于开展政治攻势问题）

一、开展全面的政治攻势，加强军事斗争——这是九月份的中心工作，是全县党政军民武各部门的共同的中心任务，如果这个工作作不好，对敌斗争取不得胜利，群众情绪、干部情绪亦不易转变过来，其他各种工作亦不易开展。

甲、对过去开展政治攻势的检讨：

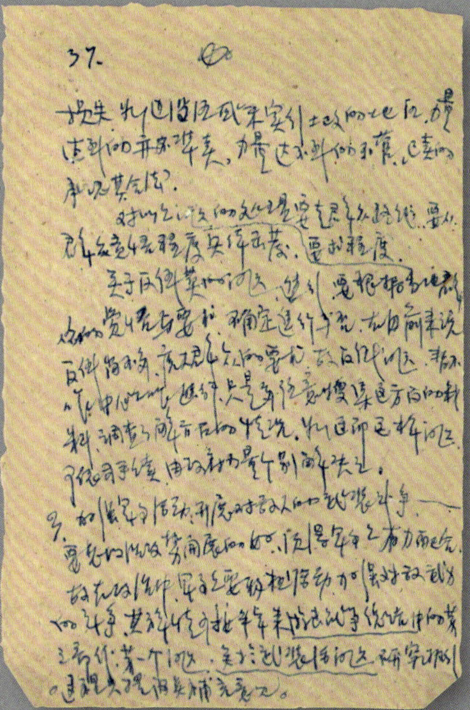

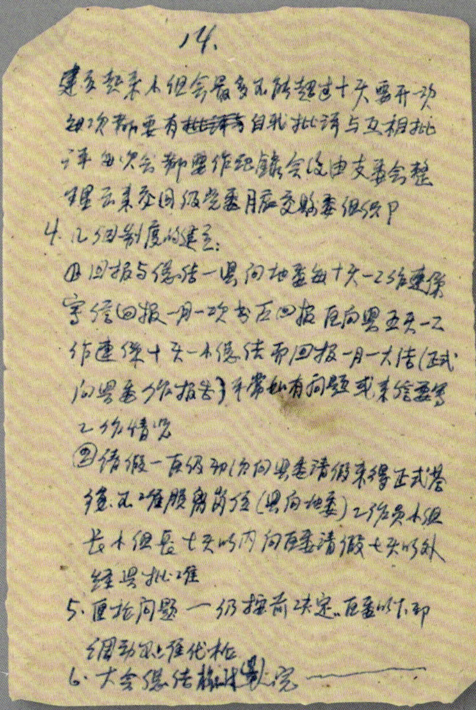

华北人民政府、冀鲁豫行政公署等关于行政、民刑案、凶杀案清理、调解、司法工作的规定、通令、通知、通报等

1948—1949年

菏泽市定陶区档案馆藏

冀魯豫行政公署訓令

民行字 十四 号

令各專署縣政府

——為各縣公安局設治安股由——

[illegible]

此令

主任 潘復生

副主任 賈心齋

韓哲一

中華民國三十七年十二月十四日

油印，少部分为手写，共1卷59件71页。该档案真实记载了1948年5月至1949年9月解放战争时期华北人民政府、平原省人民政府、冀鲁豫行政公署、冀鲁豫人民法院、定陶县人民政府等解放区行政、司法机关在党的领导下关于司法行政、司法机构设置、刑事民事案件、毒品查禁、案件复核、纠纷调解、公正文明司法、肃特锄奸等的规定、制度、办法、通知、通告、通令、函、呈等，反映了中华人民共和国成立前中国共产党重视司法工作，领导司法工作在斗争艰苦的环境下坚持正确的政治方向，认真贯彻执行党的路线方针政策的司法实践和司法为民的人民司法优良传统，明确定位了司法的人民属性，同时彻底抛弃了旧的法治思想及旧的司法作风，懂政治、依靠群众成为行业新的宗旨，为中华人民共和国成立后确立一套新的司法运行机制，树立公正、为民、廉洁的新的司法作风提供了很好的借鉴，对中华人民共和国司法制度的建设与完善产生了深远影响。

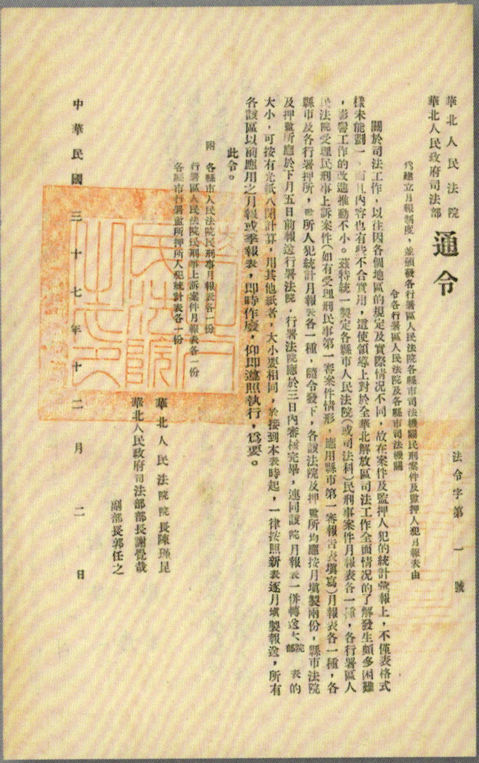

法令字第一號

華北人民法院
華北人民政府司法部 通令

為建立月報制度，並頒發各行署區人民法院各縣市司法機關民刑案件及監押人犯月報表由

令各行署區人民法院及各縣市司法機關

關於司法工作，以往因各個地區的規定及實際情況不同，故在案件及監押人犯的統計彙報上，不僅表格式樣未能劃一，而且內容也有些不合實用，遂使領導上對於全華北解放區司法工作全面情況的了解發生頗多困難，影響工作的改進推動不小。茲特統一製定各縣市人民法院（或司法科）民刑事案件月報表各一種，各行署區人民法院受理民刑事上訴案件（如有受理刑民事第一審案件情形，應用縣市第一審報告表填寫）月報表各一種，各縣市及各行署押所，監所人犯統計月報表各一種，隨令發下，各該法院及押監所均應按月填製兩份，縣市法院及押監所應於下月五日前報送行署法院，行署法院應於三日內審核完畢，連同該院月報表一併轉送本部。表的大小，可按有光紙八開計算，用其他紙者，大小要相同，於接到本表時起，一律按照新表逐月填製報送，所有各該區以前應用之月報或季報表，即時作廢，仰即遵照執行，為要。

此令。

附 各縣市人民法院民刑事月報表各一份
行署區人民法院民刑事上訴案件月報表各一份
各縣市行署監所押所人犯統計表各一份

華北人民法院院長 陳瑾昆
華北人民政府司法部部長 謝覺哉
副部長 郭任之

中華民國三十七年十二月二日

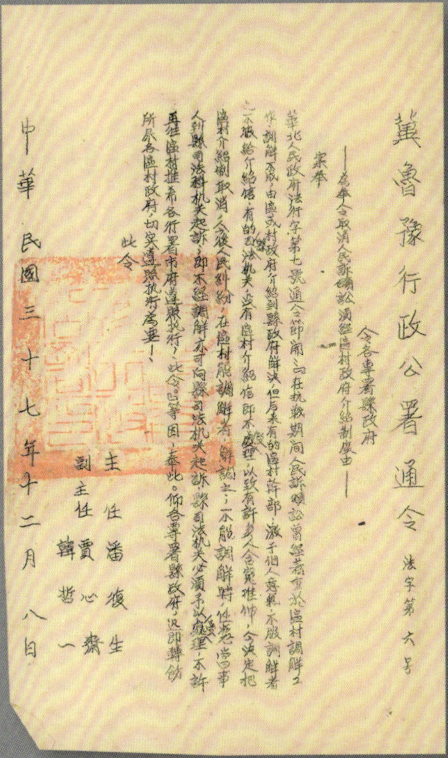

冀魯豫行政公署通令 法字第六号

令各專署縣政府

——為奉令取消人民訴訟須經區村政府介紹制度由——

案奉

華北人民政府法行字第七號通令節開：「在抗戰期間人民訴訟曾經着重於區村調解工作，調解不成，由區或村政府介紹到縣政府解決，但后來有的區村幹部，激于個人意氣，不服調解者亦不給介紹信，有的司法机关，沒有區村介紹信即不受理，以致有許多人民告狀無門，今決定把區村介紹制取消，今後人民糾紛，在區村能調解者，仍調解之，不能調解時，任其當事人到縣司法机关起訴，即不經調解亦可向縣司法机关起訴，縣司法机关必須予以受理，不許再經區村推介，各行署市府遵照執行」，此令。等因，奉此。仰各專署縣政府，迅即轉飭所屬各區村政府，切實遵照執行為要！

此令

主任 潘復生
副主任 賈心齋
韓哲一

中華民國三十七年十二月八日

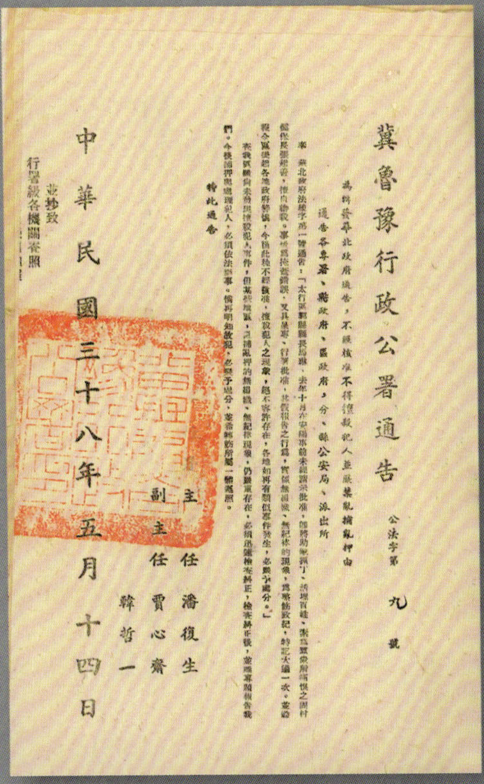

冀魯豫行政公署通告 公法字第九號

為轉發華北政府通告，不經核准不得擅殺犯人並嚴禁亂捕亂押由

通告各專署、縣政府、區政府、分、縣公安局、派出所

奉 華北政府法總字第一號通告：「太行區黎城縣長馬維，去年十月在安陽事前未經請示批准，即將助匪孤丁、結埋百姓、張為霖禦所領懼之團村僞保長張紹曾，擅自槍殺。事後竟掩蓋錯誤，又具呈寫、行署批准，此假報告之行為，實係無組織、無紀律的現象，為嚴飭政紀，特記大過一次。並通報全區遵照各地政府警惕，今後此種不經核准，擅殺犯人之現象，絕不容許存在，各地如再有類似事件發生，必嚴予處分。」我區縣尚未發現擅殺犯人事件，但某些地區，亂捕亂押的無組織、無紀律現象，仍嚴重存在，必須迅速檢查糾正，檢查糾正後，並應專題報告我署。今後逮捕與處理犯人，必須依法辦事。倘再明知故犯，必嚴予處分，並希轉飭所屬一體遵照。

特此通告

主任 潘復生
副主任 賈心齋
韓哲一

中華民國三十八年五月十四日

並抄致
行署級各機關查照

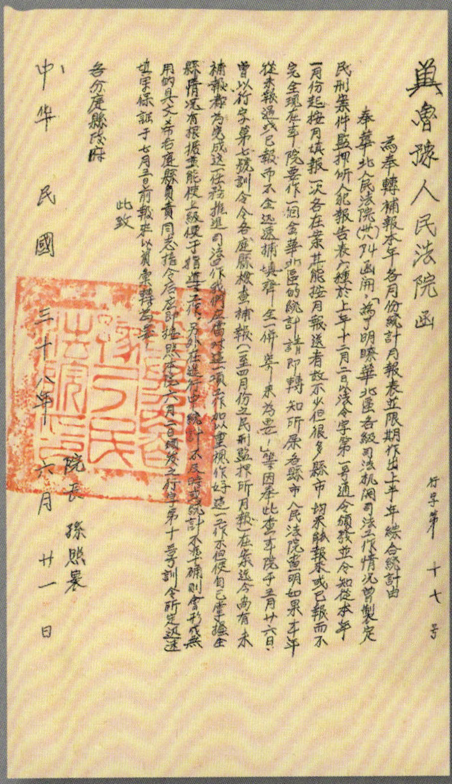

冀魯豫人民法院函 行字第十七号

為奉轉補報本年各月份統計月報表並限期作出上半年綜合統計由

奉華北人民法院（卅八）74函開：「為了明瞭華北區各級司法机関司法工作情况，曾製定民刑案件、監押所人犯報告表六種，於上年十二月二日以法令字第一号通令頒發，並令知從本年一月份起按月填報。現各在案，其能按月報送者，故不少，但很多縣市，均未能報來，或已報而不完全，現在本院要作一個全華北區的統計，請即轉知所屬各縣市人民法院，查明如果本年從未報過或已報而不全，迅速補填齊全，一併寄來，為要！」等因，奉此。查本院于五月廿六日曾以行字第七號訓令令各庭縣檢查補報（至四月份之民刑監押所月報）在案，迄今尚有未補報者，為完成這一促推進司法工作，我們應當對這一項工作加以重視，作好這一工作，不但使自己掌握全縣情况，有根据並能使上級便于指導工作，另外在進行中統計，不及時或統計不確，則會形成無用的具文，希各庭縣負責同志，指令各庭，即按照本院六月二日頒發之行字第十号訓令所定，迅速填寫保証于七月三日前報來，以資彙轉為要！

此致

各分庭縣政府

院長 孫熙褒

中華民國三十八年六月廿一日

胶南县政府通知（战字第三号）

1948年
山东博物馆藏

胶南县政府通知（战字第三号）发布于1948年4月29日，钤胶南县政府印，发布人为时任胶南县县长于云光。这份通知的接收人为铁山区区长。通知要求，各区号召村干部和群众，一定要切实帮助支前担架民工家庭进行春耕生产，免除他们的后顾之忧，做到不荒掉一亩地。

1947年，山东解放区由于遭受国民党军队的重点进攻及其对人民的血腥摧残和反复搜刮，加上夏、秋季洪水泛滥，局部地区遭旱、蝗灾害，致使1947年冬和1948年春出现了严重灾荒。山东省党政军民大力开展了生产救灾运动。1948年3月8日，中共华东中央局发出了《关于春耕生产和救灾工作的指示》，提出“不饿死一个人，不荒掉一亩地”，派出大批干部到各地帮助解决生产备荒中的具体问题，尽快恢复和发展农业生产。胶东县政府针对辖区内支前担架民工家庭缺乏春耕劳力的实际问题，提出了切实的帮扶办法，实行村干部负责制，不荒一亩地。

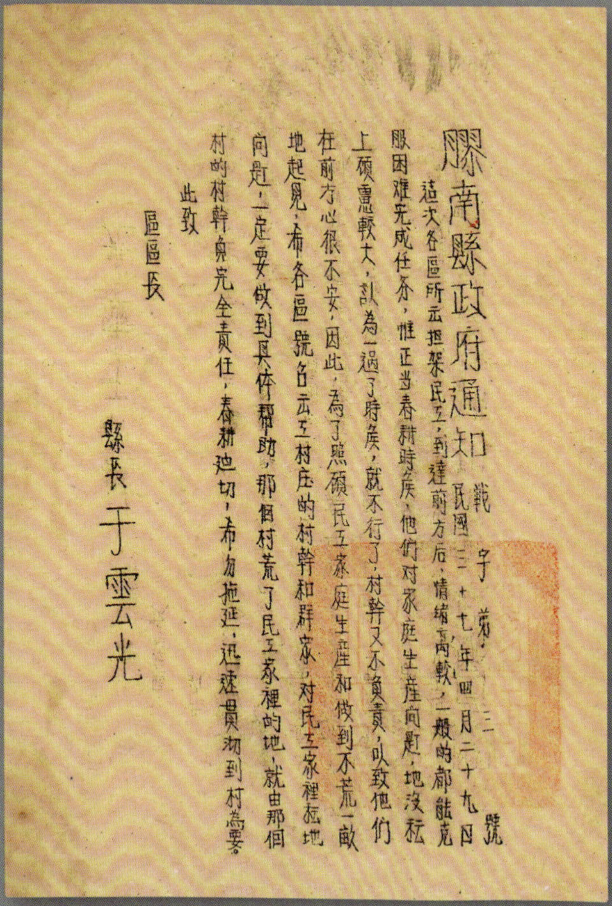
膠南縣政府通知 戰字第三號 民國三十七年四月二十九日

這次各區所去担架民工，到達前方后，情緒高較，一般的都能克服困难完成任务，惟正当春耕時候，他们对家庭生產向題，地没耘上，顧慮較大，認為一過了時候，就不行了，村幹又不負責，以致他们在前方心很不安，因此，為了照顧民工家庭生產和做到不荒一畝地起見，希各區號召云工村庄的村幹和群众，对民工家裡耘地向題，一定要做到具体帮助，那個村荒了民工家裡的地，就由那個村的村幹負完全責任，春耕迫切，希勿拖延，迅速貫澈到村為要。

此致

區區長

縣長 于雲光

山东省烟台市政府关于“解决广大农民土地问题”的布告

1946年
山东博物馆藏

1946年10月30日，烟台市政府发布关于土地改革的公告。公告指出：为了争取实现国家民主化，进一步发展资本主义，消减农村中的封建剥削，彻底解决广大农民的土地问题，迅速实现孙中山先生“耕者有其田”的主张及政治协商会议的决议，完成当前历史的基本任务，必须进行农村的土地改革。公布内容共八条：凡敌伪公田、汉奸土地、地主黑地，一律分配给农民；农民清算高利贷、租息、劳役等盘剥，允许地主以土地抵债；村公田民主分配；酌留学田，其余分配给农民；祭田、义田、社田由群众民主分配；开明人士献田，政府奖励，交由群众分配；鳏寡孤独及无生产能力者须予以有效照顾；农民依法获得的土地，须订立新约，保障所有权。

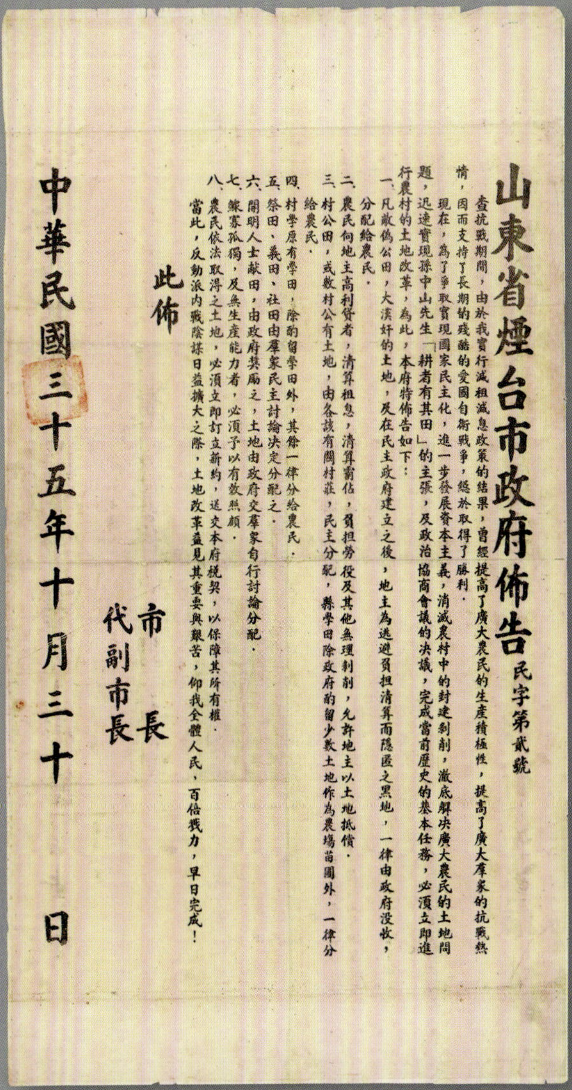
山東省煙台市政府佈告 民字第貳號

查抗戰期間，由於我實行減租減息政策的結果，曾經提高了廣大農民的生產積極性，提高了廣大羣衆的抗戰熱情，因而支持了長期的殘酷的愛國自衛戰爭，總於取得了勝利。

現在，為了爭取實現國家民主化，進一步發展資本主義，消滅農村中的封建剝削，澈底解決廣大農民的土地問題，迅速實現孫中山先生「耕者有其田」的主張，及政治協商會議的決議，完成當前歷史的基本任務，必須立即進行農村的土地改革，為此，本府特佈告如下：

一、凡敵偽公田，大漢奸的土地，及在民主政府建立之後，地主為逃避負担清算而隱匿之黑地，一律由政府沒收，分配給農民。

二、農民向地主高利貸者，清算租息，清算霸佔，負担勞役及其他無理剝削，允許地主以土地抵債。

三、村公田，或數村公有土地，由各該有關村莊，民主分配，縣學田除政府酌留少數土地作為農場苗圃外，一律分給農民。

四、村學原有學田，除酌留學田外，其餘一律分給農民。

五、祭田、義田、社田由羣衆民主討論決定分配之。

六、開明人士獻田，由政府獎勵之，土地由政府交羣衆自行討論分配。

七、鰥寡孤獨，及無生產能力者，必須予以有效照顧。

八、農民依法取得之土地，必須立即訂立新約，送交本府稅契，以保障其所有權。

當此，反動派內戰陰謀日益擴大之際，土地改革益見其重要與艱苦，仰我全體人民，百倍努力，早日完成！

此佈

市長
代副市長

中華民國三十五年十月三十日

山东省烟台市政府关于“禁止蒋币在市场上流通”的布告

1948年
山东博物馆藏

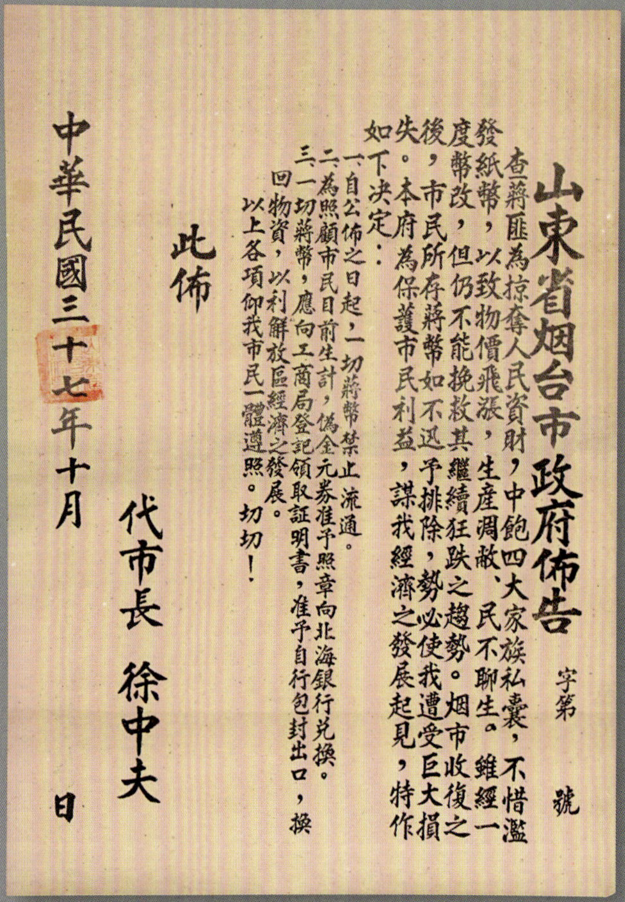

山東省烟台市政府佈告

字第　　號

查蔣匪為掠奪人民資財，中飽四大家族私囊，不惜濫發紙幣，以致物價飛漲，生產凋敝，民不聊生。雖經一度幣改，但仍不能挽救其繼續狂跌之趨勢。烟市收復之後，市民所存蔣幣如不迅予排除，勢必使我遭受巨大損失。本府為保護市民利益，謀我經濟之發展起見，特作如下決定：

一、自公佈之日起，一切蔣幣禁止流通。

二、為照顧市民目前生計，偽金元券准予照章向北海銀行兌換。

三、一切蔣幣，應向工商局登記領取証明書，准予自行包封出口，換回物資，以利解放區經濟之發展。

以上各項仰我市民一體遵照。切切！

此佈

代市長　徐中夫

中華民國三十七年十月　　日

1948年10月中旬，根据胶东区党委和胶东行政公署指示，恢复设立了中共烟台市委、烟台市政府，邓龙翔任市委书记，徐中夫任市委副书记、代理烟台市市长。1948年10月15日，烟台市重获解放。为保障烟台全市人民的生命和财产安全，建立良好的社会秩序，成立了由邓龙翔任主任、徐中夫任副主任的烟台市军事管制委员会，颁布了解放军入城守则和“保护全市各阶层人民生命财产、民主自由”等的布告。中共烟台市委、市政府、烟台市警备司令部还联合发出了《告烟台同胞书》。为打击蒋币，建立良好的经济社会秩序，保障全市人民财产，时任烟台市委副书记兼市长的徐中夫发布“禁止蒋币在市场上流通”的布告。布告主要内容为，迅速打击和排除蒋币，以保护烟台市民的利益，谋求烟台经济发展，自公布之日起，一切蒋币禁止流通。伪金圆券准予照章向北海银行兑换。一切蒋币应向工商局登记领取证明书，自行包封出口，换回物资，以利解放区经济之发展。

中国人民解放军华东军区济南特别市军事管制委员会布告（第一号）

1948年
山东省档案馆藏

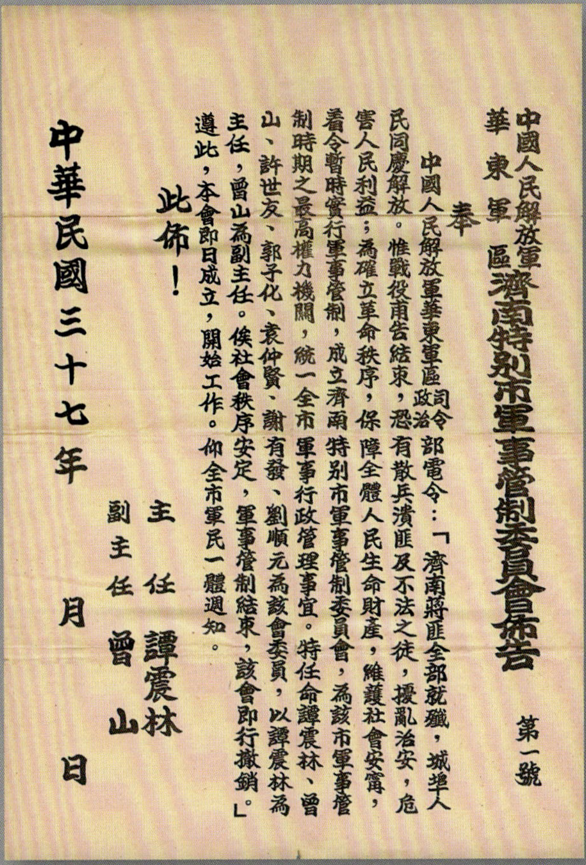

中國人民解放軍華東軍區濟南特別市軍事管制委員會佈告 第一號

奉

中國人民解放軍華東軍區司令部政治部電令：「濟南蔣匪全部就殲，城垣人民同慶解放。惟戰役甫告結束，恐有散兵潰匪及不法之徒，擾亂治安，危害人民利益；為確立革命秩序，保障全體人民生命財產，維護社會安寧，着令暫時實行軍事管制，成立濟南特別市軍事管制委員會，為該市軍事管制時期之最高權力機關，統一全市軍事行政管理事宜。特任命譚震林、曾山、許世友、郭子化、袁仲賢、謝有發、劉順元為該會委員，以譚震林為主任，曾山為副主任。俟社會秩序安定，軍事管制結束，該會即行撤銷。」遵此，本會即日成立，開始工作。仰全市軍民一體週知。

此佈！

主任 譚震林

副主任 曾山

中華民國三十七年 月 日

1948年9月25日，中国人民解放军华东军区济南特别市军事管制委员会正式公开宣告成立并颁发布告，就济南特别市实行军事管制的有关问题作了阐明，其主要内容有：①阐明了实行军事管制的目的及必要性，“为确立革命秩序，保障全体人民生命财产，维护社会安宁，暂时实行军事管制”；②宣布成立济南特别市军事管制委员会并明确其性质，“为该市军事管制时期之最高权力机关，统一全市军事、行政管理事宜”；③公布了军管会组成人员，军管会由谭震林、曾山等7人组成，谭震林为主任、曾山为副主任，许世友、郭子化、袁仲贤、谢有法、刘顺元任委员；④原则确定了实行军事管制的期限，“俟社会秩序安定，军事管制结束，该会即行撤销”。这一布告的颁布标志着济南市实行军事管制制度的开始。

济南市是山东省的政治、经济、文化中心，是国民党军队向我华东解放区进攻的战略要地。济南战役结束后残存的特务、土匪、恶霸地主、反动党团骨干和反动道会门头子等反革命残余势力还相当猖獗，而人民群众还没有充分的发动和组织起来，济南市处在生产凋敝、物资奇缺、通货膨胀、社会秩序混乱、满目疮痍的境地。在此情况下，由军事管制委员会接管城市，建立各级人民政权，发动群众，开展剿匪反霸、镇压反革命破坏活动，确立革命秩序，保护胜利成果是势在必行的。在新旧政权转换、社会剧烈变动的时期，实行军事管制制度，作为人民民主专政的最初形式，同时担负着摧毁旧政权、建立新政权的双重任务。济南特别市军管会成立后围绕上述两个方面的任务，卓有成效地开展工作，保证了济南市从旧政权到新政权有秩序的过渡，保证了国民经济的迅速恢复和各项社会改革运动的顺利进行。

中国人民解放军华东军区济南特别市军事管制委员会布告（管字第一号）

1948年
山东博物馆藏

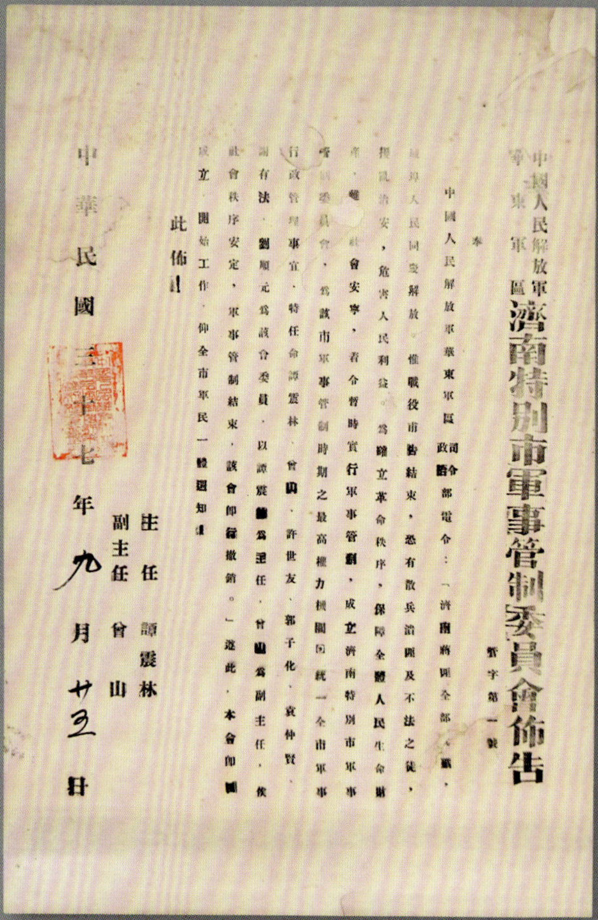
中國人民解放軍華東軍區濟南特別市軍事管制委員會佈告

管字第一號

本

中國人民解放軍華東軍區司令部政治部電令：「濟南蔣匪全部殲滅，濟南人民同獲解放。惟戰役甫告結束，恐有散兵潰匪及不法之徒，擾亂治安，危害人民利益。為確立革命秩序，保障全體人民生命財產，維護社會安寧，着令暫時實行軍事管制，成立濟南特別市軍事管制委員會，為該市軍事管制時期之最高權力機關，統一全市軍事行政管理事宜。特任命譚震林、曾山、許世友、郭子化、袁仲賢、謝有法、劉順元為該會委員，以譚震林為主任，曾山為副主任，俟社會秩序安定，軍事管制結束，該會即行撤銷。」遵此，本會即[illegible]成立，開始工作，仰全市軍民一體週知。

此佈！

主任 譚震林
副主任 曾山

中華民國三十七年九月廿五日

1948年9月16日，济南战役打响。根据中央军委关于“攻济打援”的作战方针，经充分准备，由华东野战军代司令员兼代政委粟裕统一指挥，华东野战军于16日发起济南战役，至24日全歼城内守军，济南宣告解放。9月25日，中国人民解放军华东军区济南特别市军事管制委员会正式公开宣告成立并颁发此布告，就济南特别市实行军事管制的有关问题作了说明。布告阐明了实行军事管制的目的及必要性，“恐有散兵溃匪及不法之徒，扰乱治安，危害人民利益。为确立革命秩序，保障全体人民生命财产，维护社会安宁，着令暂时实行军事管制”。宣布成立济南特别市军事管制委员会并明确“为该市军事管制时期之最高权力机关，统一全市军事、行政管理事宜”，原则确定了实行军事管制的期限，“俟社会秩序安定，军事管制结束，该会即行撤销”，至10月31日军事管制结束。

中国人民解放军华东军区济南特别市军事管制委员会布告（管字第三号）

1948年
山东博物馆藏

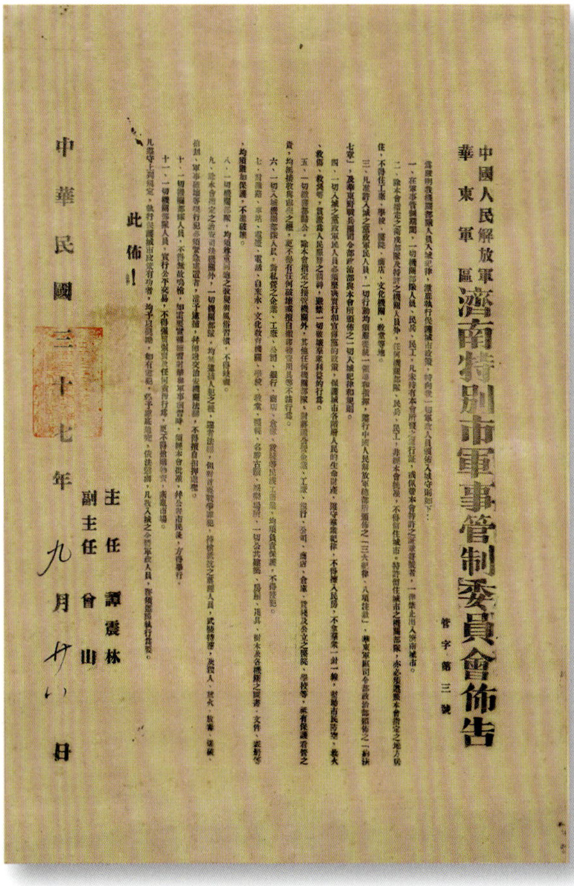
中國人民解放軍華東軍區濟南特別市軍事管制委員會佈告

管字第三號

此佈！

主任 譚震林
副主任 曾山

中華民國三十七年九月廿八日

济南在解放之后，成立了中国人民解放军华东军区济南特别市军事管制委员会，以实施军事管制。济南是省会城市，数量庞大的国民党军、政、警、宪、特等反动机构盘踞于此，残余势力还相当猖獗，社会秩序混乱。在此情况下，为维护社会安定，给市民提供安居乐业的环境，实施军事管制，以确立革命秩序，保护胜利成果势在必行。济南特别市军事管制委员会成立后，立即颁布了《入城守则》，共11条，其中要求：一切入城之党政军民人员，必须坚决实行和宣传党的政策，保护城市各阶层人民的生命财产，遵守群众纪律，不得擅入民房，不拿群众一针一线，帮助市民防空、救火、救伤、救灾等，贯彻为人民服务之精神，严禁一切破坏群众利益的行为；一切入城机关部队人员对私营之企业、工厂、公司、银行、商店、仓库、货栈等民族工商业，均须负责保护，不得侵犯；一切机关部队人员，实行公平交易，不得强买强卖及任何贪污行为；更不得抢购物资，紊乱市场。如有违者，必予彻底追究，依法惩办。在接管济南初期，济南特别市军事管制委员会采用各种方法稳定社会、恢复生产，为接管后续解放的大中城市提供了经验借鉴。

中国人民解放军青岛市军事管制委员会布告

1949年
山东博物馆藏

中国人民解放军青岛市军事管理委员会发布，内有“青岛已获解放，为保障全市人民生命财产，维护社会安宁，确立革命秩序，决定在青岛市实行军事管制，成立中国人民解放军青岛市军事管制委员会”等内容。

1949年5月3日，第三野战军一部发起解放青岛、即墨战役。3日，参战部队向青岛市郊发起进攻。4日，中共中央山东分局、山东军区正式作出《关于青岛军管会及警备司令部组织决定》，决定青岛军管会为青岛接收后军管时期党政军的统一领导机关和最高权力机关。6月2日，青岛解放。青岛市人民政府和青岛警备区宣告成立，马保三任市长。青岛市军事管制委员会所属市政、财粮、铁道、邮电、生产、金融等16个部，开始分别对口接管青岛。

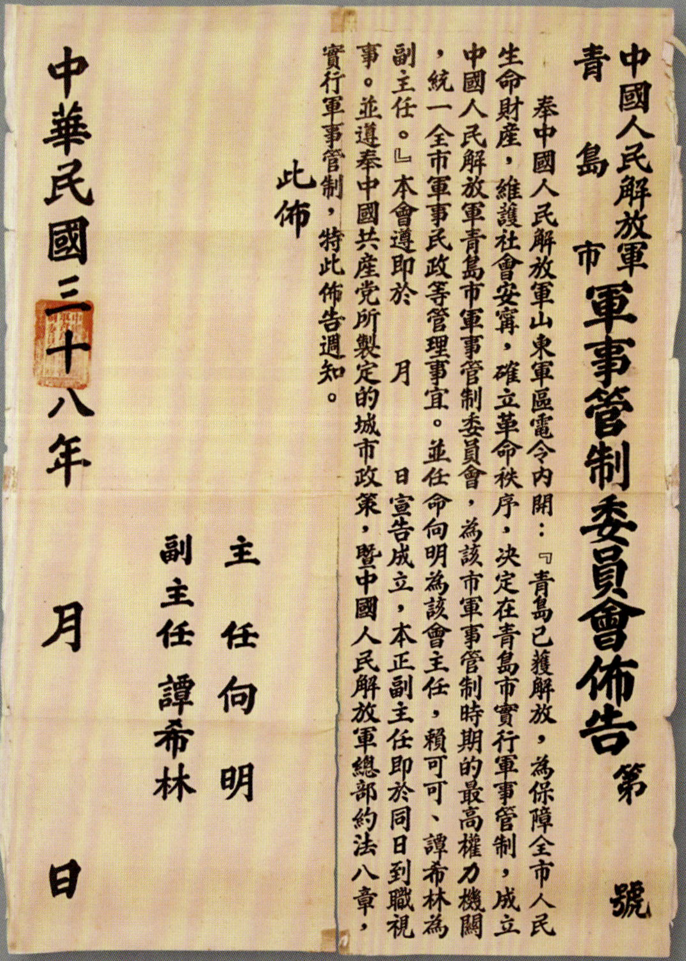
中國人民解放軍
青島市軍事管制委員會佈告 第 號

奉中國人民解放軍山東軍區電令內開：『青島已獲解放，為保障全市人民生命財產，維護社會安寧，確立革命秩序，決定在青島市實行軍事管制，成立中國人民解放軍青島市軍事管制委員會，為該市軍事管制時期的最高權力機關，統一全市軍事民政等管理事宜。並任命向明為該會主任，賴可可、譚希林為副主任。』本會遵即於 月 日宣告成立，本正副主任即於同日到職視事。並遵奉中國共產党所製定的城市政策，暨中國人民解放軍總部約法八章，實行軍事管制，特此佈告週知。

此佈

主任 向明
副主任 譚希林

中華民國三十八年 月 日

中共中央华东局秘书处编印《城市政策第二辑》

1948年
山东博物馆藏

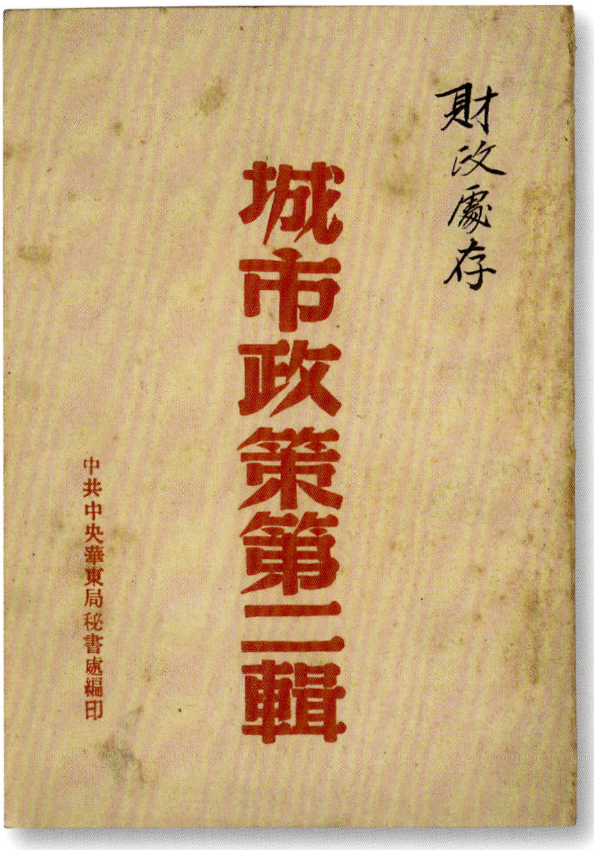

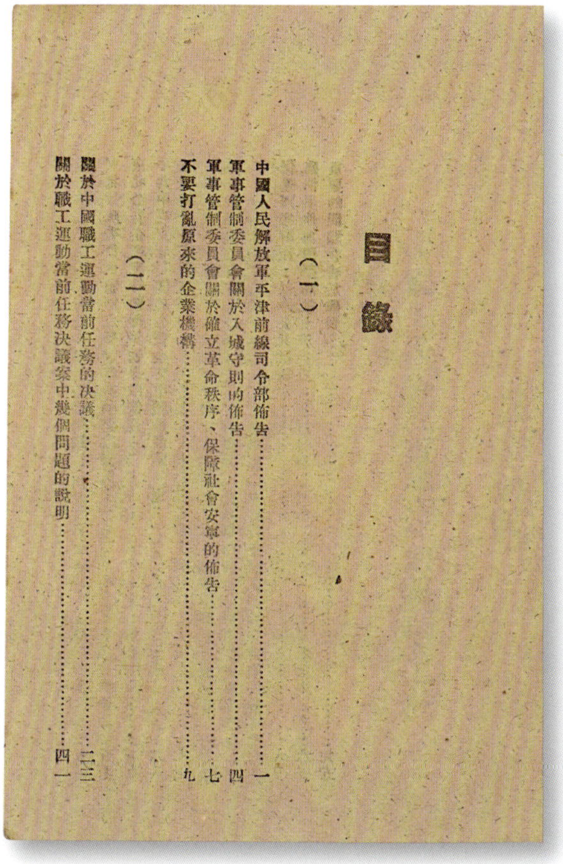

目錄

（一）

中國人民解放軍平津前線司令部佈告……一
軍事管制委員會關於入城守則的佈告……四
軍事管制委員會關於確立革命秩序、保障社會安寧的佈告……七
不要打亂原來的企業機構……九

（二）

關於中國職工運動當前任務的決議……一三
關於職工運動當前任務決議案中幾個問題的說明……四一

中共中央华东局秘书处编印的《城市政策第二辑》，分三部分。第一部分内容包括了《中国人民解放军平津前线司令部布告》《军事管制委员会关于入城守则的布告》《军事管制委员会关于确立革命秩序、保障社会安宁的布告》《不要打乱原来的企业机构》；第二部分的内容主要是《关于中国职工运动当前任务的决议》《关于职工运动当前任务决议案中几个问题的说明》《中华全国总工会章程》《东北行政委员会颁布公营企业劳动保险条例》《东北公营企业战时暂行劳动保险条例》《中共中央东北局关于公营企业中职员问题决定》《正确执行劳资两利方针》；第三部分内容包括《保护国家财产》《保护公共财产》《临清事件与国营商业》《重要的问题在善于学习》等。

华东军区政治部印《新解放城市安民布告与安民口号》

1948年
济南革命烈士陵园（济南战役纪念馆）藏

1948年华东军区政治部印《新解放城市安民布告与安民口号》作为接管大城市的指导性文件。文件主要包括《入城通用布告、口号》《华东军区司令部、政治部关于约法七章的布告》《某某军事管制委员会关于入城守则的布告》等内容。

1948年9月24日济南战役胜利结束后，济南即划为特别市并实行军事管制。1948年9月25日，中国人民解放军华东军区济南特别市军事管制委员会正式公开宣告成立并颁发布告，阐明了实行军事管制的目的及必要性，确定了实行军事管制的期限，标志着济南市实行军事管制制度的开始。济南特别市军管会成立后，积极消除战争遗迹、救济贫苦市民，稳定物价、加强对金融市场的控制，迅速复工复业，恢复生产支援前线。通过卓有成效地开展工作，保证了济南市从旧政权到新政权有秩序的过渡，保证了国民经济的迅速恢复和各项社会改革运动的顺利进行，为今后接管大城市提供了可借鉴的成熟模板。济南接管的成功经验在1948年11月受到中共中央的重要批示肯定。1948年12月19日，华东军区政治部将济南接管工作中的布告编印成册，作为干部研究城市政策的学习材料。

我军在济南街头散发战斗胜利捷报

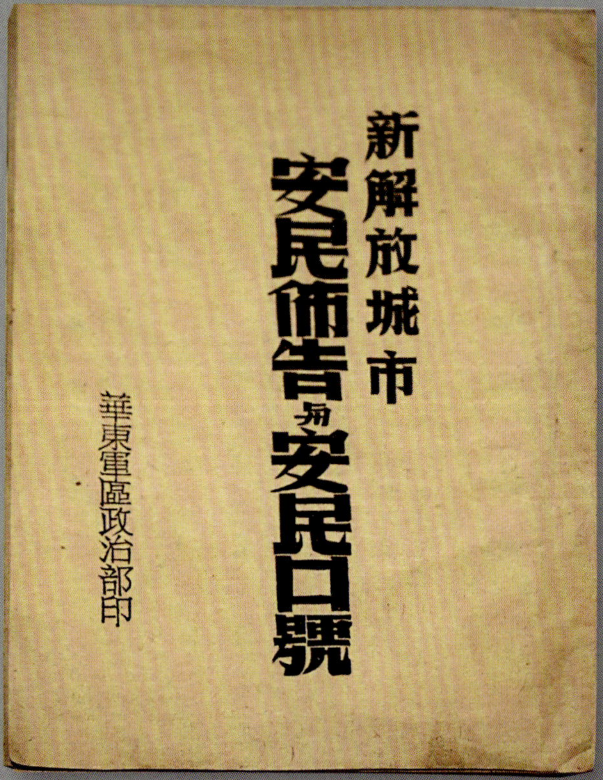

烟台市工商局《接收烟台东海关经过情况综合报告》

1948年
青岛海关博物馆藏

此报告包括胶东工商局上报华东财办工商部的文件（钤盖王福海、杜平舟、盛文楼印章），并附烟台市工商局接收烟台东海关经过情况综合报告一份（钤盖胶东工商局烟台市局印章和贾振之、龚志恒印章）。

抗战胜利后，我党曾两次接管烟台东海关。1945年8月24日，烟台抗日民主政府派贾振之接管东海关。至此，被帝国主义列强把持了83年的东海关终于回到人民的手中。东海关成为中国共产党领导下的第一个解放区海关。1947年，国民党部队占领烟台，人民东海关人员奉命撤离。1948年10月烟台二次解放，烟台人民政府再次派员接收了东海关。此为人民东海关首任关长贾振之和工商局干部龚志恒在接管五日后，向烟台市工商局提交的接管情况报告，文中详细记录了接管经过和了解的情况，提出了整改意见，并附有烟台海关机构表、接管物资登记表、接收东海关在职员工留用提升表、烟台东海关机构组织编制表、被敌裁减之东海关各部员工登记表。

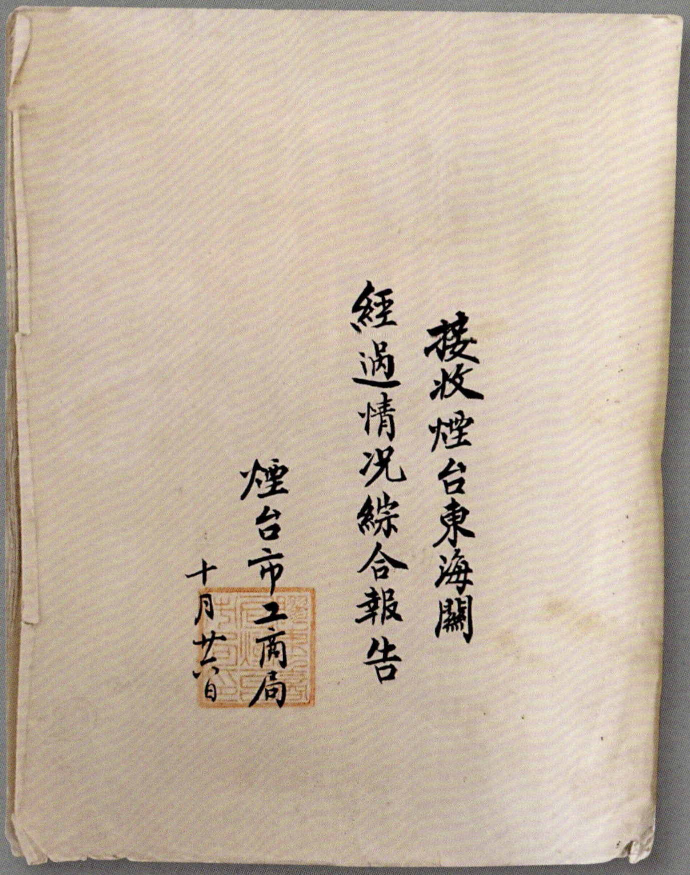

接收烟台东海关移交清册

1948年
青岛海关博物馆藏

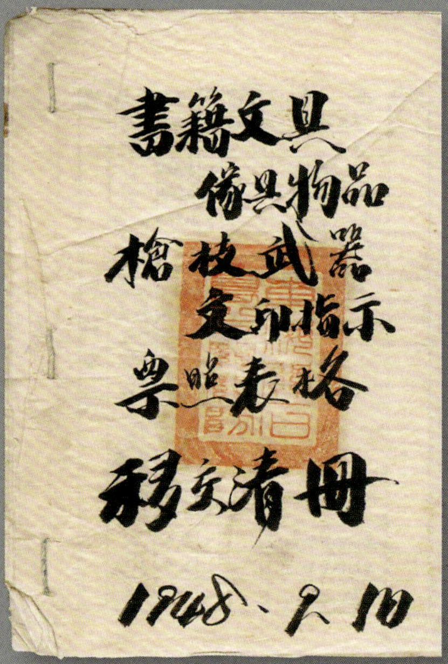

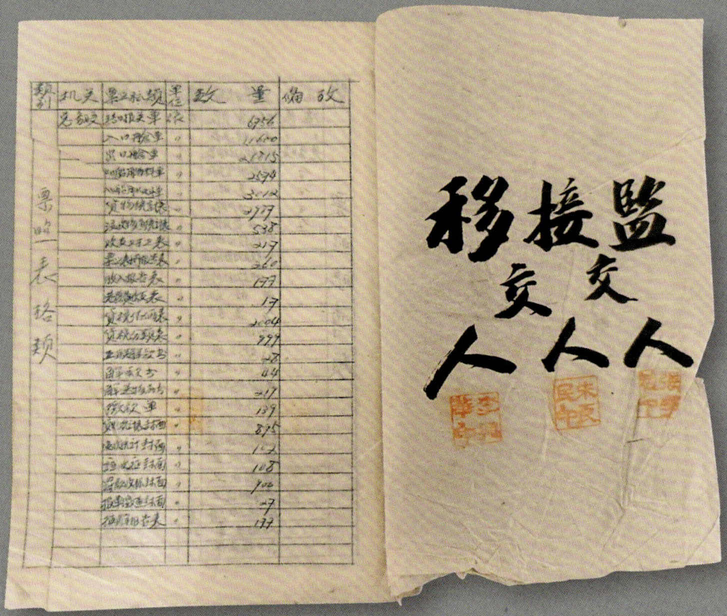

1948年10月烟台二次解放时，烟台人民政府派员再次接管东海关时的书籍文具、家具物品、枪支武器、文印指示、票照表格移交清册。此次接收，由于敌人有计划地撤退，因此海关物资除房舍、家具未破坏带走外，文件档案、有用资财大部分被带走，并对无法带走之资财进行了破坏。

此清册对接收东海关的物资等进行了详细统计，并由监交人张学礼（1949年6月带队接收青岛胶海关，曾任青岛海关、北京海关关长）、接交人朱良民（曾任广州海关关长）、移交人李兴华钤印确定。烟台海关在接收旧海关过程中总结出一套成功经验，锻炼培养了大批优秀专业人才，并在解放战争中选派大量海关干部南下北上，北到满洲里，南到海南岛，西达新疆边陲，参与到全国各地的旧海关接收工作中，烟台海关也因此被誉为“中华人民共和国海关干部的摇篮”。

“中国人民解放军青岛市军事管制委员会关防”印鉴

1949年
青岛市档案馆藏

此枚关防为政府印章，木质。1949年2月，胶东区党委根据中共华东局指示，成立青岛市准备接管委员会（对外称青岛市教育研究会），从各地委陆续调集4548名干部在莱阳集训。1949年5月4日，人民解放军山东军区致电三十二军、胶东军区并报中央军委及华东局，决定青岛市军事管制委员会为青岛解放接收后军管时期的党政军统一领导机关和

最高权力机关。5月24日，山东分局根据华东局决定，成立青岛市军事管制委员会（简称军管会），并公布组成人员名单。军管会下设市政、公安、文教、卫生等16个部、1个厅和1个处等机构，并在市区的市南、市北、台东、台西、四沧、浮山和李村区设军政委员会。

6月2日青岛解放。当日中国人民解放军山东军区决定对青岛实行军事管制，成立中国人民解放军青岛市军事管制委员会，为军管时期的最高权力机关，统一领导和管理青岛市的全面工作。同时宣布成立青岛市人民政府，遵照党的城市政策及中国人民解放军总部“约法八章”和华东军区颁布的“约法七章”接收接管青岛。自解放当日，青岛市军管会领导3000余名接管干部分3批入城，按系统分赴各点，按计划、有步骤、有秩序、有纪律地对国民党青岛市的行政、司法、文教及官僚资本企业实行接管；保护民族工商业，稳定社会秩序，安定人民生活，恢复和发展生产，城市面貌迅速得到改变。1949年11月，青岛市军管会撤销。此印章即为该机构的关防印鉴。

青岛人民热烈欢迎青岛解放

中国人民解放军华东军区海军司令部关防印信

1949年
中国人民解放军海军博物馆藏

石质，该关防印信是人民海军第一支部队——中国人民解放军华东军区海军成立时使用的首枚关防印信。1949年4月23日，华东军区海军在江苏泰州白马庙成立。时任司令员兼政治委员的张爱萍率领先遣人员接管江阴要塞，在乘坐的小渡船上，共有13个人，包括5名干部和8名战士。张爱萍笑称“这大概是世界上最小的一支海军部队了”。接着，他又意味深长地说：“13人，将来就是13万兵马啊！”70余年来，在党的坚强领导下，人民海军在艰苦中创业，在战斗中成长，在创新中发展。从沿岸到近海，从浅水到远洋，人民海军一路从无到有、从小到大、从弱到强，在挺进深蓝的进程中，正向着全面建成世界一流海军阔步前进。

“中共鲁中南一地委泰安县委”木印

20世纪40年代
泰安市博物馆藏

此枚为政府印章，木质。1948年7月17日，鲁中、鲁南、滨海3区合并为鲁中南区，成立中共鲁中南区委员会、鲁中南区行政公署。中共泰山地委、泰山专署划属鲁中南区，称鲁中南一地委、一专署。1949年7月25日，原中共鲁中南一地委、一专署复称中共泰山地委、泰山专署。

清河地委宣传部《渤海区贯彻二中全会路线必须解决的几个问题》

1949年

淄博市博物馆藏

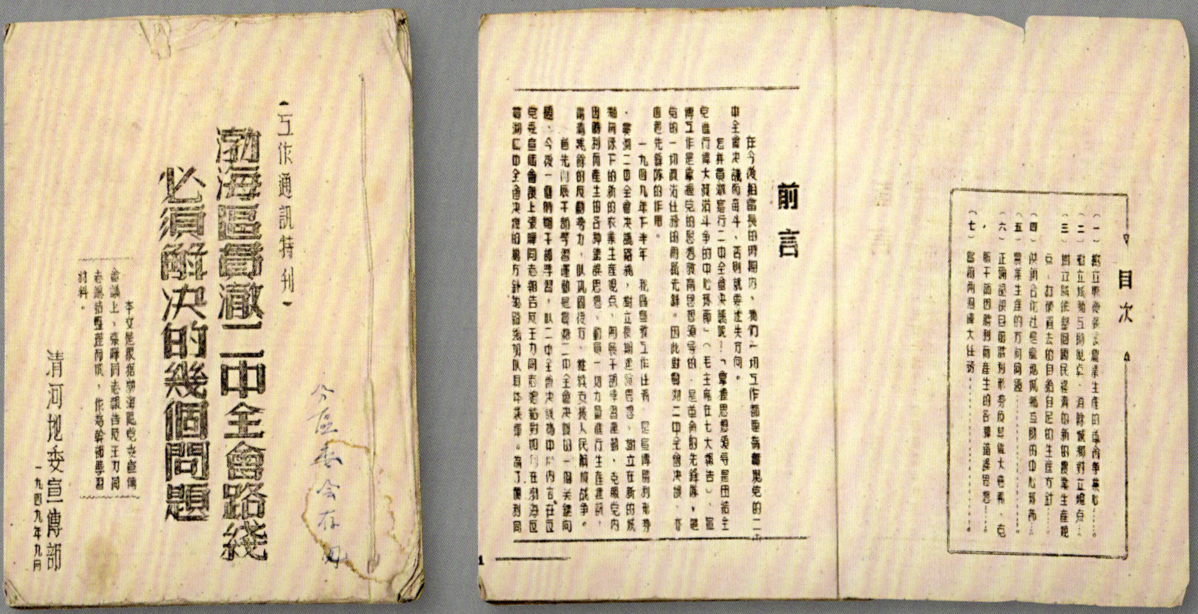

工作通讯特刊，封面有钢笔字迹“分区委会存阅”。1979年7月大张公社于营大队征集，于营大队于秀兰捐献给淄博市博物馆收藏。

该册子是根据渤海区党委宣传会议上张晔报告及王力总结整理而成，作为干部贯彻实行中共七届二中全会决议的学习材料。内容共7篇，包括《树立恢复发展农业生产的革命事业心》《树立城乡互助观点、消除城乡对立观点》《树立服从整个国民经济的新的农业生产观点，打破过去的自给自足的生产方针》《供销合作社是实现城乡互助的中心环节》《农业生产的方向问题》《正确认识目前胜利形势及其伟大意义，克服干部因胜利而产生的各种错误思想》《当前两个伟大任务》。

中国新民主主义青年团渤海区工作委员会印《建团参考》（第四集）

1949年
淄博市博物馆藏

1949年10月中国新民主主义青年团渤海区工作委员会印。1979年7月大张公社于营大队征集，于营大队于秀兰捐献给淄博市博物馆收藏。

1948年5月，新民主主义青年团渤海区工作筹备委员会建立，在境内试建新民主主义青年团。此《建团参考》扉页印有通知，“青年团渤海区筹备委员会：根据团中央一九四九年七月十五日通知规定，因最近期间本区不能召开代表大会产生正式团委会，特决定自十月一日起将筹委会改为工作委员会即‘中国新民主主义青年团渤海区工作委员会’。特此致，敬礼，青年团渤海区工委会，十月十日。”

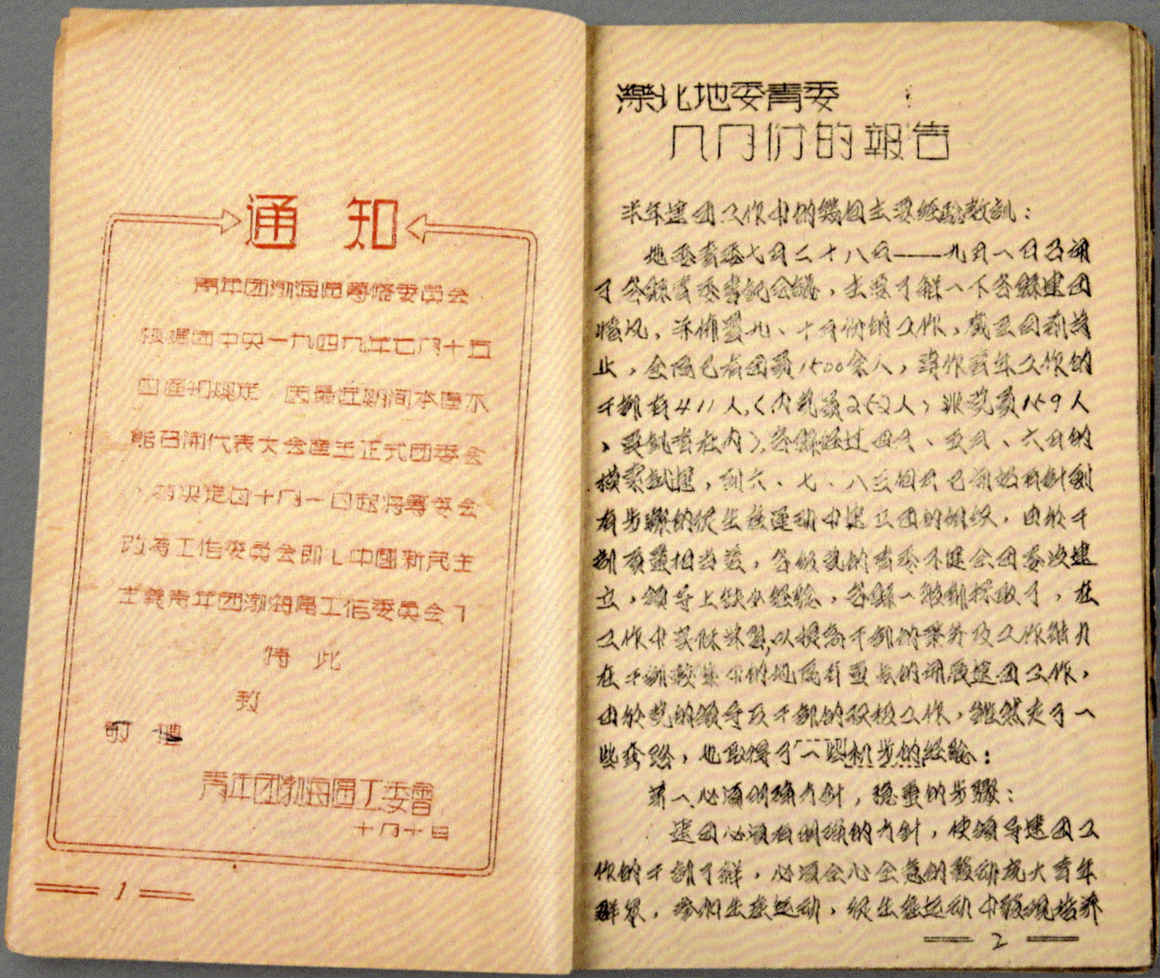

通知

青年团潮汕区筹备委员会

根据团中央一九四九年七月十五日通知规定，因最近期间本区不能召开代表大会产生正式团委会，特决定自十月一日起将筹委会改为工作委员会即「中国新民主主义青年团潮汕区工作委员会」

特此

致

敬礼

青年团潮汕区工委会

十月十日

—— 1 ——

潮汕地委青委

八月份的报告

半年建团工作中的几个主要经验教训：

地委青委七月二十八日——九月八日召开了各县青委书记会议，主要了解一下各县建团情况，并布置九、十月份的工作，截至目前为止，全区已有团员1500余人，其中在农村工作的干部有411人，（内党员262人，非党员149人，受训者在内），各县经过四月、五月、六月的摸索试建，到六、七、八三个月已开始有计划有步骤的在生产运动中建立团的组织，由于干部质量相当差，各级多数青委不健全团委没建立，领导上缺少经验，各县一般都较弱了，在工作中发生偏差，以致给干部的业务及工作能力在干部较集中的地区有更多的开展建团工作，由于党的领导及干部的积极工作，虽然走了一些弯路，也取得了一些初步的经验：

第一、必须明确方针，稳重的步骤：

建团必须有明确的方针，使领导建团工作的干部了解，必须全心全意的发动广大青年群众，参加生产运动，从生产运动中发现培养

—— 2 ——

华东军区第三野战军司令部政治部、华东财政经济办事处《华东区荣誉军人优待抚恤条例及年老病弱退休军人待遇办法》

1949年
山东博物馆藏

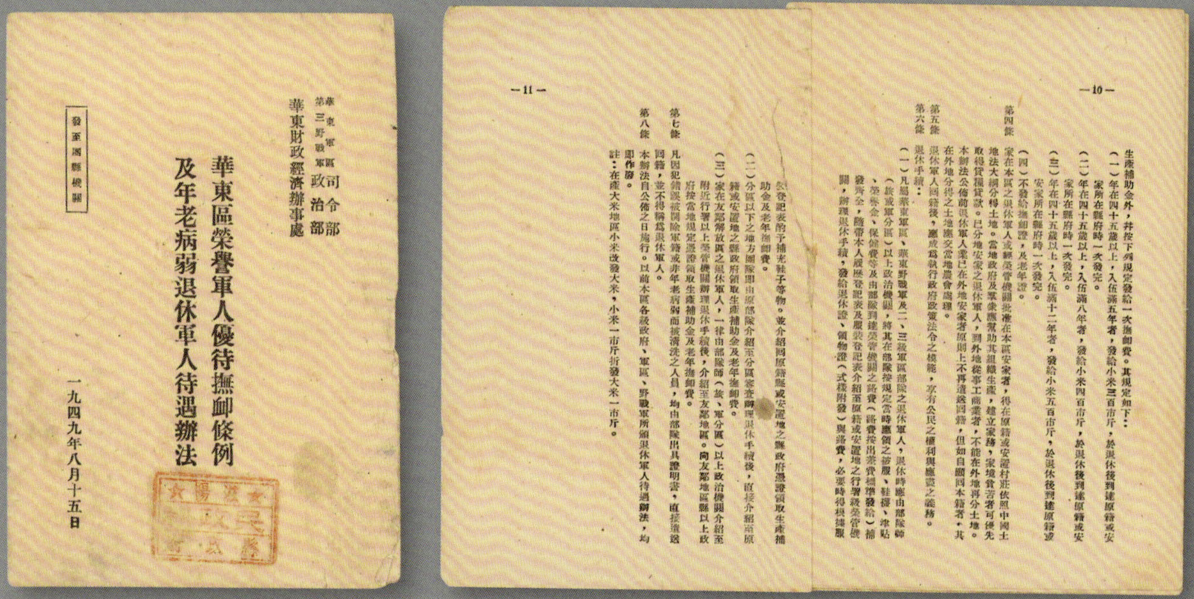

随着解放战争的结束，针对当时各部队的伤残军人及年老病弱退休军人的具体情况，华东军区第三野战军司令部、政治部，华东财政经济办事处于1949年8月颁布了《华东区荣誉军人优待抚恤条例及年老病弱退休军人待遇办法》。办法包含两部分，一是《华东区荣誉军人优待抚恤条例》，其内容规定凡人民解放军之指战员（包括野战军、地方军、脱离生产之游击队、后方军事机关之其他取得军籍之人员），因参战负伤或因公致成残疾者均称荣誉军人（简称荣军）。荣军现住本区者享受本条例之优待与抚恤。条例内包括伤残军人的评定等级、评定后按参加工作、回家安置及住荣校的不同享受抚恤的具体内容以及其他相关规定。二是《华东区年老病弱退休军人待遇办法》，办法明确凡取得军籍的人民解放军指战员，因年老或长期病弱确实不能继续担任部队工作又不适宜转入政府工作，经医生证明，排以上干部须经高四级党委、班以下人员须经旅（师、军分区）政治机关批准退休回家者，称为年老病弱退休军人（简称退休军人）。其在本区内者均得享受本办法之待遇。为了切实贯彻执行《华东区荣誉军人优待抚恤条例及年老病弱退休军人待遇办法》，1949年10月15日，山东军区、山东省人民政府又联合发出指示，通过加强组织准备、宣传教育等措施完善办法的执行。

华东工矿部第二军工局兵工厂发放给毕青山的职工购买证

1949年
烟台市博物馆藏

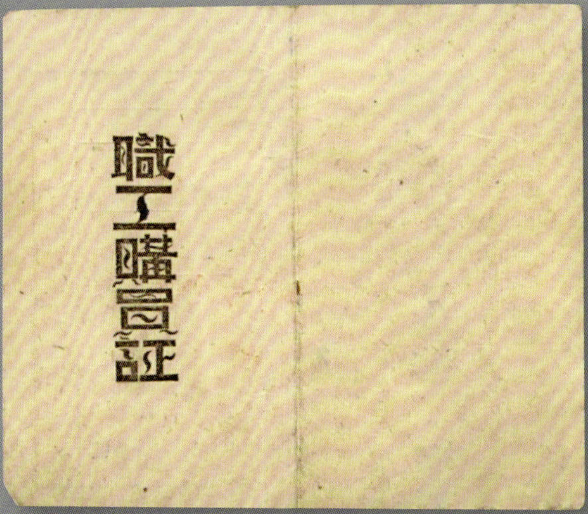
職工購買証

解放战争时期华东工矿部第二军工局兵工厂发放给毕青山的职工购买证。内加盖“职工科”红章。所含信息包括职别、姓名、入伍年月、发放时期、发放机构、注意事项等信息。华东工矿部第二军工局在解放战争时期为华东野战军提供了大量的武器弹药，为战争的胜利作出了重要贡献。

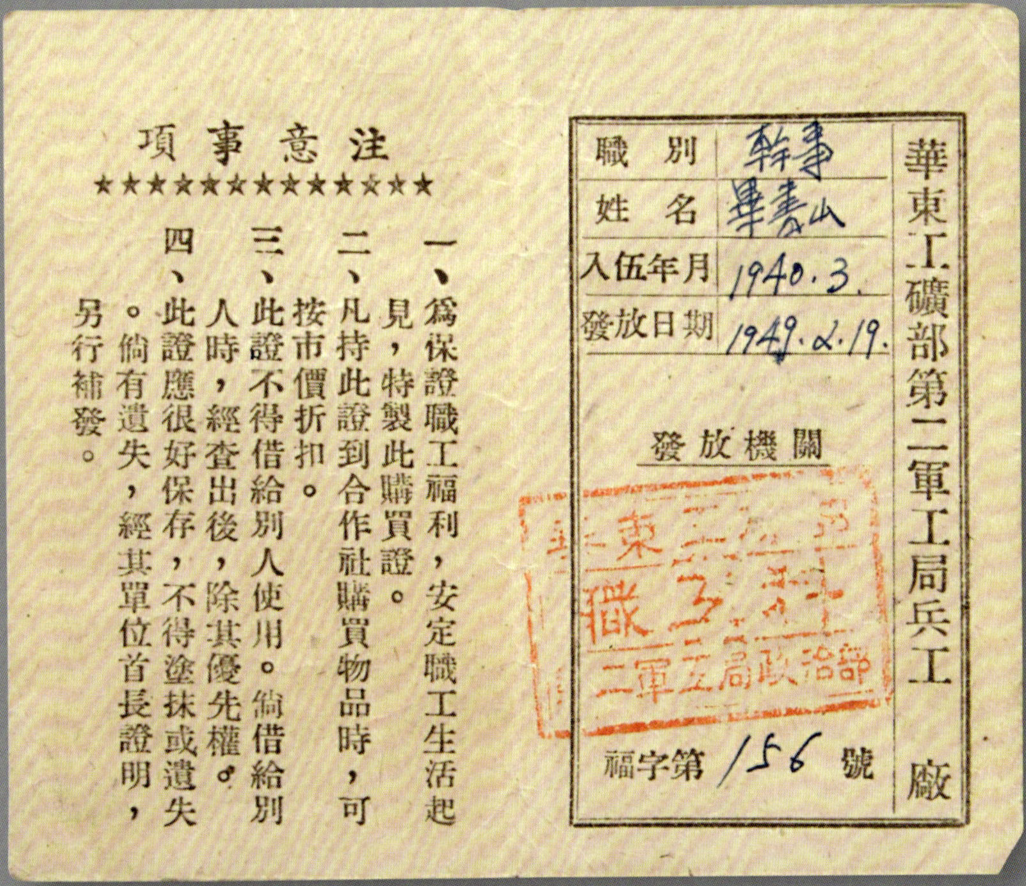
華東工礦部第二軍工局兵工廠

職別	幹事
姓名	畢青山
入伍年月	1940.3.
發放日期	1949.2.19.

發放機關

職工科 二軍工局政治部

福字第 156 號

注意事項

★★★★★★★★★★★★★

一、爲保證職工福利，安定職工生活起見，特製此購買證。

二、凡持此證到合作社購買物品時，可按市價折扣。

三、此證不得借給別人使用。倘借給別人時，經查出後，除其優先權。

四、此證應很好保存，不得塗抹或遺失。倘有遺失，經其單位首長證明，另行補發。

山东省人民政府（民财字第贰号）《关于民兵民工牺牲伤残抚恤标准》

1949年
山东博物馆藏

1949年8月，山东省人民政府公布《关于革命军人革命职员牺牲病故抚恤条例》，规定为革命英勇牺牲及积劳病故的革命军人、革命职员棺木费及抚恤费以小米为标准。同时，省政府公布了《关于民兵民工牺牲伤残抚恤标准》，规定在革命战争中英勇牺牲或因伤致残者发给棺木费及抚恤费。棺木费以小米为标准：平原地区500—600市斤；山区400—500市斤。牺牲民兵、民工的抚恤费：在革命战争中英勇牺牲的发小米400市斤；在前方服务期间积劳病故的发小米300市斤。因伤致残的民兵、民工按照本省荣誉军人的评定标准。优待费：特等每年猪肉100市斤，生活补助粮小米400市斤；一等每年猪肉50市斤；二等每年猪肉30市斤；三等每年猪肉20市斤。1948年全省支出粮食453.8万斤，占粮食支出的0.32%，其中，优抚粮支出232.8万斤，救济粮支出221万斤。1949年全省支出旧人民币44亿元，其中荣军支出37亿元，优抚救济支出7亿元。

山東省人民政府　民財字第貳號
關於民兵民工犧牲傷殘撫恤標準
爲統一在革命戰爭中因傷致殘或英勇犧牲的民兵民工之棺木費及撫恤費標準，特作如下規定：
一、犧牲民兵民工之棺木費：
1.平原地區小米五百市斤至六百市斤。
2.山地小米四百市斤至五百市斤。
二、犧牲民兵民工之撫恤費：
1.在革命戰爭中英勇犧牲者，發給撫恤金小米四百市斤。
2.在前方服務期間積勞病故的，發給撫恤費小米三百市斤。
三、因傷致殘之民兵民工，按照本省榮譽軍人的評等標準評定殘廢等級，並每年分兩季按下列標準發給殘廢優待費：
1.特等每年豬肉壹百市斤，生活補助糧小米四百市斤。
2.一等每年豬肉五十市斤。
3.二等每年豬肉三十市斤。
4.三等每年豬肉二十市斤。
四、本標準自公佈之日實行。
公曆一九四九年八月四日

中央、华北、冀鲁豫、平原省司法部、法院、战勤部、宣传教育部、劳动局、民政局、邮电局的指示信、通知、通报

1949年
曹县档案馆藏

文件共44份，包含《关于石家庄人民法院实行值日制度的通报》《三、四两月冀南清理案犯的总结经验》《关于东北狱政工作的新尝试的介绍》《关于民刑上诉案件原审应限期答辩或补具上诉理由然后送卷的通知》《关于处理死刑案件应该注意的事项》《关于干部婚姻案件的初步研究》《关于通知本院副院长就职启用印信的通知》《关于重申前令仰即认真执行月报制度的通令》《关于通知冀鲁豫人民法院院长孙照寰就职视事由》《关于表格使用应注意事项的通知》《关于填发解中魁、张青尧地亩纠葛一案传票仰即派员送达并检呈本案卷审的通知》《关于奉转依式填造民刑事婚姻案件登记表的通知》《冀鲁豫人民法院关于补报本年各月份统计月报表并限期作出上半年综合统计的函》《关于各县认真进行清案工作并严格执行清案手续的通知》《关于运输上粮秣站工作的初步检讨及指示》《关于规定小学教员学习材料的通知》等文件。

我军某部宣传队的同志向群众宣传党的政策

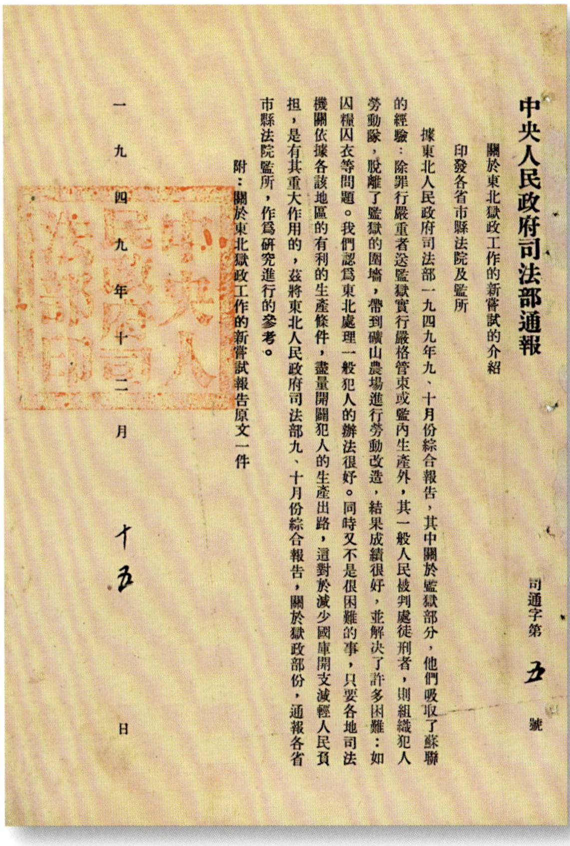

中央人民政府司法部通報

司通字第　五　號

關於東北獄政工作的新嘗試的介紹

印發各省市縣法院及監所

據東北人民政府司法部一九四九年九、十月份綜合報告，其中關於監獄部分，他們吸取了蘇聯的經驗：除罪行嚴重者送監獄實行嚴格管束或監內生產外，其一般人民被判處徒刑者，則組織犯人勞動隊，脫離了監獄的圍墻，帶到礦山農場進行勞動改造，結果成績很好，並解決了許多困難：如囚糧囚衣等問題。我們認爲東北處理一般犯人的辦法很好。同時又不是很困難的事，只要各地司法機關依據各該地區的有利的生產條件，盡量開闢犯人的生產出路，這對於減少國庫開支減輕人民負担，是有其重大作用的，茲將東北人民政府司法部九、十月份綜合報告，關於獄政部份，通報各省市縣法院監所，作爲研究進行的參考。

附：關於東北獄政工作的新嘗試報告原文一件

中央人民政府司法部印

一九四九年十二月十五日

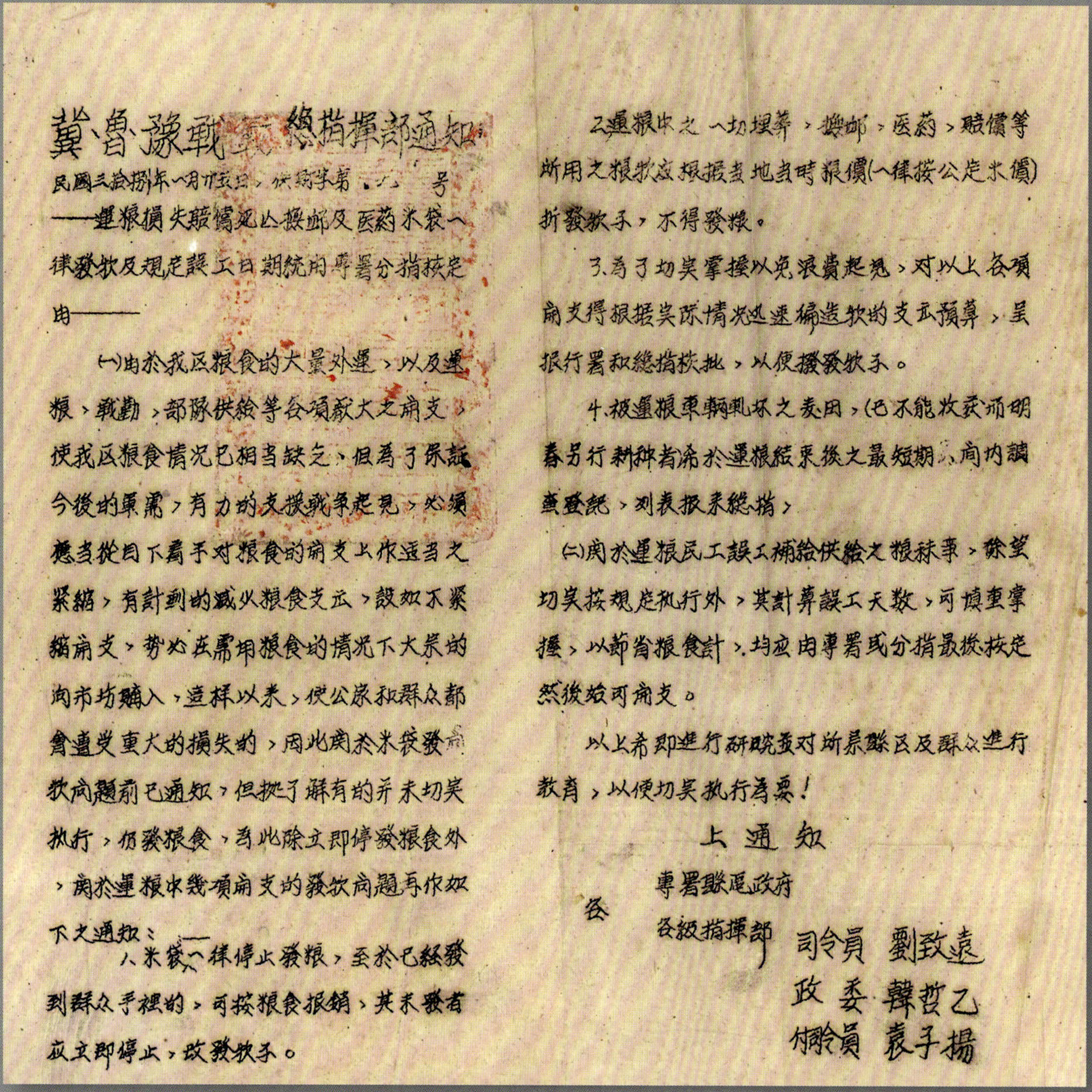

冀、魯、豫戰[illegible]總指揮部通知

民國三拾捌年一月廿五日，供総字第 六 号

——運糧損失賠償及出擔部及医药米袋一律發款及規定誤工日期統由專署分指核定由——

（一）由於我区糧食的大量外運，以及運糧、戰勤，部隊供給等各項龐大之開支，使我区糧食情况已相当缺乏，但為了保証今後的軍需，有力的支援戰争起見，必須應当從目下着手对糧食的開支上作适当之紧縮，有計劃的減少糧食支出，設如不紧縮開支，势必在需用糧食的情况下大量的向市场購入，這样以来，使公家和群众都會遭受重大的損失的，因此関於米袋發款問題前已通知，但据了解有的并未切实执行，仍發糧食，為此除立即停發糧食外，関於運糧中幾項開支的發款問題再作如下之通知：——

1、米袋一律停止發糧，至於已經發到群众手裡的，可按糧食報銷，其未發者应立即停止，改發款子。

2、運糧中之一切埋葬，擔部，医药，賠償等所用之糧款应根据当地当時糧價（一律按公定米價）折發款子，不得發糧。

3、為了切实掌握以免浪費起見，对以上各項開支得根据实际情况迅速编造款的支出預算，呈报行署和總指核批，以便撥發款子。

4、被運糧車輛軋坏之麥田，（已不能收获而明春另行耕种者）希於運糧結束後之最短期間内調查登記，列表报来總指。

（二）関於運糧民工誤工補給供給之糧秣事，除望切实按規定执行外，其計算誤工天数，可慎重掌握，以節省糧食計，均应由專署或分指最後核定然後始可開支。

以上希即進行研究并对所屬縣区及群众進行教育，以便切实执行為要！

上 通 知

各 專署縣区政府
各級指揮部

司令員 劉致遠
政 委 韓哲乙
付令員 袁子揚

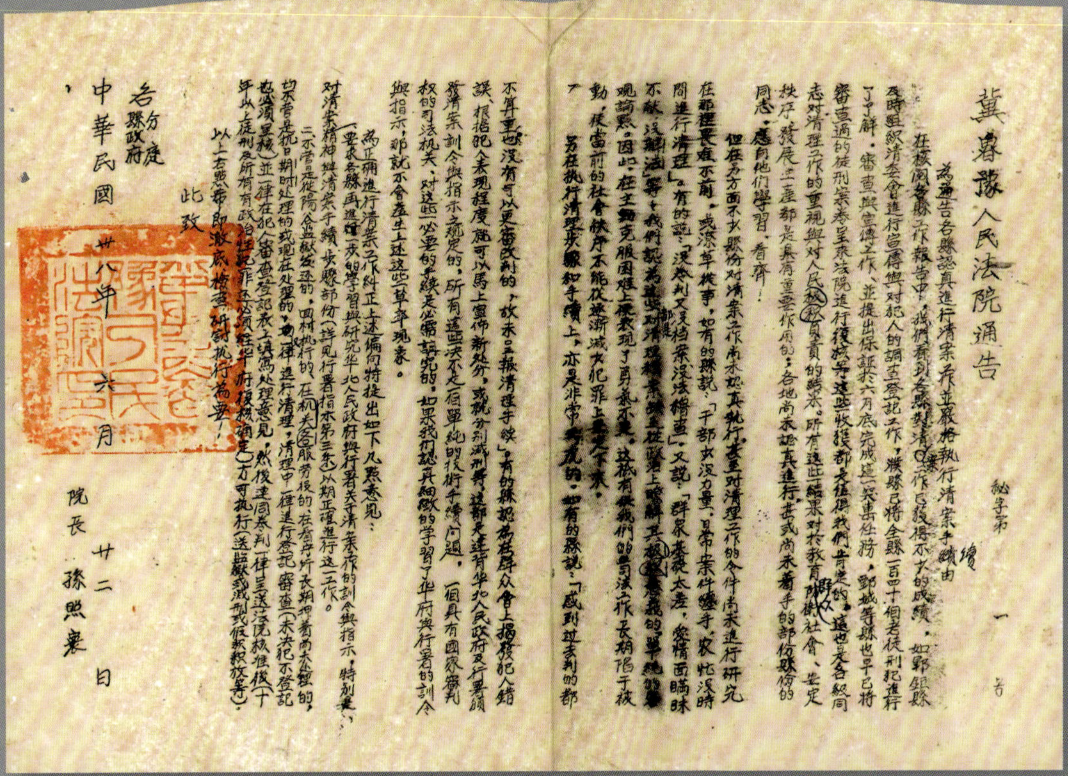

冀鲁豫人民法院通告　秘字第　一　号

为通告各县认真进行清案并严格执行清案手续由

在检阅各县工作报告中，我们看到各县对清案工作已获得不小的成绩，如郓钜县及时组织清委会进行宣传与对犯人的调查登记工作，濮县已将全县一百四十个老徒刑犯进行了了解，审查与宣传工作，并提出保证于六月底完成这一突击任务，郓城等县也早已将审查过的徒刑案卷呈来法院进行复核等，这些收获都是值得我们肯定的。这也是各级同志对清理工作的重视与对人民负责的结果。所有这些结果对于教育群众、社会、安定秩序、发展生产都是具有重要作用的；各地尚未认真进行甚或尚未着手的部份县份的同志，应向他们学习、看齐！

但在另方面不少县份对清案工作尚未认真执行，甚至对清理工作的令件尚未进行研究，在那里畏难不前。或添草掩事，如有的县说：「干部少没力量，且常案件缠手，农忙没时间进行清理」。有的说：「没判决又没档案没法审查」。又说：「群众基础太差，案情面瞒昧不……没办法」等，我们认为这都是对清理积案……的、单纯的……观论点。因此，在主观上克服困难上表现了勇气不足。这祗有使我们的司法工作长期陷于被动，使当前的社会秩序不能从逐渐减少犯罪上安定下来。

另在执行清理步骤和手续上，亦是非常马虎的。如有的县说：「感到过去判的都不算重，也没有可以更审改判的」，故未呈报清理手续。有的县犯为在群众会上揭发犯人错误，根据犯人表现程度就可以马上宣布新处分，或就分别减刑等，这都是违背华北人民政府及行署颁发清案训令与指示之规定的，所有这些决不是一个单纯的技术手续问题，一个具有国家审判权的司法机关，对这些必要的手续是必需讲究的。如果我们认真细致的学习了华府与行署的训令与指示，那就不会产生上述这些草率现象。

为正确进行清案工作纠正上述偏向特提出如下几点意见：

一、要求各县再进一步的学习与研究华北人民政府与行署关于清案工作的训令与指示，特别要对清案精神与清案手续步骤部份（详见行署指示第三条）以期正确进行这一工作。

二、不管是从阳谷监狱发还的，回村执行的，在机关各服劳役的，在看守所长期押着尚未处理的，也不管是抗日期时处理的或现在处理的，均一律进行清理，清理中一律进行登记审查（未决犯不登记也必须呈报）并一律在犯人审查登记表上填写处理意见，然后连同卷判一律呈送法院核准后（十年以上徒刑及所有死刑的……必须经华府核准确定）方可执行（送监狱或减刑或假释释放等）。

以上各点希即澈底检查，研讨执行为要！

此致

各分庭
各县政府

中华民国卅八年六月廿二日

院长　孙照寰

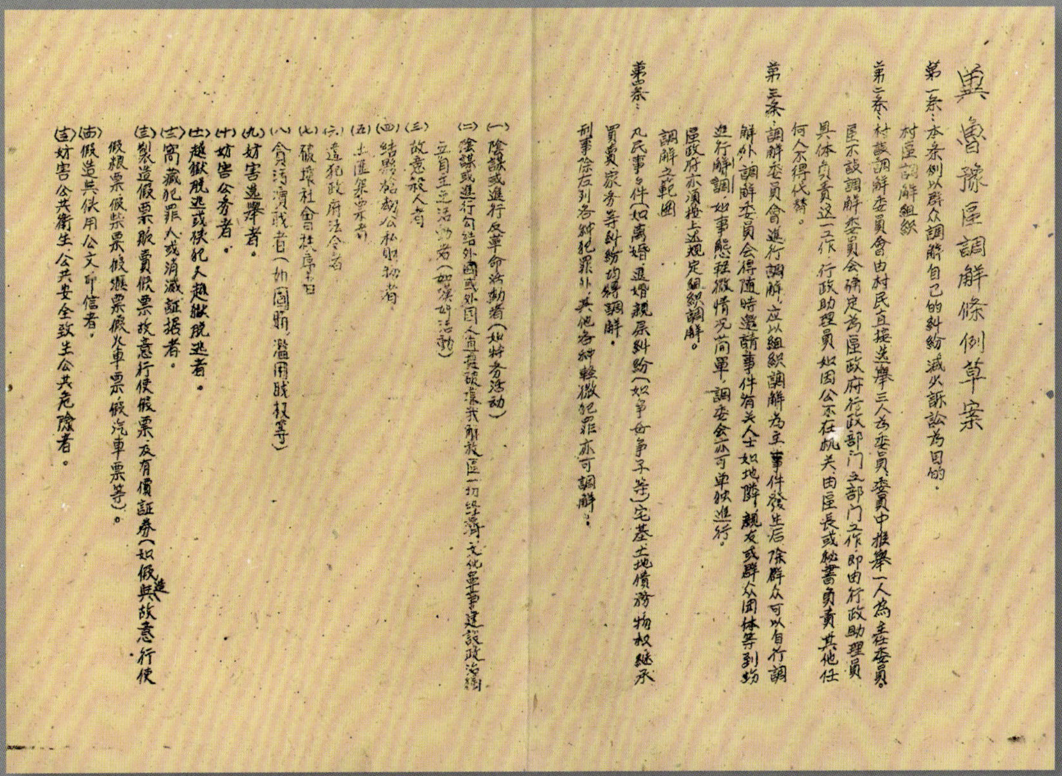

冀鲁豫区调解条例草案

第一条：本条例以群众调解自己的纠纷，减少诉讼为目的。

村区调解组织

第二条：村设调解委员会由村民直接选举三人为委员，委员中推举一人为主任委员。区不设调解委员会，确定为区政府行政部门之部门工作，即由行政助理员具体负责这一工作，行政助理员如因公不在机关，由区长或秘书负责，其他任何人不得代替。

第三条：调解委员会进行调解，应以组织调解为主，事件发生后，除群众可以自行调解外，调解委员会得随时邀请事件有关人士如地邻、亲友或群众团体等到场进行调解，如事态轻微情况简单，调委会亦可单独进行。区政府亦须按上述规定组织调解。

调解之范围

第四条：凡民事事件（如离婚、退婚、亲属纠纷（如争母争子等）宅基、土地、债务、物权、继承、买卖、家务等纠纷均得调解。刑事除左列各种犯罪外，其他各种轻微犯罪亦可调解：

(一) 阴谋或进行反革命活动者（如特务活动）
(二) 阴谋或进行勾结外国或外国人直接破坏我解放区一切经济、文化、军事建设、政治独立、自主之活动者（如汉奸活动）
(三) 故意杀人者
(四) 结伙抢劫公私财物者
(五) 土匪绑票者
(六) 违犯政府法令者
(七) 破坏社会秩序者
(八) 贪污渎职者（如图贿、滥用职权等）
(九) 妨害选举者。
(十) 妨害公务者。
(十一) 越狱脱逃或使犯人越狱脱逃者。
(十二) 窝藏犯罪人或消灭证据者。
(十三) 制造假票贩卖假票故意行使假票、及有价证券（如假造与故意行使假粮票、假柴票、假煤票、假火车票、假汽车票等）。
(十四) 假造与伪用公文印信者。
(十五) 妨害公共卫生、公共安全致生公共危险者。

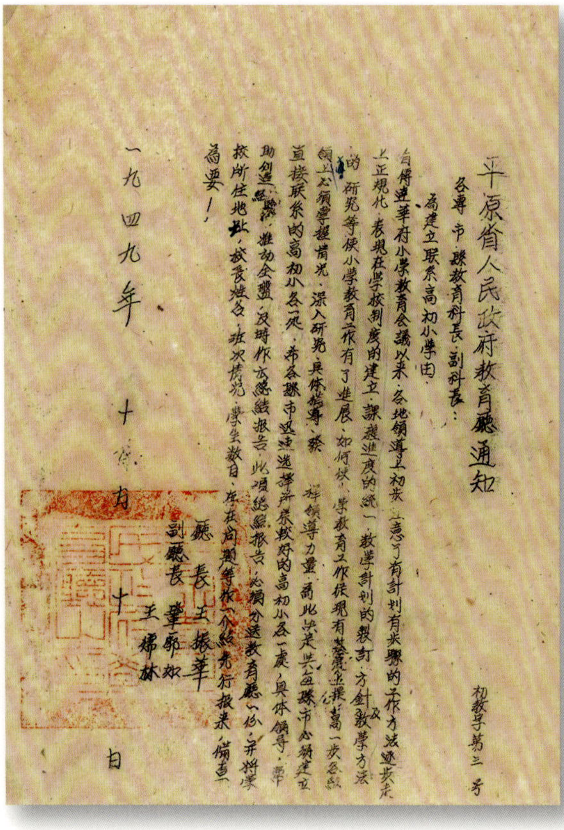

初教字第三号

平原省人民政府教育厅通知

各专市、县教育科长、副科长：

为建立联系高初小学由。

自传达华府小学教育会议以来，各地领导上初步注意了有计划有步骤的工作方法，逐步走上正规化。表现在学校制度的建立，课程进度的统一，教学计划的制订，方针及教学方法的研究等，使小学教育工作有了进展。如何使小学教育工作从现有基础上提高一步，各级领导上必须掌握情况，深入研究，具体指导，密[illegible]领导力量。为此决定每县市必须建立直接联系的高初小各一处，希各县市迅速选择有条件较好的高初小各一处，具体领导，帮助创造经验，推动全盘，及时作出总结报告。此项总结报告，必须分送教育厅一份，并将学校所在地址、校长姓名、班次情况、学生数目、存在问题等作一介绍，先行报来，备查为要！

厅长 王振华

副厅长 [illegible] 王锦林(?)

一九四九年十[illegible]月[illegible]十[illegible]日

劳秘字第一号

平原省人民政府劳动局 通知

为通知印鉴及公文用章启用日期由

通知各专署、市、县政府

奉 平原省人民政府民行字第六十三号令内开：「案奉前华北人民政府秘行字第四十六号令内开：『兹刊就颁发平原省人民政府劳动局印信一颗，文曰：「平原省人民政府劳动局之印」，随令附发，希即转发该局依限启用，并令拓具印模连同启用日期转报本府备查』等因：奉此，遵已到职视事，并于本月廿一日起正式启用，除备文呈报外，特此通达，希即查照为荷！

特此通知

附印模一纸

局长 韩哲一

副局长 刘鸣九

一九四九年十一月二十二日

印模

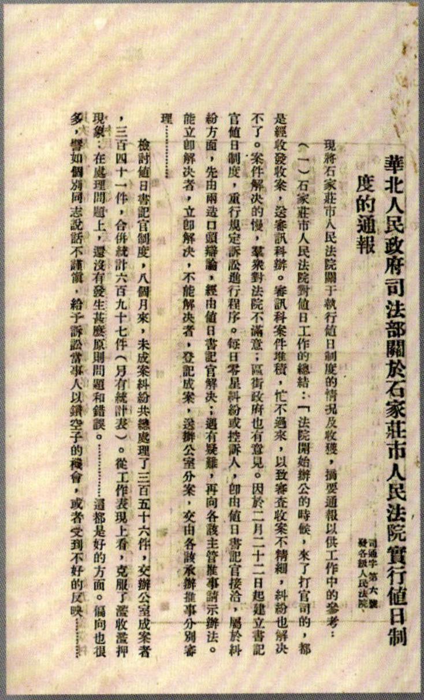

華北人民政府司法部關於石家莊市人民法院實行值日制度的通報

司通字第六號
發各級人民法院

現將石家莊市人民法院關于執行值日制度的情況及收穫，摘要通報以供工作中的參考：

（一）石家莊市人民法院對值日工作的總結：「法院開始辦公的時候，來了打官司的，都是經收發收案，送審訊科辦。審訊科案件堆積，忙不過來，以致審查收案不精細，糾紛也解決不了。案件解決的慢，羣衆對法院不滿意；區街政府也有意見。因於二月二十二日起建立書記官值日制度，重行規定訴訟進行程序。每日零星糾紛或控訴人，即由值日書記官接洽，屬於糾紛方面，先由兩造口頭辯論，經由值日書記官解決；遇有疑難，再向各該主管推事請示辦法。能立即解決者，立即解決，不能解決者，登記成案，送辦公室分案，交由各該承辦推事分別審理……

檢討值日書記官制度，八個月來，未成案糾紛共總處理了三百五十六件，交辦公室成案者，三百四十一件，合併統計六百九十七件（另有統計表）。從工作表現上看，克服了濫收濫押現象；在處理問題上，還沒有發生甚麽原則問題和錯誤。……這都是好的方面。偏向也很多，譬如個別同志說話不謹慎，給予訴訟當事人以鑽空子的機會，或者受到不好的反映……

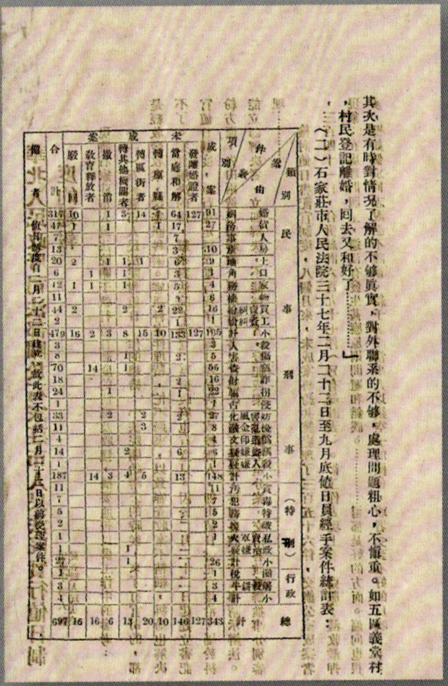

其次是有時對情況了解的不够真實，對外聯系的不够，處理問題粗心，不慎重。如五區義堂村，村民登記離婚，回去又和好了……」

（二）石家莊市人民法院三十七年二月二十二日至九月底值日員經手案件統計表：

類別	項別	成案	未成案：發離婚證者	當庭和解	轉原縣	轉區街者	轉其他機關者	撤消	教育釋放者	駁回	合計	備考
民事	婚姻	91	127	64	[illegible]	14	3	1		10	317	值日制度自二月二十二日建立，故此表不包括二月二十二日以前受理案件。
	債務	27		17	1			1		1	47	
	人事			7							7	
	房產	10		3							13	
	土地	9		6		1	1	1		2	20	
	口角	1		3			1		1		6	
	家務	4		5			1		1	1	12	
	[illegible]	6		5							11	
	買賣糾紛	16		22	2		2			2	44	
	工資糾紛	1		1							2	
	小計	165	127	133	10	15	8	3	2	16	479	
刑事	殺人	3									3	
	傷害	5		2			1				8	
	竊盜	55					1		14		70	
	詐財	16		2							18	
	拐騙	22		1				1			24	
	侵占	1									1	
	妨害風化	27		2		2		2			33	
	擾亂金融	8				3					11	
	偽造印文	4									4	
	竊盜嫌疑	6		6			2				14	
	殺人嫌疑	1									1	
	小計	148		13		5	4	3	14		187	
（特刑）	貪污	11									11	
	毒犯	7									7	
	特務	5									5	
	破壞	2									2	
	[illegible]	1									1	
	[illegible]						1				1	
	小計	26					1				27	
行政	[illegible]	1									1	
	[illegible]	3									3	
	小計	4									4	
總計		343	127	146	10	20	13	6	16	16	697	

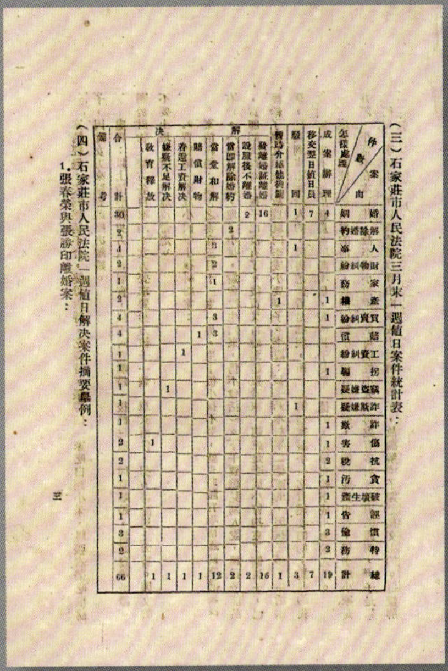

（三）石家莊市人民法院三月末一週值日案件統計表：

案由	成案辦理	移交翌日值日員	駁回	暫時介紹他機關	解決：發離婚証離婚	說服後不離婚	當即解除婚約	當堂和解	賠償財物	着還工資解決	嫌疑不足解決	教育釋放		合計	備考
婚姻	4	7	1		16	2								30	
解除婚約							2							2	
人事			1					3						4	
財物糾紛								2						2	
家務								1						1	
產繼	1			1										2	
買賣糾紛	1							3						4	
賭債								3	1					4	
工資糾紛										1				1	
拐騙	1													1	
竊盜嫌疑											1			1	
詐欺嫌疑			1											1	
詐欺	1													1	
傷害	1											1		2	
抗稅	2													2	
貪污	1													1	
破壞生產	1													1	
誣告	1													1	
慣偷	3													3	
特務	2													2	
總計	19	7	3	1	16	2	2	12	1	1	1	1		66	

（四）石家莊市人民法院一週值日解決案件摘要舉例：

1.張春榮與張勝印離婚案：

三

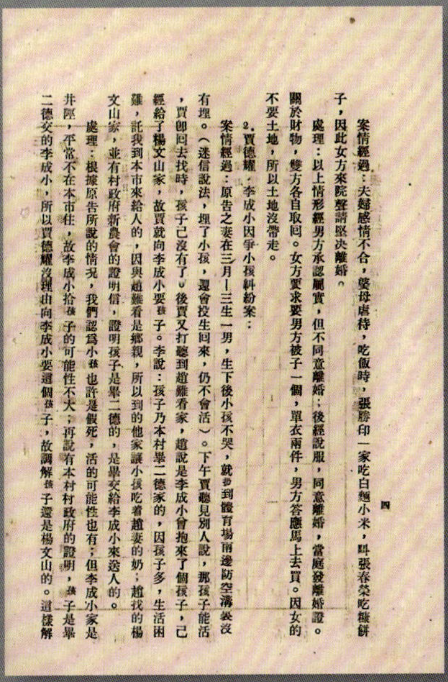

四

案情經過：夫婦感情不合，婆母虐待，吃飯時，張勝印一家吃白麵小米，叫張春榮吃糠餅子，因此女方來院聲請堅決離婚。

處理：以上情形經男方承認屬實，但不同意離婚；後經說服，同意離婚，當庭發離婚證。關於財物，雙方各自取回。女方要求要男方被子一個，單衣兩件，男方答應馬上去買。因女的不要土地，所以土地沒帶走。

2.賈德耀、李成小因爭小孩糾紛案：

案情經過：原告之妻在三月十三生一男，生下後小孩不哭，就扔到體育場南邊防空溝裏沒有埋。（迷信說法，埋了小孩，還會投生回來，仍不會活）。下午賈聽見別人說，那孩子能活，賈即回去找時，孩子已沒有了。後賈又打聽到趙雜看家，趙說是李成小曾抱來了個孩子，已經給了楊文山家，故賈就向李成小要孩子。李說：孩子乃本村畢二德家的，因孩子多，生活困難，託我到本市來給人的，因與趙雜看是鄉親，所以到的他家讓小孩吃着趙妻的奶；趙找的楊文山家，並有村政府新農會的證明信，證明孩子是畢二德的，是畢交給李成小來送人的。

處理：根據原告所說的情況，我們認爲小孩也許是假死，活的可能性也有；但李成小家是井陘，平常不在本市住，故李成小拾孩子的可能性不大；再說有本村村政府的證明，孩子是畢二德交的李成小，所以賈德耀沒理由向李成小要這個孩子，故調解孩子還是楊文山的。這樣解

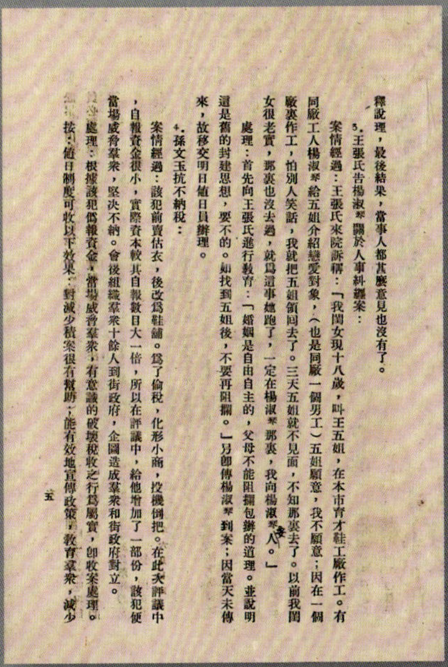

釋說理，最後結果，當事人都甚麽意見也沒有了。

3.王張氏告楊淑琴關於人事糾纏案：

案情經過：王張氏來院訴稱：「我閨女現十八歲，叫王五姐，在本市育才鞋工廠作工。有同廠工人楊淑琴給五姐介紹戀愛對象，（也是同廠一個男工）五姐願意，我不願意；因在一個廠裏作工，怕別人笑話，我就把五姐領回去了。三天五姐就不見面，不知那裏去了。以前我閨女很老實，那裏也沒去過，就爲這事她跑了，一定在楊淑琴那裏，我向楊淑琴要人。」

處理：首先向王張氏進行教育：「婚姻是自由自主的，父母不能阻攔包辦的道理。並說明這是舊的封建思想，要不的。如找到五姐後，不要再阻攔。」另即傳楊淑琴到案；因當天未傳來，故移交明日值日員辦理。

4.孫文玉抗不納稅：

案情經過：該犯前賣估衣，後改爲鞋舖。爲了偷稅，化形小商，投機倒把。在此次評議中，自報資金很小，實際資本較其自報數目大一倍，所以在評議中，給他增加了一部份，該犯便當場威脅羣衆，堅決不納。會後組織羣衆十餘人到街政府，企圖造成羣衆和街政府對立。

處理：根據該犯僞報資金，當場威脅羣衆，有意識的破壞稅收之行爲屬實，即收案處理。

按：值日制度可收以下效果：對減少積案很有幫助；能有效地宣傳政策，教育羣衆，減少

五

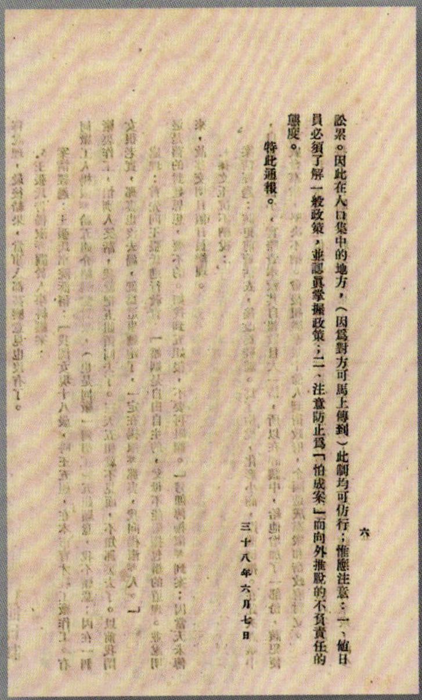

六

訟累。因此在人口集中的地方，（因爲對方可馬上傳到）此制均可仿行；惟應注意：一、值日員必須了解一般政策，並認眞掌握政策；二、注意防止爲「怕成案」而向外推脫的不負責任的態度。

特此通報。

三十八年六月七日

冀鲁豫行政公署颁布《冀鲁豫区调解条例草案》

1949年
曹县档案馆藏

冀鲁豫行政公署颁布的《冀鲁豫区调解条例草案》，共14条。该条例以群众调解自己的纠纷、减少诉讼为目的，详细规定了村区调解组织、调解范围、调解方法方式、调解程序等内容，是人民政府早期提高行政效率和行政能力的有益探索。

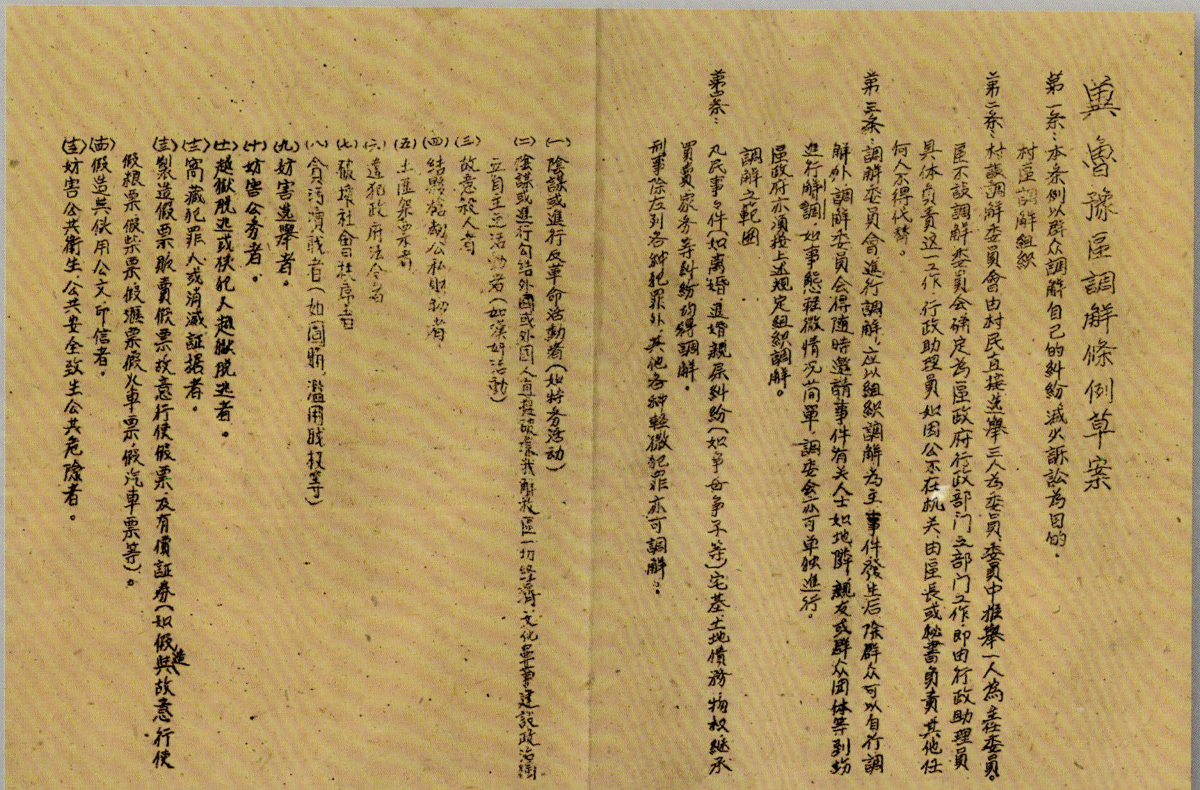

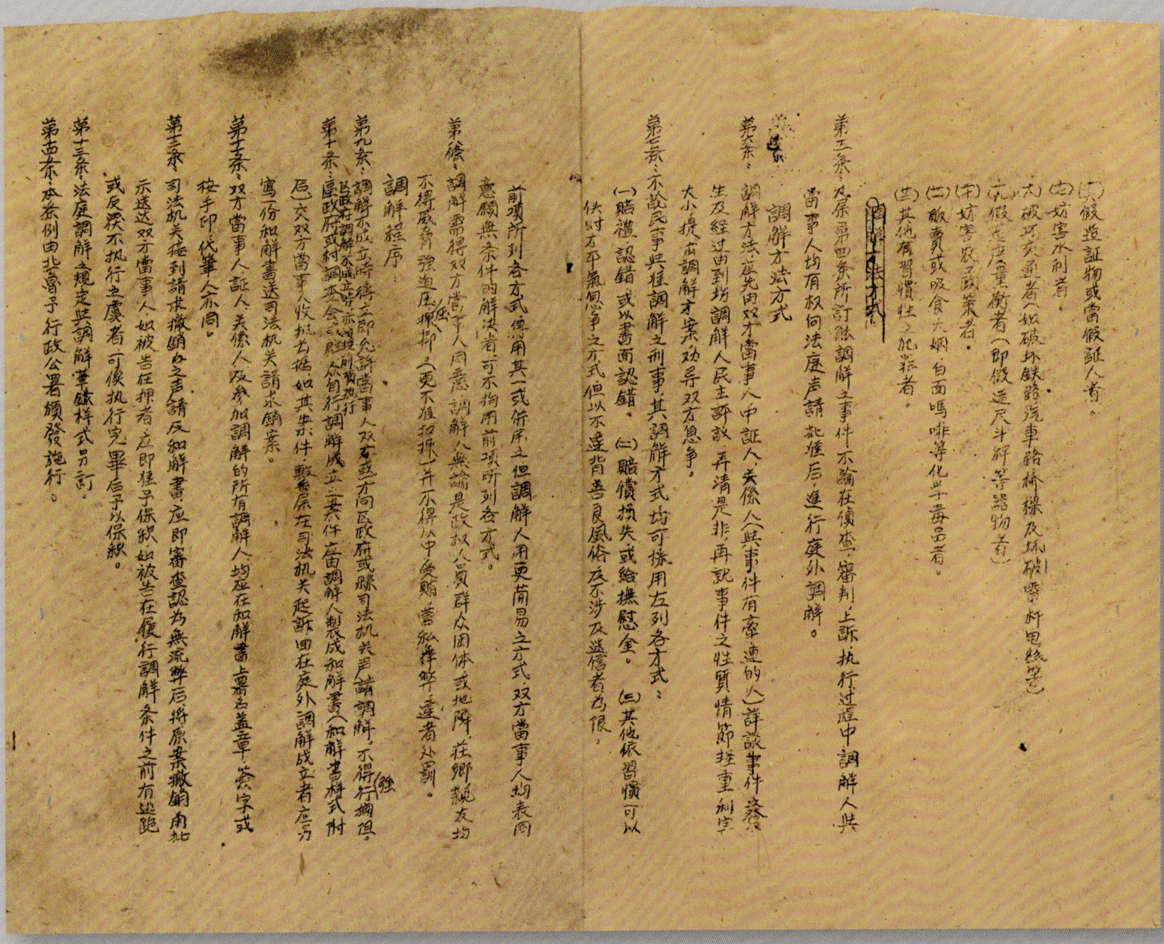

(十)假造証物或當假証人者。

(七)妨害水利者。

(八)破坏交通者（如破坏鉄路汽車路桥梁及坏破电杆电线等）

(九)假造度量衡者（即假造尺斗秤等器物者）

(十)妨害农蚕業者。

(十一)販賣或吸食大烟、白面、嗎啡等化学毒品者。

(十二)其他有習慣性之犯罪者。

第五条、凡屬第四条所訂能調解之事件，不論在偵查、審判、上訴、执行过程中，調解人與當事人均有权向法庭声請批准后，進行庭外調解。

調解方法方式

第六条、調解方法，应先由双方當事人中証人、关係人（與事件有牽連的人）詳談事件發生及経过，由到场調解人民主評議，弄清是非，再就事件之性質情節輕重利害大小提出調解方案，劝导双方息爭。

第七条、不論民事與輕微之刑事，其調解方式均可採用左列各方式：

(一)賠禮、認錯，或以書面認錯。(二)賠償損失，或給撫慰金。(三)其他依習慣可以伏对方平氣息爭之方式，但以不違背善良風俗及不涉及迷信者为限。

前項所列各方式，使用其一或併用之，但調解人用更简易之方式，双方當事人均表同意願與条件的解决者，可不拘用前項所列各方式。

第八条、調解需得双方當事人同意，調解人無論是政权人员、群众团体或地隣、莊鄉、親友，均不得威脅、強迫、压抑（更不准扣押），并不得从中受賄、营私舞弊，違者处罰。

調解程序

第九条、調解不成立時，得立即允許當事人双方或一方向区政府或縣司法机关声請調解，不得縱行阻挠。

第十条、区政府或村調委会或群众自行調解成立之案件，应由調解人制成和解書（和解書格式附后）交双方當事人收执为據，如其案件系属在司法机关起訴，而在庭外調解成立者，应另寫一份和解書送司法机关請求銷案。

第十一条、双方當事人、証人、关係人及参加調解的所有調解人，均应在和解書上署名盖章，簽字或按手印，代筆人亦同。

第十二条、司法机关接到請求撤銷之声請及和解書，应即審查認为無流弊后，將原案撤銷，再批示送达双方當事人，如被告在押者，应即釋予保釈，如被告在履行調解条件之前有逃跑或反悔不执行之虞者，可俟执行完畢后予以保釈。

第十三条、法庭調解之規定與調解筆錄樣式另訂。

第十四条、本条例由北岳区行政公署頒發施行。

冀鲁豫行政公署通令（民行字第六十三号）《为南峰筑先两县恢复原名朝城县聊城县通令知照由》

1949年
成武县档案馆藏

1949年7月8日冀鲁豫行政公署通令《为南峰筑先两县恢复原名朝城县聊城县通令知照由》，署主任潘复生，副主任贾心斋、韩哲一名。主要内容为：经冀鲁豫行政公署决定，南峰县、筑先县恢复原名，分别为：朝城县、聊城县。

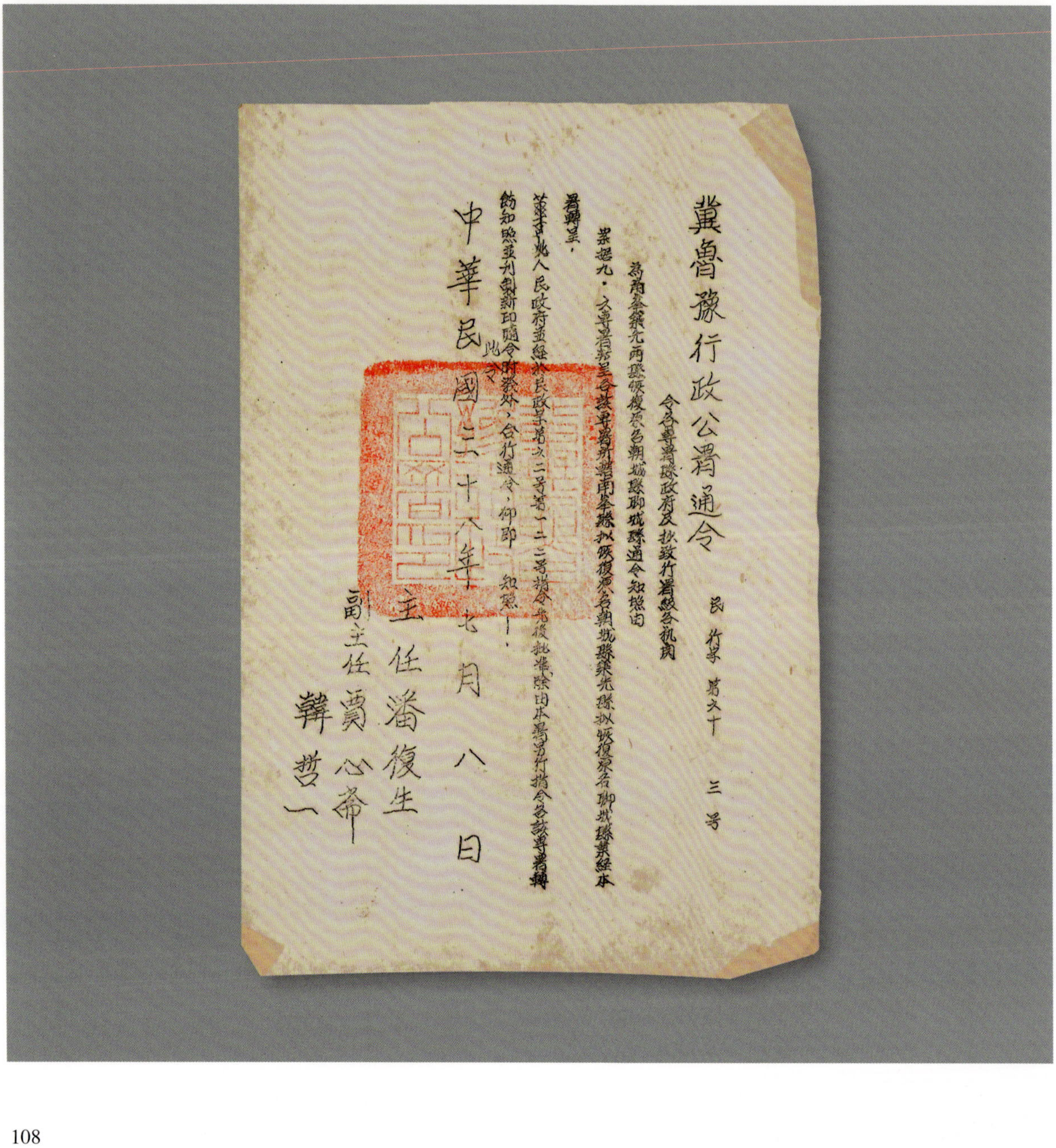
冀魯豫行政公署通令　民行字第六十三号
令各專署縣政府及直屬各機關
為南峰筑先兩縣恢復原名朝城縣聊城縣通令知照由
案據九、十專署先後呈各該專署所轄南峰縣擬恢復原名朝城縣，筑先縣擬恢復原名聊城縣，業經本署轉呈
華北人民政府並經以民政字第六二号第一二二号指令先後批准，除由本署另行指令各該專署轉飭知照並刊製新印隨令附發外，合行通令，仰即知照！此令
中華民國三十八年七月八日
主任　潘復生
副主任　賈心齋
韓哲一

平原省湖西区行政督察专员公署通令（民行字第三号）《为通令本署印信启用日期通知缘由》

1949年
成武县档案馆藏

1949年9月29日平原省湖西区行政督察专员公署通令《为通令本署印信启用日期通知缘由》，署专员马冠群名。主要内容为：奉省府民政字第二号通令“各专署印信及其负责人公章，由本府直接刊发，各专署应即派人前来申领”。平原省湖西区行政督查专员公署关防、平原省湖西区行政督察专员公署负责人公章、湖西行政区督察专员章呈领到署，遵即于9月29日启用。

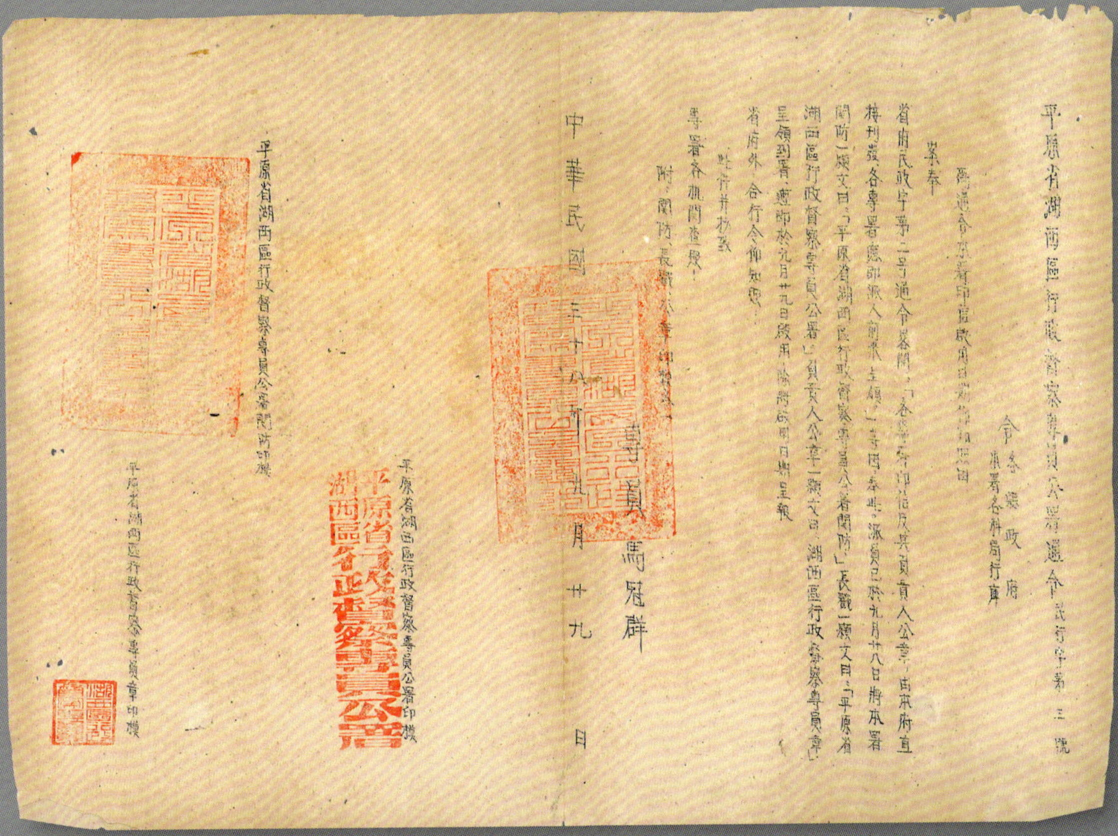
平原省湖西區行政督察專員公署通令 民行字第三號
令各縣政府 本署各科局行庫
為通令本署印信啟用日期仰知照由
案奉
省府民政字第二號通令略開：「各專署印信及其負責人公章，由本府直接刊發，各專署應即派人前來具領」等因奉此。派員已於九月廿八日將本署關防一顆文曰：「平原省湖西區行政督察專員公署關防」、長戳一顆文曰：「平原省湖西區行政督察專員公署」、負責人公章一顆文曰：「湖西區行政督察專員章」呈領到署，遵即於九月廿九日啟用。除將啟用日期呈報
省府外，合行令仰知照。
此令并抄致
專署各機關查照！
附：關防、長戳、公章印模各一
專員 馬冠群
中華民國三十八年九月廿九日
平原省湖西區行政督察專員公署關防印模
平原省湖西區行政督察專員公署印模
平原省湖西區行政督察專員章印模

平原省湖西区行政督察专员公署训令（民社字第三号）《为审慎发给灾民证件由》

1949年
成武县档案馆藏

1949年11月平原省湖西区行政督察专员公署训令（民社字第三号）《为审慎发给灾民证件由》，主要内容为：查我各县为灾民统一制定证件，原为有利外逃之灾民方便，据查竟有不少在家尚能维持低度生活之群众，为逃避负担躲避斗争，亦乘机领得证件外逃，似此实有影响我内地生产及社会治安，今后望各县在发灾民证件时，务要审慎检查，凡灾民外出拟领证件者，须由当地区级查明，在家确为不能参加生产自救，而出外有明显生路者，始得发给，务要就灾民各种条件，充分动员劝其回乡生产、反对单纯的路条大吉，否则一律从当地安置生业进行工作，以上希能讨论执行为要。署专员马冠群、副专员刘公然名。

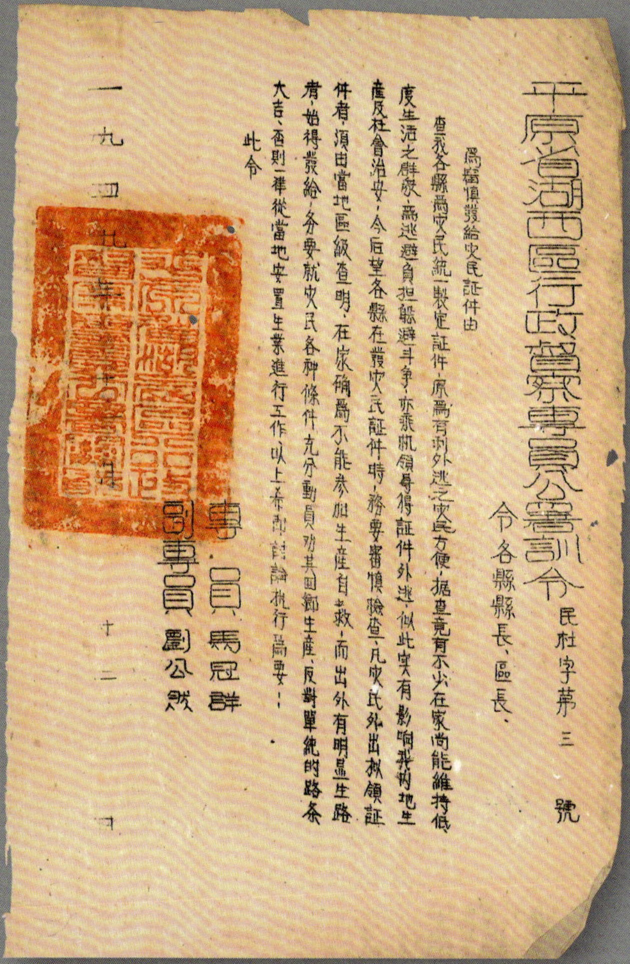

平原省湖西區行政督察專員公署訓令 民社字第三號

令各縣縣長、區長、

為審慎發給災民証件由

查我各縣為災民統一製定証件，原為有利外逃之災民方便，據查竟有不少在家尚能維持低度生活之群眾，為逃避負担躲避斗爭，亦乘机領得証件外逃，似此實有影响我內地生產及社會治安，今后望各縣在發災民証件時，務要審慎檢查，凡災民外出擬領証件者，須由當地區級查明，在家確為不能參加生產自救，而出外有明显生路者，始得發給，務要就災民各种條件，充分動員劝其回鄉生產、反對單純的路条大吉，否則一律從當地安置生業進行工作，以上希即討論執行為要！

此令

專員 馬冠群
副專員 劉公然

一九四九年十一月十二日

冀鲁豫行政公署民政处通知（民社字四十二号）《华府规定新收复区荣军优抚及婴儿奶费补发办法应即执行》

1949年

成武县档案馆藏

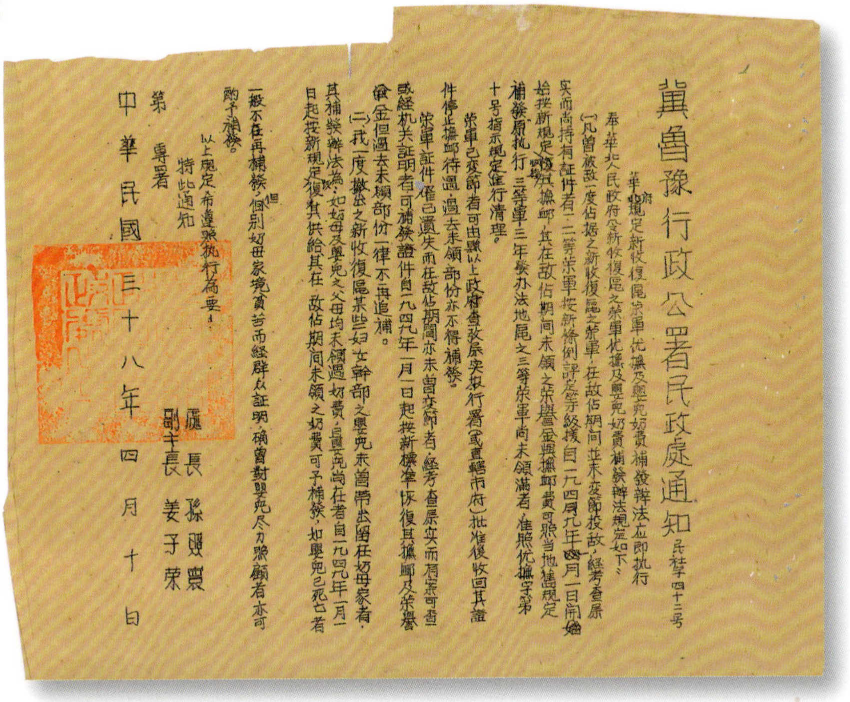

冀魯豫行政公署民政處通知 民社字四十二号

華府規定新收復區荣軍优撫及嬰兒奶費補發辦法应即执行

奉華北人民政府令新收復區之荣軍优撫及嬰兒奶費補發辦法規定如下：

(一)凡曾被敌一度佔据之新收復區之荣軍，在敌佔期间並未变節投敌，經考查屬实而尚持有証件者，一、二等荣軍按新條例評定等級後自一九四九年元月一日開始按新規定恢復其撫卹，其在敌佔期间未領之荣譽金與撫卹費可照当地舊規定補發原执行，三等軍三年發办法地區之三等荣軍尚未領满者，准照优撫字第十号指示規定進行清理。

荣軍已变節者可由縣以上政府查考屬实报行署（或直轄市府）批准後收回其證件停止撫卹待遇，過去未領部份亦不得補發。

荣軍証件確已遺失而在敌佔期間亦未曾变節者，經考查屬实而有案可查或經机关証明者可補發證件，自一九四九年一月一日起按新標準恢復其撫卹及荣譽金，但過去未領部份一律不再追補。

(二)我一度撤出之新收復區某些妇女幹部之嬰兒未曾帶出留在奶母家者，其補發辦法為：如奶母及嬰兒之父母均未領過奶費，且嬰兒尚在者自一九四九年一月一日起按新規定恢復其供給，其在敌佔期间未領之奶費可予補發，如嬰兒已死亡者一般不在再補發，但個別奶母家境貧苦而經群众証明，确曾對嬰兒尽力照顧者亦可酌予補發。

以上規定希遵照执行為要！

特此通知

第 專署

處長 孫照寰

副處長 姜子荣

中華民國三十八年四月十日

1949年4月10日冀鲁豫行政公署民政处颁发通知（民社字四十二号）《华府规定新收复区荣军优抚及婴儿奶费补发办法应即执行》，署处长孙照寰名。主要内容为："凡曾被敌一度占据之新收复区之荣军，在敌占期间未变节投敌，经考察属实而持有证件者，一、二等荣军按新条例评定等级，源自一九四九年一月一日开始按新规定恢复其抚恤，其在敌占期间未领荣誉金与抚恤费可按照当地旧规定补发原执行；三等军三年发办法地区之三等荣军尚未领满者，准照优抚字第十号指示规定进行清理；已变节者由县级以上政府查实报行署批准后收回其证件，停止抚恤待遇，未领部分不得补发；证件丢失者经核实可以补发证件，自一九四九年一月一日起按新标恢复抚恤及荣誉金，但过去未领部分不再补发。我一度撤出之新收复区某些妇女干部之婴儿未曾带出留在奶母家者，其补发办法为：如奶母及婴儿之父母均未领过奶费，且婴儿尚在者，自一九四九年一月一日起按新规定恢复其供给，其在敌占期间未领之奶费可予补发；如婴儿已死亡者，一般不再补发，但个别奶母家境贫苦而经群众证明，确曾对婴儿尽力照顾者，亦可酌予补发。"

冀鲁豫行政公署民政处通知（民荣字第三十七号）《为更正年老抚恤费规定、及编造荣军抚恤费预算等由》

1949年
成武县档案馆藏

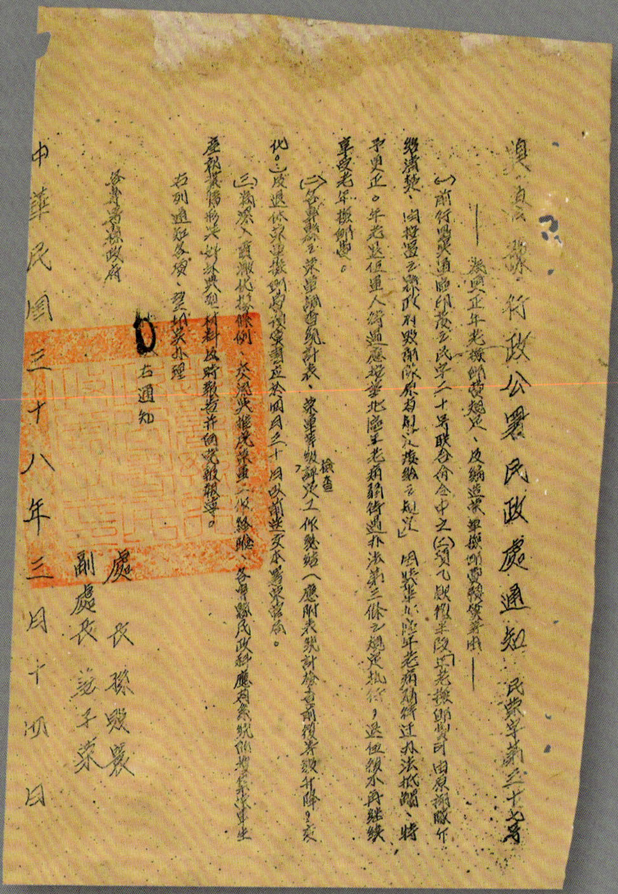
冀魯豫行政公署民政處通知　民榮字第三十七號
——為更正年老撫恤費規定、及編造榮軍撫恤費預算等由——
(一)前行署此前印發之民字二十號聯合命令中之(六)項乙款[illegible]老撫恤費[illegible]
[illegible]清楚、[illegible]縣政府[illegible]規定[illegible]
予更正。年老退伍軍人待遇應按華北區生老病弱待遇辦法第三條之規定執行，退伍後不再繼續
享受老年撫恤費。
(二)各專縣之榮軍調查統計表、榮軍等級檢查評定工作總結(應附表號計檢查前後等級升降)及退休
[illegible]榮軍撫恤費預算書應於四月三十日以前送交本署榮管局。
(三)[illegible]條例、[illegible]榮軍[illegible]、各專縣民政科應有系統的搜集榮軍生
產就業情形好壞典型材料及[illegible]向黨報報導。
右列通知各項，望即遵照辦理
各專署縣政府
右通知
處長 孫[illegible]
副處長 [illegible]子榮
中華民國三十八年三月十四日

1949年3月14日冀鲁豫行政公署民政处颁发通知（民荣字第三十七号）《为更正年老抚恤费规定、及编造荣军抚恤费预算等由》，主要内容为：“因行署此前印发之民字二十号联合命令中关于年老抚恤费之规定与华府（华北人民政府之简称）年老病弱待遇办法抵触，特予更正。年老退伍军人待遇应按华北区生老病弱待遇办法第三条之规定执行，退伍后不再继续享受老年抚恤费；各专县之荣军调查统计表、荣军等级检查评定工作总结及退休荣军抚恤费预算书应于四月三十日以前送交本署荣管局；各专县民政科应有系统的搜集荣军生产就业情形好坏典型材料及报告并向党报报导。”

冀鲁豫行政公署民政处通知

1949年
成武县档案馆藏

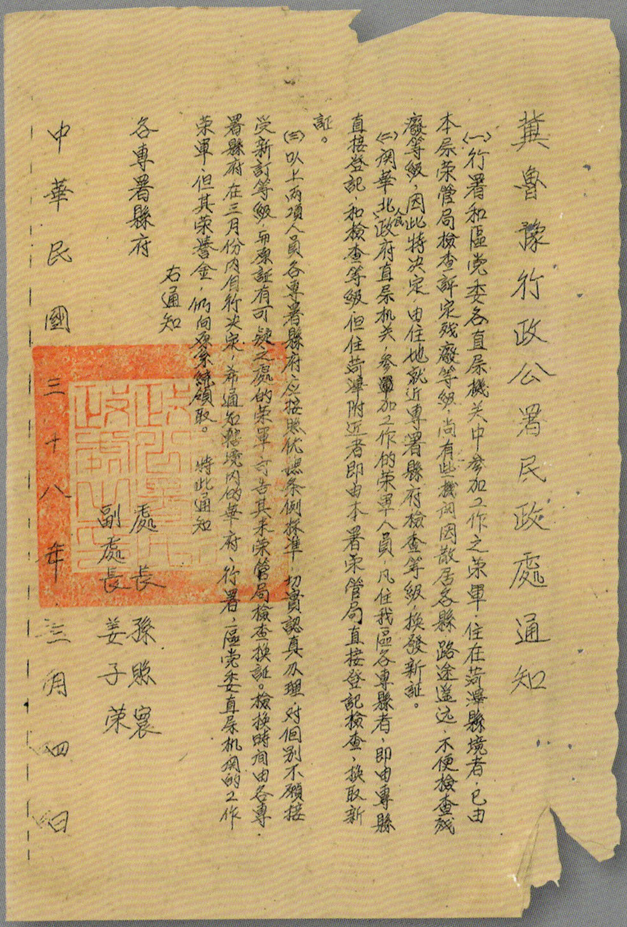
冀魯豫行政公署民政處通知
(一)行署和區党委各直屬機关中參加工作之荣軍，住在菏澤縣境者，已由本屬荣管局檢查評定殘廢等級，尚有些機关因散居各縣，路途遥远，不便檢查殘廢等級，因此特決定，由住地就近專署縣府檢查等級，換發新証。
(二)凡華北人民政府直屬机关，參加工作的荣軍人員，凡住我區各專縣者，即由專縣直接登記和檢查等級，但住菏澤附近者即由本署荣管局直接登記檢查，換取新証。
(三)以上兩項人員各專署縣府应按照优撫条例標準，切實認真办理，对個別不願接受新訂等級，与原証有可疑之處的荣軍，可告其来荣管局檢查換証。檢換時間由各專署縣府在三月份内自行決定，希通知轄境内的華府、行署、區党委直屬机关的工作荣軍，但其荣誉金，仍向原系統領取。　特此通知
右通知
各專署縣府
處長 孫照寰
副處長 姜子荣
中華民國三十八年三月四日

1949年3月4日冀鲁豫行政公署民政处颁发的通知，署处长孙照寰、副处长姜子荣名。主要内容为："行署和区党委各直属机关中参加工作之荣军，住在菏泽县境者，已由本属荣管局检查评定残疾等级，尚有些机关因散居各县、路途遥远，不便检查残废等级，因此特决定，由住地就近专署县府检查等级，换发新证；华北人民政府直属机关，参加工作的荣军人员，凡住我区各专县者，即由专县直接登记和检查等级，但住菏泽附近者即由本荣管局直接登记检查，换取新证；对个别不愿接受新订等级与原证有可疑之处的荣军，可告其来荣管局检查换证。检换时间由各专署县府在三月份内自行决定，希望通知辖境内的华府、行署，区党委直属机关的工作荣军，但其荣誉金，仍向原系统领取。"

平原省湖西区行政督察专员公署《关于开展春节优救工作补充意见》

1949年

成武县档案馆藏

平原省湖西区行政督察专员公署《关于开展春节优救工作补充意见》，署专员马冠群、副专员刘公然名。主要内容如下。

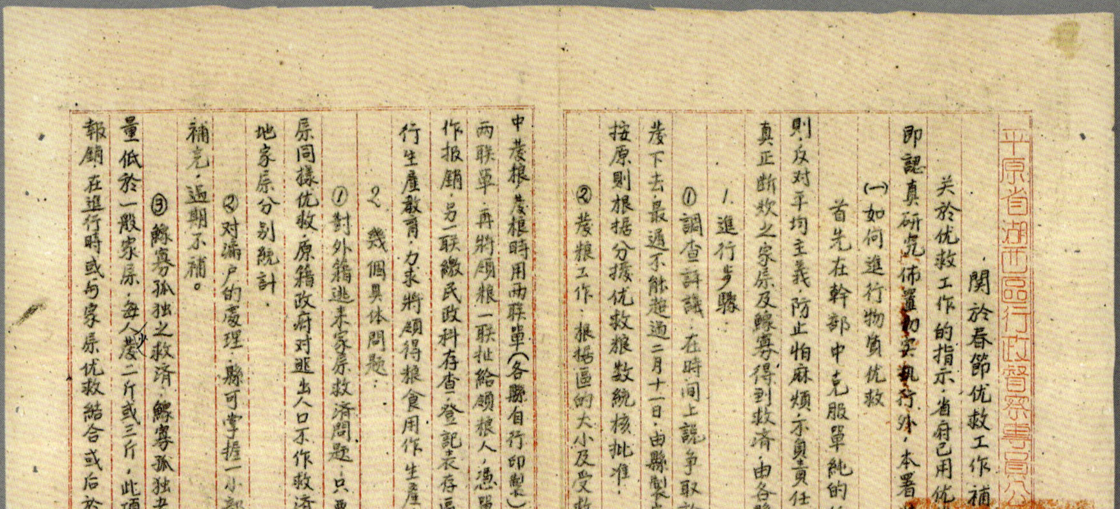
平原省湖西區行政督察專員公署

關於春節优救工作補充意見

关於优救工作的指示·省府已用优撫字二十号指示令達各縣·仰即認真研究佈置切实執行外，本署特再提[illegible]

(一)如何進行物質优救

首先在幹部中克服單純的任务观点，嚴格掌握优救原則，反对平均主義，防止怕麻煩不負責任，以達到既不浪費糧食，又使真正断炊之家屬及鰥寡得到救濟，由各縣民政科長親自掌握這一工作。

1.進行步驟：

①調查評議：在時间上說爭取於二月六日前（腊月二十日）將根據下去，最遲不能超過二月十一日，由縣製定登記表發區進行登記，區按原則根據分撥优救糧數統核批准。

②發糧工作：根據區的大小及受救人的多寡，一處或數處集中發糧，發糧時用兩联單（各縣自行印製）由登記表批准数字，轉通於兩联單，再將領糧一联扯給領糧人，憑單領糧，領糧時此联收回憑作报銷，另一联繳民政科存查，登記表存區，在發糧前可乘机对家屬進行生產教育，力求將領得糧食用作生產資料。

2.幾個具体問題：

①對外籍逃来家屬救濟問題，只要有証明文件即可與當地家屬同樣优救，原籍政府对逃出人口不作救濟，以免重領，[illegible]統時要與當地家屬分別統計。

②对漏户的處理，縣可掌握一小部机動糧以補漏户，限年前補完，逾期不補。

③鰥寡孤独之救濟，鰥寡孤独老弱病残之断炊群众，可酌量低於一般家屬，每人發二斤或三斤，此項开支要与家屬分別統計報銷，在進行時或与家屬优救結合或后於家屬各縣可酌情办理。

（一）如何进行物质优救。要在干部中克服单纯的任务观点，严格掌握优救原则，反对平均主义，防止怕麻烦，以达到既不浪费粮食，又使真正断炊之家属及鳏寡得到救济，由各县民政科长亲自掌握这一工作。

（二）如何进行政治优待。机关所驻地可选择适当时间召集附近军工业茶话会，略备茶点，座谈目前形势及生产重要性征求代耕意见，鼓励家属树立生产模范旗帜，代替家属往前方写信，说明当地生产热潮，鼓励战士为人民立功。

（三）各县优救粮数目字的分配。凡有地方粮之县尽量用本县地方粮，如无或不足者，专署予以发补。……

（四）以上由专署补发县份速派员来署具领，此工作结束后务必随时总结，分别列表于二月底报来本署，以凭汇报在进行中发现问题及时汇报为要！

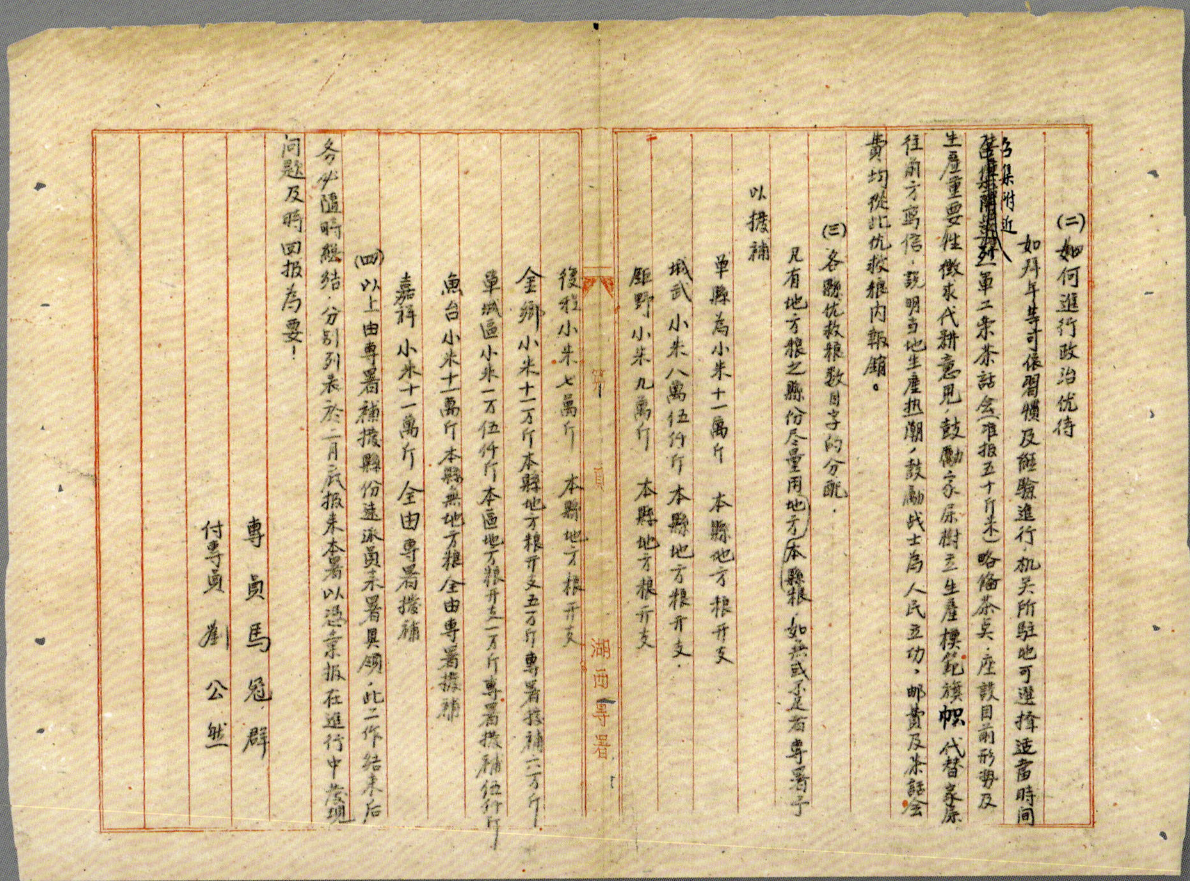
（二）如何進行政治优待
如拜年等可依習慣及經驗進行，机关所駐地可選擇適當時間召集附近軍工業茶話会（准报五十斤米）略備茶点，座談目前形勢及生產重要性徵求代耕意見，鼓勵家屬樹立生產模範旗幟，代替家屬往前方寫信，說明当地生產热潮，鼓勵战士為人民立功。郵費及茶話会費均從此优救粮內報銷。
（三）各縣优救粮數目字的分配。
凡有地方粮之縣份尽量用本縣粮，如無或不足者專署予以撥補
单縣為小米十一萬斤　本縣地方粮开支
城武小米八萬伍仟斤本縣地方粮开支
鉅野小米九萬斤　本縣地方粮开支
復程小米七萬斤　本縣地方粮开支
金鄉小米十二万斤本縣地方粮开支五万斤專署撥補六万斤
单城區小米一万伍仟斤本區地方粮开支一万斤專署撥補伍仟斤
魚台小米十一萬斤本縣無地方粮全由專署撥補
嘉祥小米十一萬斤全由專署撥補
（四）以上由專署補撥縣份速派員來署具領，此工作結束后务必隨時總結，分別列表於二月底报來本署，以憑彙报在進行中發現問題及時回报為要！
專員 馬冠群
付專員 劉公[illegible]
湖西專署
第　頁

平原省湖西区行政督察专员公署通令（社优字第一号）

1949年

成武县档案馆藏

平原省湖西区行政督察专员公署通令（社优字第一号），署专员马冠群、副专员刘公然名。主要内容为：“查本年水虫雹交加成灾，各灾区灾民纷纷扶老携幼奔逃外方，中途流离惨状到处可见，据了解竟有个别村庄拒绝灾民居住，致使灾民冬夜露宿村头、巷口，餐霜饮露，深夜老叹幼啼，惨不忍听。似此情况，殊属非是，故本署特通令各县援本阶级友爱精神，凡我各县村庄均有招待其过境住宿之责，尤其是临灾民惯经道途城镇村庄，应即筹设空房，以供灾民暂住，免遭露宿霜寒之苦。对此希我各县区政府加以重视，广为布置，万勿视若具文，以免灾民枵腹露宿，望希遵照办理，并望将情形具报为要。”

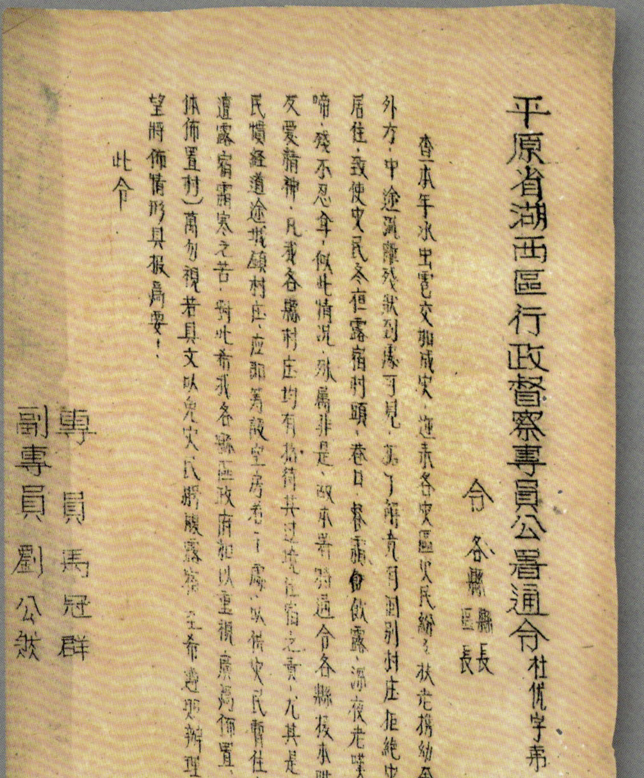

平原省湖西區行政督察專員公署通令 社優字第一號

令 各縣縣長 區長

查本年水虫雹交加成灾，逃赤各灾區灾民紛紛扶老携幼奔逃外方，中途流離慘狀到處可見，據了解竟有個別村庄拒絕灾民居住，致使灾民冬夜露宿村頭、巷口，餐霜飲露，深夜老嘆幼啼，殘不忍聞，似此情況，殊屬非是，故本署特通令各縣援本階級友愛精神，凡我各縣村庄均有招待其过境住宿之責，尤其是臨灾民慣經道途城鎮村庄，應即籌設空房，以供灾民暫住，免遭露宿霜寒之苦，對此希我各縣區政府加以重視，廣為佈置（具体佈置村）萬勿視若具文，以免灾民枵腹露宿，至希遵照辦理，并望將佈情形具報爲要！

此令

專員 馬冠群

副專員 劉公然

冀鲁豫行政公署、冀鲁豫军区司令部政治部联合命令（民字第二十号）《为普遍检查全区荣军残废等级，联合组织力量，突击进行，保证如期完成任务》

1949年
成武县档案馆藏

1949年1月28日冀鲁豫行政公署，冀鲁豫军区司令部、政治部联合命令（民字第二十号）《为普遍检查全区荣军残废等级联合组织力量，突击进行，保证如期完成任务》，主要内容为，“为保证如期完成全区荣军残废等级普遍大检查的突击任务，已经行署荣军管理委员会第二次会议（元月九日）作专门研究，除已由行署专门召开专署县府民政科长联席会，传达华北政府指示，并作具体布置外，特将有关联合组织力量、军政配合工作之决议，联合命令如下：（一）在突击检查荣军等级时间，须认真执行华北人民政府优抚字第十号指示，并切实注意人力配备问题。（二）在日常处理荣军问题上须正确执行华北人民政府优抚字第二号通令颁布之荣军优抚条例及退伍退职办法并切实注意退伍手续问题。”

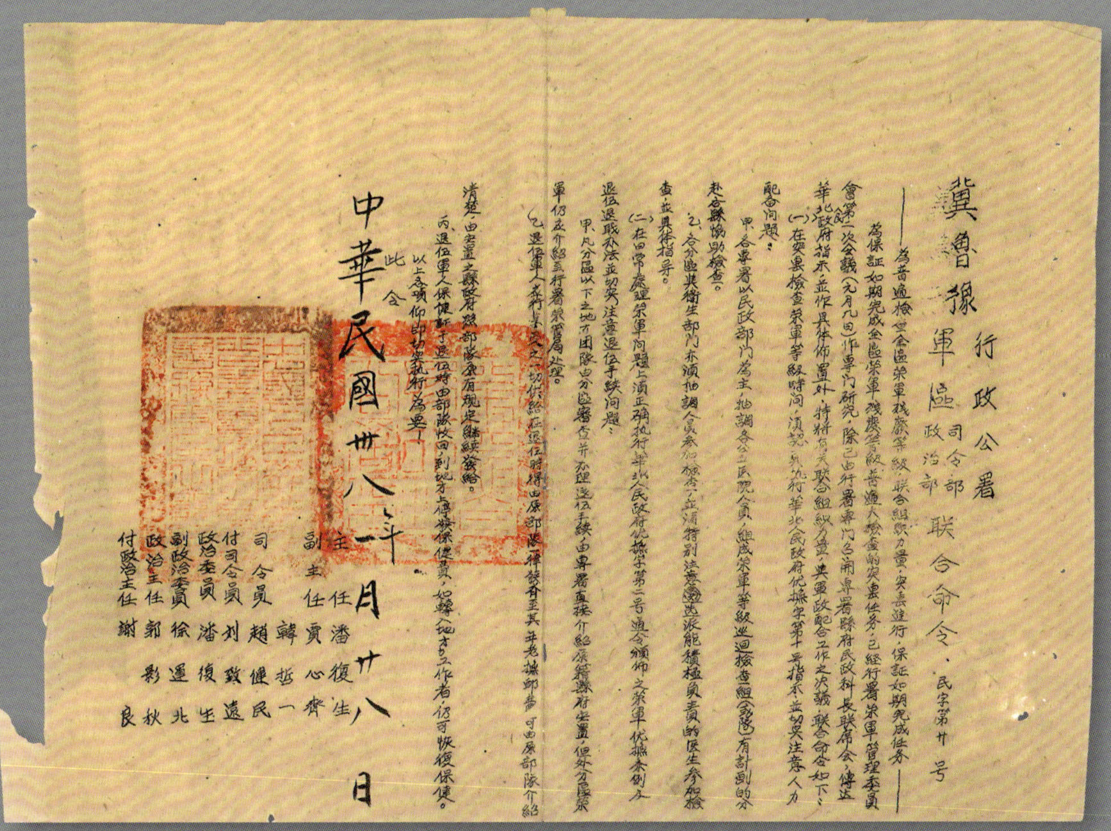
冀魯豫行政公署
軍區司令部
政治部
聯合命令　民字第廿號
中華民國卅八年一月廿八日

冀鲁豫行政公署通知（民社字第二号）《为统一规定一九四九年社会事业费开支预算标准，并于二十五日前将预算造报到署由》

1948年
成武县档案馆藏

1948年12月11日冀鲁豫行政公署通知（民社字第二号）《为统一规定一九四九年社会事业费开支预算标准，并于二十五日前将预算造报到署由》。主要内容如下。

为克服以往社会事业工作中的紊乱现象，使之走上正规，关于一九四九年社会事业开支一项，本署秘民字第九号通知业已确定各专县编造预算，呈报在案，兹为供该预算便于计算……特将（一九）四九年几项主要开支之预算标准规定如下：甲、抚恤费：荣誉军人仍按我区现有残疾等级编制预算；年老病弱退伍军人可按照华北人民政府十一月二十三日颁发的相关办法编制预算；政民人员伤亡抚恤按照公署一九四八年颁发的相关办法编制预算；政民人员年老、年老病弱退职人员可按照华北人民政府十一月二十三日颁发的相关办法享受编制预算；民兵民工伤亡抚恤，其荣誉金与荣誉军人同，其抚恤费仍按原办法编制预算。乙、妇婴费、干部保健费可按现行法令编制预算。丙、流亡家属仍按华北人民政府一九四八年之规定编制预算，但希将各地执行情形及执行中所遇到的问题精准统计、一并报来。上述各项预算及统计表均应于本年十二月二十五日前送到本署，以便分核汇请而利（一九）四九年有计划有秩序的开支。

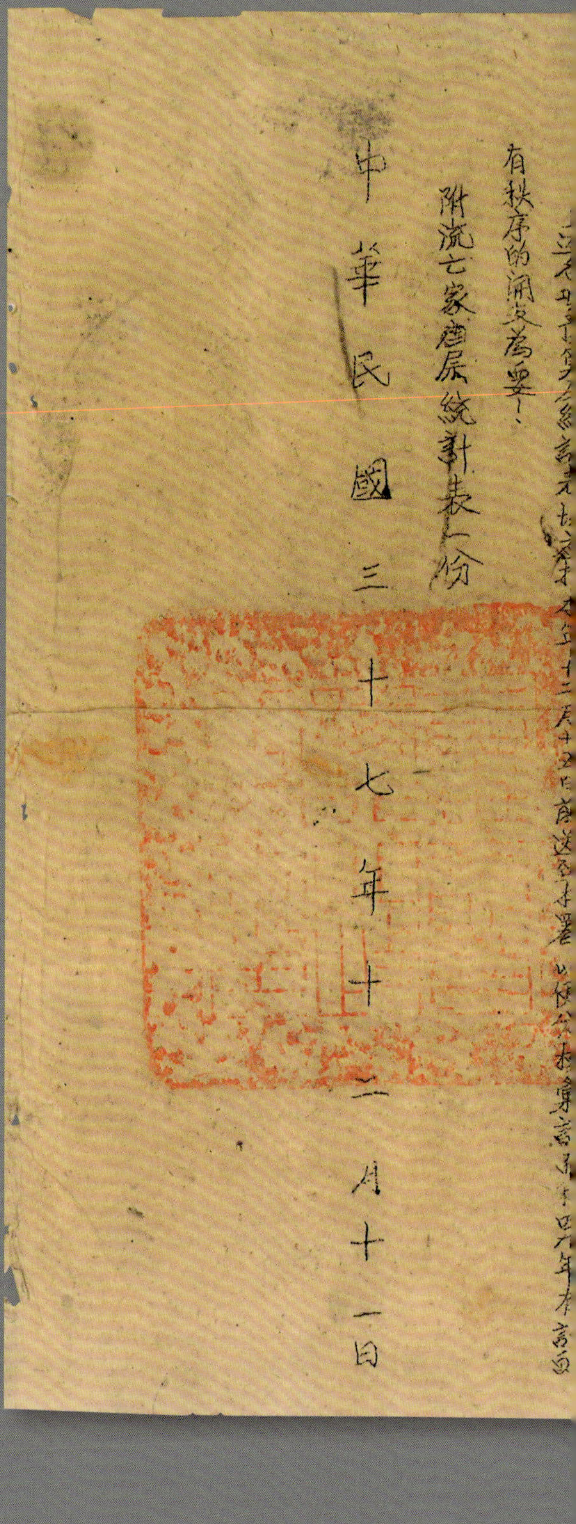

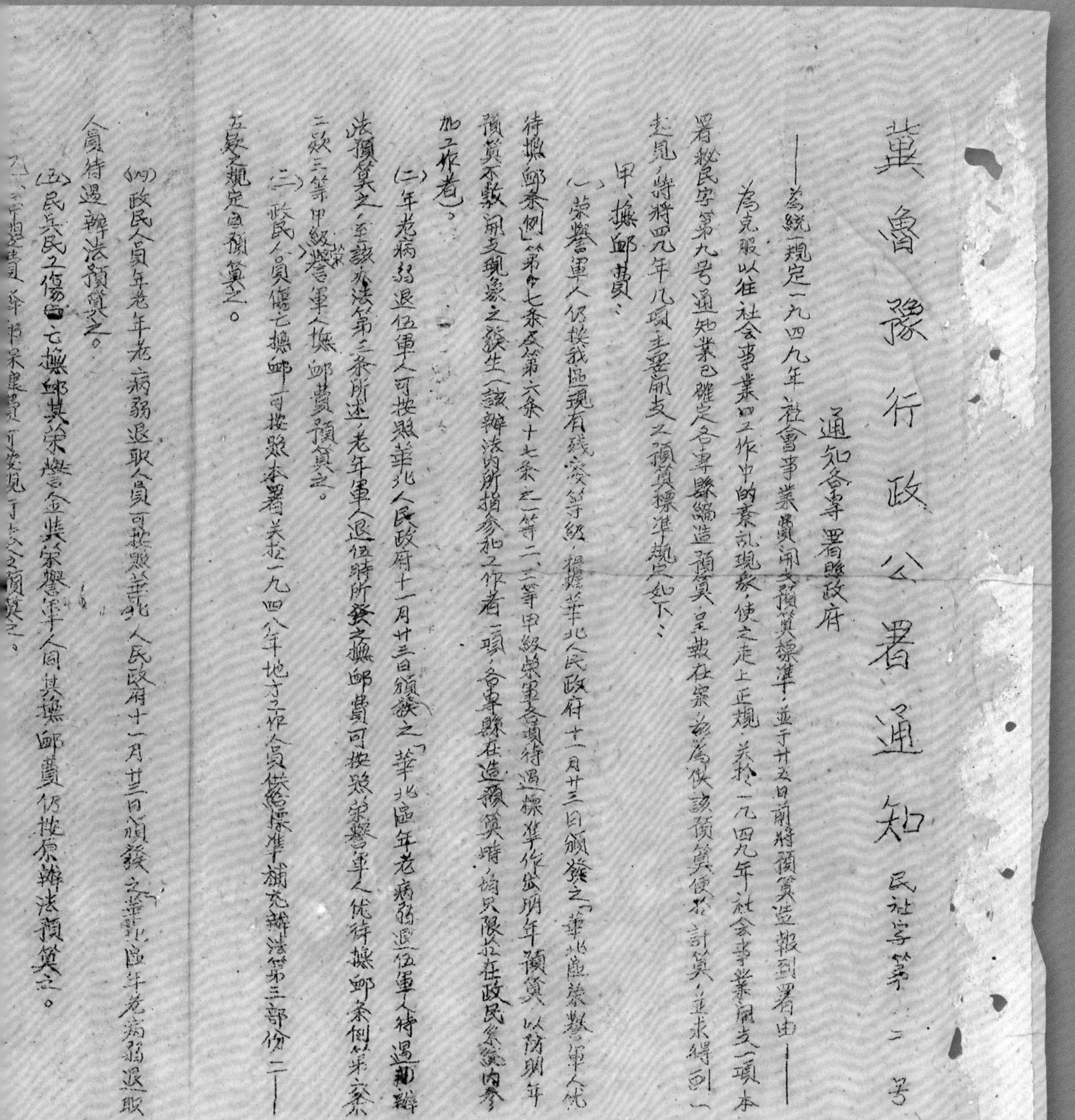

冀魯豫行政公署通知　民社字第二号

通知各專署縣政府

——為統一規定一九四九年社會事業費開支預算標準，並于廿五日前將預算造報到署由——

為克服以往社会事業工作中的紊乱現象，使之走上正規，关於一九四九年，社会事業開支一項本署秘民字第九号通知業已確定各專縣編造預算，呈報在案，兹為使該預算便於計算，並求得到一致起見，特將四九年几項主要開支之預算標準規定如下：

甲、撫卹費：

（一）榮譽軍人仍按我區現有殘廢等級，根據華北人民政府十一月廿三日頒發之「華北區榮譽軍人優待撫卹条例」第十七条及第六条十七条之一等二、三等甲級榮軍各項待遇標準作為明年預算，以防明年預算不敷開支現象之發生（該辦法內所指參加工作者一項，各專縣在造預算時，均只限於在政民系統內參加工作者）。

（二）年老病弱退伍軍人可按照華北人民政府十一月廿三日頒發之「華北區年老病弱退伍軍人待遇辦法」預算之，至該办法第三条所述，老年軍人退伍時所發之撫卹費可按照榮譽軍人優待撫卹条例第二款三等甲級榮譽軍人撫卹費預算之。

（三）政民人員傷亡撫卹可按照本署关於一九四八年地方工作人員供給標準補充辦法第三部份二——五款之規定預算之。

（四）政民人員年老年老病弱退職人員可按照華北人民政府十一月廿三日頒發之華北區年老病弱退職人員待遇辦法預算之。

（五）民兵民工傷亡撫卹其榮譽金與榮譽軍人同，其撫卹費仍按原辦法預算之。

（六）、[illegible]費[illegible]可[illegible]之預算之。

冀鲁豫行政公署通知（民财字第二号）《为重令各地建立招待所由》

1949年

成武县档案馆藏

1949年2月12日冀鲁豫行政公署通知（民财字第二号）《为重令各地建立招待所由》，署主任潘复生，副主任贾心斋、韩哲一名。主要内容为："关于各地重要路口建立过往人员招待所，本署前曾有命令规定，近查有些地区尚未建立，致过往人员多感不便，且于群众增加负担，兹决定增设招待所，对招待所人员编制、费用开支等问题进行规定，并将各地招待所划归各县秘书科领导。"

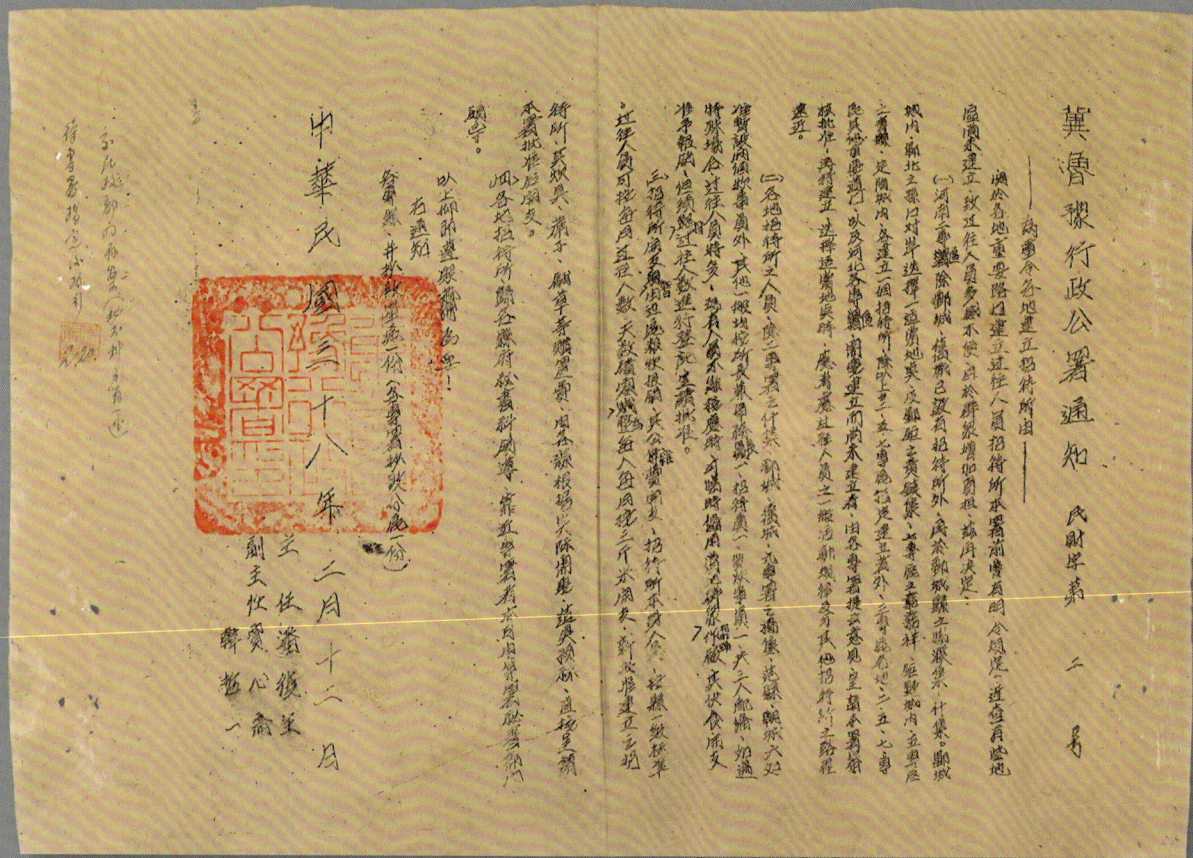

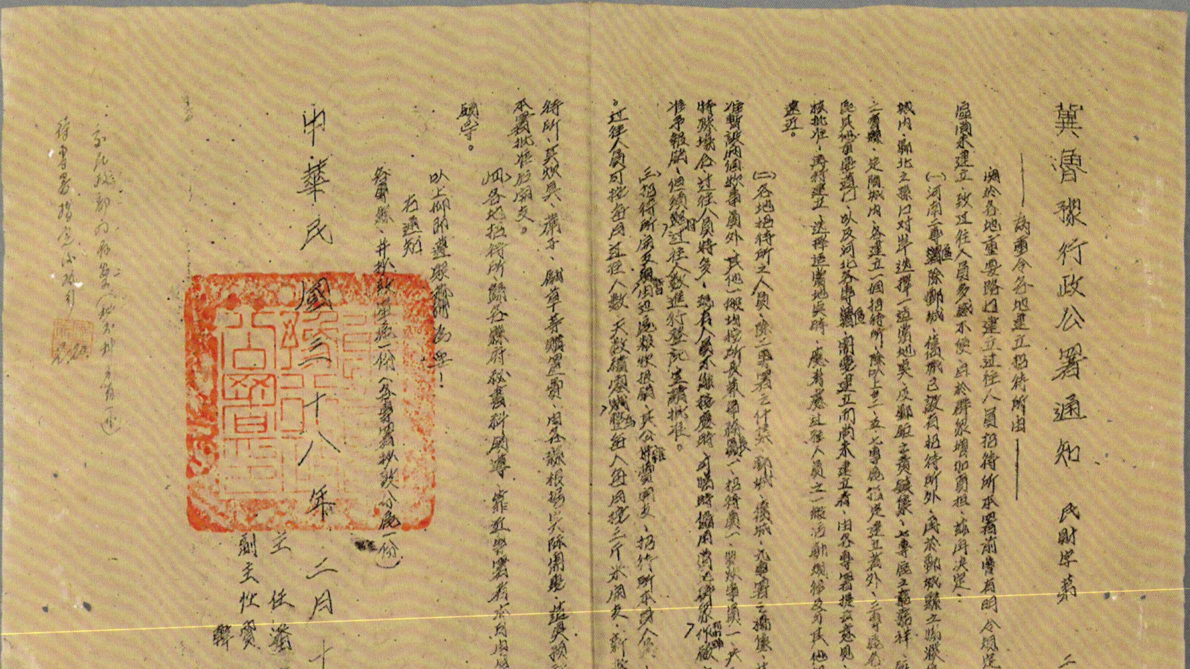
冀鲁豫行政公署通知　民财字第二号

——为重令各地建立招待所由——

冀鲁豫行政公署通知《为重新统一确定过往人员招待所数目由》

1949年
成武县档案馆藏

1949年6月2日冀鲁豫行政公署通知《为重新统一确定过往人员招待所数目由》，署主任潘复生，副主任贾心斋、韩哲一名。主要内容为：“为便利过往人员，减轻群众负担，前曾令各地重要路口建立过往人员招待所，迄今有的已经呈请批准建立，有的未经批准即自行建立，致统一掌握发生困难，因此公署共确定建立招待所二十六所，并规定其具体地点，自六月份开始即按以上数目报销，凡属以上规定数目以外者即应办理结束，其确有需要、必须建立者，应即陈明理由，呈请批准，否则一概不予供给。”

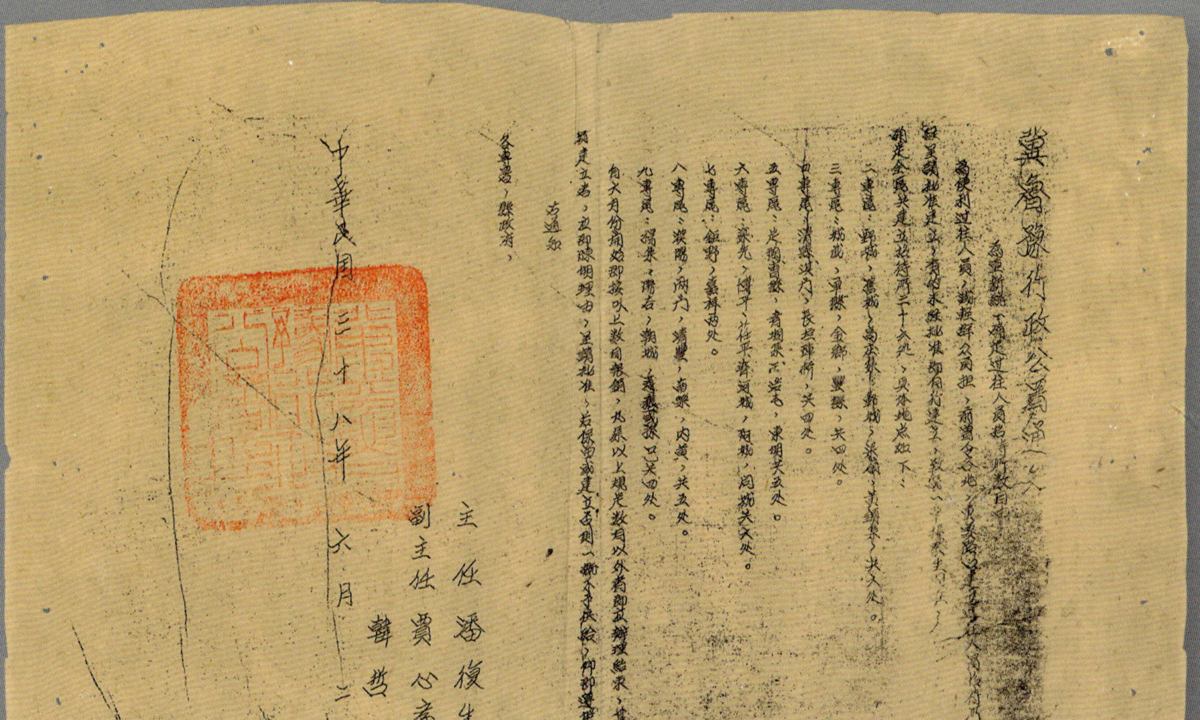
冀鲁豫行政公署通知

各專署、縣政府

主任 潘復生
副主任 賈心齋
韓哲一

中華民国三十八年六月二日

冀鲁豫行政公署通令（民字第二十一号）《为执行华北人民政府春节拥军优军并检查军属生产代耕的指示及华北区荣誉军人优待抚恤条例由》

1949年
成武县档案馆藏

1949年1月29日冀鲁豫行政公署通令（民字第二十一号）《为执行华北人民政府春节拥军优军并检查军属生产代耕的指示及华北区荣誉军人优待抚恤条例由》，署主任潘复生，副主任贾心斋、韩哲一名。主要内容如下。

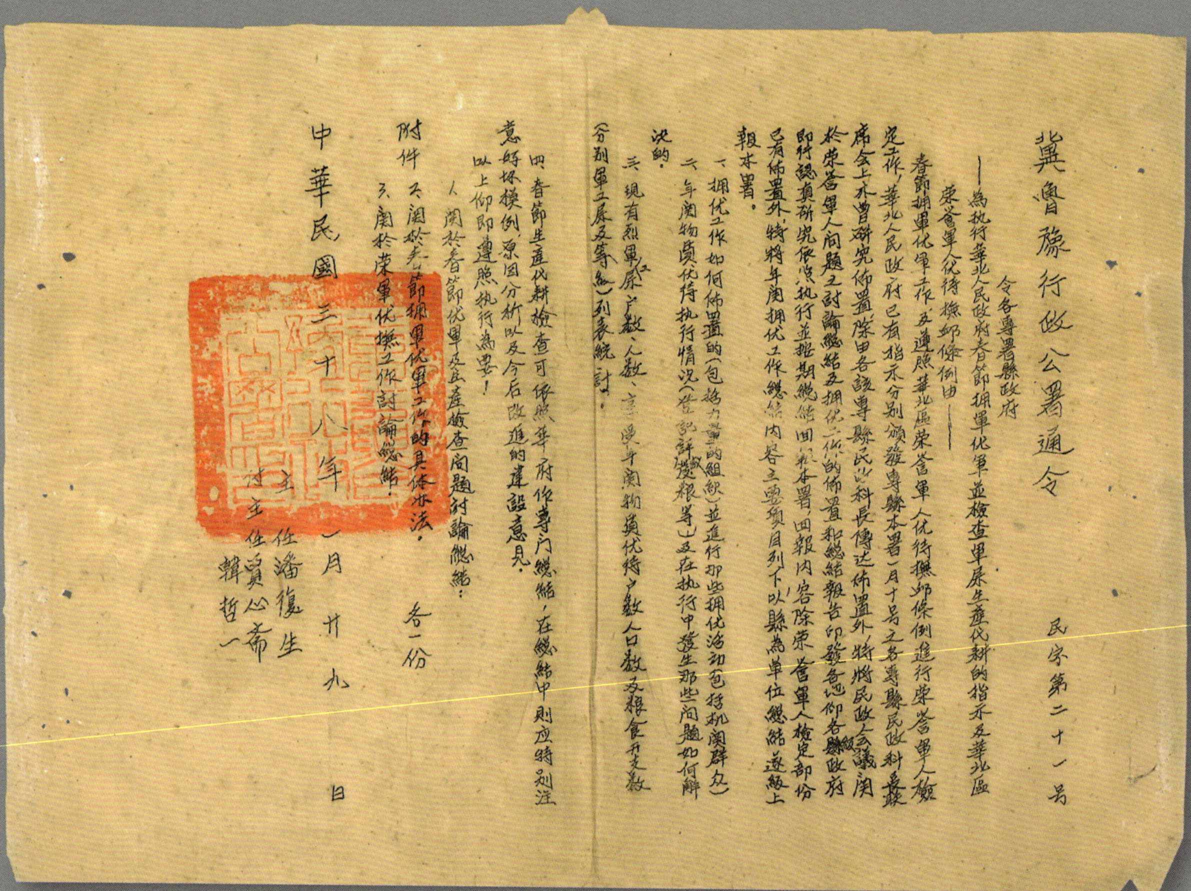

冀魯豫行政公署通令

民字第二十一号

令各專署縣政府

——為执行華北人民政府春節擁軍优軍並檢查軍屬生產代耕的指示及華北區榮譽軍人优待撫卹條例由——

春節擁軍优軍工作及遵照華北區榮譽軍人优待撫卹條例進行榮譽軍人檢定工作，華北人民政府已有指示分別頒發專縣，本署一月十号召各專縣民政科長會議，会上亦曾研究佈置，除由各該專縣民政科長傳达佈置外，特將民政会議関於榮譽軍人問題之討論總結及擁优工作的佈置和總結報告印發各地，仰各縣政府即行認真研究依照执行並按期總結回報本署，回報內容除榮譽軍人檢定部份已有佈置外，特將年関擁优工作總結內容主要項目列下，以縣為单位總結逐級上報本署。

一、擁优工作如何佈置的（包括力量的組织）並進行那些擁优活动（包括机関群众）。

二、年関物資优待执行情況（登記評議粮等）以及在执行中發生那些問題如何解决的。

三、現有烈軍屬（或工屬）戶數、人数、享受年関物資优待戶數人口数及粮食开支数（分別軍工屬及等級）列表統計。

四、春節生產代耕檢查可依照華府作專门總結，在總結中則应特別注意好坏模例，原因分析以及今后改進的建設意見。

以上仰即遵照执行為要！

一、関於春節优軍及生產檢查問題討論總結。

附件 二、関於春節擁軍优軍工作的具体办法。

三、関於榮軍优撫工作討論總結。

各一份

中華民國三十八年一月廿九日

主任 潘復生

副主任 賈心斋 韓哲一

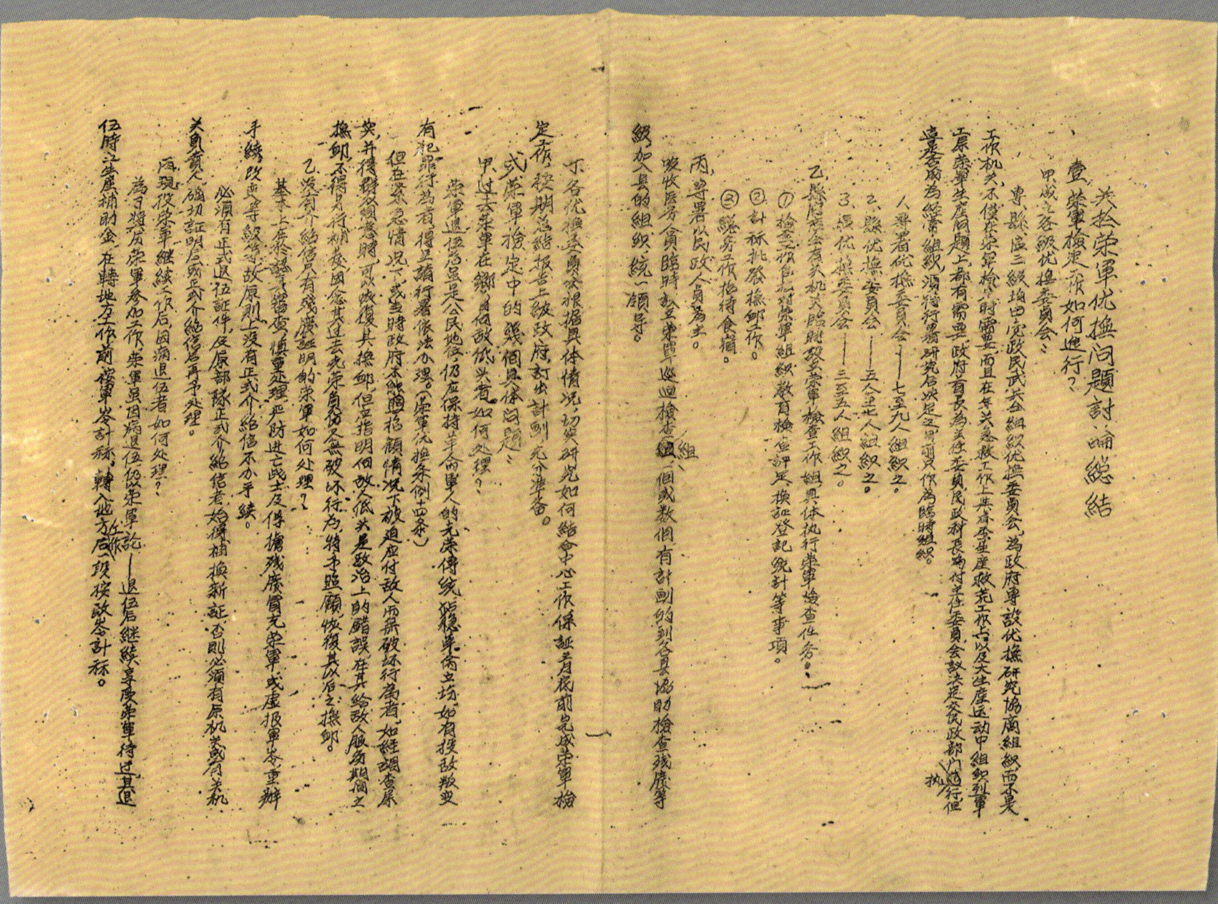

关于荣军优抚问题讨论总结

壹、荣军检定工作如何进行？

甲、成立各级优抚委员会：

专、县、区三级均由党政民武兵会组织优抚委员会，为政府专设优抚研究协商组织，而不是工作机关，不仅在荣军检定时需要，而且在年关慰劳工作上，春季生产救荒工作上，以及大生产运动中组织荣军参加荣军生产问题上，都有需要。政府首长为主任委员，民政科长为副主任委员，会议决定交民政部门执行，但这委员会为经常组织，须待行署研究后决定，目前只作为临时组织。

1、专署者优抚委员会——七至九人组织之。

2、县优抚委员会——五人至七人组织之。

3、区优抚委员会——三至五人组织之。

乙、县府召集各有关机关临时设立荣军检查工作组，具体执行荣军检查任务：

①检查工作组对荣军组织教育检查评定、换证登记统计等事项。

②计标批发抚恤工作。

③总务工作（招待食宿）。

丙、专署以民政人员为主，吸收各委员临时设立荣军巡回检查组一个或数个，有计划的到各县协助检查残废等级，加入县的组织，统一领导。

丁、各优抚委员会根据具体情况，切实研究如何结合中心工作，保证于月底前完成荣军检定工作，较期总结报告上级政府，订出计划，充分准备。

贰、荣军检定中的几个具体问题：

甲、过去荣军在乡，有向敌低头者如何处理？

荣军退伍后虽是公民地位，仍应保持革命军人的光荣传统，站稳革命立场，如有投敌叛变有犯罪行为者，得呈请行署依法办理。（荣军优抚条例十四条）

但在紧急情况下，或当时政府未能适当照顾情况下被迫应付敌人而无破坏行为者，如经调查属实，并能虚心悔过时，可以恢复其抚恤，但应指明何故，低头是政治上的错误，在其给敌人服务期间之抚恤不得再行补发，因念其过去光荣负伤又无破坏行为，特予照顾，恢复其以后之抚恤。

乙、没有介绍信只有残废证明的荣军如何处理？

基本上应给予检查，慎重处理，严防逃亡兵士及俘掳残废冒充荣军或虚报军籍重办手续，改变等级等，故原则上没有正式介绍信不办手续。

必须有正式退伍证件，及原部队正式介绍信者，始得补换新证，否则必须有原机关或有关机关负责人确切证明后或正式介绍信后再予处理。

丙、现役荣军继续工作后，因病退伍者如何处理？

为了鼓励荣军参加工作，荣军虽因病退伍，仍以荣军论——退伍后继续享受荣军待遇，其退伍时之生产补助金，在转地方工作前，按荣军发给抚恤，转入地方后一般按政务人员计标。

将民政会议关于荣誉军人问题之讨论总结及拥优工作的布置和总结报告印发各地，仰各级政府即行认真研究、依照执行，并按期总结汇报本署。汇报内容包含以下各项年关拥优工作总结主要项目：（一）拥优工作如何布置的并进行哪些拥优活动；（二）年关物质优待执行情况及在执行中发生哪些问题如何解决；（三）现有烈军工属户数、人数、享受年关物质优待户数人口数及粮食开支数；（四）春节生产代耕检查可依照华府作专门总结。文件后附：1.关于春节优军及生产检查问题讨论总结；2.关于春节拥军优军工作的具体办法；3.关于荣军优抚工作讨论总结。

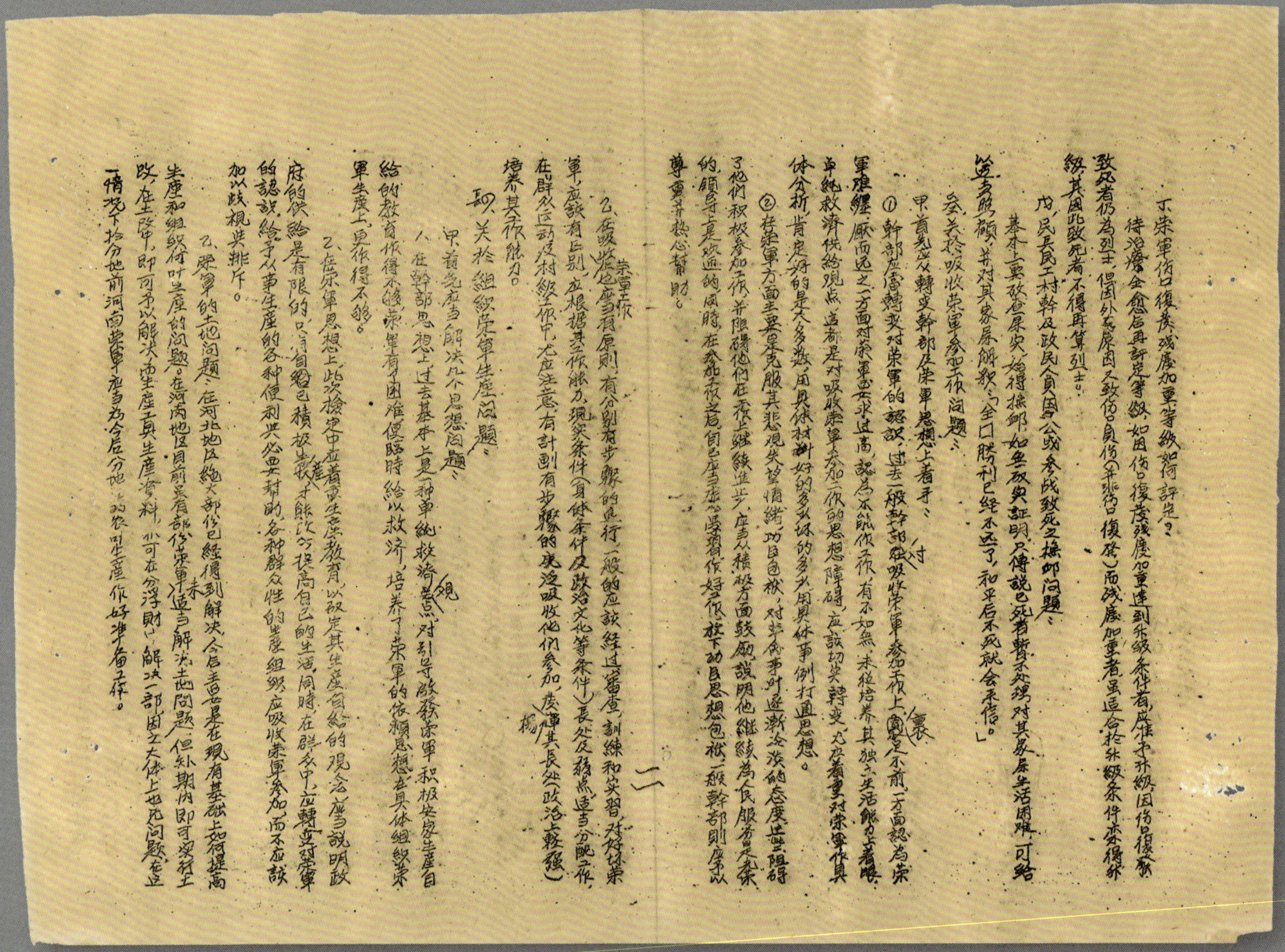
丁、荣军伤口复发，残废加重，等级如何评定？
待治疗全愈后再评定等级，如因伤口复发残废加重达到升级条件者，应准予升级，因伤口复发致死者仍为烈士，但因外感原因又致伤口负伤（并非伤口复发）而残废加重者虽适合于升级条件亦不得升级，其因此致死者不得再算烈士。
戊、民兵民工村干及政民人员因公或参战致死之抚恤问题：
基本上要取查属实，始得抚恤，如无确实证明，只传说已死者暂不处理，对其家属生活困难，可给以适当照顾，并对其家属解释：「全口胜利已经不远了，和平后不死就会来信。」
叁、关于吸收荣军参加工作问题：
甲、首先应从转变干部及荣军思想上着手：
① 干部应当转变对荣军的认识，过去一般干部对吸收荣军参加工作上顾虑（畏）不前，一方面认为荣军难缠，厌而远之，一方面对荣军要求过高，认为不能作工作，有不如无，未从培养其独立生活能力上着眼，单纯救济供给观点，这都是对吸收荣军参加工作的思想障碍，应该切实转变，尤应着重对荣军作具体分析，肯定好的是大多数，用具体材料好的多，坏的少，用具体事例打通思想。
② 在荣军方面主要是克服其悲观失望情绪，功臣包袱，对某些事冷淡的态度，这些阻碍了他们积极参加工作，并阻碍他们在工作上继续进步，应当从积极方面鼓励，说明他继续为人民服务是光荣的，领导上是欢迎的，同时在参加工作之后，自己应当虚心学习，作好工作，放下功臣思想包袱，一般干部则应以尊重并热心帮助。

二

乙、在吸收荣军工作也应当有原则，有分别有步骤的进行，一般的应该经过审查，训练和实习，对好坏荣军，应该有区别，应根据其工作能力，现实条件（身体条件及政治文化等条件）长处及弱点，适当分配工作，在群众区政府及村级工作中，尤应注意有计划有步骤的吸收他们参加，发挥（扬）其长处（政治上较强）培养其工作能力。
肆、关于组织荣军生产问题：
甲、首先应当解决几个思想问题：
1、在干部思想上过去基本上是一种单纯救济观点，对引导启发荣军积极安家生产自给的教育作得不够，荣军有了困难便临时给以救济，培养了荣军的依赖思想，在具体组织荣军生产上，更作得不够。
乙、在荣军思想上，此次检定中应着重生产教育，以改定其生产自给的观念，应当说明政府的供给是有限的，只有自己积极生产才能改善提高自己的生活，同时，在群众中，应转变对荣军的认识，给予从事生产的各种便利与必要帮助，各种群众性的生产组织，应吸收荣军参加，而不应该加以歧视与排斥。
乙、荣军的土地问题：在河北地区绝大部份已经得到解决，今后主要是在现有基础上如何提高生产和组织荣军生产的问题。在河南地区目前虽有部份荣军未适当解决土地问题，但不久期内即可实行土改，在土改中，即可予以解决，而生产工具生产资料，亦可在分浮财中解决一部，因之大体上也无问题，在这一情况下，于分地前河南荣军应当为今后分地后的农业生产作好准备工作。

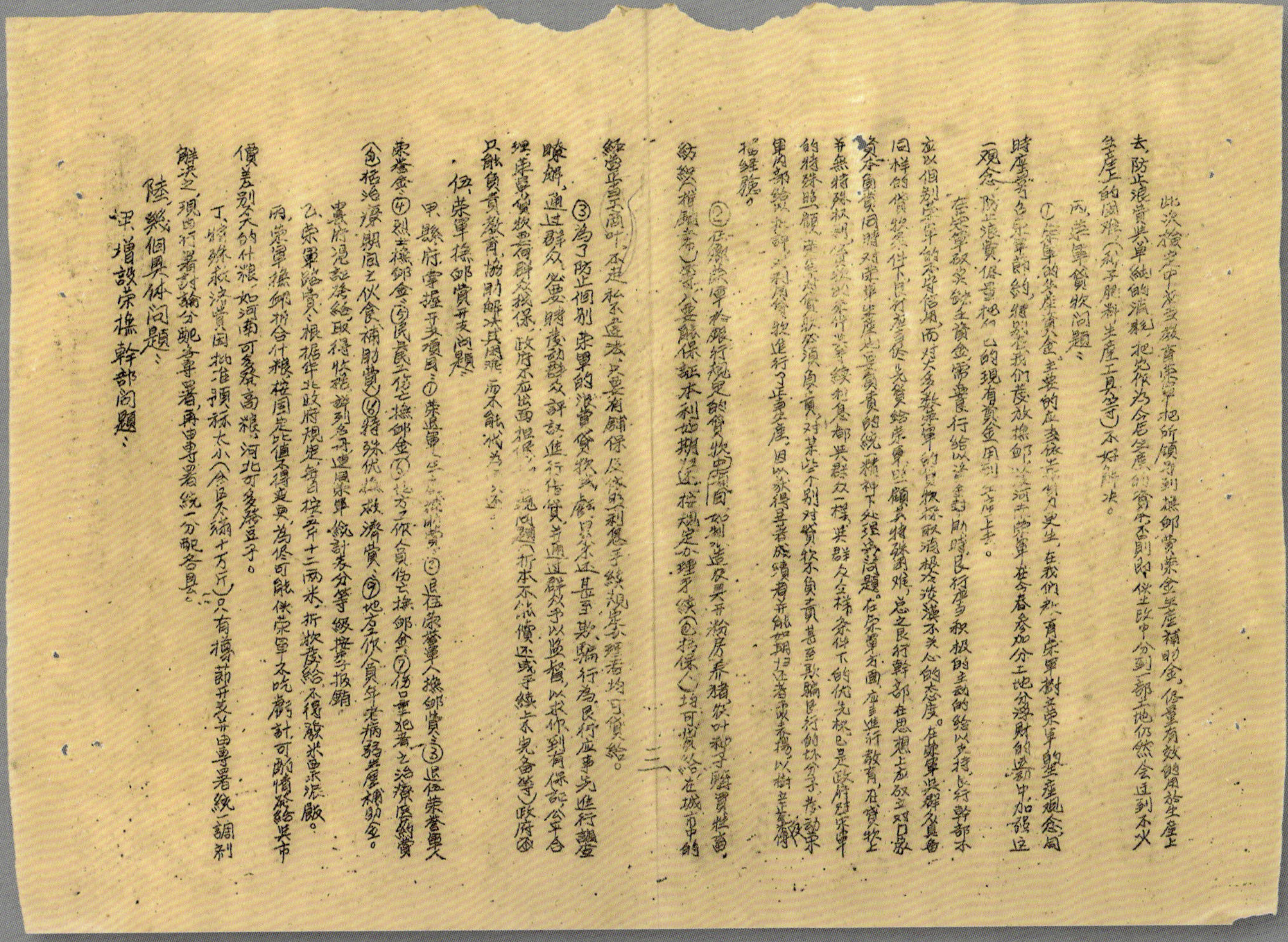
此次检查中发现各县荣军把所领得到抚恤费荣金生产补助金，[illegible]量有效的用于生产上去，防止浪费与单纯的消耗，把它作为今后生产的资本，否则即使在政[illegible]中分到一部土地仍然会达到不少生产上的困难（如籽种肥料生产工具等）不好解决。

丙、荣军贷款问题：

①荣军的生产资金，主要的应依靠自力更生，在我们只有荣军树立荣军自生产观念同时广泛号召荣军节约，特别是在我们发放抚恤[illegible]时要说明，号召荣军在今春参加分土地分浮财的运动中加强这一观念，防止浪费，保证把他们的现有资金用到[illegible]上来。

在荣军确实缺乏资金需要贷款时，给以资金的帮助时，良行应当积极的主动的给以支持，良行干部不应以个别荣军的不守信用，而对大多数荣军的贷款采取消极拒绝不关心的态度。在荣军与群众具备同样的贷款条件下，良行应当优先贷给荣军，照顾其特殊困难，总之良行干部在思想上应认识到对贷款负责同时对荣军生产也要负责的统一精神下处理贷款问题。在荣军方面应当进行教育，在贷款上并无特殊权利，贷款的条件、手续、利息都与群众一样，与群众负全样条件下的优先权已是政府对荣军的特殊照顾，必须负责，对某些个别对贷款不负责甚至欺骗良行的坏分子，[illegible]动荣军内部给以批评，[illegible]利用贷款进行了生产，因以获得显著成绩者并能如期归还者，应予表扬，以树立荣军[illegible]信誉。

②在荣军中推行规定的贷款办法（如：制造皮具开粉房养猪做叶种子购买牲畜、纺织（指家庭）等）必须保证本利如期归还，按规定办理手续（包括保人）均可贷给，在城市中的经营[illegible]，不[illegible]，只要有铺保及保证利息手续规定办理者均可贷给。

③为了防止个别荣军的浪费贷款或欺骗，只求还甚至欺骗行为，良行应事先进行调查了解，通过群众，发动群众评议，进行贷款，并通过群众予以监督，以求作到有保证，公平合理。荣军贷款如何群众担保，政府不应出面担保。[illegible]问题（折本不能偿还或手续不完备等）政府[illegible]只能负责教育协助解决其困难，而不能代为偿还。

伍、荣军抚恤费开支问题：

甲、县府掌握开支项目：①荣退军人[illegible]抚恤费；②退伍荣誉军人抚恤费；③退伍荣誉军人荣誉金；④烈士抚恤金；⑤民兵民伕伤亡抚恤金；⑥地方工作人员伤亡抚恤金；⑦伤口重犯者之治疗医药费（包括治疗期间之伙食补助费）；⑧特殊优抚救济费；⑨地方工作人员年老病弱生产补助金。

专府[illegible]经费，取得收据，并列名册呈县荣军统计表分等级按季报销。

乙、荣军路费：根据华北政府规定，每日按斤十二两米，折款发给，不得发米票或张厂。

丙、荣军抚恤折合什粮，按国定比值不得变更，为[illegible]可能使荣军不吃亏计，可酌情发给与市价差别不大的什粮，如河南可多发高粮，河北可多发豆子。

丁、特殊救济费因批准预标太小（全区不满十万斤），只有据节开支并由专署统一调剂解决之，现由行署讨论分配专署，再由专署统一分配各县。

陆、几个具体问题：

甲、增设荣抚干部问题：

胶东区党委宣传部编印《生产救灾文选》（第一集）

1948年8月
烟台市博物馆藏

胶东区党委宣传部编印的宣传品。主要刊载内容为《华东局关于春耕生产和救灾工作的指示》《目前胶东生产救灾运动的初步总结》《广泛开展群众的劳动互助（大众日报社论）》等16篇文章。

胶东区党委始建于1938年12月，终止于中华人民共和国成立后的1950年5月1日。1938年12月，中共胶东特委召开胶东区第一届党代表大会，选举产生中共胶东区委员会。1939年1月，中共中央山东分局批准撤销胶东特委，建立中共胶东区委员会。

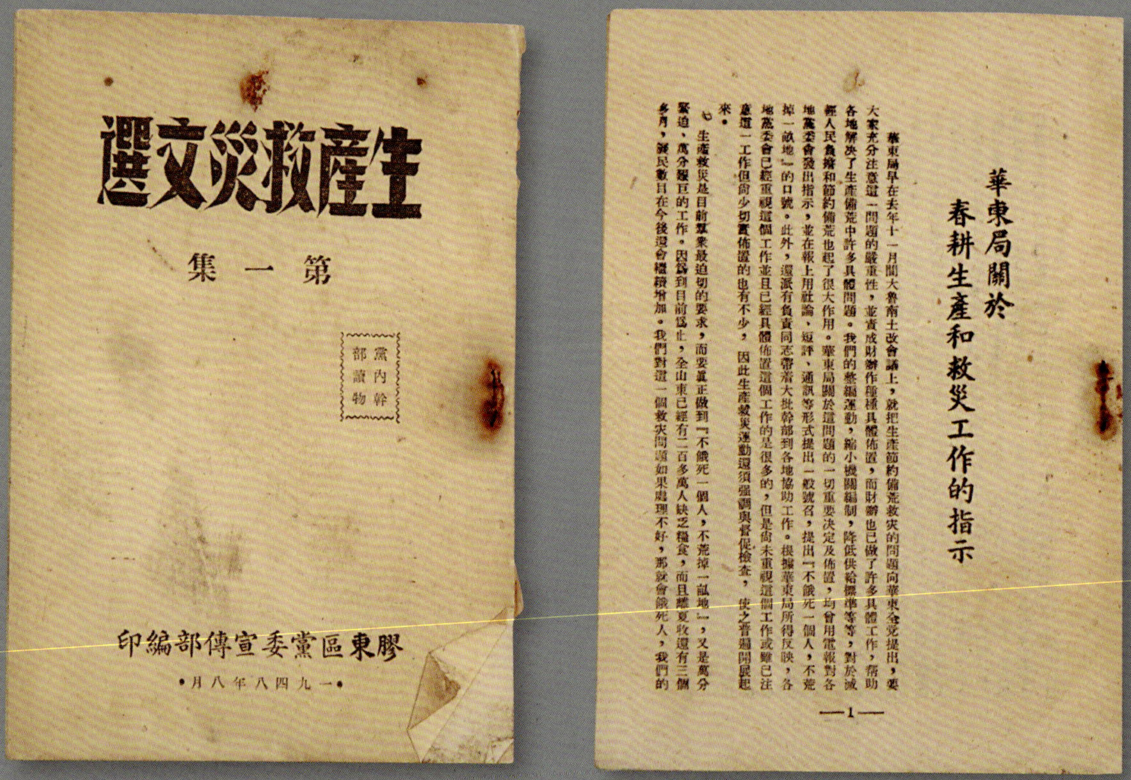

華東局關於
春耕生產和救災工作的指示

華東局早在去年十一月間在魯南土改會議上，就把生產節約備荒救災的問題向華東全黨提出，要大家充分注意這一問題的嚴重性，並責成財辦作種種具體佈置，而財辦也已做了許多具體工作，幫助各地解決了生產備荒中許多具體問題。我們的整編運動，縮小機關編制，降低供給標準等等，對於減輕人民負擔和節約備荒也起了很大作用。華東局關於這問題的一切重要決定及佈置，均曾用電報對各地黨委會發出指示，並在報上用社論，短評，通訊等形式提出一般號召，提出『不餓死一個人，不荒掉一畝地』的口號。此外，還派有負責同志帶着大批幹部到各地協助工作。根據華東局所得反映，各地黨委會已經重視這個工作並且已經具體佈置這個工作的是很多的，但是尚未重視這個工作或雖已注意這一工作但尚少切實佈置的也有不少，因此生產救災運動還須強調與督促檢查，使之普遍開展起來。

（一）生產救災是目前羣衆最迫切的要求，而要真正做到『不餓死一個人，不荒掉一畝地』，又是萬分緊迫，萬分艱巨的工作。因爲到目前爲止，全山東已經有二百多萬人缺乏糧食，而且離夏收還有三個多月，飢民數目在今後還會繼續增加。我們對這一個救災問題如果處理不好，那就會餓死人，我們的

—1—

中共中央华东局农委会编《一九四八年华东生产救灾文献》

1949年
新泰市博物馆藏

中共中央华东局农委会编，华东新华书店1949年3月出版。封面右下角钢笔书写“张俊斋同志阅”（张俊斋为当时的新泰县县长）。书中所刊印的指示、社论及其他文件，是华东局在1948年全面贯彻生产救灾运动中根据农业生产季节与运动过程中的实际情况，经过深入调查研究反复讨论与慎重考虑之后所作的结论。其中有许多经验，为当时各级党委及广大农村工作干部领导生产与救灾工作提供了有力参考。

1947年冬至1948年春，山东解放区发生了严重灾荒，大量田地荒芜，百姓十室九空。华东局发出了“不荒掉一亩地，不饿死一个人”的救灾口号。1948年3月8日，华东局又发出《关于春耕生产和救灾工作的指示》，指出：“春耕生产和救灾工作是当前的紧急和中心任务，除作战外，一切其他工作都要服从这中心工作。”7月至8月，山东形势发生了根本性变化，济南战役在即，山东解放区不但面临着繁重的支援前线和动员参军的任务，而且生产救灾的形势依然十分严峻。根据实际情况，7月中旬，华东局作出推迟一年再进行土改的决定，并得到中共中央的批准，解放区以生产救灾为中心，进行动员参军和支援前线工作。华东局通过有效方式发动群众完成了救灾，救灾的成功得益于军民的共同努力以及中国共产党的强大领导。

解放军将缴获的粮食救济受难市民

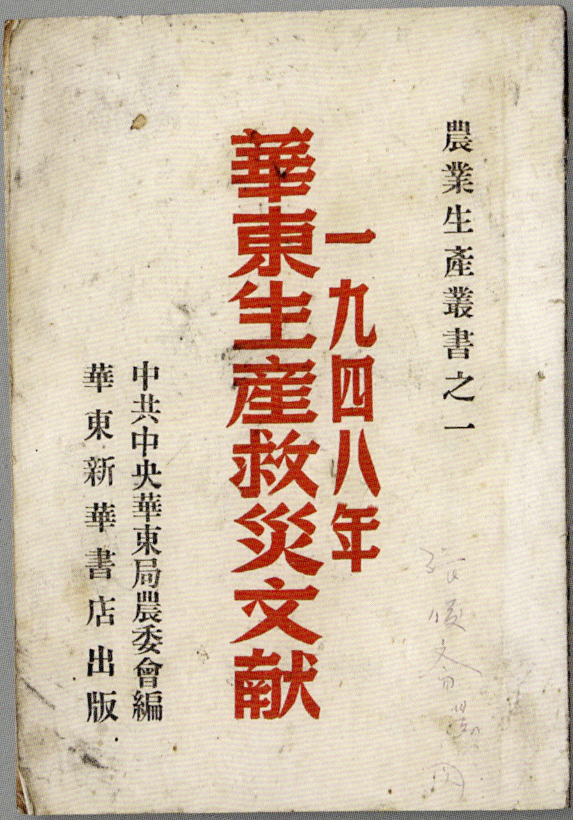

毕庶山创作的胶东军区后勤兵工厂劳模杨冠春的木刻头像

1948年
烟台市博物馆藏

版画托裱于白纸，正面手写字迹为“杨冠春同志，胶东军区后勤兵工厂劳动模范（1948年春刻）”，背面手写内容为“1948年春，毕庶山刻”。此物为胶东军区后勤兵工厂的宣传品。

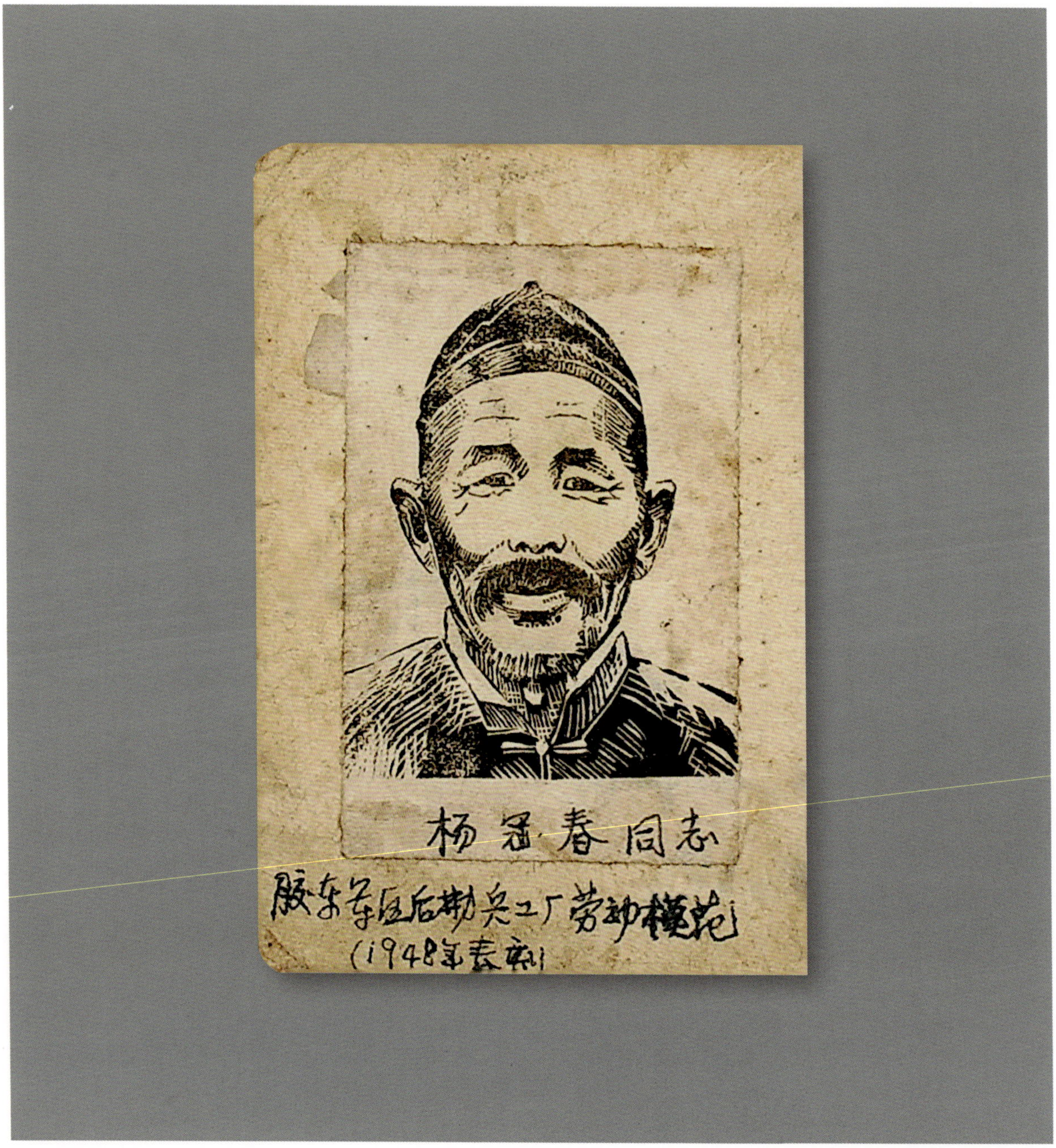

山东战邮总局出版《山东战邮“二七”劳模大会特刊》

1945年5月
中共山东省委党校（山东行政学院）图书和文化馆藏

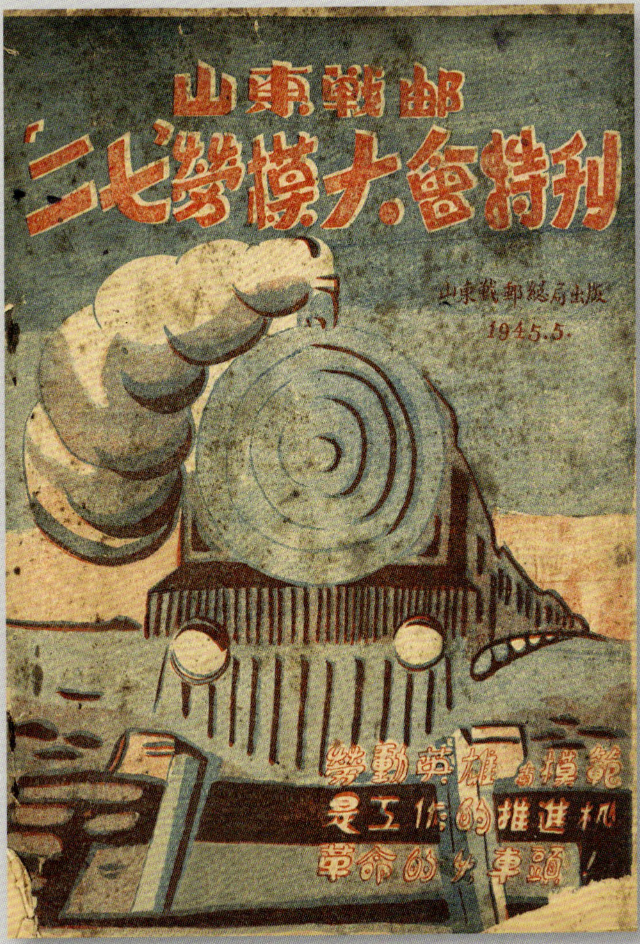

铅印本，山东战时邮务总局机关报《山东战邮》报编辑发行，1945年5月山东战邮总局出版。

1945年2月7日至17日，山东省第一次全省战邮劳模大会在山东省莒南县兰墩子村召开，会议历时20天。来自各战略区的73位代表出席会议，交流自己的工作经验和斗争经验。会议中选出了葛春亭、庞耀、孙在学、丁立安、郑金弟等33名全省战邮劳动模范，又从模范中选出了葛春亭、庞耀为全省战邮英雄。该特刊报道了劳模大会开、闭幕式的盛况，省级战邮模范和英雄的先进事迹，山东战邮总局局长赵志刚总结讲话以及业务座谈等情况。该刊对当时深入开展劳模运动，起到了很大的推动作用。

山东邮电社编《山东邮电》（第二期）

1948年
山东博物馆藏

该刊前身为《山东战邮》报，创刊于1942年4月，为当时的山东战时邮务总局主办，第一任社长由山东战时邮务总局局长赵志刚兼任。1946年3月，改称《邮政周报》。1948年7月，华东财办、山东省政府决定将邮、电合一管理，在原山东省邮政管理局改为山东省邮电管理总局后，该报改名《山东邮电》报。该报是中国共产党领导的山东解放区和全国邮电系统创刊最早的一张专业报。抗战时期，经常以大量篇幅广泛宣传战邮战士的英雄事迹和战时邮政经验，对鼓舞战邮战士士气、推动战时邮政工作起了很大作用。当时抗日根据地和解放区的战时邮政承担着《大众日报》的全部发行任务。为把党报及时传送到干部群众手里，战邮战士出生入死，不怕牺牲，涌现出很多可歌可泣的英雄事迹和一大批英雄模范人物。

冀鲁豫邮政一分局干支邮线图

1948年
东阿县文物事业发展中心藏

冀鲁豫邮政一分局干支邮线图（草绘），绘于1948年6月10日，是当时东阿县地下交通联络站站长杨吉使用过的。

革命年代，抗日根据地和解放区的战时邮政承担着《大众日报》的全部发行任务。为把党报及时传送到干部群众手里，战邮战士出生入死，不怕牺牲。

杨吉，原名焦学文，山东东阿人，1938年加入中国共产党，曾任阿阳边区总支书记，1939年转东阿地下联络站任站长，后任东阿县第八区区委书记，1942年任东阿县邮电局局长，1947年任地区邮电学校教导主任，1949年任县卫生院院长。1963年退休。

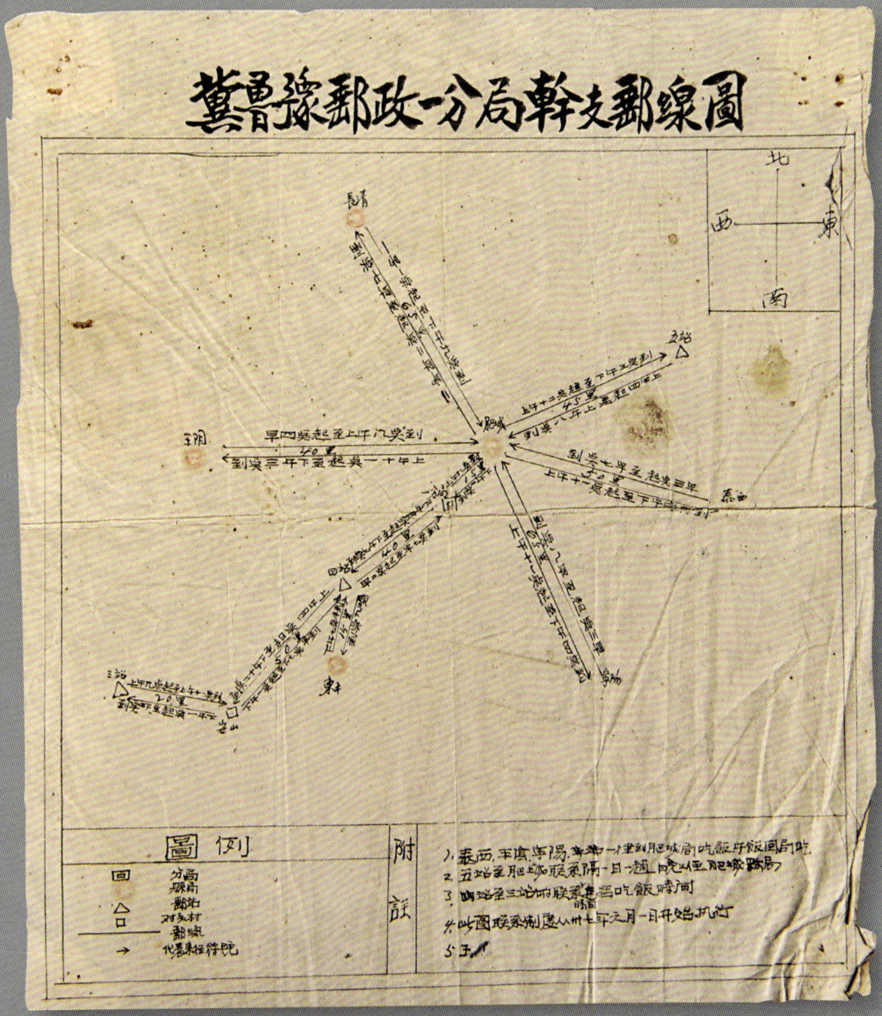

鲁中区邮政办事处《关于劳模条件的新规定》

1946年

沂源博物馆藏

为加强新的组织领导方式，大批培养干部，提高工作效率，在简化原则下更有力地支援前线，鲁中区邮政办事处于1946年11月15日发布了《关于劳模条件的新规定》。文件分别明确了模范工作者、模范邮递员、模范邮运员、生产节约模范的条件。1942年9月，鲁中区战时邮务管理局成立。1946年5月，鲁中区战时邮务管理局更名鲁中邮政办事处。办事处设有秘书科、发行科、业务科、邮运科和鲁中前线邮局等机构。

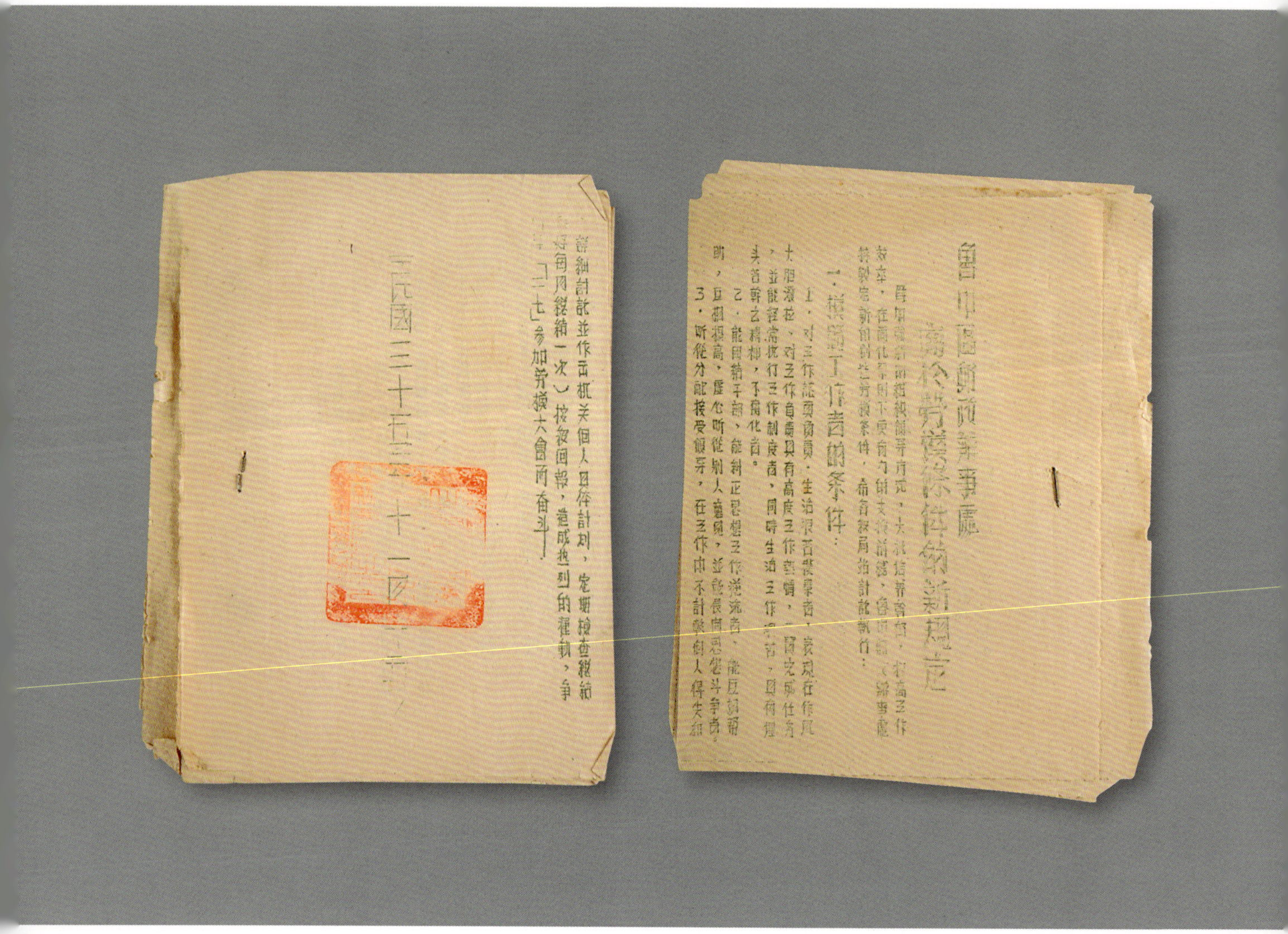

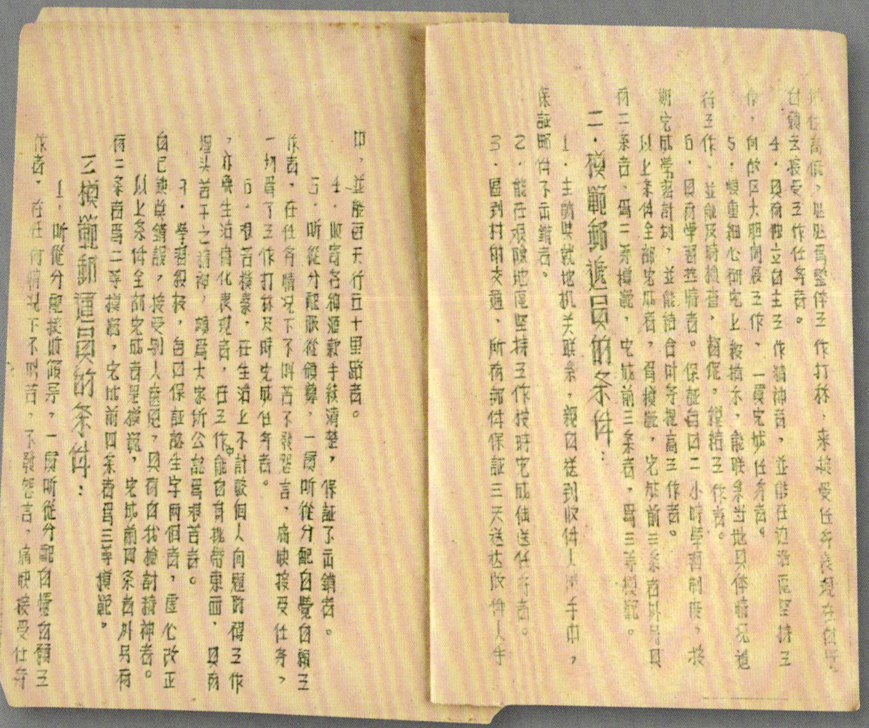
在高低，坚决坚持工作打仗，来接受任务表现在自己
甘愿去接受工作任务者。
4、具有独立自主工作精神，并能在边沿区坚持工作，向敌区大胆开展工作，一贯完成任务者。
5、慎重细心研究上级指示，能联系当地具体情况，适行工作，并能及时检查，督促，总结工作者。
6、具有学习热情者。保证自己二小时学习制度，按期完成学习计划，并能结合时事提高工作者。
以上条件全部完成者，得模范，完成前三条者外另具有二条者，得二等模范，完成前三条者，得三等模范。
二、模范邮递员的条件：
1、主动与就地机关联系，亲自送到收件人手中，保证邮件不丢错者。
2、能在艰险地区坚持工作按时完成传送任务者。
3、区到村的交通，所有邮件保证三天送达收件人手中，并能每天行五十里路者。
4、收寄各种汇款手续清楚，保证了不丢错者。
5、听从分配服从领导，一贯听从分配自觉自愿工作者，在任何情况下不叫苦不发怨言，痛快接受任务，一切为了工作打仗及时完成任务者。
6、艰苦模范，在生活上不计较个人问题，为了工作，在群众生活自化表现者，在工作中能自己找带东西，具有埋头苦干之精神，能为大家所公认为艰苦者。
7、学习积极，自己保证每天认字两个者，虚心改正自己缺点错误，接受别人意见，具有自我检讨精神者。
以上条件全部完成者是模范，完成前四条者外另有有二条者得二等模范，完成前四条者得三等模范。
三、模范通讯员的条件：
1、听从分配接收领导，一贯听从分配自觉自愿工作者，在任何情况下不叫苦，不发怨言，痛快接受任务

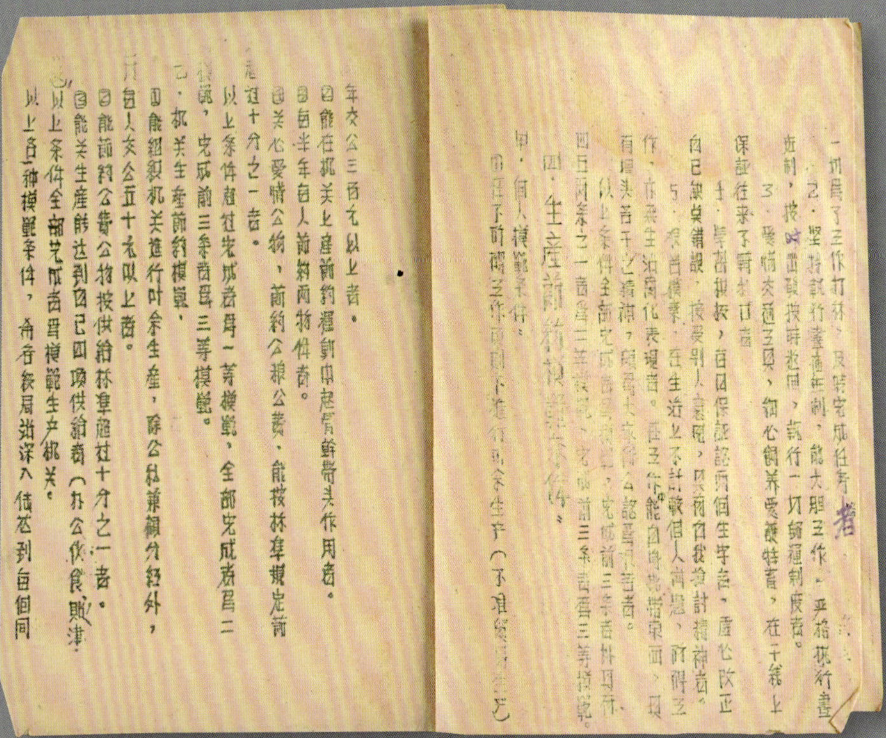
一切为了工作打仗，及时完成任务者。
2、坚持执行交通制，能大胆工作，并能执行查达制，按时出发按时到达，执行一切规定制度者。
3、爱护交通工具，细心饲养爱护牲畜，在二十线上保证往来不耽误者。
4、学习积极，自己保证每天认字两个者，虚心改正自己缺点错误，接受别人意见，具有自我检讨精神者。
5、艰苦模范，在生活上不计较个人问题，为了工作，在群众生活自化表现者。在工作中能自己找带东西，具有埋头苦干之精神，能为大家所公认为艰苦者。
以上条件全部完成者是模范，完成前三条者外另有四五两条之一者得二等模范，完成前三条者得三等模范。
四、生产节约模范条件：
甲、个人模范条件：
①在不妨碍工作原则下进行业余生产（不准经营商业）年交公三百元以上者。
②能在机关生产节约运动中起骨干带头作用者。
③每半年每人节约两物件者。
④关心爱护公物，节约公粮公费，能按标准规定节约十分之一者。
以上条件超过完成者为一等模范，全部完成者为二等模范，完成前三条者为三等模范。
乙、机关生产节约模范：
①能组织机关进行业余生产，除公私兼顾外经外，个人交公五十元以上者。
②能节约公费公物按供给标准超过十分之一者。
③能关生产能达到自己四项供给者（办公伙食津贴）。
④以上条件全部完成者为模范生产机关。
以上各种模范条件，希各级局站深入传达到每个同

鲁中区邮政办事处《关于调整干支线交通的决定》

解放战争时期
沂源博物馆藏

薄白纸刻版印刷，共2页，其中第1页单面印刷，第2页为双面印刷。第一页是鲁中区战时邮政管理局更名为山东省邮政管理局鲁中邮政办事处的通知；第二页是鲁中区邮政办事处奉山东邮管局指示，发布的《关于调整干支线交通的决定》，文件要求立即调整交通干线，各局站人员交通工具调动必须无条件地服从，同时列举了几个具体问题的处理办法。通过调整干支线交通，以加强邮政运输力量，克服因力量分散致使交通迟缓的弊端，密切联系各战略区交通，有效地支援前线。文件落款：副主任　亓汉三　十一月十四号于沂源南营发。

在枪林弹雨和腥风血雨中，战时邮局贯通起联系党中央和各根据地的交通邮政网络，确保了党中央战略部署与战术指令的传达畅通，有力地保障了党和人民革命事业的最终胜利。

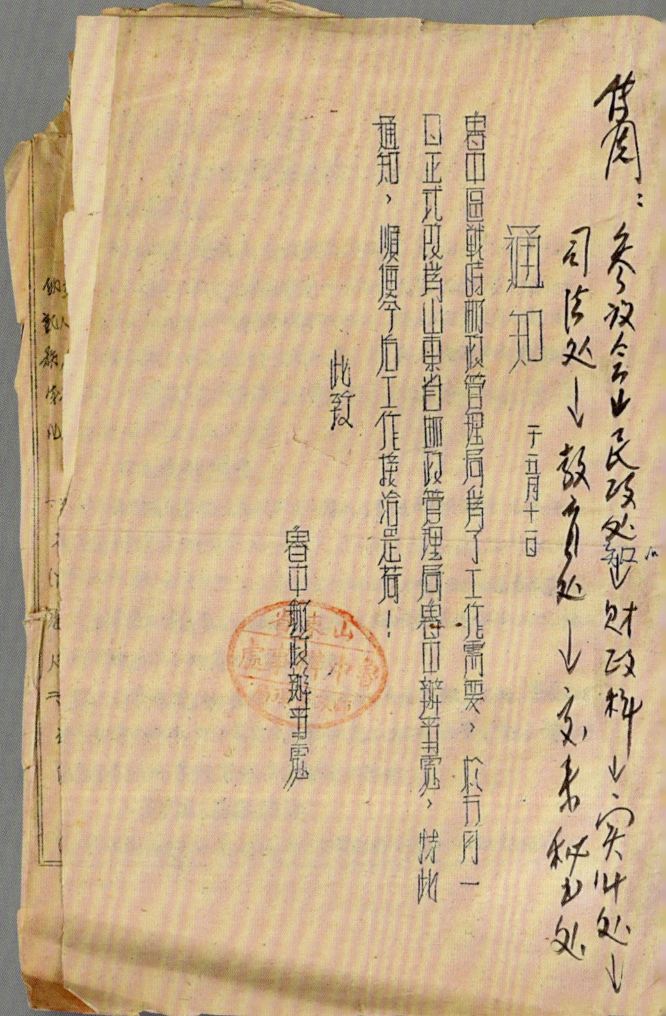
通知　于五月十日
鲁中区战时邮政管理局为了工作需要，於五月一日正式改为山东省邮政管理局鲁中办事处，特此通知，顺便今后工作接洽是荷！
此致
鲁中邮政办事处

抗日民族战争胜利纪念邮票

魯中區郵政辦事處
關於調整幹支綫交通的決定：
奉省郵管局指示：
幹支綫的調整：

山东解放区发布《山东解放区邮政各类邮件资费表》（第一号）

1946年
沂源博物馆藏

为了规范指导解放区邮政部门各类邮件的收费标准，山东解放区发布《山东解放区邮政各类邮件资费表》（第一号），自1946年6月1日起实行。资费表中根据邮件种类、分量及投送地区分别规定了收费标准。

山东战时邮务总局成立后，遵照山东省战时工作推行委员会通过的关于建立战邮组织的文件中指出的“战时邮局因属半营业性质，无论党政军民之各种公私邮件均应贴用各级战时邮局发售之邮票”规定，即开始着手印制邮票，并制定了各类邮件的收费标准和办法。1946年6月，新颁布的邮件资费表将平信自1元调整为2元。

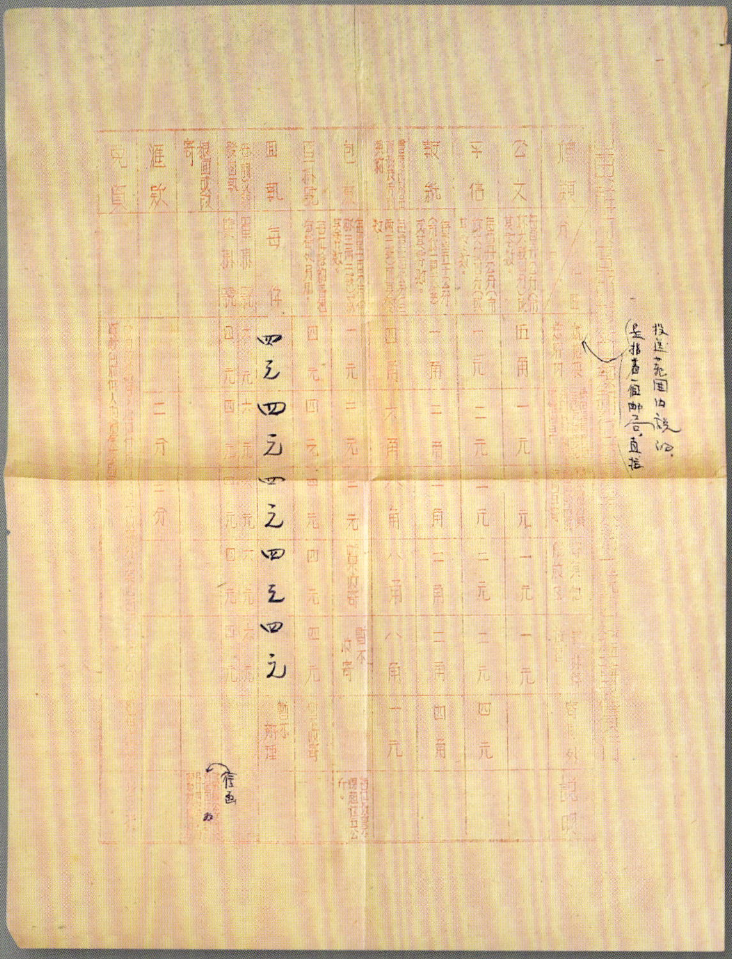

华北邮电总局通令（秘字第1号）《为邮电总局改称邮政总局由》

1949年
曹县档案馆藏

华北邮电总局通令，署局长苏幼农、副局长成安玉名。主要内容有，华北邮电总局所属电信部分改归军委会电信总局领导，华北邮电总局改称华北邮政总局等因，并奉交通部交秘字八九号通知，随文颁发关防一颗，文曰：“华北邮政总局关防”；长戳一颗，文曰：“华北邮政总局”，兹决定自六月五日启用，除报呈备案外，特通令知照。

華北郵電總局通令　秘字第1號

為郵電總局改稱郵政總局由

令各郵政管理局、各直屬局、各縣郵局

奉交通部交業字一七五號轉飭華北財政經濟委員會財經字一八七號令示「華北郵電總局所屬電信部份改歸軍委會電信總局領導，華北郵電總局改稱華北郵政總局」等因，奉此。並奉交通部交秘字八九號通知，隨文頒發關防一顆，文曰「華北郵政總局關防」，長戳一顆，文曰：「華北郵政總局」，茲決定自六月五日開始啟用，除報呈備案外，特通令知照。

此令

此令抄致

各解放區郵電局　查照

各機關

附發印模各一紙

局長　蘇幼農
付局長　成安玉

中華民國三十八年六月五日

余修

1911—1984

原名鲁广益，山东济南人。1925 年加入中国共产主义青年团，1929 年加入中国共产党。1937 年全面抗战爆发后奔赴陕北。1947 年任中共渤海区党委秘书长。新中国成立后先后任华东大学教务长、党组成员，山东大学副教务长、校党组副书记，山东师范学院院长兼党委书记和山东省红十字会主席。1955 年任山东省委文教部部长。1956 年 8 月任山东省副省长，兼省高等教育局局长，并当选为中共山东省委委员。1979 年 12 月，当选为山东省政协副主席，并任省政协党组成员。1984 年 12 月因病去世。

余修撰写的《渤海日记》

1948 —1949年
山东省档案馆藏

余修撰写的《渤海日记》2册，时间从1948年5月20日到1949年4月30日，是余修于1948年任中共渤海区党委秘书长期间形成的，记录了他在工作、学习和生活上的重要事件，内容涉及渤海区地方武装建设、培养革命干部、开展群众运动、抽调干部南下、推行土地改革、兴修农田水利、发展工商业等工作，真实记录了革命历史时期党进行根据地建设的相关情况。

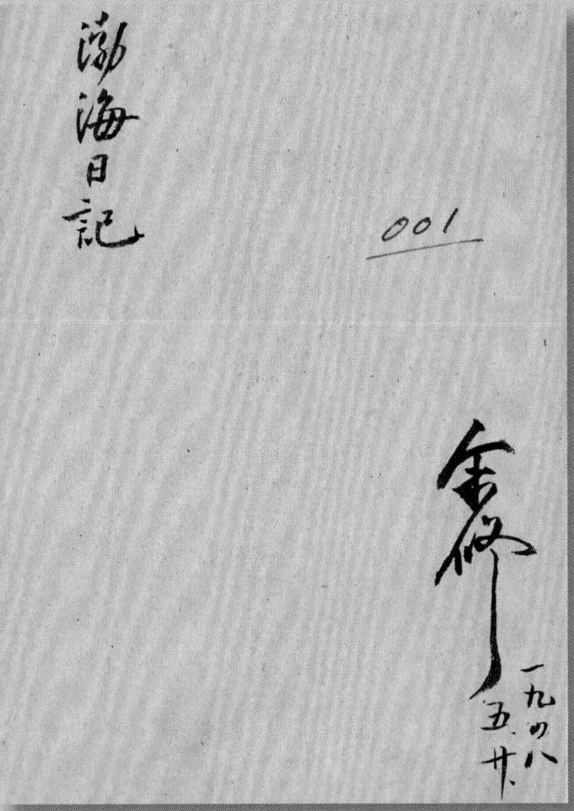
渤海日記

001

金明

一九四八 五.廿.

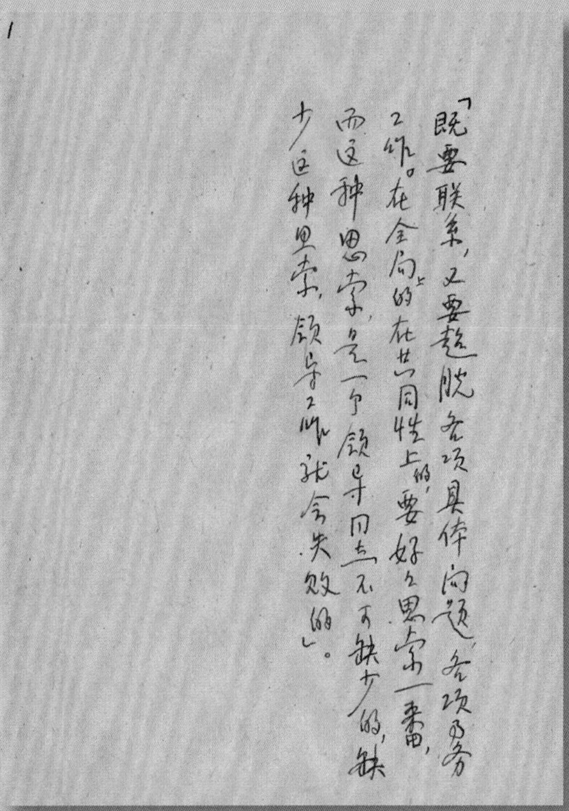
1

「既要联系，又要超脱各项具体问题，各项事务工作。在全局上的和共同性上的，要好好思索一番，而这种思索是一个领导同志不可缺少的，缺少这种思索，领导工作就会失败的」。

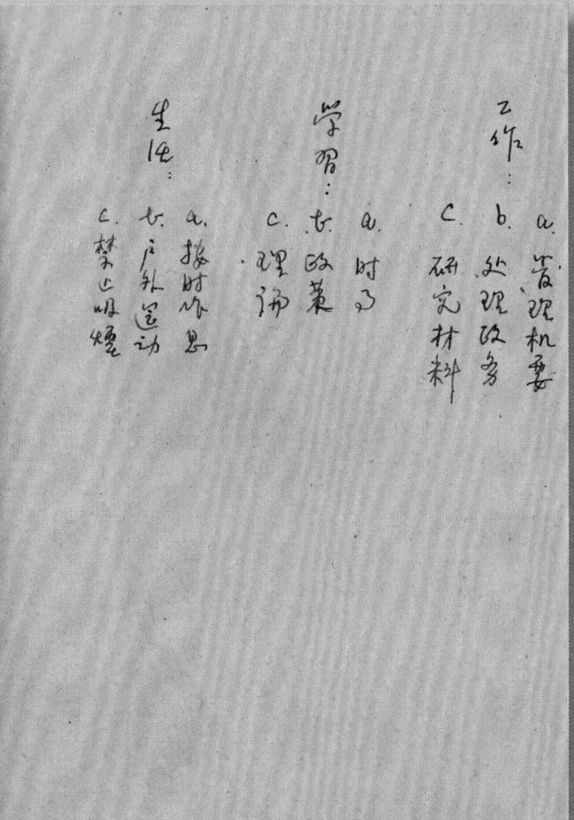
工作：a.管理机要 b.处理政务 c.研究材料

学习：a.时事 b.政策 c.理论

生活：a.按时作息 b.户外运动 c.禁止吸烟

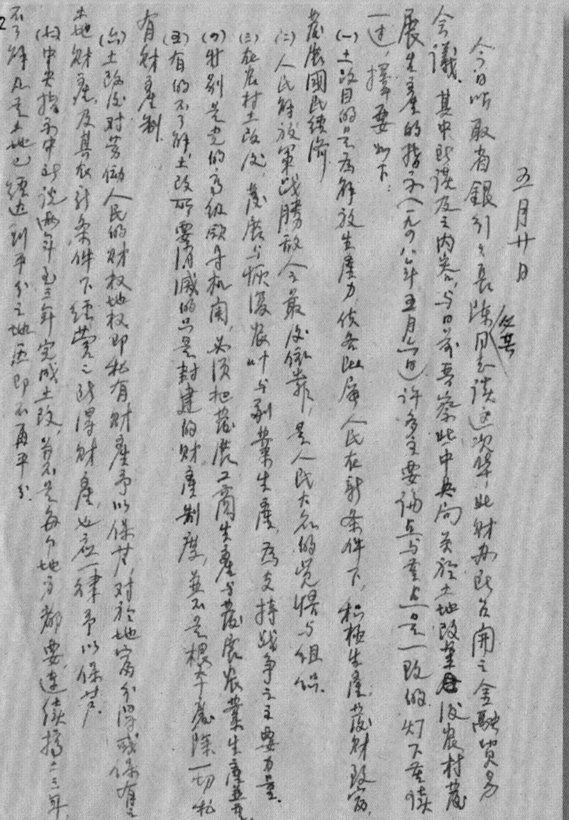
2

五月廿日

今日听取省银行长陈同志谈过此次华北财办所召开之金融贸易会议，其中所谈及之内容，与日前要参照中央关于土地改革与发展农村农业生产的指示（一九四八年五月廿日）许多重要论点与重点是一致的，灯下要读一遍，摘要如下：

(一)土改目的是为解放生产力，使无地少地人民在新条件下，积极生产，发展财政，发展国民经济。

(二)人民解放军战胜敌人之最后依靠，是人民大众的觉悟与组织。

(三)在农村土改后，发展与恢复农业与副业生产，为支持战争之主要力量。

(四)特别是党的各级领导机关，必须把发展工商业生产与发展农业生产并重。

(五)有的不了解土改所要消灭的只是封建的财产制度，并不是根本废除一切私有财产制。

(六)土改应对劳动人民的财权地权即私有财产予以保护，对于地富分得或保有之土地财产及其在新条件下经营之所得财产也应一律予以保护。

(七)中央指示中所说两年至三年完成土改，并不是每个地方都要连续搞二三年，不少解放区土地已经过彻底平分之地区即不再平分。

山东解放区邮电管理总局邮票样本

1948年
山东省档案馆藏

共六张，面额分别为800元、500元、300元、200元、100元、50元，分六色印制。邮票印有“山东解放区”“山东”“战邮”字样。1942年2月，山东省战时工作推行委员会发出《关于建立战时邮局的决定》和《山东省战时邮局暂行组织条例》，决定成立山东各级战时邮局。省设总局，称山东战时邮务总局，直接受山东省战时工作推行委员会的领导，其主要职责是加强抗战时期的交通和党报发行工作。到1949年，山东战时邮局先后经历了山东省邮政管理局、山东省邮政管理总局、华东财办邮电管理总局、山东省邮电管理局等几个阶段。1949年8月，建立山东省邮政管理局，主要职责是负责各种邮件的邮递、报刊发行、电报、电话，兼营汇兑、储金，出售书刊、印花，另外对全省各行政区、县局进行行政和业务领导、监督、检查。

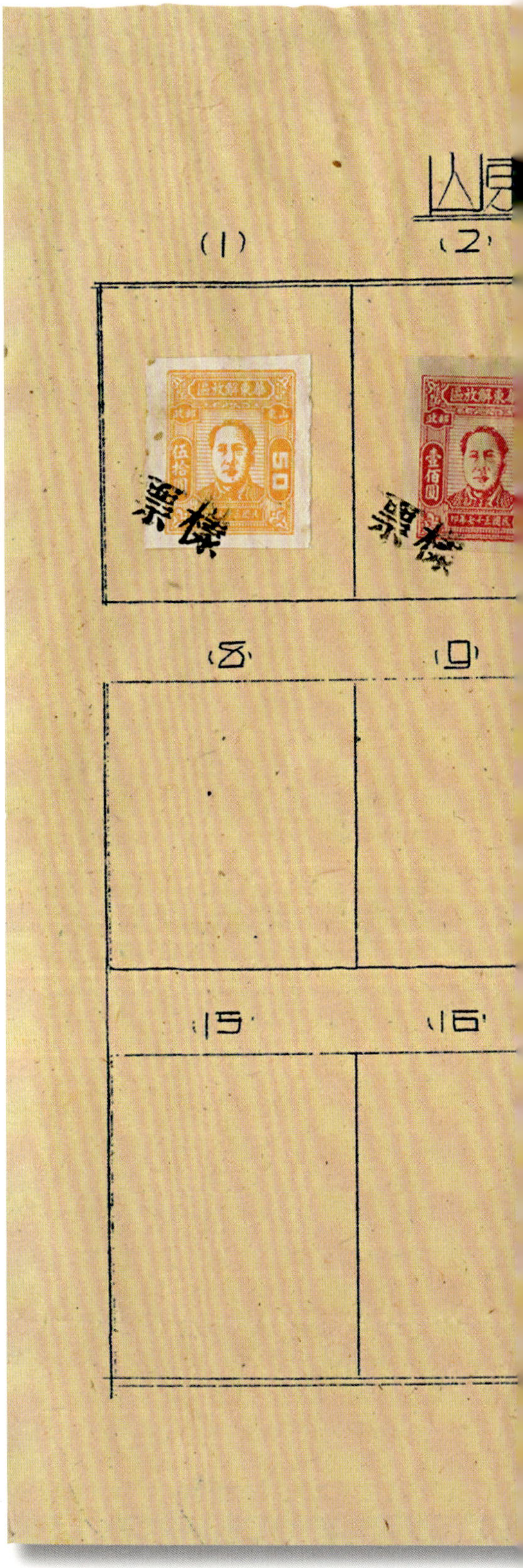

…邮电管理总局邮票样本　（____区）第　页

(3)　(4)　(5)　(6)　(7)

(10)　(11)　(12)　(13)　(14)

(17)　(18)　(19)　(20)　(21)

第三章

全境解放
光耀千秋

作为北上南下的战略枢纽，山东是解放战争的主要战场和华东战场的重要战略基地，是中国人民解放军华东野战军的主要作战地区和后方。解放战争在山东战场持续了3年零3个月，1949年8月以长山岛战役胜利为标志，山东全境获得解放。本章收录了山东解放期间留存下的各类珍贵文物，其中有战役前线渔民使用的船帆，有战略后方担架团荣获的锦旗，有劝国民党官兵投诚的宣传单，也有写给地方政府的春节慰问信。来源不同、种类殊异的文物汇集在一起，共同勾勒出了山东解放的壮阔画卷。

中国人民解放军华东军区颁发淮海战役纪念章

1949年1月

临沂市博物馆藏

铜质，上方有红色五角星，中间有交叉放置的长枪，下有“淮海战役纪念”字样，背面刻有文字“中国人民解放军华东军区颁发　一九四九年一月十日”。

辽沈战役胜利后，中国人民解放军华东野战军、中原野战军及部分地方武装共60余万人，在以徐州为中心，东起海州、西至商丘、北起临城（今薛城）、南达淮河的地区，发起规模空前的淮海战役。战役自1948年11月6日开始，至1949年1月10日结束，经此一役，南线国民党军队精锐主力被消灭，长江中下游地区获得解放，同华北解放区连成一片。淮海战役与辽沈战役、平津战役一起成为中国人民解放战争史上具有决定意义的“三大战役”。战争胜利后，中国人民解放军华东军区为参战的华野各纵队和华东军区各地方部队指战员、战役期间支前的华东军区专职支前人员、民兵和民工，以及参加淮海战役的华东军区其他有功人员颁发了此纪念章。

中国人民解放军华东军区颁发渡江胜利纪念章

1949年
临沂市博物馆藏

铜质，正面是长江、战船以及解放军战士持枪作战的图案，背面铸有“中国人民解放军华东军区颁发 一九四九年四月二十一日”字样。

1949年4月20日，国民党政府拒绝在《国内和平协定》（最后修正案）上签字，21日，人民解放军发起渡江战役，4月23日占领国民党统治中心南京，宣告国民党反动统治覆灭，并迅速解放长江南岸广大地区，至6月2日解放长江口外崇明岛，渡江战役胜利结束。战争胜利后，中国人民解放军华东军区为参加渡江作战的第二野战军、第三野战军、第四野战军第十二兵团等全体人员，支前人员、随军渡江的机关工作人员，在长江对岸接应渡江大军的敌后部队人员，以及参加渡江作战的其他有功人员颁发了此纪念章。

《渤海日报》合订本

1949年
德州市博物馆藏

报纸合订本，共73页，是从1949年9月2日到30日的日报，9月1日缺失。《渤海日报》的前身是《群众报》。1943年底，冀鲁边区、清河区的抗战捷报频传，根据地日益扩大，八路军进一步壮大，广大群众抗日热情空前高涨，各项事业全面发展，整个根据地的抗日形势明显好转。为统一加强领

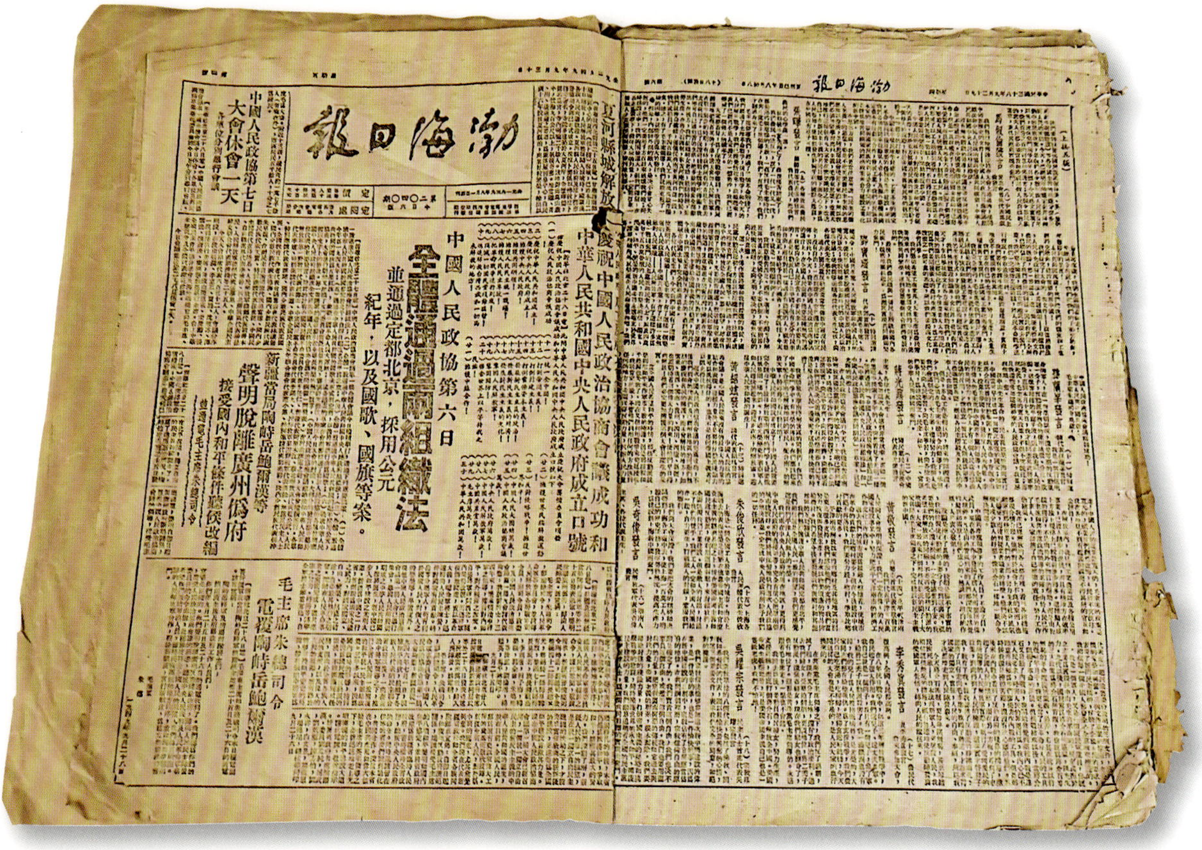

耀南中学旧址暨渤海日报社印刷厂旧址（位于现山东省博兴县庞家镇高庙李村）

导，更好地适应新的对敌斗争形势，1944年1月，中共中央北方局、中央军委批准了山东分局报告，清河区与冀鲁边区合并，建立中共渤海区党委、八路军渤海军区。与此同时，原清河区群众报社与冀鲁日报社合并，确定《群众报》为渤海区党委机关报，区党委宣传部部长陈放兼任社长，《冀鲁日报》停刊。同年6月，渤海区党委党报委员会又作出了关于将《群众报》改名为《渤海日报》和建立渤海日报社的决定，报社驻惠民县城。《渤海日报》于7月1日正式创刊，张永逊兼社长。创刊初期为3日刊，四开四版，起初印量2500份左右，随着时间的推移和形势的好转，发行量不断增加，到1945年8月增至12000份。

《渤海日报》创刊后，为了免遭敌人的袭击和破坏，报社机关和印刷厂随着战局的发展和领导重心转移而不断迁移。1945年7月初，印刷厂便转移到了蒲台县高庙李天主教堂里，同年冬，《渤海日报》机关和印刷厂跟随渤海区首脑机关转移到惠民城。《渤海日报》印刷厂在高庙李天主教堂进行工作时，印刷车间隐藏在地下，工人进行秘密工作。现高庙李天主教堂院内还保留有印刷厂的部分遗迹，但地下印刷车间已被填平。

《渤海日报》

1949年
东营市垦利区博物馆（含渤海垦区革命纪念馆）藏

此合订本包含《渤海日报》第1734期、第1782期、第1839期、第1892期、第1898期、第1972期、第1975期、第2028期、第2031期等期内容，内刊有《太原、大同、新乡、安阳相继解放　华北解放战争胜利结束　今后中心任务是从战争转向建设》《我军向浙赣路东西扩展　解放玉山东乡余江县城》《意阶级斗争尖锐化“马歇尔化”造成大量工人失业　人民反对西方帝国义者战争计划》《备荒打算要长远　搞好生产渡歉年》等文章。

渤海日报社公用笺

20世纪40年代
东营市垦利区博物馆（含渤海垦区革命纪念馆）藏

高嵩山捐赠的渤海日报社公用笺。高嵩山曾任《群众报》、新华社渤海分社、渤海日报社记者。《群众报》是中共清河地委（后为中共清河区党委）的机关报，创刊于1939年夏天，当时，报社只有4人，发行不定期的油印小报。同年秋，《群众报》与清河军区的《前线报》合并，改为石印16开的日报，报社扩大到四十多人。1941年群众报社迁至垦区八大组。1944年1月，群众报社与原冀鲁边区冀鲁日报社合并，建立渤海日报社，《渤海日报》改为日刊，四开四版，起初每期印数2500份。1950年4月25日，渤海区撤销前夕，《渤海日报》正式停刊。

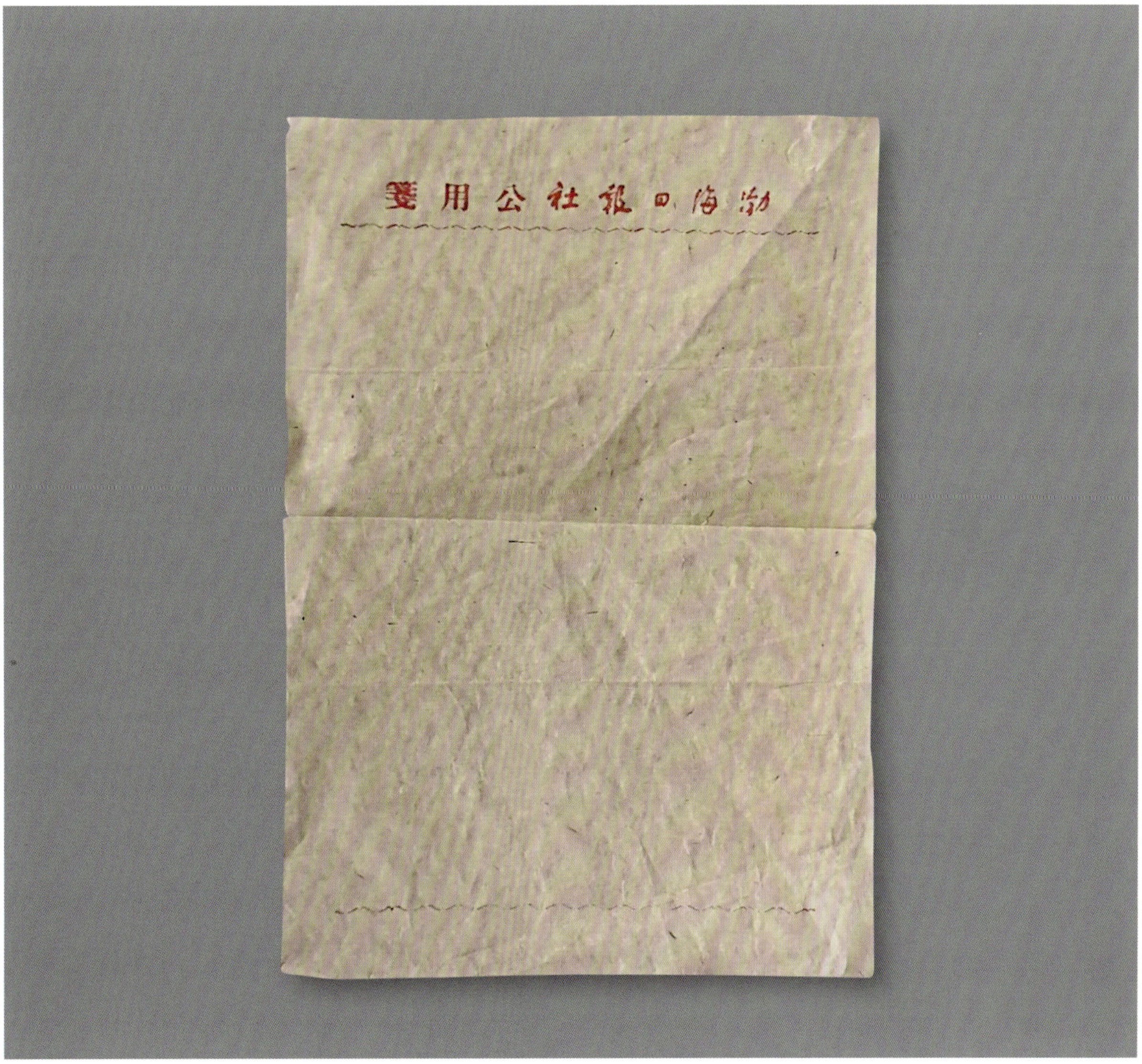

青岛市人民政府公安局编印《肃特斗争》（第一期）

1949年
山东博物馆藏

1949年6月2日，青岛解放，中国人民解放军青岛市军事管制委员会以及青岛市人民政府同时成立。青岛市军事管制委员会及人民政府根据沈阳、济南等大城市的接管工作经验，对全市情况调查摸底、做好充分准备工作后全面接管青岛。由于青岛是华北地区最后一个获得解放的城市，之前又是国民党和美军的重要战略基地。国民党有组织地将一批党团骨干、特务潜伏下来，伺机发动各类反动分子颠覆新生人民政权。因此，6月3日，中共山东分局对青岛接管工作发出明确指示，要求：要迅速消灭抢劫行为，维持社会治安，肃清反革命残余，摧毁潜伏武装蒋特及破坏分子。7月18日青岛市公安局发布关于国民党特务人员申请悔过登记实施办法。8月，青岛市军管会发布消灭麻痹倾向，肃清特务匪徒，保卫人民国家财产安全的训令。《肃特斗争》就是在这样的背景下，由青岛市人民政府公安局编印的关于国民党在青残余敌特党团组织、人员以及斗争情况的文献。

第一期于1949年9月印发，内容主要包括：《对新解放区城市中各种人员的处理问题》《国民党中统军统特务组织之演变情况》《国民党“内政部调查局”于五月一日给各地特务组织的机密指示信》。详细明确了对新解放区内各类人员立功、惩罚情况的政策，以及当时敌方特务组织情况和动向。

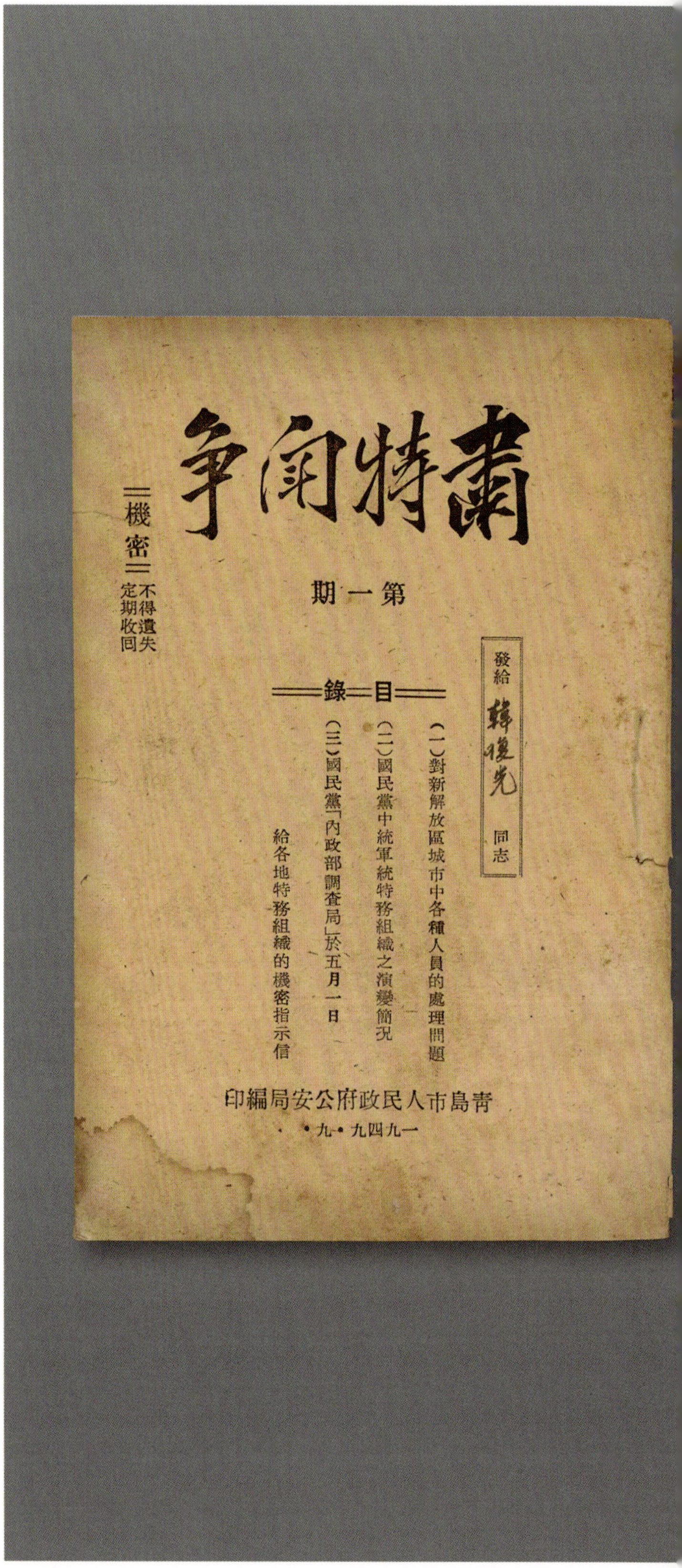

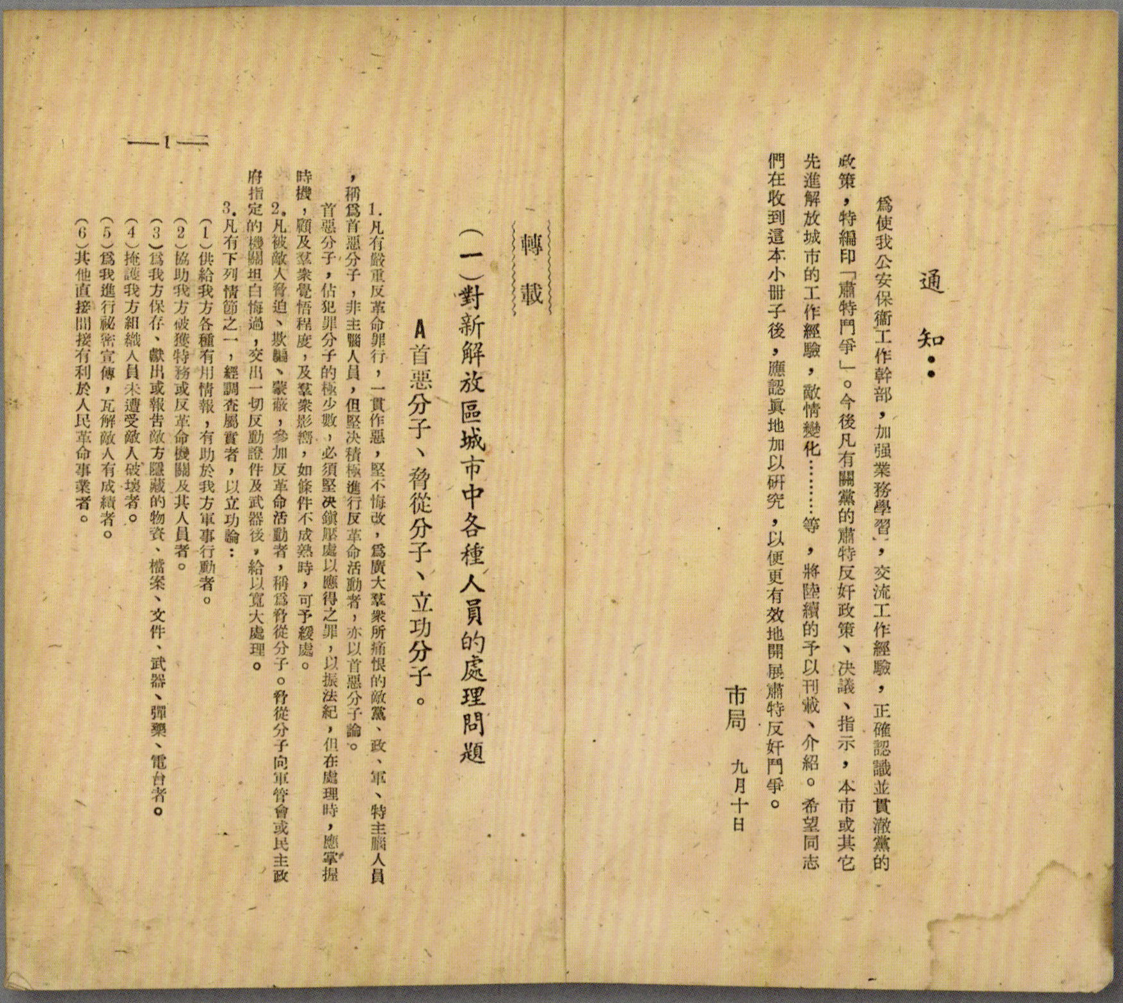

通　知：

為使我公安保衛工作幹部，加强業務學習，交流工作經驗，正確認識並貫澈黨的政策，特編印「肅特鬥爭」。今後凡有關黨的肅特反奸政策、決議、指示，本市或其它先進解放城市的工作經驗，敵情變化……等，將陸續的予以刊載、介紹。希望同志們在收到這本小冊子後，應認真地加以研究，以便更有效地開展肅特反奸鬥爭。

市局　九月十日

轉載

（一）對新解放區城市中各種人員的處理問題

A 首惡分子、脅從分子、立功分子。

1.凡有嚴重反革命罪行，一貫作惡，堅不悔改，為廣大羣衆所痛恨的敵黨、政、軍、特主腦人員，稱為首惡分子，非主腦人員，但堅決積極進行反革命活動者，亦以首惡分子論。首惡分子，佔犯罪分子的極少數，必須堅決鎮壓處以應得之罪，以振法紀，但在處理時，應掌握時機，顧及羣衆覺悟程度，及羣衆影響，如條件不成熟時，可予緩處。

2.凡被敵人脅迫、欺騙、蒙蔽，參加反革命活動者，稱為脅從分子。脅從分子向軍管會或民主政府指定的機關坦白悔過，交出一切反動證件及武器後，給以寬大處理。

3.凡有下列情節之一，經調查屬實者，以立功論：

(1)供給我方各種有用情報，有助於我方軍事行動者。

(2)協助我方破獲特務或反革命機關及其人員者。

(3)為我方保存、獻出或報告敵方隱藏的物資、檔案、文件、武器、彈藥、電台者。

(4)掩護我方組織人員未遭受敵人破壞者。

(5)為我進行祕密宣傳，瓦解敵人有成績者。

(6)其他直接間接有利於人民革命事業者。

—1—

青岛市公安局编印《肃特斗争》（第二期青岛特务概况）

1949年
山东博物馆藏

第二期印发于1949年9月，主要内容是“青岛特务概况”，详细梳理公安机关所掌握的青岛市区内各学校、厂矿、企业内的潜伏特务的人员信息及活动特点。

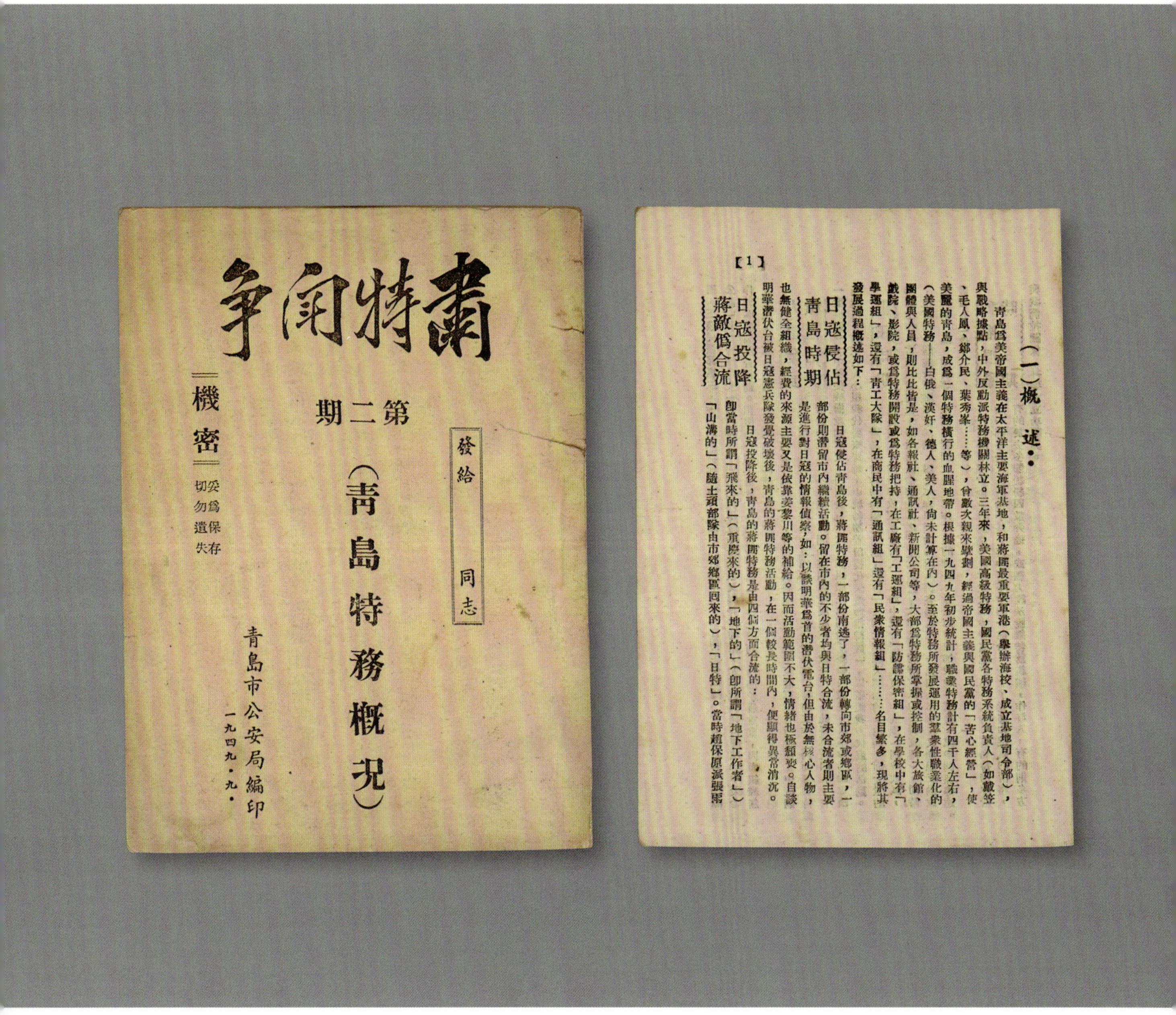

肅特鬥爭

第二期

（青島特務概況）

發給　　同志

機密

妥爲保存
切勿遺失

青島市公安局編印
一九四九·九·

【1】

（一）概述：

青島爲美帝國主義在太平洋主要海軍基地，和蔣匪最重要軍港（舉辦海校、成立基地司令部），與戰略據點，中外反動派特務機關林立。三年來，美國高級特務，國民黨各特務系統負責人（如戴笠、毛人鳳、鄭介民、葉秀峯……等），曾數次親來擘劃，經過帝國主義與國民黨的「苦心經營」，使美麗的青島，成爲一個特務橫行的血腥地帶。根據一九四九年初步統計，職業特務計有四千人左右，（美國特務——白俄、漢奸、德人、美人，尚未計算在內）。至於特務所發展運用的羣衆性職業化的團體與人員，則比比皆是，如各報社、通訊社、新聞公司等，大部爲特務所掌握或控制，各大旅館、戲院、影院，或爲特務開設或爲特務把持，在工廠有「工運組」，還有「防諜保密組」，在學校中有「學運組」，還有「青工大隊」，在商民中有「通訊組」還有「民衆情報組」……名目繁多，現將其發展過程概述如下：

日寇侵佔青島時期

日寇侵佔青島後，蔣匪特務，一部份南逃了，一部份轉向市郊或鄉區，一部份則潛留市內繼續活動。留在市內的不少者均與日特合流，未合流者則主要是進行對日寇的情報偵察，如：以談明華爲首的潛伏電台，但由於無核心人物，也無健全組織，經費的來源主要又是依靠姜黎川等的補給。因而活動範圍不大，情緒也極頹喪。自談明華潛伏台被日寇憲兵隊發覺破壞後，青島的蔣匪特務活動，在一個較長時間內，便顯得異常消沉。

日寇投降蔣敵僞合流

日寇投降後，青島的蔣匪特務是由四個方面合流的：即當時所謂「飛來的」（重慶來的），「地下的」（即所謂「地下工作者」）「山溝的」（隨土頭部隊由市郊鄉區回來的），「日特」。當時趙保原派張雨

青岛市人民政府公安局编印《肃特斗争》（第三期青岛反动党团概况）

1949年
山东博物馆藏

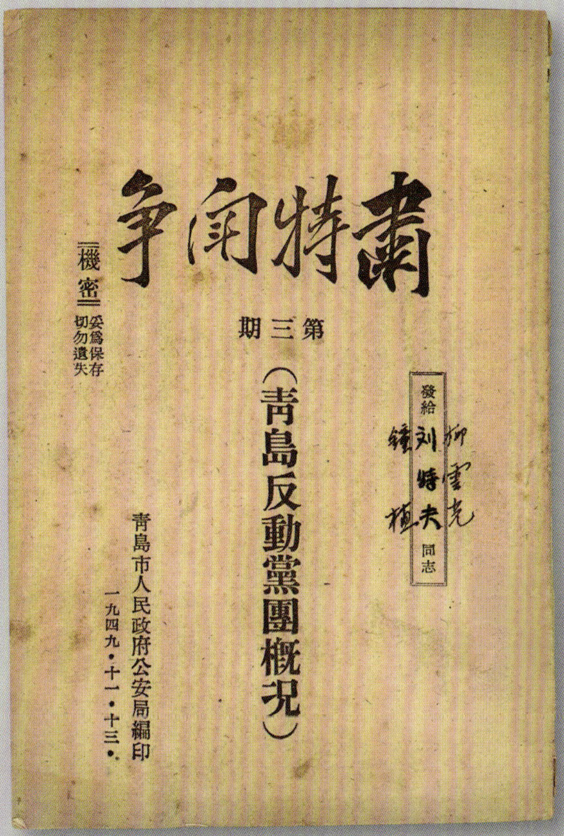
肅特鬬爭

第三期

（青島反動黨團概況）

機密 妥為保存 切勿遺失

發給 同志

青島市人民政府公安局編印
一九四九·十一·十三·

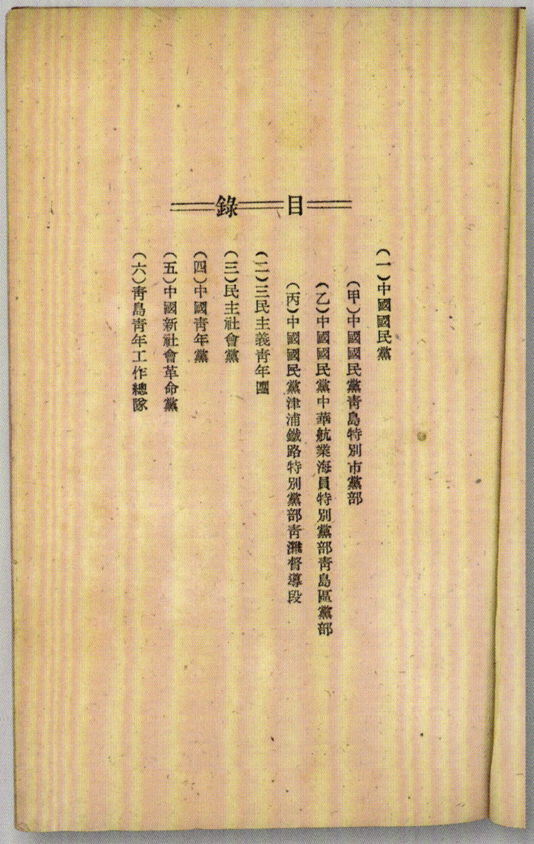
目錄

（一）中國國民黨
（甲）中國國民黨青島特別市黨部
（乙）中國國民黨中華航業海員特別黨部青島區黨部
（丙）中國國民黨津浦鐵路特別黨部青濰督導段
（二）三民主義青年團
（三）民主社會黨
（四）中國青年黨
（五）中國新社會革命黨
（六）青島青年工作總隊

第三期印发于1949年11月13日，主要内容是“青岛反动党团概况”，主要介绍原青岛市国民党区党部、区分部、直属区分部以及三青团等反动党团组织的历史沿革，同时细数各组织的人员、架构等资料。在青岛市公安局和相关警备部队积极有效、认真细致的工作之下，解放初期的青岛市在肃清匪特、打击盗抢及其他刑事犯罪、瓦解反动党团组织、加强社会治安行政管理等方面获得了显著的成效。敌特的嚣张气焰被有效遏制，破坏活动大幅减少，青岛的社会治安有了根本性的变化，有力地保护了青岛人民的安居乐业，促进了经济的恢复与发展。

刊载海洋学院反抗国民党反动统治斗争状况的《山大新闻》

1949年
青岛市博物馆藏

白纸油印，学校发行的报纸。本版报纸揭露了国民党对国立山东大学海洋学院教职员、学生的统治、压榨情况，展现了学院学生在校的斗争生活，反映了海洋学院教职员、学生不畏强权，坚决斗争到底，争取符合自身利益的精神。

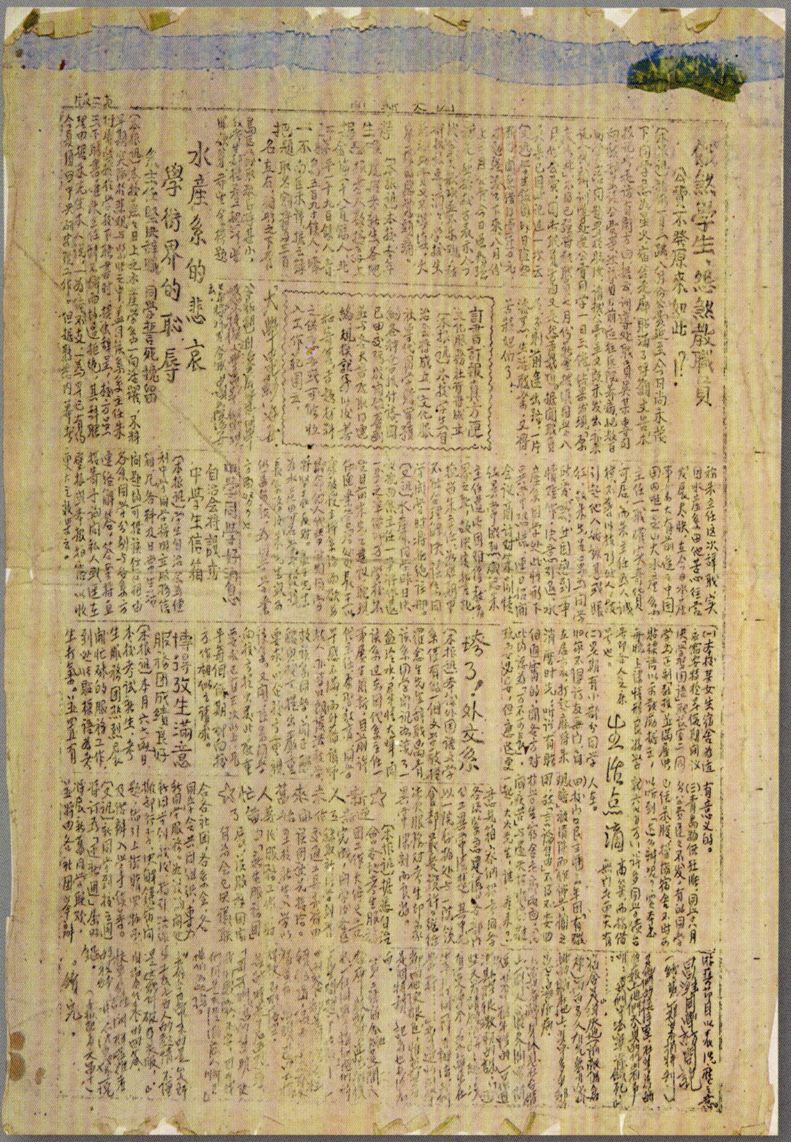
水産系的悲哀
學術界的恥辱

第二次解放烟台的战斗中解放军佩戴的识别符号

1948年
烟台市博物馆藏

该文物为白布及红布条上下拼接缝合而成，系烟台第二次解放战斗中解放军佩戴的识别物。

1948年春，全国战场形势发生巨大变化。人民解放军在全国各个战场同国民党军队展开大规模春季作战。在胶东战场上，我华东野战军东线兵团对国民党军先后发动了海阳围困战和莱阳战役等，共歼灭敌军10余万人。在我军的沉重打击下，胶东的国民党军被迫退守龙口、蓬莱、福山、烟台、威海等几个孤立据点。10月15日上午9时，我北海军分区所属部队以及东海三团和烟台独立团，分别从东、南、西三面分数路进入市区，烟台宣告第二次解放。

蓬莱县山后陈家渔民杨福享参加解放长山岛战役中撑船使用的船帆

1949年
山东博物馆藏

战船载着解放军战士直奔长山列岛

蓬莱县山后陈家渔民杨福享参加解放长山岛战役时撑船使用的船帆。国民党军于1947年10月占领长山列岛，企图以此封锁渤海湾，扰乱及切断华东、华北解放区的海上运输和联系，袭扰解放区沿海港口城市。为解放山东全境，打破国民党军的海上封锁，根据中央军委及华东军区指示，山东军区组成解放长山岛前方指挥部（简称前指），由司令员许世友任总指挥，组织所属部队及华野第二十四军七十二师全部、特纵炮兵第十三团，实施渡海作战，解放长山列岛。1949年8月11日晚，各攻击部队按计划先后起渡，分别向指定的攻击目标开进。在海岸炮火掩护下，于12日7时全部登陆，迅速攻占各要点，并乘胜扩大战果。至当夜23时，攻占了南北长山岛、大小竹山岛、大小黑山岛、庙岛等7个海岛，守军大部被歼，残敌百余逃向南北隍城岛、砣矶岛。为不给敌以喘息机会，前指令参战部队立即向“北五岛”发起攻击。13日，大风骤起，连刮5天，进攻推迟。18日，残敌惧于被歼，趁风势稍减，弃岛乘舰遁逃。至此，山东全境获得解放。

《胶东北海分区长山岛战役战勤工作总结报告》复写稿

1949年
烟台市博物馆藏

复写稿首页用毛笔书写“胶东北海分区长山岛战役战勤工作总结报告”，落款为“北海军分区司令部、政治部”。

1949年8月11日，我军在长山岛打响了解放山东的最后一战——长山岛战役，开创了我军渡海登岛作战先河。当时，国民党将长山岛作为北方海上反攻基地。我军在一无海军空军、二无渡海作战经验的情况下，一举拔掉了国民党安插在通往京津咽喉的钉子，创造了“陆军打海军，木船灭军舰”的军事奇迹。长山岛战役的胜利，为我军渡海登岛作战提供了实战经验。文稿详细记述了战役过程中的各类问题，不单是军事上的经验总结，还有思想工作方面的改进意见。

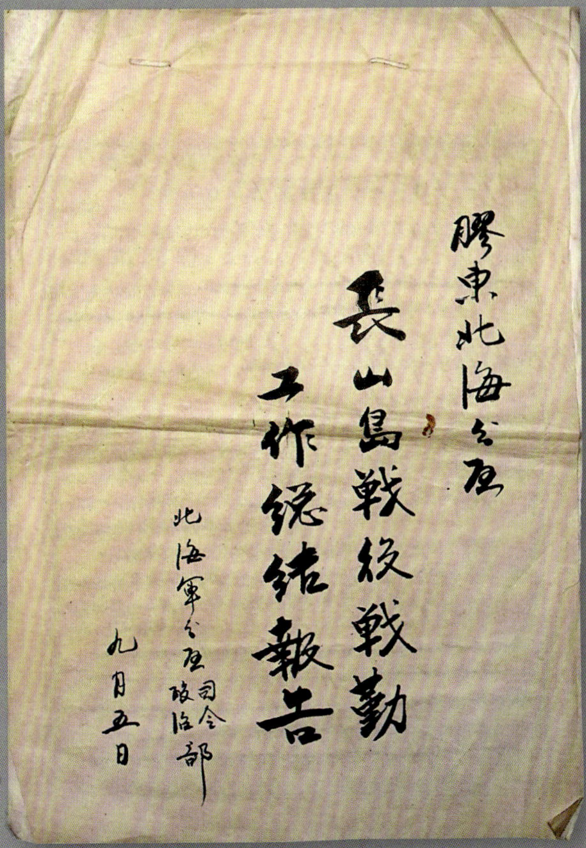
膠東北海分区
長山島戰役戰勤工作總結報告
北海軍分区司令部 政治部
九月五日

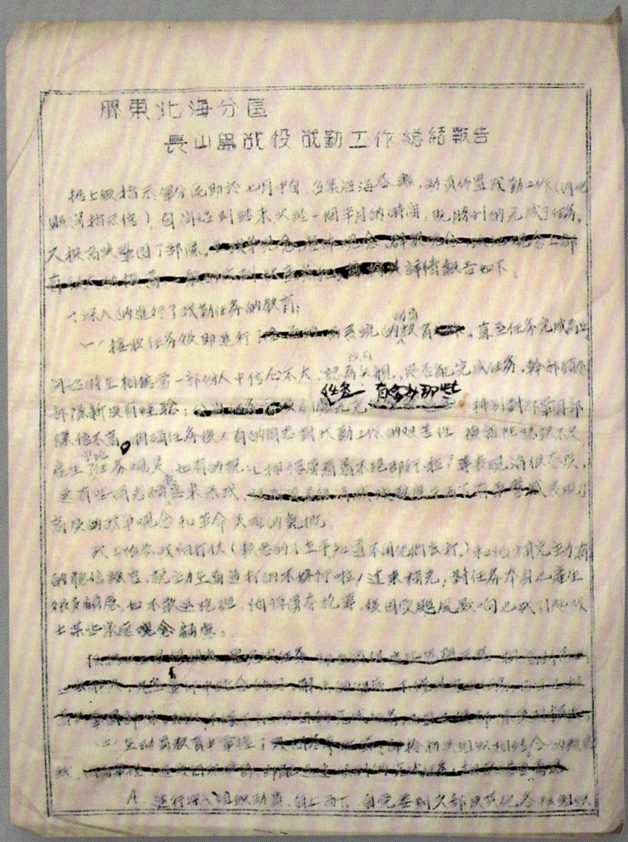
膠東北海分区
長山島戰役戰勤工作總結報告

华北解放后，国民党残部据守渤海海峡的长山列岛，妄图封锁我华北基地。我第三野战军一部于1949年8月11日向该部发起攻击，至12日即占领南北长山岛、大小黑山岛等七个岛。不久，我军向北之猴鸡岛、砣矶岛等发起攻击，守敌逃遁，我军收复该岛。至此，长山列岛全部解放。

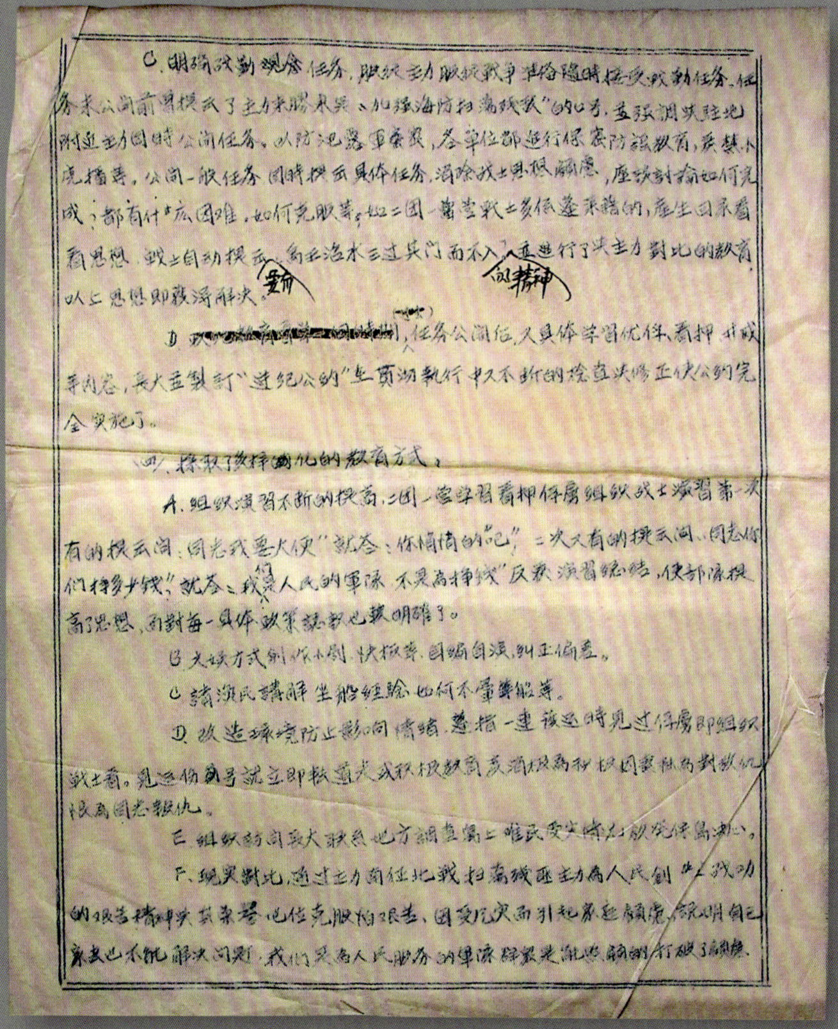
C、明确战斗观念任务，服从主力服从战争准备随时接受战斗任务。任务未公开前曾提出了主力决胜开展“加强海防扫荡残敌”的口号，并强调驻地附近主动同时公开任务。以防泄露军机，各单位都进行保密防奸教育，严禁小道播弄。公开一般任务同时提出具体任务，消除战士思想顾虑，座谈讨论如何完成；都有什么困难，如何克服等。如二团一营曾战士多依恋乡土的，产生[illegible]思想，战士自动提出，“禹王治水三过其门而不入”（的精神）并进行了与主力对比的教育，以上思想即获得解决。
D、[illegible]（公开）任务公开后，又具体学习优待、看押、升戏等内容，最大并制订“遵纪公约”在贯彻执行中又不断的检查与修正使公约完全实施了。
（四）、采取了多样活泼的教育方式，
A、组织演习不断的提高，二团一营学习看押俘虏组织战士演习第一次有的提出问：同志我要大便”就答：你慢慢的吧”，二次又有的提出问、同志你们挣多少钱”就答：我们是人民的军队不是为挣钱”反复演习总结，使部队提高了思想，同对每一具体政策认识也较明确了。
B、大块方式新作小剧、快板等，自编自演，纠正偏差。
C、请渔民讲解坐船经验如何不晕船等。
D、改造环境防止影响情绪，并指一连在返时见过俘虏即组织战士看，见过伪兵亲就立即揭[illegible]战斗[illegible]对敌仇恨为同志报仇。
E、组织访问最大[illegible]地方调查[illegible]上唯民受[illegible]被[illegible]害[illegible]。
F、现实对比，通过主力南征北战扫荡残匪主动为人民创出战功的艰苦精神[illegible]也任克服的艰苦，因受冤灾而引起家庭顾虑，说明自己来去也不能解决问题，我们是为人民服务的军队[illegible]打破了顾虑。

重庆号巡洋舰上的船钟

20世纪40年代
烟台市博物馆藏

解放战争时期重庆号巡洋舰上的船钟。重庆号是国民党海军中最大最强的主力战舰，被视为“王牌”军舰。1949年2月25日，重庆号上的部分官兵组成的秘密组织发动起义，舰长邓兆祥率领574名官兵在上海吴淞口易帜加入中国人民解放军海军，向北驶向解放军控制的山东烟台。为此，蒋介石撤掉了国民党海军总司令桂永清的职务，还于3月18、19两日，派出B-24型轰炸机对重庆号连续轰炸。在此过程中，舰上官兵进行了英勇还击，重庆号舰体严重受损，6名士兵壮烈牺牲，近20人受伤。根据中共中央保全重庆号的指示，重庆号官兵拆除舰上重要设备，3月20日打开海底闸门自沉于葫芦岛。重庆号的起义，粉碎了国民党调舰入江阻止人民解放军渡江作战的企图，为解放战争的胜利作出了重要贡献。

重庆号巡洋舰

黄安舰起义胜利后我军发给鞠庆珍的“光荣起义”章

1949年
青岛市博物馆藏

铜质徽章。1949年黄安舰胜利抵达连云港后，为纪念起义胜利我军发给鞠庆珍的勋章。徽章设计以黄安舰为主体，上有“光荣起义”4字。

鞠庆珍在起义胜利后被任命为黄安舰舰长。1949年2月12日，在中共地下党员的组织协助下，国民党海军黄安舰上的进步官兵在青岛举行起义，次日驶抵解放区连云港。黄安舰起义是解放战争时期国民党海军的首义之举，对其他国民党海军官兵的起义投诚行动产生了积极影响。

黄安舰原系日本制造，在日本海军中原舰名为海防81号，黄安舰1945年刚刚下水不久，日本就战败投降。国民党当局于1947年7月26日接收，排水量810吨，最高航速16.5节，舰员编制126人；接收时仅有航海和动力设备，没有火炮和其他武器装备。中国接收时依接舰顺序编号，称其“接22”号，送青岛海军造船所修理并安装武器；1947年下半年开始组建，调配人员，编入国民党海军第二军区海防第一舰队后，正式命名黄安舰。1949年2月12日，国民党海军黄安舰在青岛胜利起义，黄安舰由此成为人民海军第一批战舰，被改名为沈阳号，它曾在解放沿海岛屿的战役中屡立奇功。

王子良、刘增厚在黄安舰起义中立下功劳获得的奖状

1949年

青岛市博物馆藏

中國人民解放軍魯中南新海連特區

警備司令部政治部

獎狀

茲有王子良同志在人民解放軍節節勝利蔣介石玩弄假和平的時候於二月十二日在青島率黃安艦全體同志毅然起義為人民立下功勞特發給獎狀以留紀念

司令員王曉

政治委員蘇羽

副政治委員兼政治部主任孟英

中華民國三十八年八月 日

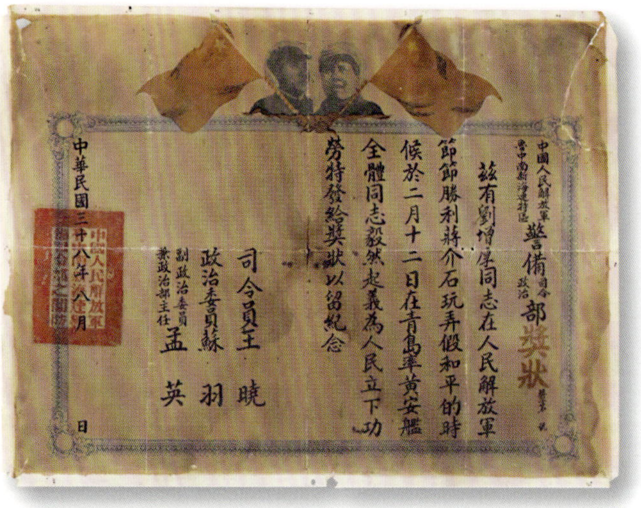

中國人民解放軍魯中南新海連特區

警備司令部政治部

獎狀

茲有劉增厚同志在人民解放軍節節勝利蔣介石玩弄假和平的時候於二月十二日在青島率黃安艦全體同志毅然起義為人民立下功勞特發給獎狀以留紀念

司令員王曉

政治委員蘇羽

副政治委員兼政治部主任孟英

中華民國三十八年八月 日

为纪念王子良、刘增厚在黄安舰起义中立下功劳而颁发的奖状。主要内容为：“兹有王子良/刘增厚同志在人民解放军节节胜利、蒋介石玩弄假和平的时候，于二月十二日在青岛率黄安舰全体同志毅然起义，为人民立下功劳，特发给奖状以留纪念。”

王子良与刘增厚是黄安舰起义领导成员之一。1949年2月12日，在中共地下党的组织协助下，国民党海军军舰黄安舰的进步官兵在青岛举行起义，次日驶抵解放区连云港。

“山东省人民政府工业厅驻青岛工作委员会”木印章

1949年
青岛市博物馆藏

木质长方印章，印面阳刻“山东省人民政府工业厅驻青岛工作委员会”。

《中纺青岛第二纺织厂护厂有功职员工警名册》

1949年
青岛市博物馆藏

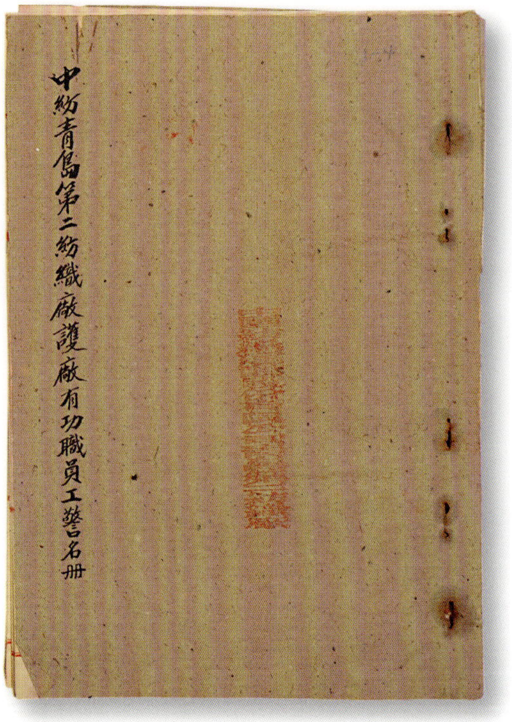
中紡青島第二紡織廠護廠有功職員工警名冊

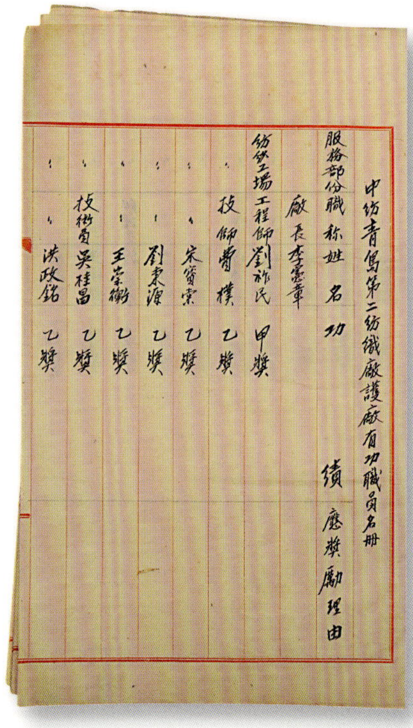
中紡青島第二紡織廠護廠有功職員名冊

服務部份	職称	姓名	功績	應獎勵理由
	廠長	李憲章		
紡織工場	工程師	劉祚民	甲獎	
〃	技師	曹樸	乙獎	
〃	〃	宋資宗	乙獎	
〃	〃	劉秉源	乙獎	
〃	〃	王崇衡	乙獎	
〃	技術員	吴桂昌	乙獎	
〃	〃	洪政銘	乙獎	

1948年9月，华东人民解放军攻克济南，国民党当局决定让青岛守军伺机撤退，于撤退前迁走一批重要工厂和物资，并阴谋在市内进行爆炸破坏。1948年秋末，中共地下党组织立即对职工群众进行宣传教育。“中纺”青岛分公司是青岛最大的官僚资本企业，所属13个厂为国民党计划南迁的重点，在中共地下党组织争取下工人们表示坚决参加护厂。1949年6月2日清晨，解放军各部队从沧口、李村、沙子口分路齐进，中午汇入市中心，国民党守军全部登舰南逃。全市交通无阻，商店照常营业，电讯畅通，水电未停。各厂机器资材、公共设施、文书档案极少损失。国民党搬迁和破坏的阴谋彻底失败，青岛护厂运动取得巨大胜利。这份警名册记录了当时青岛第二棉纺织厂护厂有功人员的名字。

青岛第二棉纺织厂创建于1916年，时称日本内外棉株式会社青岛支店（又称内外棉纱厂第六工厂）。经先后扩建，至1925年，该厂共占地6324.1公亩，拥有纱锭90000枚、工人3200人。1946年1月由中国纺织建设公司青岛分公司接收，简称“中纺二厂”。1951年更名“国营青岛第二棉纺织厂”。

华东人民解放军发布的《对自动携械来归者奖励标准》

20世纪40年代
烟台市博物馆藏

华东人民解放军发布的《对自动携械来归者奖励标准》，主要内容是：“凡深明大义，自动携械来归之蒋军官兵，其家在蒋管区而愿回家者，发给充足路费回家，家在解放区者，其家庭得视来归者功绩之大小，经当地政府及人民公议而分得土地，无家可归或不愿回家者，可代为介绍职业。所带之枪械，按下列标准奖励之……”文件落款：司令兼政委陈毅、副司令粟裕、副政委谭震林。

此文件是解放战争时期反映我军政治攻势的重要资料，我军通过开展政治攻势有力配合了战场上的正面军事进攻，对淮海战役、平津战役的胜利起到了重要作用。

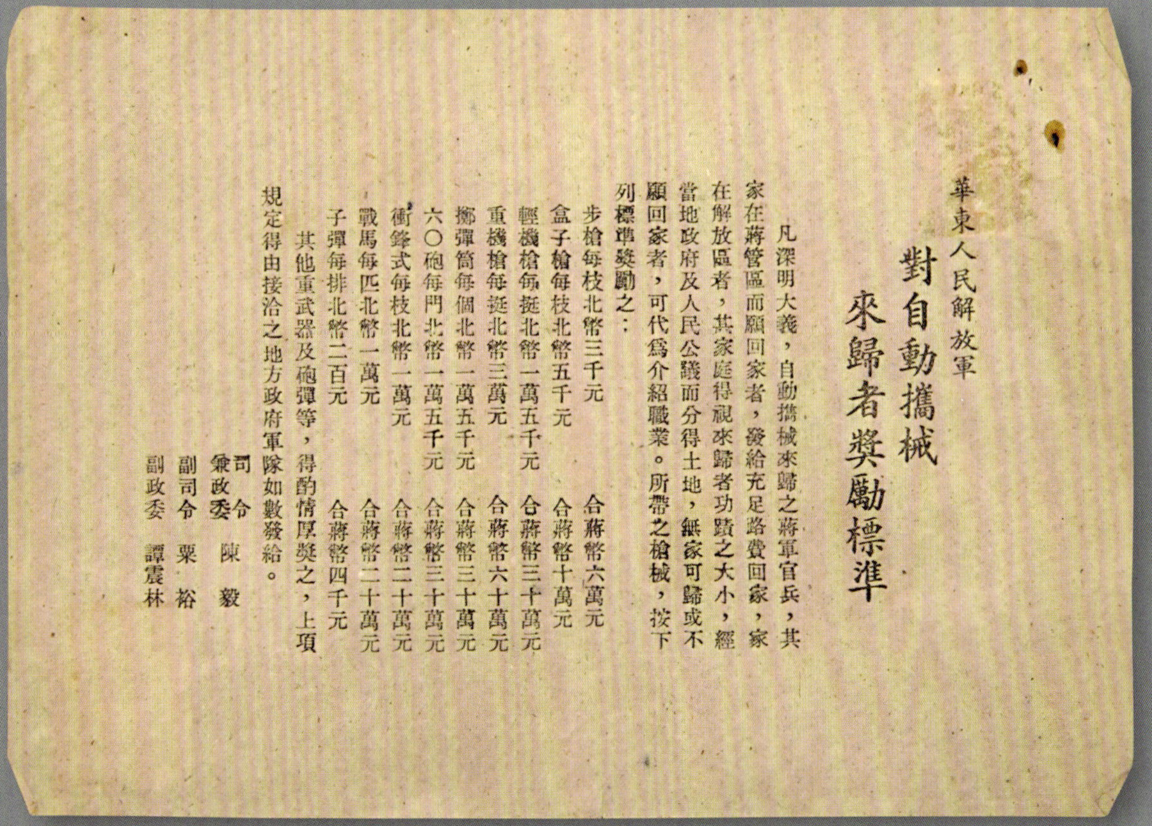
華東人民解放軍

對自動攜械來歸者獎勵標準

凡深明大義，自動攜械來歸之蔣軍官兵，其家在蔣管區而願回家者，發給充足路費回家，家在解放區者，其家庭得視來歸者功績之大小，經當地政府及人民公議而分得土地，無家可歸或不願回家者，可代爲介紹職業。所帶之槍械，按下列標準獎勵之：

步槍每枝北幣三千元　合蔣幣六萬元
盒子槍每枝北幣五千元　合蔣幣十萬元
輕機槍每挺北幣一萬五千元　合蔣幣三十萬元
重機槍每挺北幣三萬元　合蔣幣六十萬元
擲彈筒每個北幣一萬五千元　合蔣幣三十萬元
六〇砲每門北幣一萬五千元　合蔣幣三十萬元
衝鋒式每枝北幣一萬元　合蔣幣二十萬元
戰馬每匹北幣一萬元　合蔣幣二十萬元
子彈每排北幣二百元　合蔣幣四千元

其他重武器及砲彈等，得酌情厚獎之，上項規定得由接洽之地方政府軍隊如數發給。

司令兼政委　陳毅
副司令　粟裕
副政委　譚震林

华东人民解放军发布的《华东人民解放军对蒋军官兵的态度和主张》宣传单

20世纪40年代
烟台市牟平区博物馆藏

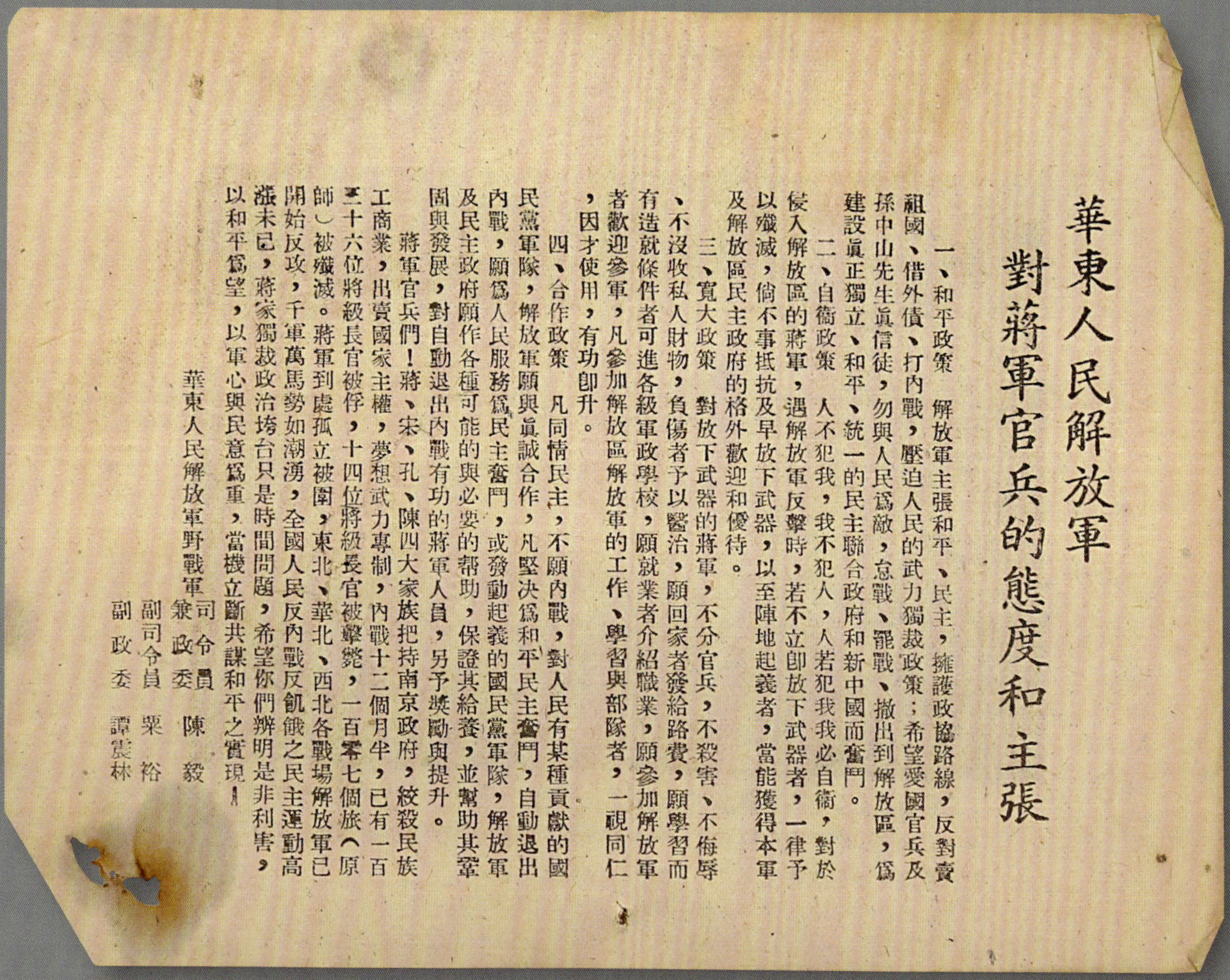

華東人民解放軍
對蔣軍官兵的態度和主張

一、和平政策　解放軍主張和平、民主，擁護政協路線，反對賣祖國、借外債、打內戰，壓迫人民的武力獨裁政策；希望愛國官兵及孫中山先生眞信徒，勿與人民爲敵，怠戰、罷戰、撤出到解放區，爲建設眞正獨立、和平、統一的民主聯合政府和新中國而奮鬥。

二、自衛政策　人不犯我，我不犯人，人若犯我我必自衛，對於侵入解放區的蔣軍，遇解放軍反擊時，若不立即放下武器者，一律予以殲滅，倘不事抵抗及早放下武器，以至陣地起義者，當能獲得本軍及解放區民主政府的格外歡迎和優待。

三、寬大政策　對放下武器的蔣軍，不分官兵，不殺害、不侮辱、不沒收私人財物，負傷者予以醫治，願回家者發給路費，願學習而有造就條件者可進各級軍政學校，願就業者介紹職業，願參加解放軍者歡迎參軍，凡參加解放區解放軍的工作、學習與部隊者，一視同仁，因才使用，有功即升。

四、合作政策　凡同情民主，不願內戰，對人民有某種貢獻的國民黨軍隊，解放軍願與眞誠合作，凡堅決爲和平民主奮鬥，自動退出內戰，願爲人民服務爲民主奮鬥，或發動起義的國民黨軍隊，解放軍及民主政府願作各種可能的與必要的幫助，保證其給養，並幫助其鞏固與發展，對自動退出內戰有功的蔣軍人員，另予獎勵與提升。

蔣軍官兵們！蔣、宋、孔、陳四大家族把持南京政府，絞殺民族工商業，出賣國家主權，夢想武力專制，內戰十二個月半，已有一百三十六位將級長官被俘，十四位將級長官被擊斃，一百零七個旅（原師）被殲滅。蔣軍到處孤立被圍，東北、華北、西北各戰場解放軍已開始反攻，千軍萬馬勢如潮湧，全國人民反內戰反飢餓之民主運動高漲未已，蔣家獨裁政治垮台只是時間問題，希望你們辨明是非利害，以和平爲望，以軍心與民意爲重，當機立斷共謀和平之實現！

華東人民解放軍野戰軍
司令員兼政委　陳毅
副司令員　粟裕
副政委　譚震林

双面印制。一面为蒋军炮兵请求加入解放军，被我军热烈欢迎的照片；另一面为华东人民解放军对待蒋军官兵的四大政策，即和平政策、自卫政策、宽大政策、合作政策。宣传单上还细数了四大家族的罪行，说明各战场当前的局势变化，以及全国人民反对内战、企盼和平的呼声。

当时随着国民党军内部矛盾激化和战争形势及敌我力量的变化，很多国民党军将士对坚持内战的思想逐步动摇，认识到只有中国共产党的领导，才是中国人民走出黑暗、迈向光明的正确方向，因此争取友军工作的重要性不言而喻，其中发放宣传单是十分重要的方式。

解放軍在魯南戰役繳獲蔣軍之四十八門榴彈砲中，有一被解放之蔣軍砲手，（×者）請求在解放軍工作，並請求使用原砲。解放軍同志團團相圍，熱烈歡迎，視如親弟兄。
——解放軍——

民主救国军独立总队给孙家埠村政府、各救会、团部负责同志的春节慰问信

1947年
山东博物馆藏

1947年1月21日是农历腊月三十日除夕，故这封春节慰问信的发布日期应为1947年1月，署民主救国军独立总队司令员王一藩等名。自全面内战爆发半年后，中国共产党领导的人民军队逐步扭转战场局势，开始由守势转变为反攻。在春节这一特殊的传统节日里，该信回顾作战半年以来的作战历程，指出1947年在中央军委的英明领导和正确指挥下，解放区全体军民一致奋斗，打垮了蒋介石军队的进攻，争取了自卫战争由守势变为反攻，并于春节之际，向积极支援前线的负责同志们致以新春的慰问和敬礼。全篇洋溢着解放区新春佳节的喜庆、解放区对敌作战胜利的喜悦和对独立和平民主的新中国的期盼，呼吁军民密切团结、万众一心、齐心协力，共同反对美蒋集团，争取早日实现和平民主的新中国的构想和愿望。

华东野战军某部在淮海前线欢迎中原人民慰问团

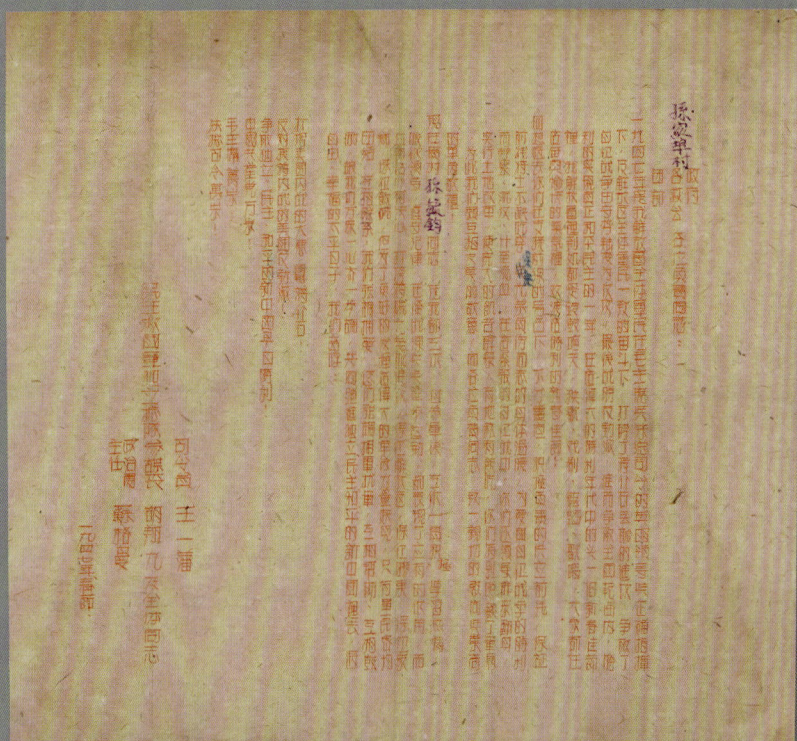
孙家埠村政府 各救会 团部 负责同志们：

……

中国共产党万岁！
毛主席万岁！
朱总司令万岁！

司令员 王一藩

舒同

1905—1998

江西东乡人。舒同曾任中共中央山东分局委员、新四军暨山东军区政治部主任、华东军区暨第三野战军政治部主任，中共华东中央局常委等职。长期在山东工作。

舒同为华东革命烈士陵园的题词

20世纪50年代
临沂市博物馆藏

手写原稿。1949年4月华东革命烈士陵园建园时，由山东省建塔委员会临沂分会向舒同同志征集题写。题词内容为：“继承先烈遗志，为建设伟大的新中国而贡献一切力量”“功在国家，名留青史”“烈士陵园，英灵长在”。

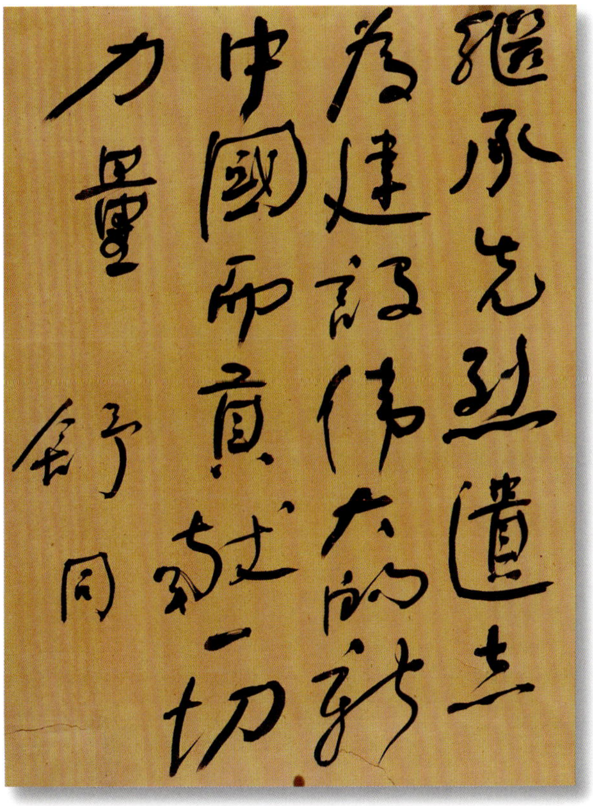

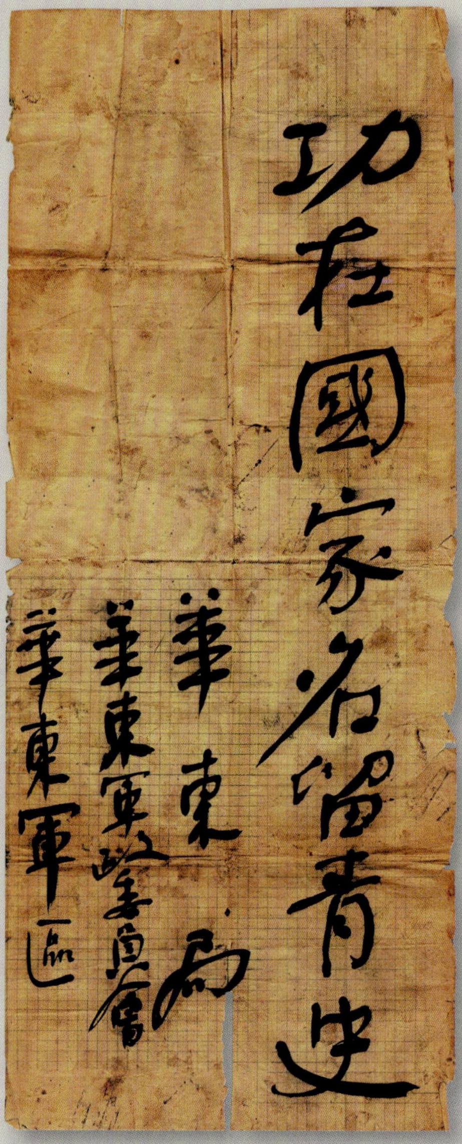
功在國家名留青史
華東局
華東軍政委員會
華東軍區

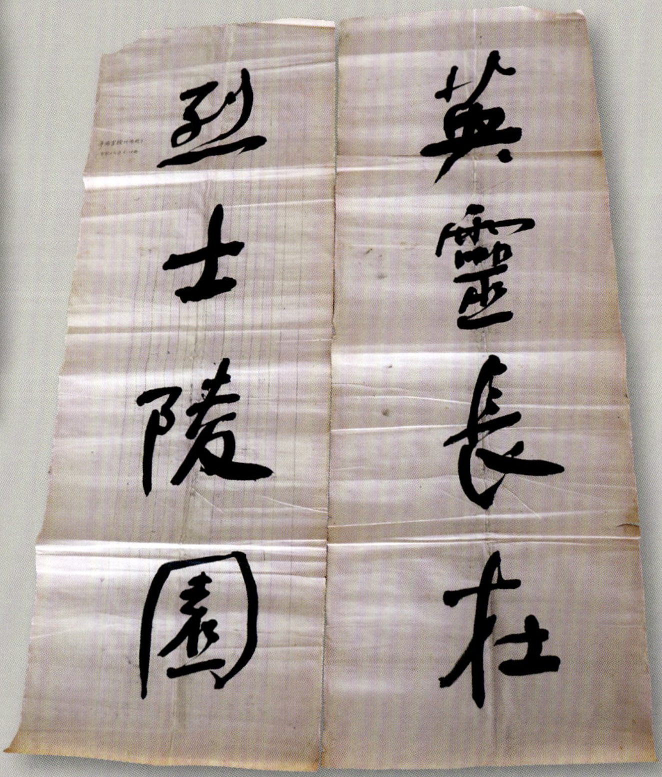
英靈長在
烈士陵園

杨立三为华东革命烈士陵园的题词

1950年
沂蒙革命纪念馆藏

1949年4月华东革命烈士陵园建园时，由山东省建塔委员会临沂分会向杨立三同志征集题写。题词内容为“尽忠人民革命事业”。杨立三，曾任中国人民解放军总后勤部部长、国家食品工业部部长。

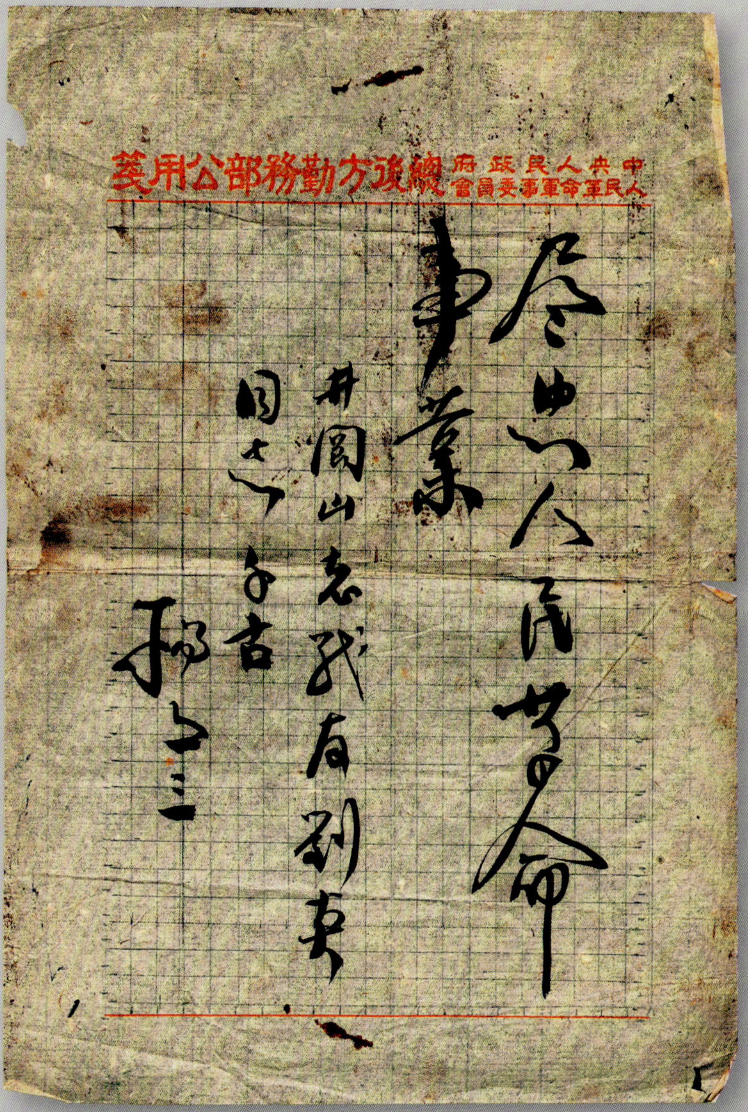

中央人民政府人民革命军事委员会總後方勤務部公用箋

尽忠人民革命事业

杨立三

周骏鸣为华东革命烈士陵园的题词

1950年

沂蒙革命纪念馆藏

1949年4月华东革命烈士陵园建园时，由山东省建塔委员会临沂分会向周骏鸣同志征集题写。题词内容为“功垂史册，万古流芳”。周骏鸣，中华人民共和国成立后任华东军区副参谋长。1954年11月，担任国务院水利部副部长，1958年，调任林业部副部长兼直属机关党委书记。

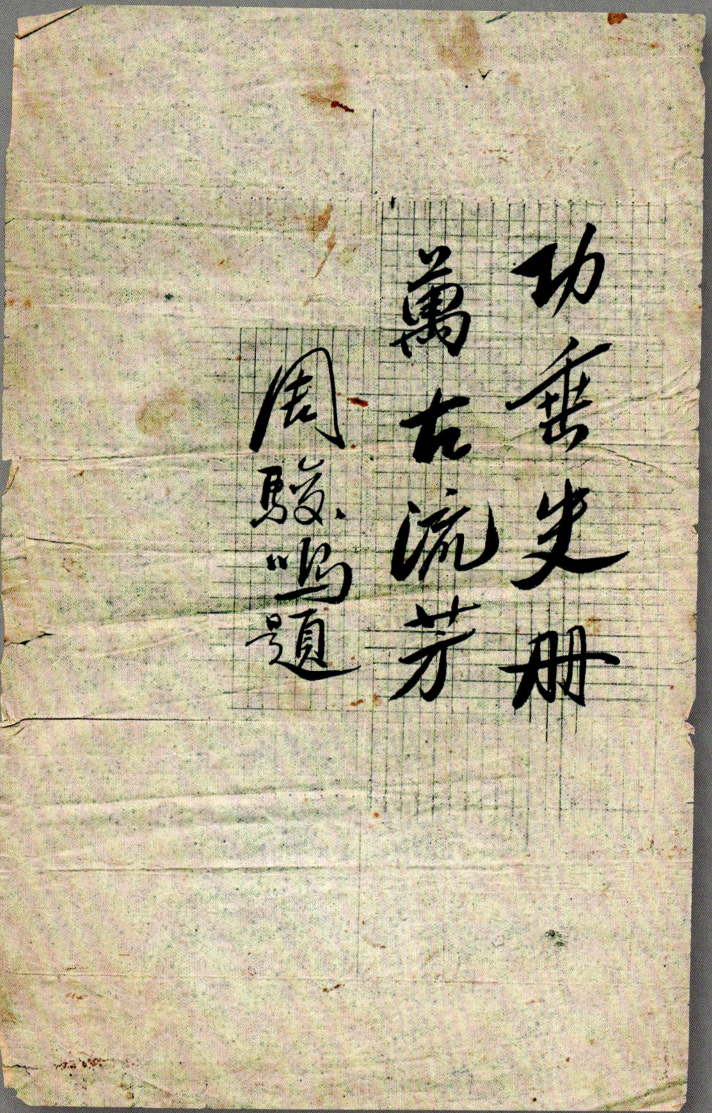

晁哲甫

1894—1970

河南清丰人。抗战时期，晁哲甫曾任冀鲁豫边区行政公署主任，创建冀鲁豫抗日根据地，中华人民共和国成立后曾担任山东省政府副省长兼山东大学校长、中共山东省委常委兼统战部部长，长期在山东工作。

晁哲甫为华东革命烈士陵园的题词

1954年
临沂市博物馆藏

此题词为晁哲甫手写原稿。题词竖写：“人民英雄永垂不朽，一九五四十月，晁哲甫”。

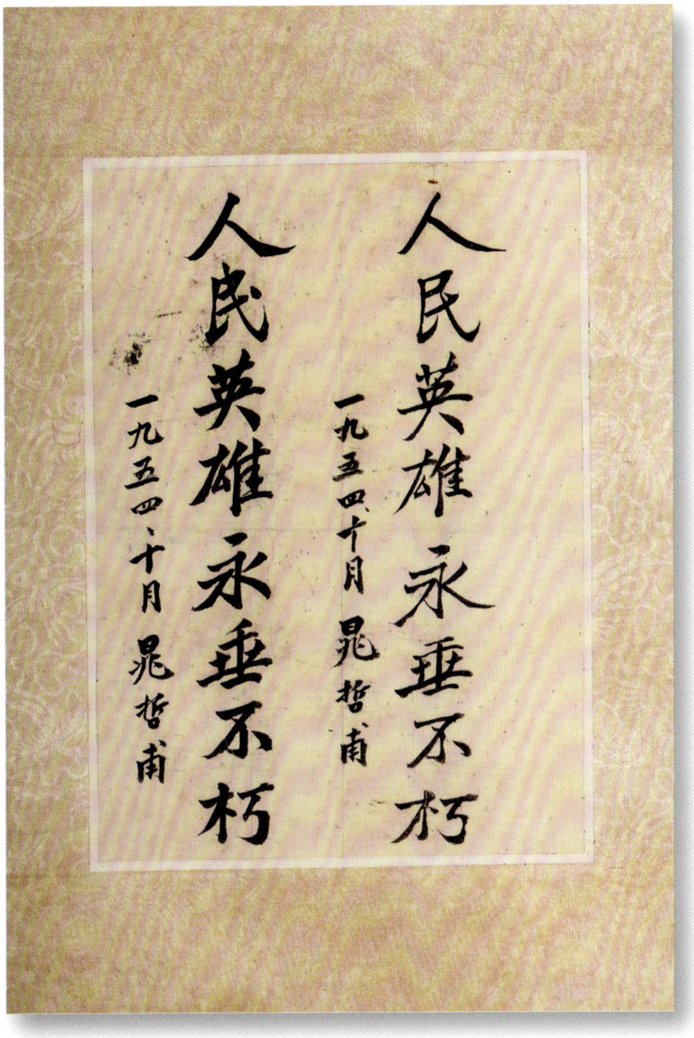

唐亮

1910—1986

湖南浏阳人。曾担任山东滨海军区政治委员、中共滨海区党委书记、新四军兼山东军区政治部副主任、山东野战军政治部主任、华东野战军政治部主任，长期在山东工作。

唐亮为华东革命烈士陵园的题词

20世纪50年代
临沂市博物馆藏

手写原稿。题词内容：“你们的英雄事迹，创造了人民革命的伟大胜利，广大人民在为完成你们的未竟事业继续奋斗。唐亮题。”

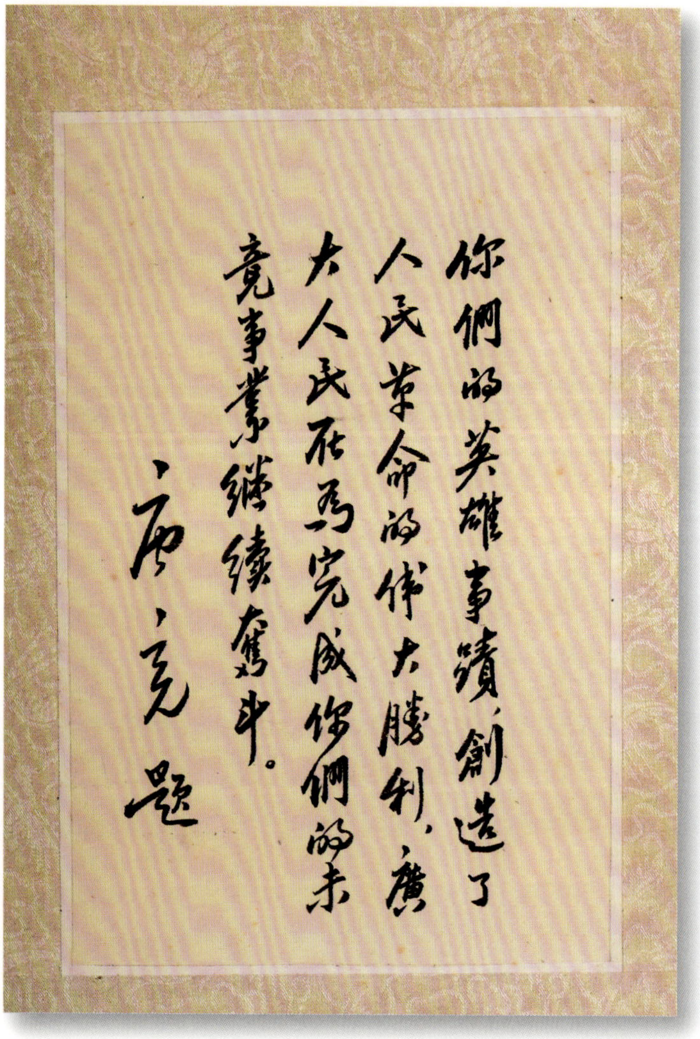

赵健民

1912—2012

山东冠县人，曾任中共济南市委书记、山东省工委代理书记。1932 年加入中国共产党。1935 年促成中共山东省临时工委建立，代行中共山东省委职责。解放战争时期，任中共冀鲁豫区党委副书记，冀鲁豫军区副政治委员、司令员，后任中国人民解放军第二野战军第五兵团第十七军政治委员，不久兼任军长。曾率部参加豫东战役、淮海战役、渡江战役和解放大西南战役，为解放全中国作出了重要贡献。

赵健民为华东革命烈士陵园的题词

20世纪50年代
临沂市博物馆藏

时任山东省省长赵健民为华东革命烈士陵园的题词，内容为“永垂不朽”“瞻容思功”。

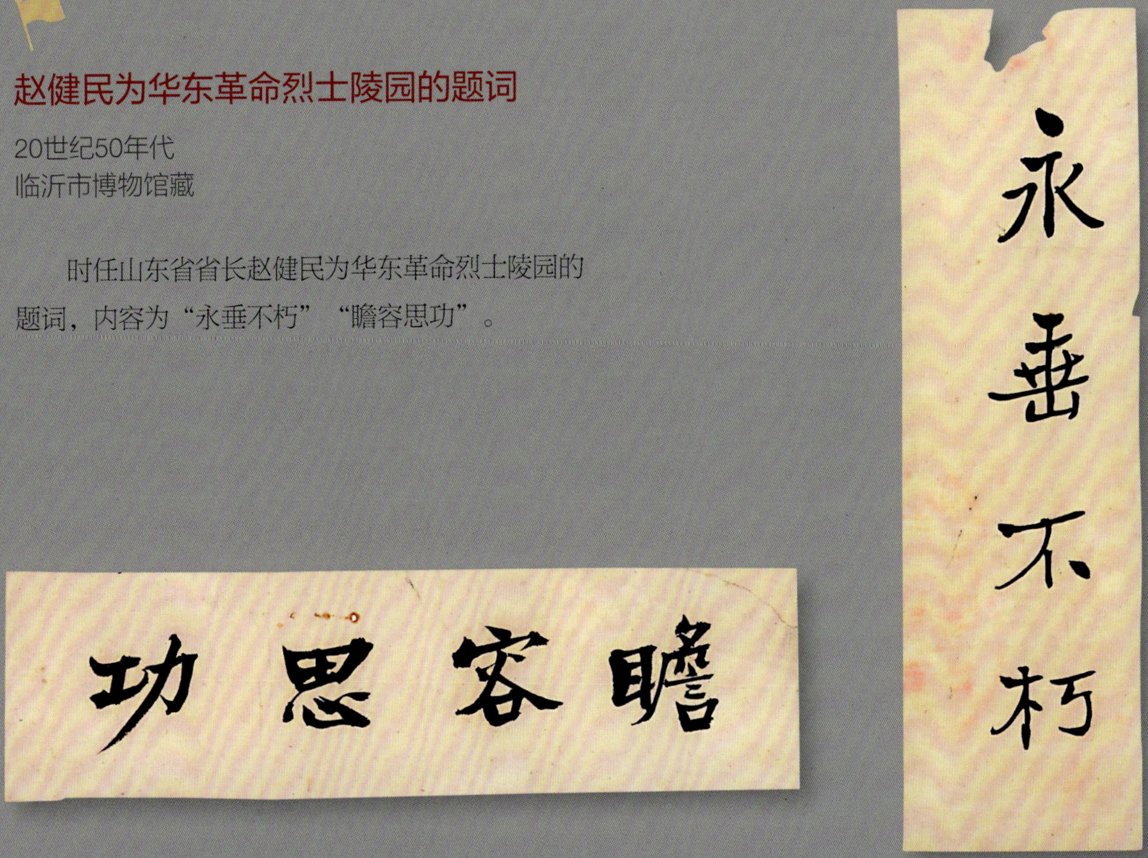

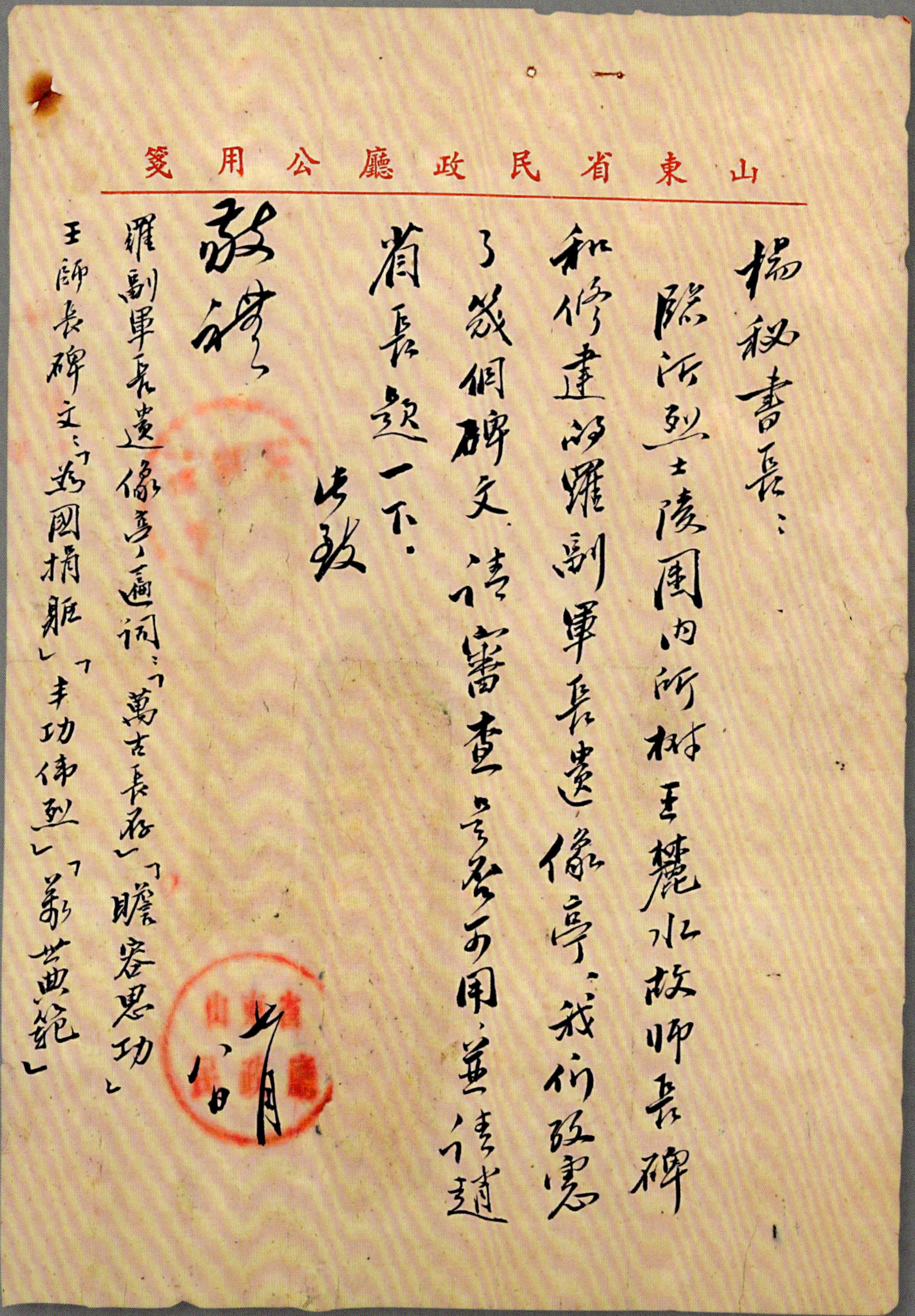

山東省民政廳公用箋

楊秘書長：

臨沂烈士陵園內所樹王麓水故師長碑和修建的羅副軍長遺像亭，我們擬寫了幾個碑文，請審查[illegible]可用並請趙省長題一下。

此致

敬禮

七月八日

羅副軍長遺像亭題詞：「萬古長存」「瞻容思功」

王師長碑文：「為國捐軀」「豐功偉烈」「萬世典範」

张凯

1913—1996

原名张运涵，曾担任华东军区政治部副主任，长期在山东工作。

张凯为华东革命烈士陵园的题词

1952年1月
临沂市博物馆藏

手写原稿，题词内容为：“革命的先烈们！你们的名字在照耀着我们，我们一定继续踏着你们的血迹前进，将革命进行到底！张凯敬题，一九五二年一月。”

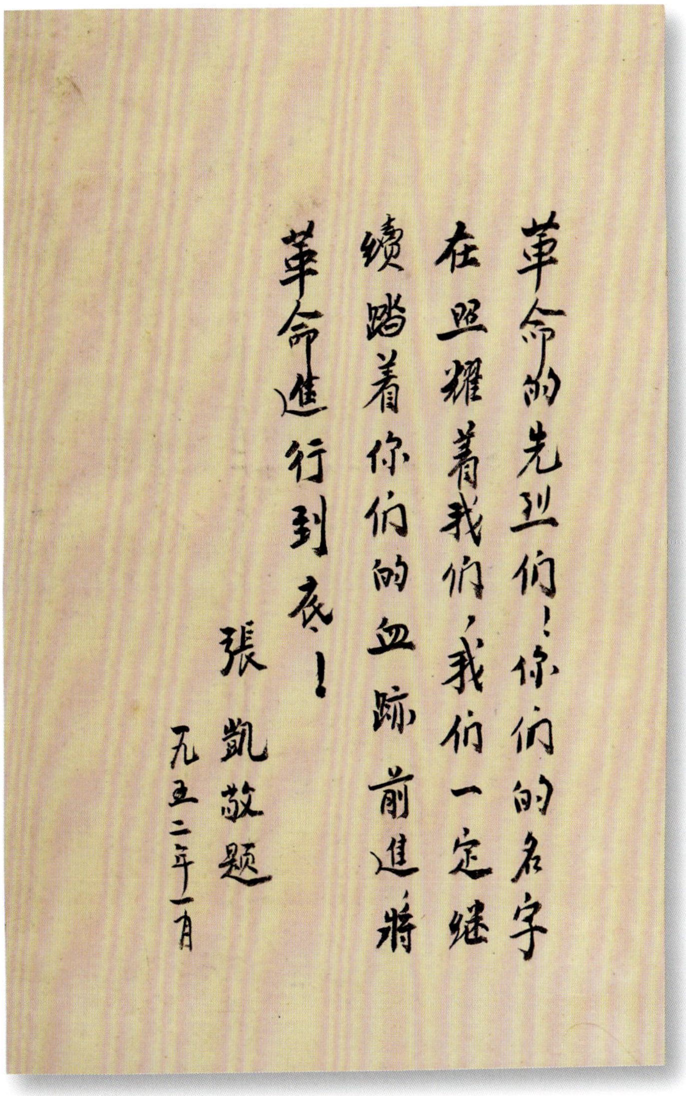
革命的先烈们！你们的名字在照耀着我们，我们一定继续踏着你们的血迹前进，将革命进行到底！

張凱敬题

一九五二年一月

第四章

时事宣传 百花齐放

在新民主主义文艺思想的指导下，以“民族的、科学的、大众的”为指引的解放区文化运动蓬勃发展。在山东解放区，文艺活动的形式多种多样，各类文艺作品百花齐放。包括戏剧、小说、诗歌、歌曲、报告文学、民谣、曲艺、歌舞剧、秧歌剧、舞蹈等。这些活动不仅使解放区的面貌焕然一新，而且有力地动员了广大民众支援解放战争。本章收录了这一时期山东解放区的各类出版物，其中既有外国名家创作的经典小说，也有广大军民在生活中孕育出的歌谣戏剧，这些作品成为文化战线上的一面面旗帜，激励着广大军民走上前线，投身于解放全中国的时代洪流之中。

山东胶东军区政治部编印《胶东画报》（部队版第17期）

1946年
山东博物馆藏

1946年4月15日山东胶东军区政治部编印，部队版第17期。1944年4月，胶东画报社根据胶东区党委的决定成立，出版《胶东画报》。一种是1944年创刊的16开双月刊，每期三十页。一种是1945年8月15日创刊的32开本半月刊，每期24页或16页。这两种画报的内容有新闻照片、图画、木刻和文字报道（包括战斗故事、诗歌、歌曲和战场形势地图等）。内容实际生动，词句通俗易懂，短小精悍。

胶东画报社旧址，位于烟台市牟平区观水镇南果子村，在此达3年。印刷车间设在村民姜和利家的5间房子里，共有13台铅印机和石印机，工作人员30余人，主要是印刷报纸和宣传画报。1942年后，中共胶东区委机关报胶东《大众报》迁至牟平境内，报社机关驻观水镇，报社辖4个印刷厂。1942年11月12日，日、伪军纠集2万多人，在汉奸

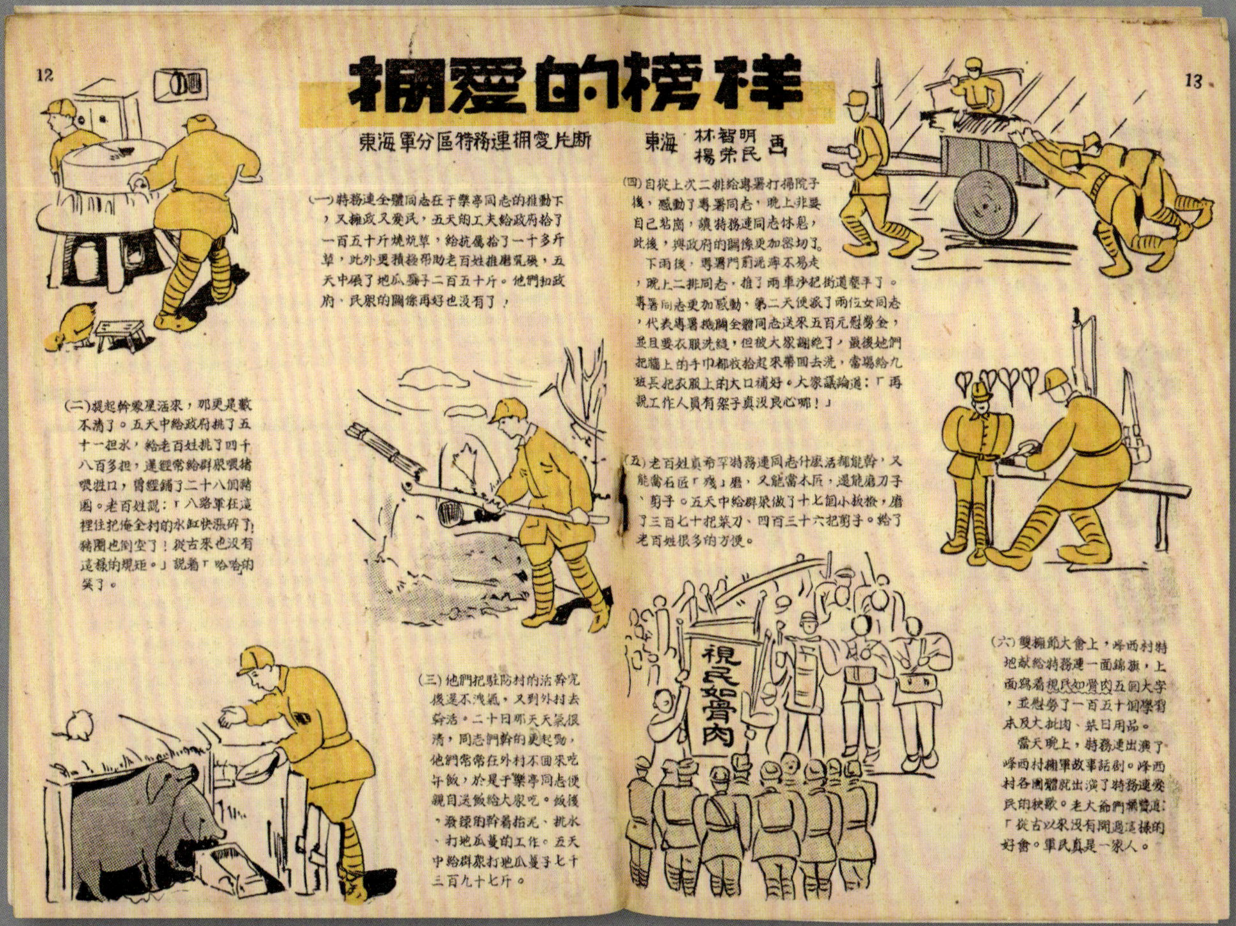

赵保原的配合下，采用“铁壁合围”“拉网清剿”的战术，对胶东根据地进行“拉网‘扫荡’”。大众报社根据以往反“扫荡”经验，化整为零，同敌人展开了斗争，但北果子等村的印刷厂遭到了破坏。保存下来的印刷厂在当地党组织和人民群众支持下，克服困难印刷出版了大量书籍。如第二印刷厂印刷出版了《共产党宣言》《社会主义从空想到科学发展》《共产主义运动中的“左派”幼稚病》《反杜林论》《帝国主义是资本主义的最高阶段》等马列主义原著和《实践论》《矛盾论》《中国社会各阶级的分析》《湖南农民运动考察报告》《在延安文艺座谈会上的讲话》等毛泽东的一系列著作。2006 年，胶东画报社旧址被烟台市牟平区委宣传部列为区级爱国主义教育基地。

胶东区党委宣传部编、胶东新华书店印行《时论丛刊》（第四辑）

1947年
山东博物馆藏

1947年11月胶东区党委宣传部编、胶东新华书店印行。《时论丛刊》，月刊，胶东区党委宣传部主办。1947年9月创刊于胶东，停刊时间不详。这一期内载日丹诺夫《论国际形势（在九国共产党会议所作报告的节录）》、福斯特《论美国资产阶级与外交政策》、新华社社论《星星之火可以燎原》、新华社时评《蒋介石解散民盟》等文章。

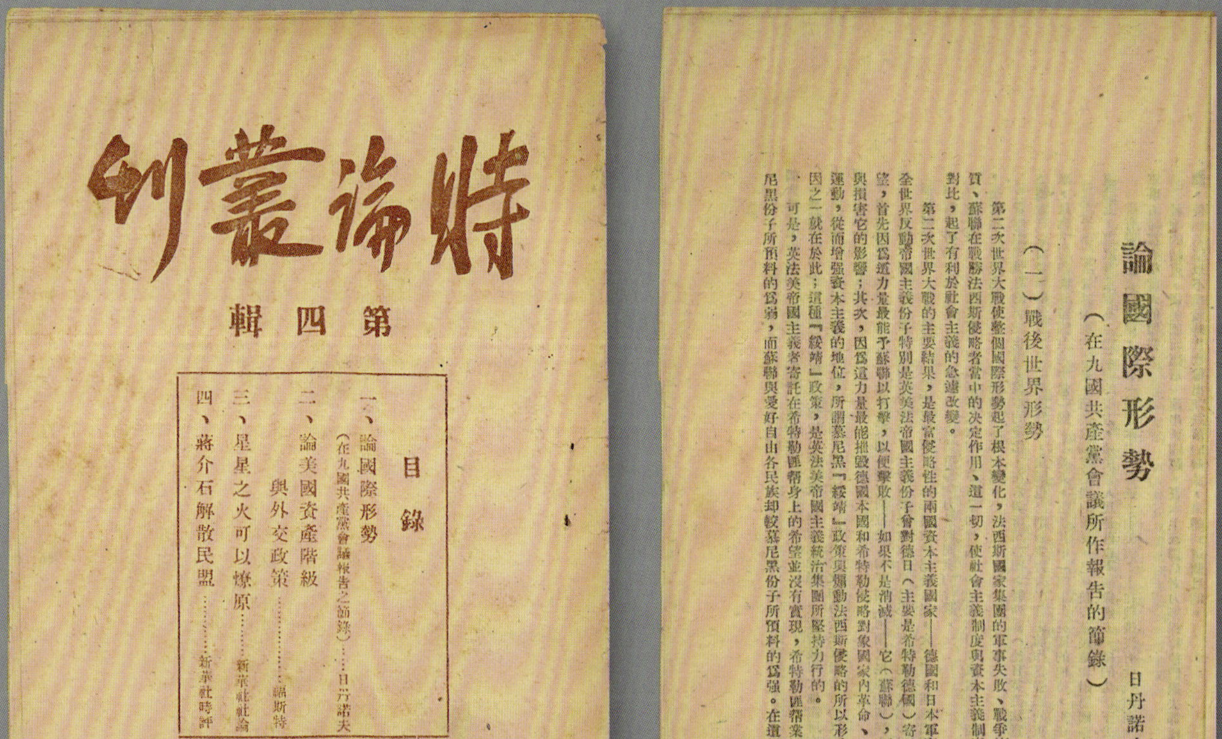

時論叢刊

第四輯

目錄

一、論國際形勢（在九國共產黨會議報告之節錄）……日丹諾夫

二、論美國資產階級與外交政策……福斯特

三、星星之火可以燎原……新華社社論

四、蔣介石解散民盟……新華社時評

膠東區黨委宣傳部編

膠東新華書店印行

一九四七・十一・

論國際形勢

（在九國共產黨會議所作報告的節錄）

日丹諾夫

（一）戰後世界形勢

第二次世界大戰使整個國際形勢起了根本變化，法西斯國家集團的軍事失敗，戰爭的反法西斯性質、蘇聯在戰勝法西斯侵略者當中的決定作用，這一切，使社會主義制度與資本主義制度相互力量的對比，起了有利於社會主義的急遽改變。

第二次世界大戰的主要結果，是最富侵略性的兩國資本主義國家——德國和日本軍事上的失敗。全世界反動帝國主義份子特別是英美法帝國主義份子會對德日（主要是希特勒德國）寄託了特別的希望，首先因爲這力量最能予蘇聯以打擊，以便擊敗——如果不是消滅——它（蘇聯），至少也要削弱與損害它的影響；其次，因爲這力量最能摧毀德國本國和希特勒侵略對象國家內革命、工人與民主的運動，從而增強資本主義的地位，所謂慕尼黑『綏靖』政策與煽動法西斯侵略的所以形成，其主要原因之一就在於此；這種『綏靖』政策，是英法美帝國主義統治集團所堅持力行的。

可是，英法美帝國主義者寄託在希特勒匪幫身上的希望並沒有實現，希特勒匪幫業經證明較之慕尼黑份子所預料的爲弱，而蘇聯與愛好自由各民族卻較慕尼黑份子所預料的爲強。在這種情況下，整

—1—

山东军区滨海军分区人民武装部编印《滨海民兵》（第二期）

1946年11月1日
临沂市博物馆藏

山东军区滨海军分区人民武装部于1946年11月1日编印。《滨海民兵》于1946年10月10日创刊，1948年4月停刊，是滨海军区的党刊之一，同时作为干部学习教材，受众为各区县人民武装干部和子弟兵团大队以上干部，内容多为鼓励各地民兵坚持原地斗争，大力发展民兵自卫队，介绍优秀民兵组织、爆炸队、武工队的战斗经验。《滨海民兵》的出版，对于战略防御阶段坚持敌占区斗争具有针对性的指导意义，起到了宣传群众、教育群众、武装群众、鼓舞群众斗志的重要作用。

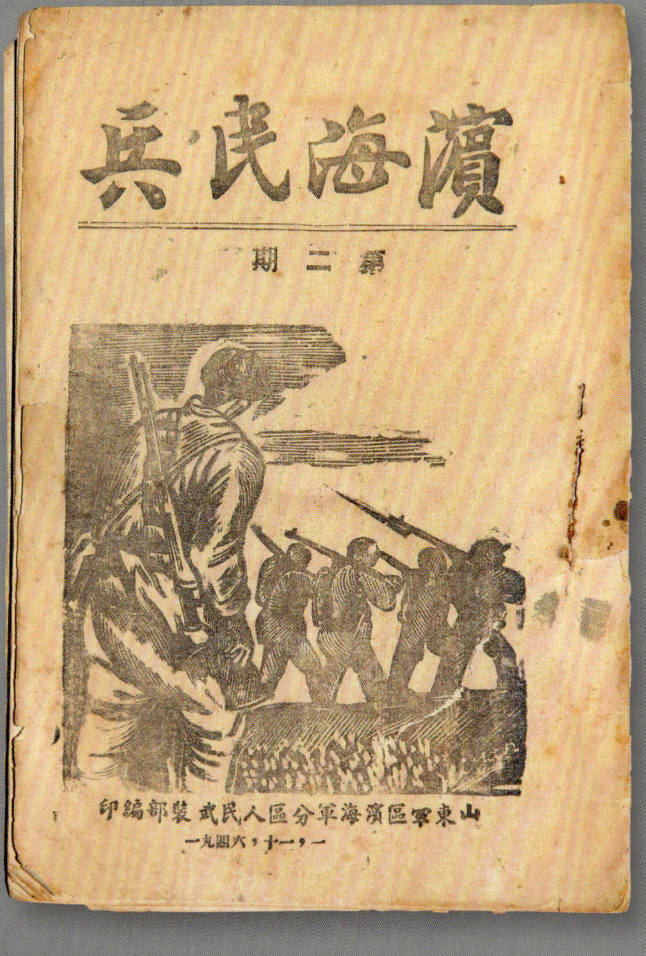

大众日报采访部编《青年记者》（复刊号第一期）

1947年2月
山东博物馆藏

1947年2月大众日报采访部编。1941年7月，《青年记者》前身《记者生活》创刊，由大众日报编辑部采访部、新华通讯社山东分社、中国青年记者学会山东分会创办，内部业务刊物，油印，出版3期后因日、伪军“扫荡”停刊。1942年6月，《记者生活》更名《青年记者》，大众日报编辑部联络科负责编辑，山东战时邮务总局登记注册，半公开发行。铅印。1949年4月，大众日报社、新华社山东总分社进驻济南。1949年6月《青年记者》由大众日报社、新华社山东总分社再次复刊。当年10月，开始由大众日报社单独编办，之后保持正常出版。

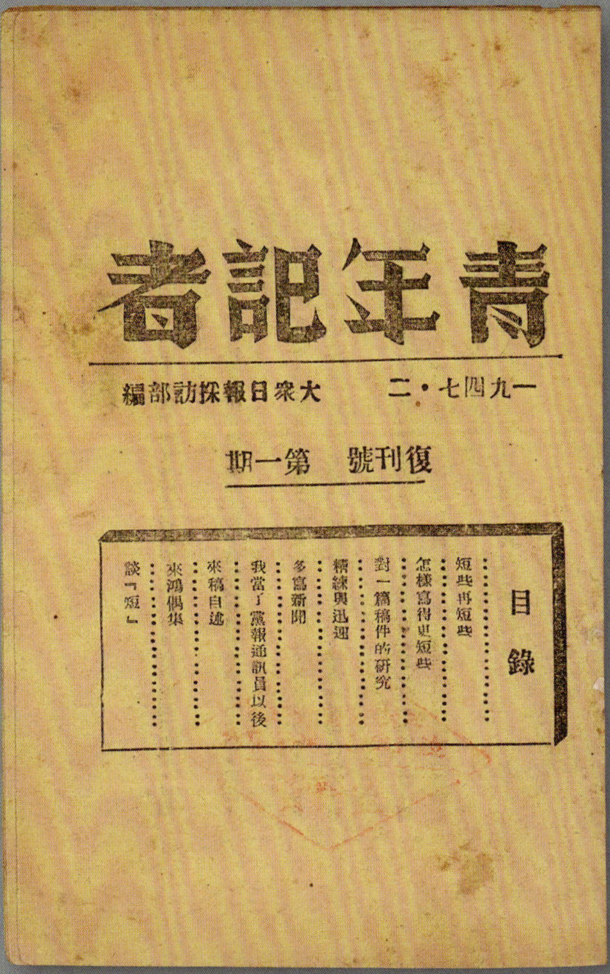

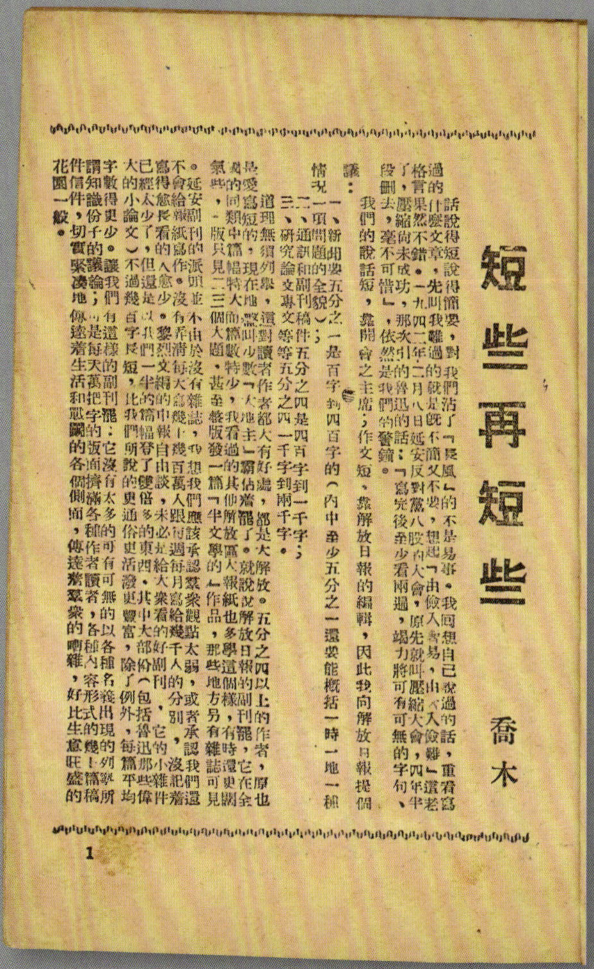

短些再短些

喬木

話說得短，說得簡要，對我們沾了「長風」的不是易事。我回想自己說過的話，重看寫過的什麼文章，先叫我難過的就是既不簡又不要，想起「由儉入奢易，由奢入儉難」還老格言果然不錯。一九四二年二月八日延安反對黨八股的大會，原先就叫壓縮大會，四年半了「壓縮尚未成功」，那次引的魯迅的話：「寫完後至少看兩遍，竭力將可有可無的字句、段刪去，毫不可惜」，依然是我們的警鐘。

我們的說話短，靠開會之主席；作文短，靠解放日報的編輯，因此我向解放日報提個議：

一、新聞要五分之一是百字到四百字的（內中至少五分之一還要能概括一時一地一種情況一項問題的全貌）；

二、通訊和副刊稿件五分之四是四百字到一千字；

三、研究論文專文等等五分之四一千字到兩千字。

道理無須列舉，這對讀者作者都大有好處，都是大解放。五分之四以上的作者，原也是愛寫短的，現在地盤叫少數「大地主」霸佔着罷了。就說說解放日報的副刊罷，有時它在全國的同類中篇幅特大而篇數特少，我看過的其他解放區大報紙也多學這個樣，有時還更闊氣些，一版只見二三個大題。甚至整版發一篇「半文學的」作品，那些地方另有雜誌可見。延安副刊的派頭並不由於沒有雜誌，我想我們應該承認羣衆觀點太弱，或者承認我們還不會給報紙寫作。沒有弄清每天寫幾上幾百萬人跟得過每月寫給幾千人的分別，還記着寫得愈長看的人愈少。黎烈文編的申報自由談，未必去給大衆看的好副刊，它的小雜件已經太少了，但還是以我們一半的篇幅登了便俗多的東西，其中大部份（包括魯迅那些偉大的小論文）不過幾百字長短，比我們所說的更通俗更活潑更豐富，除了例外，每篇平均字數得更少。讓我們有這樣的副刊罷：它沒有太多的可有可無的以各種名義出現的列舉所謂知識份子的議論；它是每天萬把字的版面擠滿各種作者讀者，各種內容形式的幾十篇稿件信件，切實緊湊地傳達着生活和戰鬪的各個側面，傳達黨羣衆的嚮往，好比生意旺盛的花園一般。

1

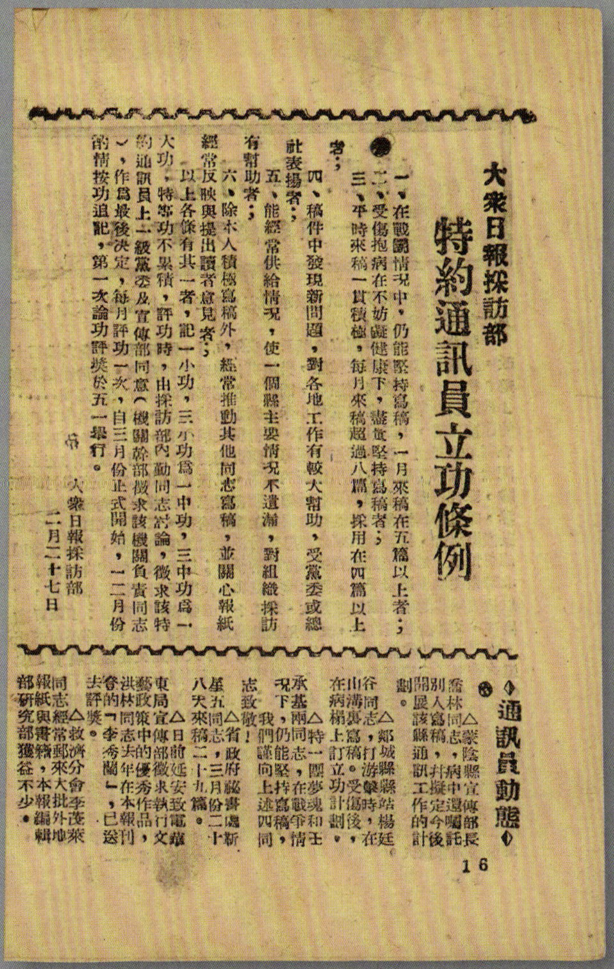

大衆日報採訪部

特約通訊員立功條例

一、在戰鬪情況中，仍能堅持寫稿，一月來稿在五篇以上者；

二、受傷抱病在不妨礙健康下，盡量堅持寫稿者；

三、平時來稿一貫積極，每月來稿超過八篇，採用在四篇以上者；

四、稿件中發現新問題，對各地工作有較大幫助，受黨委或總社表揚者；

五、能經常供給情況，使一個縣主要情況不遺漏，對組織採訪有幫助者；

六、除本人積極寫稿外，經常推動其他同志寫稿，並關心報紙經常反映與提出讀者意見者；

以上各條有其一者，記一小功，三小功爲一中功，三中功爲一大功，特等功不累積，評功時，由採訪部內勤同志討論，徵求該特約通訊員上一級黨委及宣傳部同意（機關幹部徵求該機關負責同志），作爲最後決定，每月評功一次，自三月份正式開始，一二月份的情況按功追記，第一次論功評獎於五一舉行。

大衆日報採訪部

二月二十七日

◆通訊員動態◆

△蒙陰縣宣傳部長喬林同志，病中還囑託別人寫稿，并擬定今後開展該縣通訊工作的計劃。

△鄒城縣縣站楊延谷同志，打游擊時，在山溝裏寫稿。受傷後，在病榻上訂立功計劃。

△特一區夢魂和王承基兩同志，在戰爭情況下，仍能堅持寫稿，我們謹向上述四同志致敬！

△省政府秘書處新星五同志，三月份二十八天來稿二十九篇。

△日前延安致電蘇東局宣傳部徵求執行文藝政策中的優秀作品，洪林同志去年在本報刊登的「李秀蘭」，已送去評獎。

△救濟分會李茂萊同志經常郵來大批外地報紙與書籍，本報編輯部研究部獲益不少。

16

山东胶东军区政治部前线报社出版《前线报》（增刊第13期）

1946年
山东博物馆藏

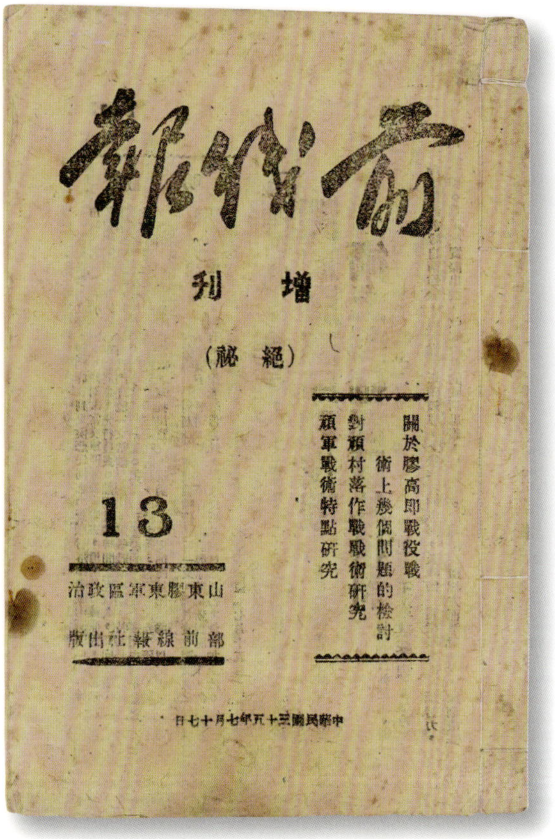

1946年7月17日山东胶东军区政治部前线报社出版。《前线报》是胶东军区的机关报，早在胶东五支队建立不久，1939年9月即创刊于招远县农村。初名《胶东前线》，1941年8月改为《前线报》，先后为八路军山东第三军区机关报、山东纵队五支队机关报。1942年7月1日正式作为胶东军区机关报。

《前线报》主要宣传以下四方面内容：①及时传播党中央、中央军委和各级党委、军事领导机关的文件指示精神；②紧密地结合每一个时期的形势、任务和部队的思想实际，及时发表社论、领导同志文章和典型报道，加强对部队的思想指导；③紧密配合部队的中心任务，介绍工作经验，宣传英模事迹；④开辟多种专栏，传播知识，介绍经验。战时的报刊，形式比较简单，但在交流作战经验，讴歌干部、战士的英勇事迹，鼓舞士气，提高战斗力，宣传组织群众，增进军政、军民团结等方面都起了很大的作用。

山东渤海军区前锋支社编印《前锋通讯》（第二期）

1946年

山东博物馆藏

山东渤海军区前锋支社编印，1946年5月30日出版。本期刊登有《摘录：关于连队通讯工作》《谈谈回信与退稿问题》《大家动手来做通讯工作》《关于表扬模范》《四月份通讯工作检讨》《怎样才能把连队通讯工作办好》《通讯工作动态》《军区政治部通知》等文章。

《前锋通讯》是月刊，渤海军区政治部主办，1946年创刊于渤海，停刊时间不详。

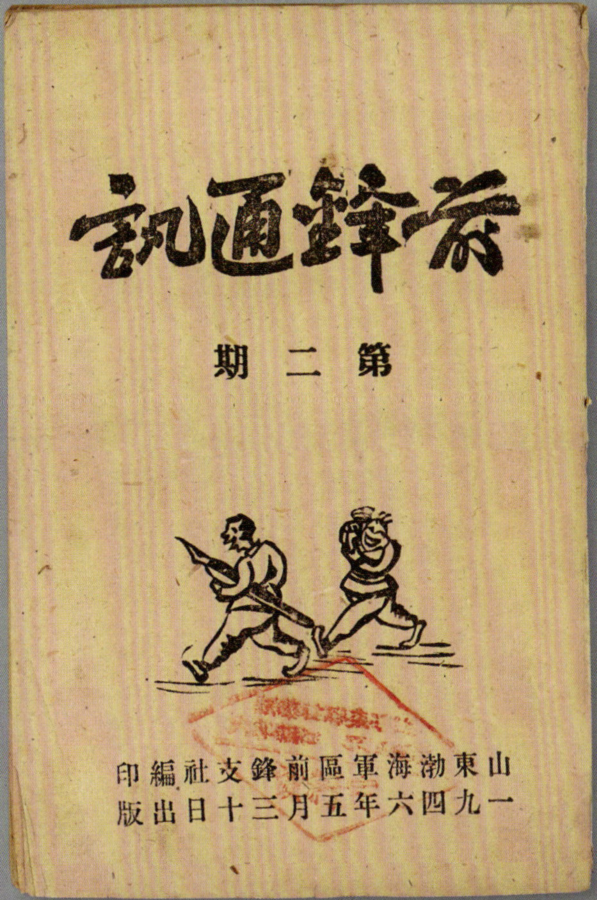

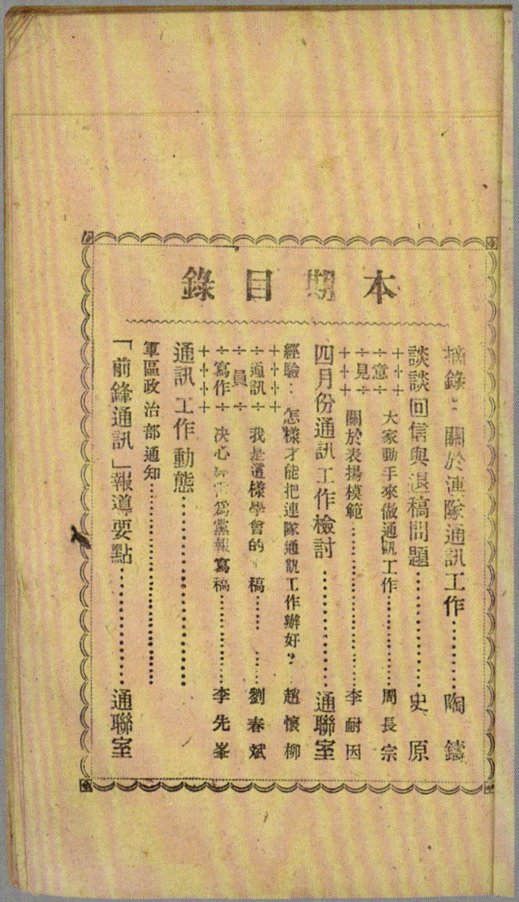

本期目錄

摘錄：關於連隊通訊工作……陶鑄

談談回信與退稿問題……史原

意見：大家動手來做通訊工作……周長宗

見：關於表揚模範……李耐因

四月份通訊工作檢討……通聯室

經驗：怎樣才能把連隊通訊工作辦好？……趙懷柳

通訊員：我是這樣學會的寫稿……劉春斌

寫作：決心為黨報寫稿……李先峯

通訊工作動態……

軍區政治部通知……

「前鋒通訊」報導要點……通聯室

华东野战军第二纵队政治部编印《拂晓》（第26期）

1947年

山东博物馆藏

1947年6月4日，华东野战军第二纵队政治部编印。内刊载《黄崖顶“山地”作战点滴经验》《谈谈步炮协同》《对自动武器在战斗运用中几点经验教训》《十四大队三营：怎样培养与使用卫生战士》《接受血的教训》《介绍两种情况下的战场鼓动工作（一）高柱山攻击战（二）黄崖顶守备战》《注意指挥不要误伤》《桃花山阻击战的成功经验》《九连的战斗情绪是怎样由低落到高涨的》《铁山战斗几点小教训》10篇文章。集中展现了早期人民军队英勇作战的光辉事迹和不断在战斗中学习成长的历程，具有具体的历史意义和史料价值。

华东野战军第二纵队，1947年2月由原山东野战军第二纵队与华中野战军第九纵队一部编成，辖3个师。1948年3月调归苏北兵团建制。司令员韦国清，政治委员韦国清（兼），副司令员张震，副政治委员康志强，参谋长詹化雨，政治部主任邓逸凡，副参谋长吴华夺，政治部副主任徐海珊。

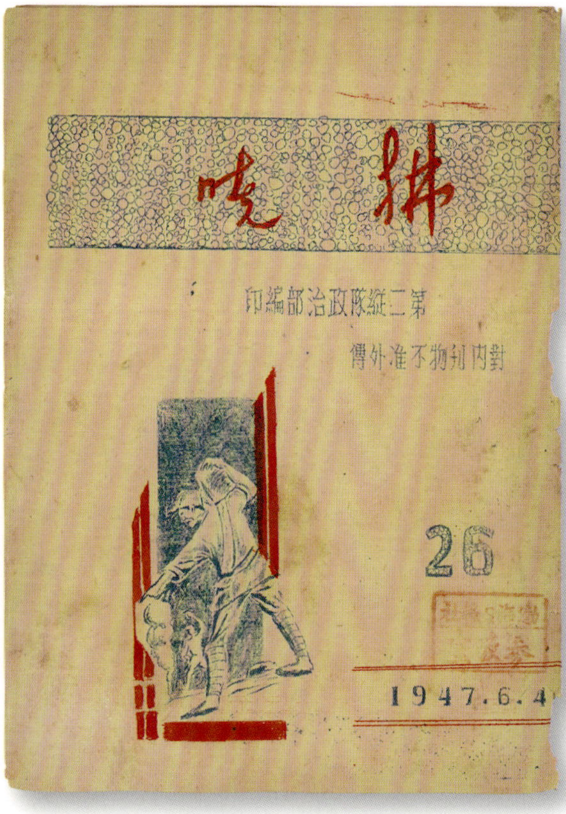

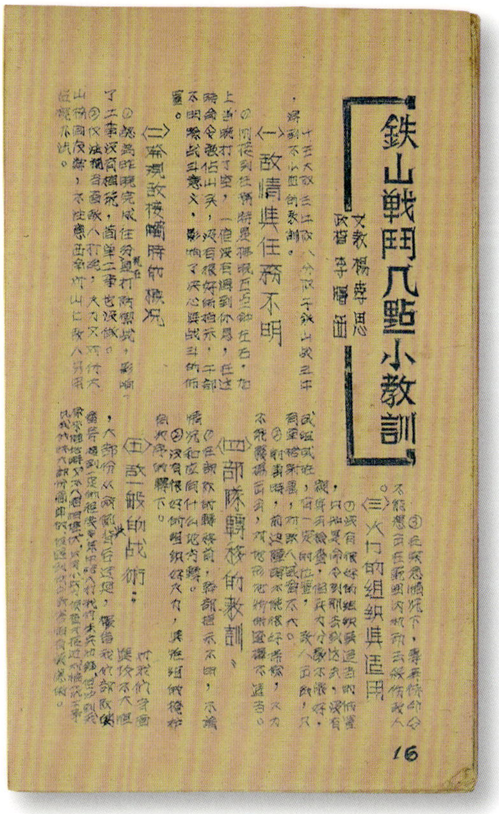

胶东文化社编《胶东文化》（新年创刊号）

1949年
烟台市牟平区博物馆藏

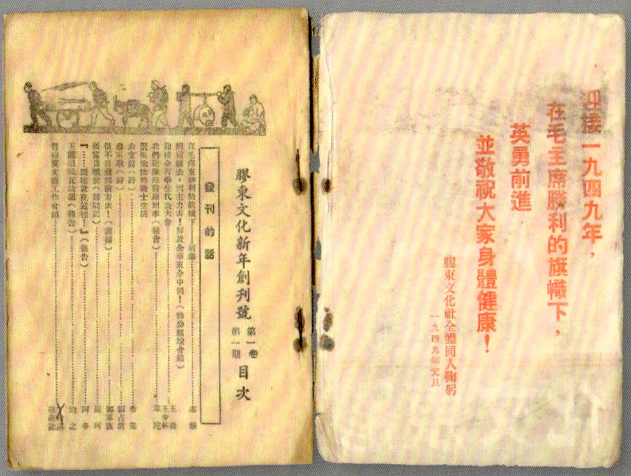

《胶东文化》创刊于1949年元旦，是中共胶东区党委主办的通俗综合性刊物。此刊创立的初衷，源自1948年胶东解放区开展生产救灾与整风运动以来，革命群众普遍认识到学习革命理论的重要性，迅速掀起一股学习的热潮。它的任务主要是帮助胶东解放区营级干部学习时事、学习政策、提高文化水平和理论水平，同时也作为城乡知识分子的一种经常读物，以推进新民主主义的文化运动。《胶东文化》的栏目内容，主要讲些必须知道、必须学习的革命理论、党的政策、世界大事和国家大事、自然科学和社会科学常识。也会根据需要，介绍一些好的学习经验、工作经验及各种典范模型，介绍一些好的书报和文艺作品，解答日常工作和学习中的疑难问题等。

此创刊号所刊载的几篇文章中，《到前线去，到主力去！解放全华东、全中国！》等文章配合革命战争形势需要，进行参军、支前的宣传，《张富贵攒粪》等文章交流农业生产经验，这些文章既带有浓厚的革命色彩，又贴近广大群众的日常生活，对丰富解放区人民的精神生活起到了重要作用。

“山东部队转干速中纪念章”铜章

1949—1978年
临沂市博物馆藏

铜质，纪念章正面有红色五角星，五角星下部左、右分别铸有“山东部队”“转干速中”字样，其下有“纪念章”三字；五角星下为一支蘸水钢笔、一杆长枪交叉图案。此纪念章为纪念山东部队官兵进入速成中学接受文化教育而制。

在长期革命战争中，部队官兵很少有机会接受系统的教育，文化水平普遍偏低。中华人民共和国成立后开始有计划地普及中小学教育。20世纪50年代初期，中央军委发出关于在军队中实施文化教育的指示，组织全军开展文化学习，随后建立文化速成学校，包括速成小学和速成中学，在开办期间为党和人民培养了大批专业人才。随着部队干部文化水平的提升，文化速成学校的作用逐渐减弱，被陆续整合和改编，至20世纪60年代，完全退出历史舞台。

沂南县政府教育科翻印《鲁中南第一次教育会议关于改进小学教导工作的意见》

解放战争时期
临沂市博物馆藏

沂南县政府教育科翻印，沂南新华印刷局承印。此书是关于鲁中南第一次教育会议的内容记载，其中有关于如何讲学、讲课的内容，如“改进小学教导工作是办好小学的中心环节”“教师必须具有儿童观点、民主平等的思想”等。书中附有一篇《复式国语教案》，教案有“37年12月8日星期一第三节”字样。

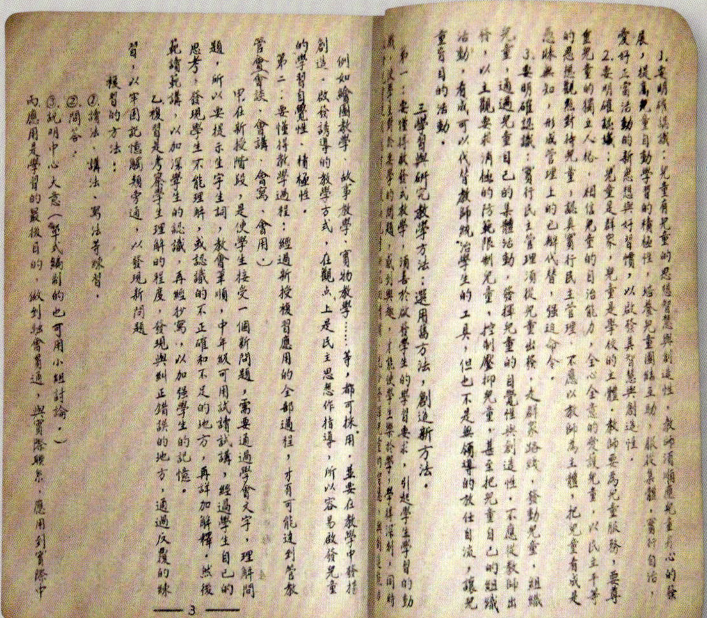

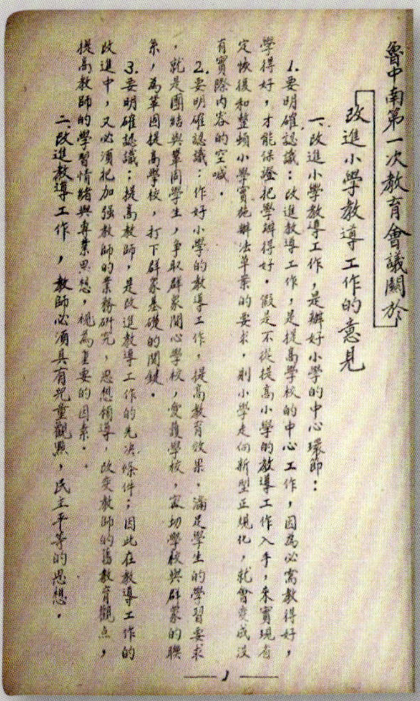
魯中南第一次教育會議關於
改進小學教導工作的意見
一、改進小學教導工作，是辦好小學的中心環節：
1.要明確認識：改進教導工作，是提高學校的中心工作，因為必需教得好，學得好，才能保證把學辦得好。假是不從提高小學的教導工作入手，來實現肯定恢復和整頓小學實施辦法草案的要求，則小學走向新型正規化，就會變成沒有實際內容的空喊。
2.要明確認識：作好小學的教導工作，提高教育效果，滿足學生的學習要求，就是團結與幫同學生，爭取群眾關心學校，愛護學校，密切學校與群眾的聯系，為鞏固提高學校，打下群眾基礎的關鍵。
3.要明確認識：提高教師，是改進教導工作的先決條件；因此在教導工作的改進中，又必須把加強教師的業務研究，思想領導，改變教師的舊教育觀点，提高教師的學習情緒與專業思想，視為重要的因素。
二、改進教導工作，教師必須具有兒童觀點，民主平等的思想。
— 1 —

中共滨海区委编印《滨海农村》（第二八七、二八八期）

1947年

烟台市博物馆藏

《滨海农村》是中共滨海区委机关报，1945年6月1日在莒南县创刊。在抗日战争处于取得彻底胜利的前夕，为了迎接新的任务，区党委决定将《滨海农村》小册子改为报纸，8开2版，石印，3日刊，由辛纯任总编辑，后由吴建任社长兼总编辑。1946年1月1日改为铅印，1948年1月22日停刊。

该报的读者对象是农村干部群众。通俗化、群众化是它的主要特点和风格。该报把全国的一些重要稿件进行通俗化改写，生动活泼。有些新闻通讯还改写成小故事、快板诗、顺口溜等，使群众很容易地领会理解，从而达到新闻报道的宣传效果。

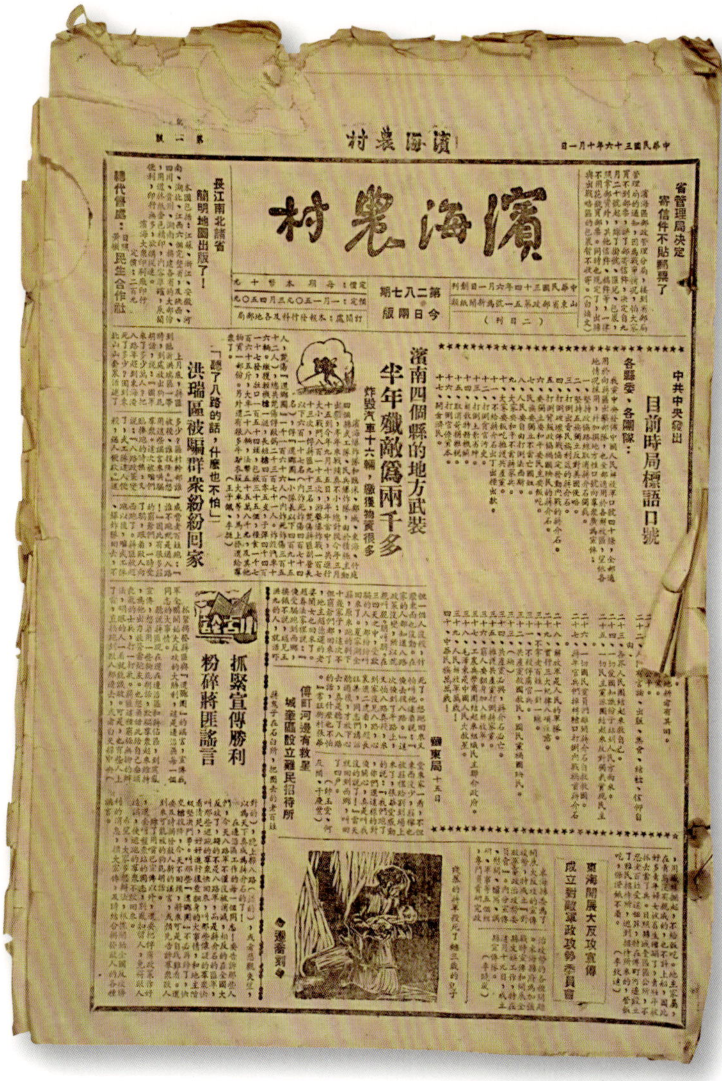
濱海農村

省管理局決定 寄信件不貼郵票了

長江南北諸省 簡明地圖出版了！

第二八七期 今日兩版

中共中央發出 目前時局標語口號

各縣委、各團隊：

濱南四個縣的地方武裝 半年殲敵爲兩千多

洪瑞區被騙群衆紛紛回家

聽了八路的話，什麼也不怕

抓緊宣傳勝利 粉碎蔣匪謠言

東海開展大反攻宣傳 成立對敵軍政攻勢委員會

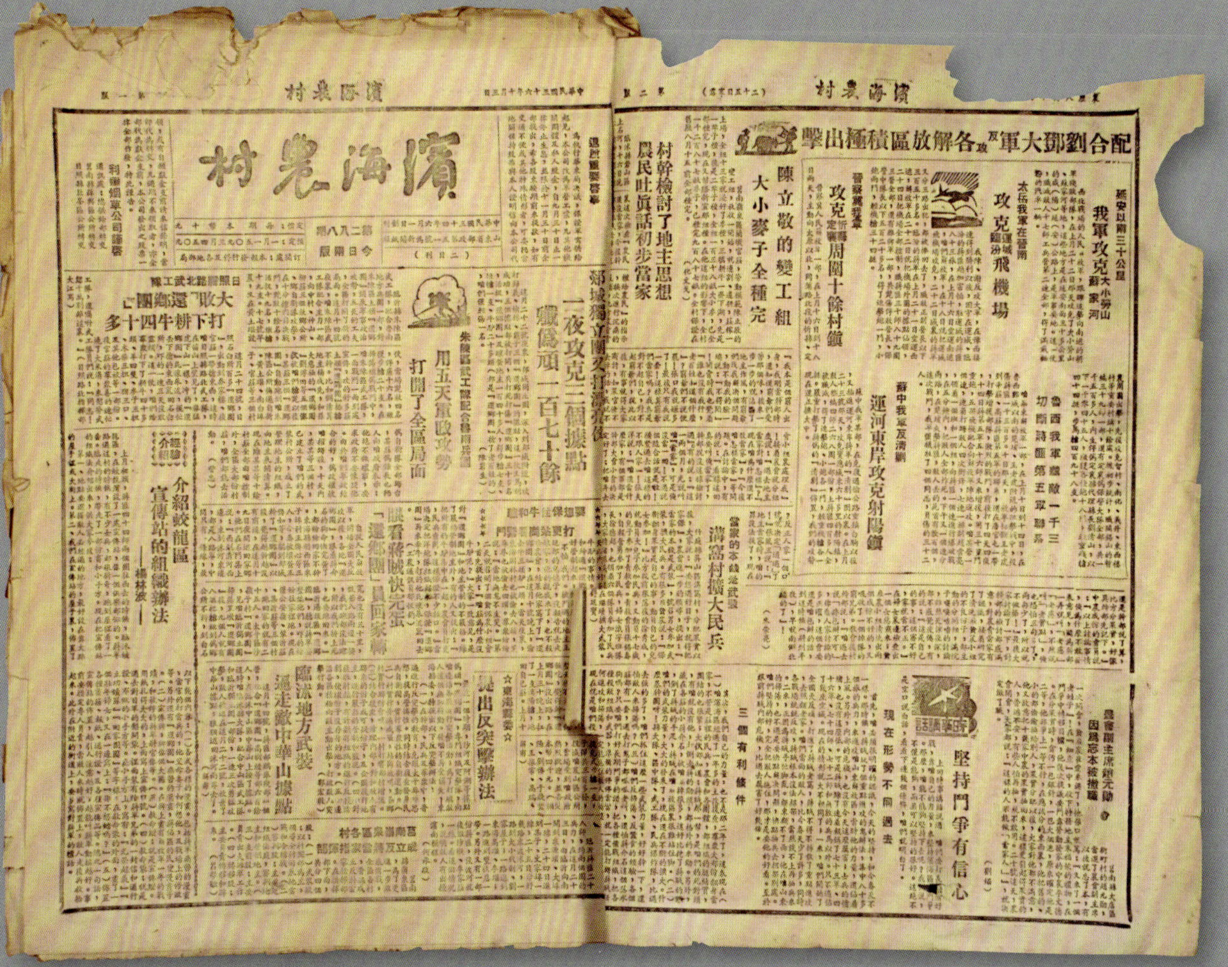
濱海農村

配合劉鄧大軍各解放區積極出擊

我軍攻克大小勞山蘇家河

攻克鉅野飛機場

陳立敬的變工組大小麥子全種完

村幹檢討了地主思想 農民吐真話初步當家

攻克周圍十餘村鎮

運河東岸攻克射陽鎮

一夜攻克三個據點 殲偽頑一百七十餘

用五天重點攻勢 打開了全區局面

介紹蛟龍區宣傳站的組織辦法

堅持鬥爭有信心

提出反突擊辦法

中共华东中央局编印《斗争》（第一期）

1947年
山东博物馆藏

铅印，封面印有“党内刊物不得外传”字样。《斗争》是华东局指导工作，教育干部、交流经验的内部刊物。要求“各级党委、党组及党员干部，对《斗争》所载各文，应认真研究，组织讨论，并把《斗争》上所提倡、表扬的精神贯彻到工作中去；对于《斗争》上指出的缺点，则应进行自我检讨，有则改之，无则加勉，以减少工作中的错误”。这也是《斗争》办刊的方针和指导思想。

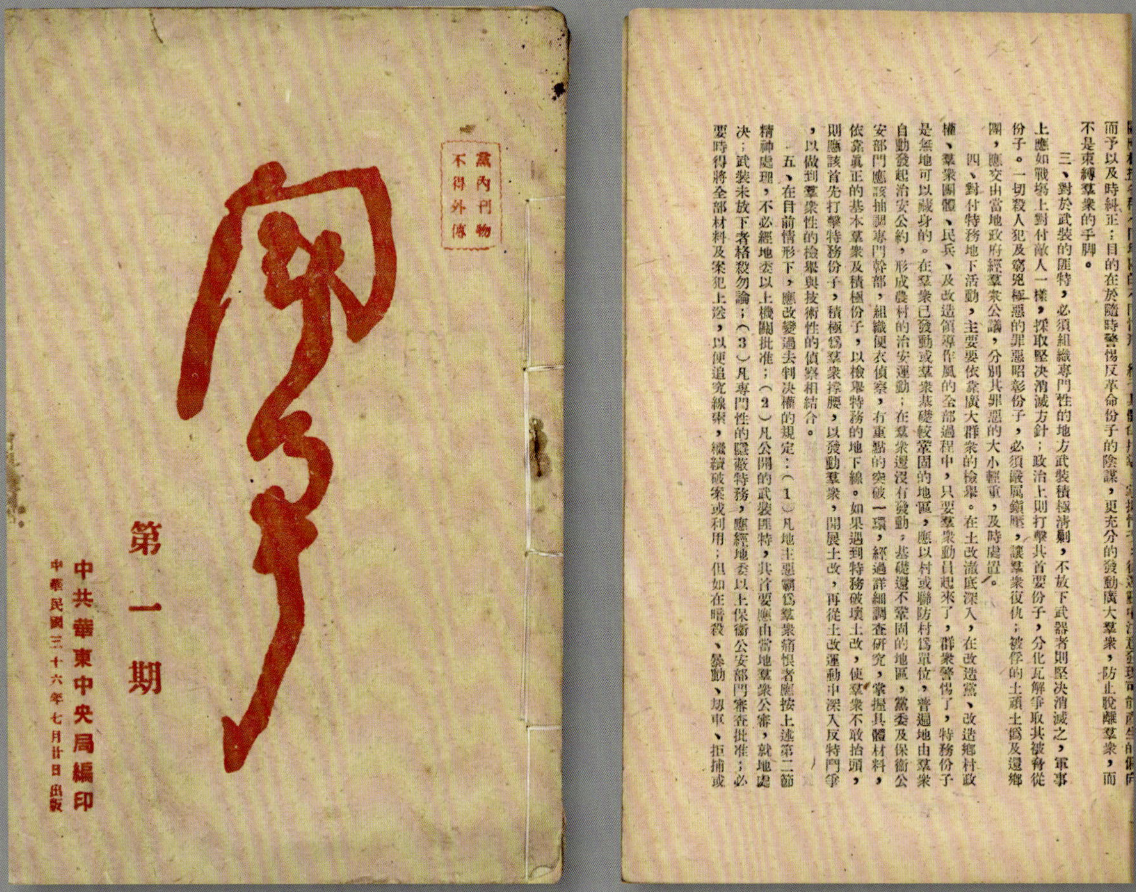

华东野战军三纵队七师政治部出版《战地》（1947年9月11日）

1947年
山东博物馆藏

1947年9月7日至9日，华野西线兵团在山东菏泽以东沙土集地区对国民党发起进攻，歼敌九千余人，迫使国民党从大别山区和山东其他战场调师增援。此战有力地策应了晋冀鲁豫野战军进军大别山和华野东线兵团的胶东保卫战。

在华东野战军三纵队七师政治部9月11日出版的《战地》报上，通过《师首长的号召》《沙土集攻坚战二十团战果辉煌》《师首长传令嘉奖战场立功诸同志！》等文章向三纵队七师全体士兵宣传了围歼国民党五十七师的沙土集战役。

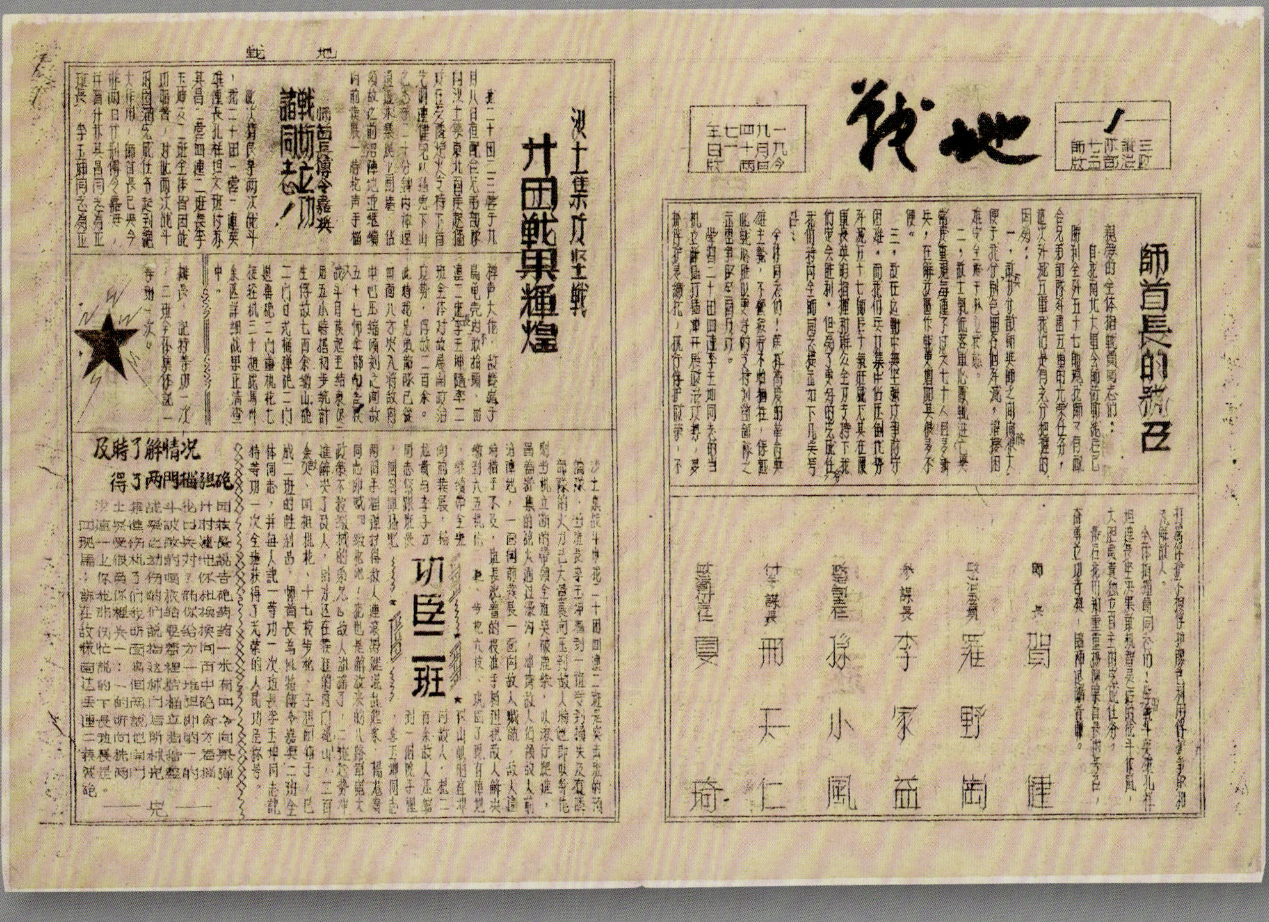
戰地

師首長的號召

沙土集攻堅戰 廿团戰果輝煌

師首長傳令嘉獎 戰場立功諸同志！

及時了解情況 得了兩門擲彈砲

功臣一班

渤海文化出版社出版《渤海文化》（创刊号）

1947年
山东博物馆藏

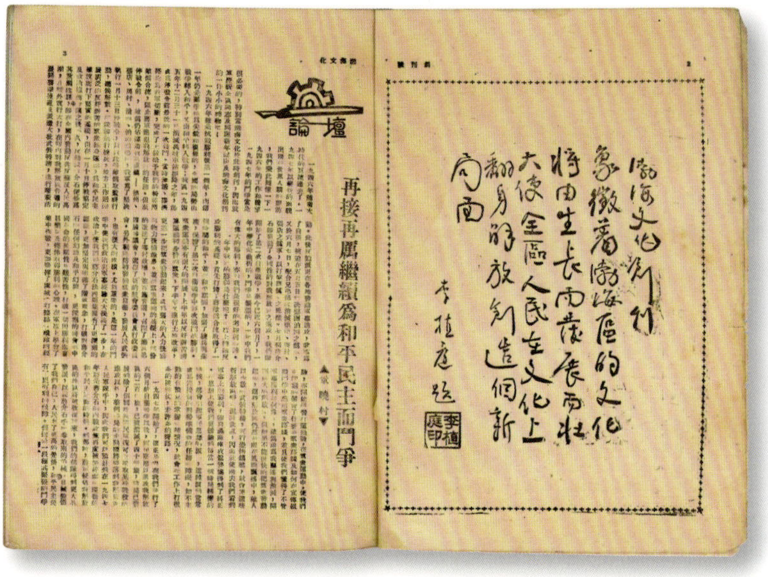

《渤海文化》1947年元旦创刊，封面印有“在人民大众的爱护之下，渤海文化的幼芽，将要生根、长叶、开花、结果！”的字句。封底印有渤海新华书店同人署名的元旦祝词：“迎接一九四七年，我们要艰苦奋斗，紧张工作，为彻底粉碎蒋介石的进攻，收复一切失地而努力。”作为反映和指导渤海地区对敌斗争与建设的综合性文化刊物，创刊号内容包括发刊词、论坛、资料、文艺、青年生活、蒋管区生活像、读者信箱等部分，栏目划分清晰。总体而言，以群众运动与军事宣传为中心。论坛一栏刊有《再接再厉继续为和平民主而斗争》《关于土地改革》两篇文章；蒋管区生活像一栏刊有《我在大后方的生活》《济南杂闻》等内容。

东阿农村生活社编《农村生活》（第26期）

1947年7月30日

冀鲁豫边区革命纪念馆藏

东阿农村生活社编。本期刊登有《农会五次被破坏的落后村变成了工作先进的模范村 是以贫农为核心的骨干领导》《五区柳林屯开会检查思想 成立了贫农为骨干的复委会》等文章。

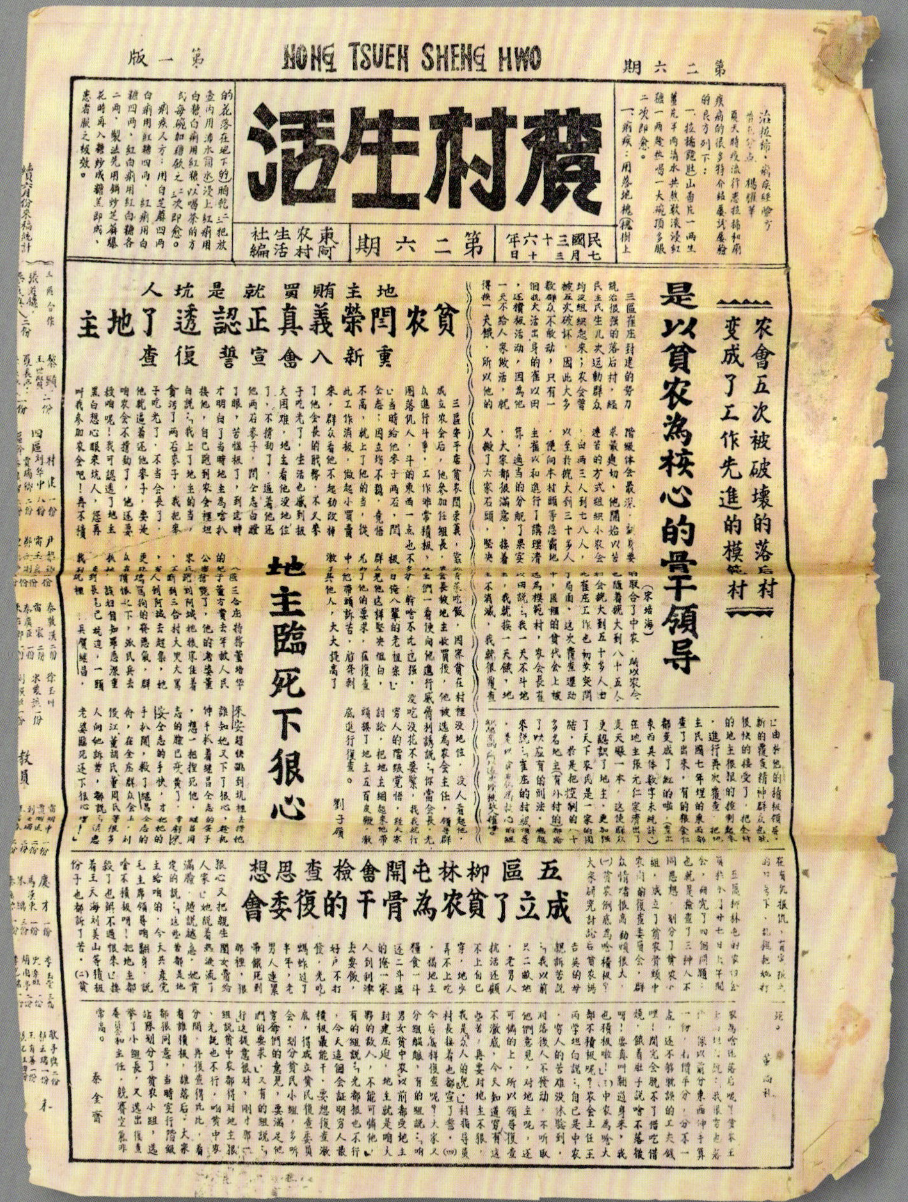

第一版 NONG TSUEN SHENG HWO 第二六期

農村生活

東阿農村生活社編 第二六期 民國三十六年七月三十日

農會五次被破壞的落后村變成了工作先進的模範村

是以貧农為核心的骨干領导

地主賭咒就是坑人 貧农門榮義真正認透了地主

重新八會宣誓復查

地主臨死下狠心

五區柳林屯開會檢查思想 成立了貧农為骨干的復委會

渤海军政文工团摄影

1948年
东营市垦利区博物馆（含渤海垦区革命纪念馆）藏

摄于1948年。渤海军政文工团，全称山东渤海军区政治部文艺工作团，为综合性艺术专业团体。1947年建团，其前身为渤海军区耀南剧团。李毅汉任团长，徐焕任教导员，全团100余人，为山东鲁北平原地区有较大影响的剧团。曾随军参与德州战役、潍县战役，慰问淮海战役部队，也随军在鲁、皖、豫、苏等省演出，培养了一批文艺骨干，演出形式有歌剧、话剧、曲艺、秧歌剧等。1950年编入山东军区文工团，其留团人员与渤海三分区宣传队合并，仍称渤海军政文工团，1952年撤销。

冀鲁豫军区第二军分区政治部挺进宣传队歌曲集

20世纪40年代
冀鲁豫边区革命纪念馆藏

冀鲁豫军区第二军分区政治部挺进宣传队创作的歌曲集。由于战争时期交通不便、消息闭塞加之群众普遍没有文化，接受新生事物困难，只靠工作组干部口头和文字的宣传效果不佳。为了使党的政策深入人心，达到广泛发动、教育群众的目的，军队的宣传队应运而生，他们用小型歌、话剧、歌曲、音乐、舞蹈等群众喜闻乐见的文艺形式，融政策宣传于表演之中，促进运动的顺利开展。

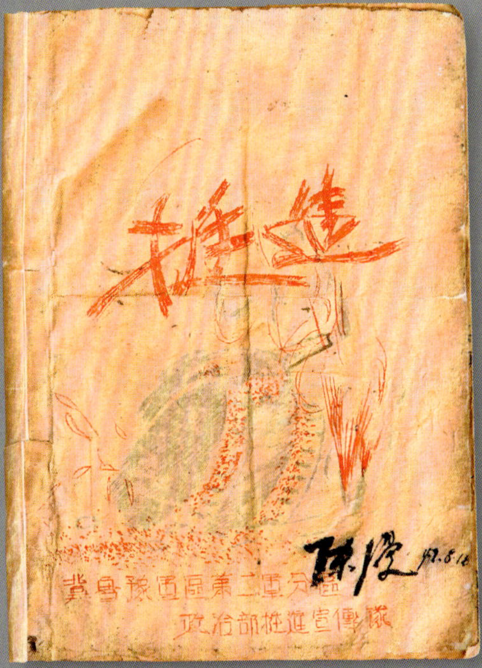

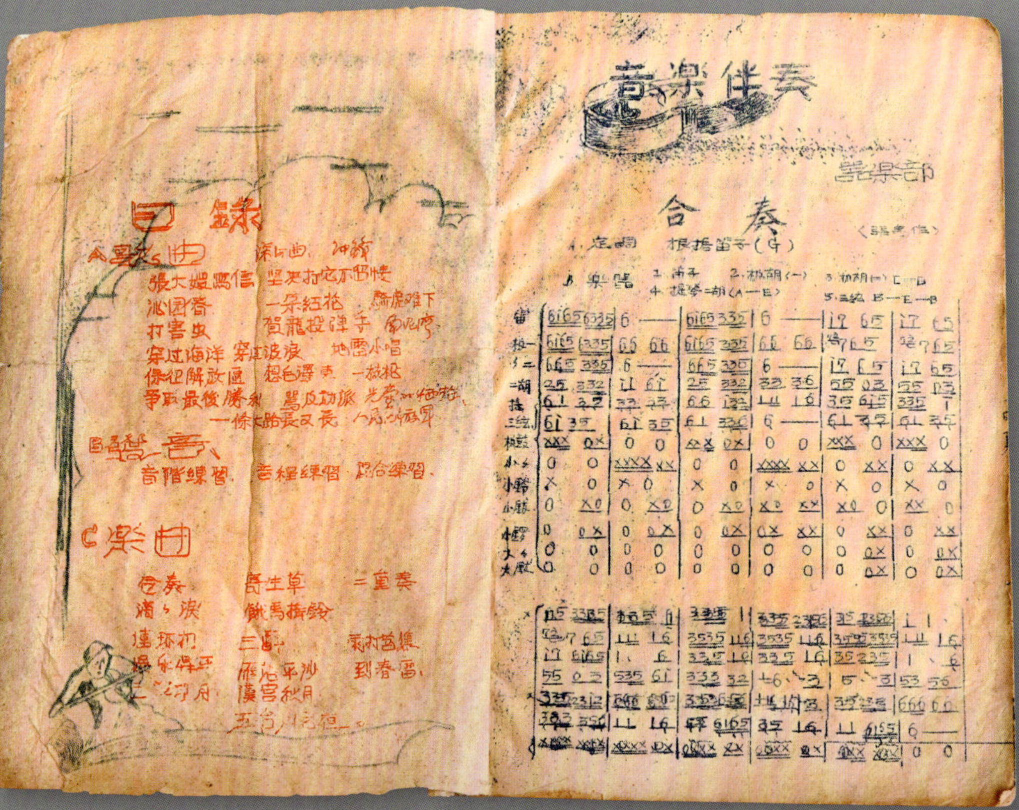

冀鲁豫文联编印《平原文艺》（二卷四期）

1947年
冀鲁豫边区革命纪念馆藏

《平原文艺》二卷四期内容包括：《作品的发现与表扬》《全面开始大反攻》以及小说、通讯报告等。

《平原文艺》是由冀鲁豫边区文联（简称冀鲁豫文联）主办，冀鲁豫新华书店出版发行，1947年1月1日创刊于山东省阳谷县张秋镇的一个大型文艺月刊。《平原文艺》以发表诗歌、小说、散文等文学创作与理论批评，以及戏曲、曲艺等文艺作品为主，力求刊物能以大众化的语言形式，切近并适合广大群众的阅读。从1947年初到1948年初的一年间，《平原文艺》先后共编辑出版了13期，其以鲜明的政治观点和办刊特色，在冀鲁豫边区的延安文艺运动中，反映并适应社会及群众的文化需要，配合当时的政治及军事斗争，产生了很大的影响。

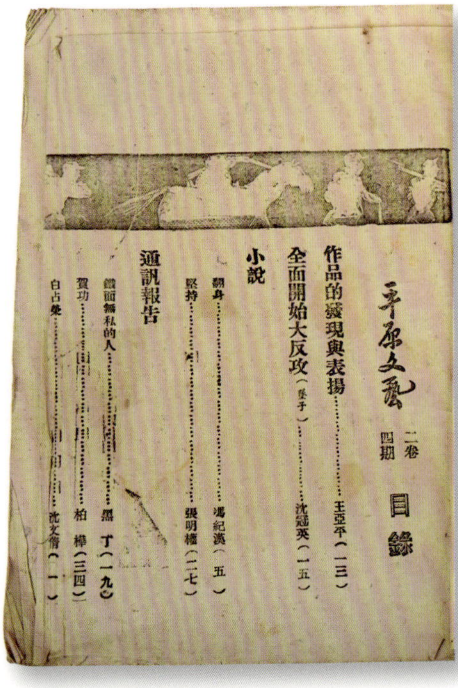

平原文藝 二卷四期 目錄

作品的發現與表揚……王亞平（一三）
全面開始大反攻（孫子）……沈冠英（一五）
小說
翻身……馮紀漢（五）
堅持……張明權（二七）
通訊報告
鐵面無私的人……黑丁（一九）
賀功……柏樺（三四）
白占槐……沈文南（一）

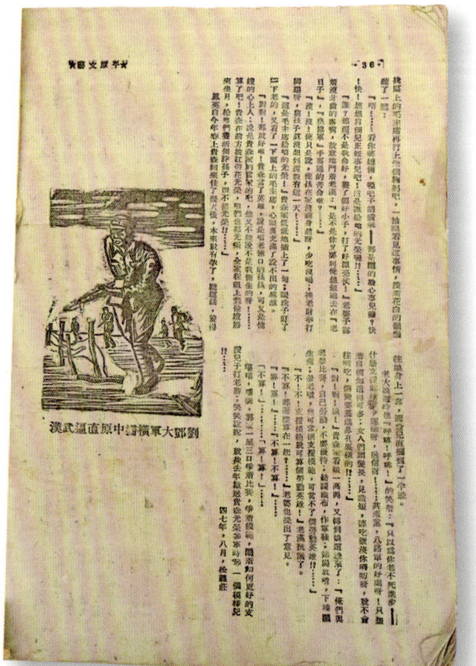

平原文藝 二卷四期

劉鄧大軍橫渡中原直逼武漢

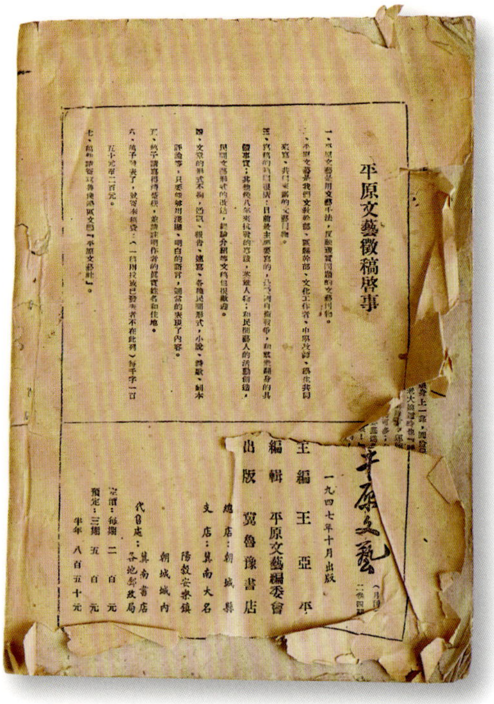

平原文藝徵稿啓事

平原文藝（月刊）二卷四期
一九四七年十月出版
主編 王亞平
編輯 平原文藝編委會
出版 冀魯豫書店
總店：朝城縣
支店：冀南大名 陽穀安樂鎮 朝城城內
代售處：冀南書店 各地郵政局
定價：每期 二百元
預定：三期 五百元 半年 八百五十元

胶东军区武装部编《爆炸大王》（复刊后第一期）

1946年

山东博物馆藏

1946年1月10日胶东军区武装部编，为思想教育刊物，内容适应胶东解放区民兵、自卫队员、青妇队员的文化水平，体裁为歌曲、小调、街头诗、民谣、相声、笑话、活报剧、大鼓、武老二（山东民间一种说唱艺术）、秧歌、话剧、民兵游戏，以介绍对敌斗争的英勇模范事迹。

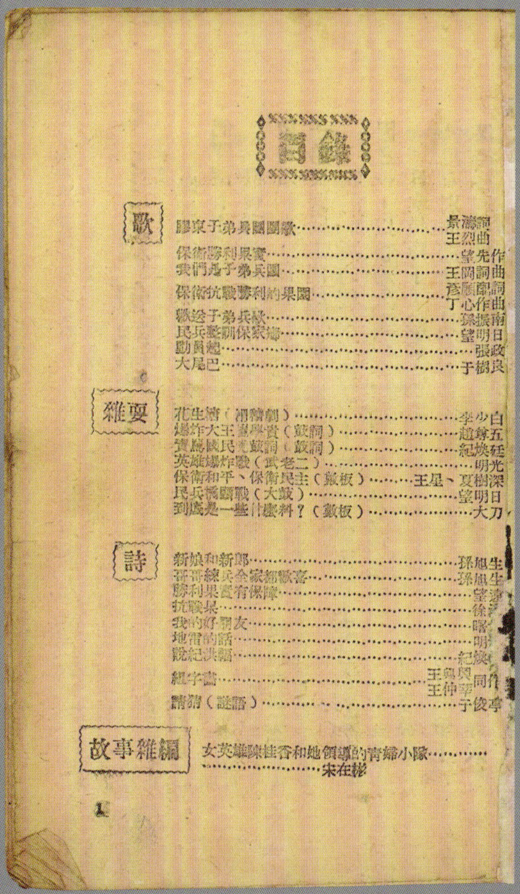

目錄

歌

膠東子弟兵團團歌……景濤詞 王烈曲
保衛勝利果實……望先作
我們是子弟兵團……王闊詞曲
保衛抗戰勝利的果園……彥順卿詞 丁心作曲
歡送子弟兵歌……孫振南
民兵警訓保家鄉……望明日
動員歌……張政
大尾巴……于樹良

雜耍

花生糖（滑稽劇）……李少白
爆炸大王嘉學賓（鼓詞）……趙鎮五
[illegible]（鼓詞）……紀煥廷
英雄爆炸戰（武老二）……明光
保衛和平、保衛民主（數板）……王星、夏樹深
民兵[illegible]戰（大鼓）……望明日
到底是一些什麼料？（數板）……大刀

詩

新娘和新郎……孫旭生
哥哥練兵全家都歡喜……孫旭生
勝利果實有保障……望[illegible]
抗戰果……徐[illegible]
我的好朋友……曙[illegible]
地雷的話……明[illegible]
[illegible]……紀煥[illegible]
識字書……王鳳[illegible] 王仲平 同作
請猜（謎語）……于俊亭

故事雜編

女英雄陳桂香和她領導的青婦小隊……宋在彬

1

胶东新华书店出版《25000里长征故事》

1946年4月
山东博物馆藏

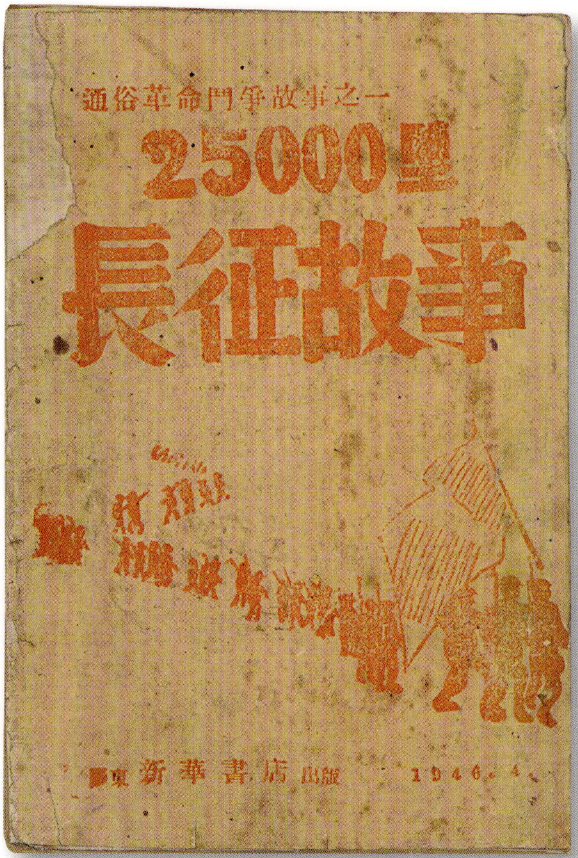

通俗革命斗争故事之一，1946年4月胶东新华书店出版。

1942年5月，山东文登八区文协出版《两万五千里长征故事》，内容包括：《冲破乌江天险》《巧计夺取金沙江》《经过“猓猓区”》《大渡河是我们的生命线》《我们要桥不要枪》《爬雪山过草地》《突破天险腊子口》等。1944年7月，胶东军区政治部出版《两万五千里长征故事》，书中内容与文登八区《两万五千里长征故事》相同。两书底本均为八路军总政治部1942年11月编印的《红军长征记》。胶东新华书店出版《25000里长征故事》主要刊载内容为：“25000里长征是土地革命战争时期中国工农红军主力撤离长江南北各苏区，转战两年到达陕甘苏区的战略转移行动。1934年10月，第五次反‘围剿’失败后，中央主力红军为摆脱国民党军队的包围追击，被迫实行战略性转移，退出中央根据地，进行长征。1935年10月红一方面军到达陕北革命根据地，与陕北红军胜利会师。1936年10月，红二、四方面军到达甘肃会宁地区，同红一方面军会师。红军三大主力会师，标志着万里长征的胜利结束。长征出发时合计约30万人，胜利会师时只幸存下了3万人。两万五千里长征路，总计牺牲、失踪、失散减员共约27万人。长征是人类历史上的伟大奇迹，两万五千里长征路用无数生命写下的英雄史诗，已成为中国革命和人类历史上一座高耸入云的丰碑，一段永不磨灭的铁骨精魂的回忆。”

赵树理著、华北新华书店出版《福贵》

1947年
滨州市滨城区文物保护修复中心（滨州市滨城区博物馆）藏

1947年1月印制，原渤海军区人民武装部政工科藏书。本书收录了赵树理的《福贵》《地板》《催粮差》三篇短篇小说。赵树理的创作深受他对北方农村生活的熟稔和对民间文学艺术痴迷的影响。他的作品不仅反映了当时的社会现实，更是对中国现代文学的重要贡献。小说以其独特的艺术魅力和深刻的思想内涵，赢得了广大读者的喜爱和认可。

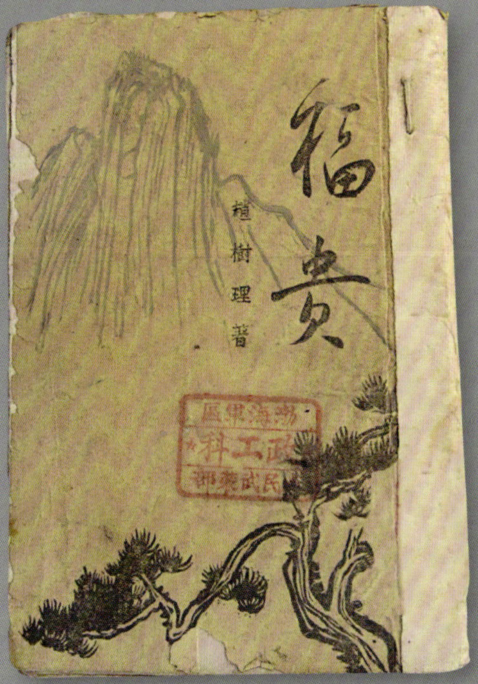

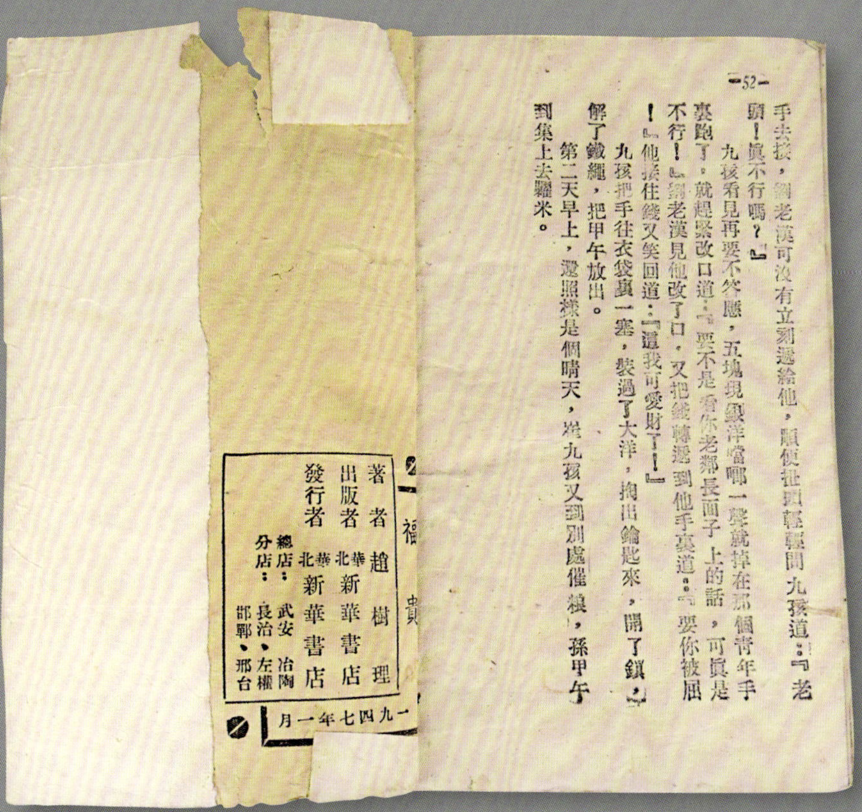

赵树理著、山东新华书店印行《李家庄的变迁》

1946年
山东博物馆藏

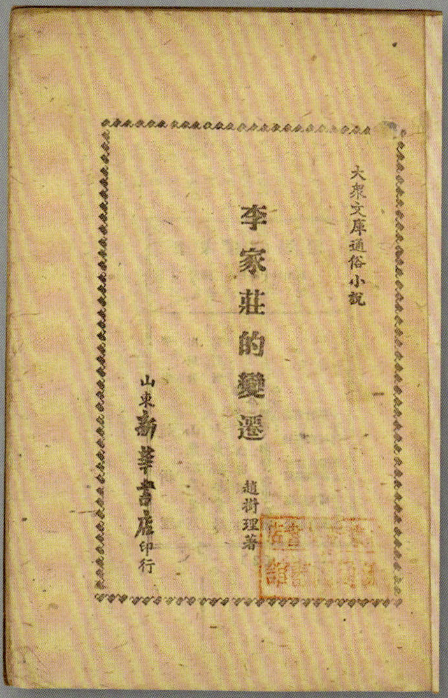

《李家庄的变迁》写于1945年冬，是赵树理写的第一部规模宏大、篇幅较长、结构复杂的长篇小说。《李家庄的变迁》以第二次国内革命战争至抗日战争胜利的历史为背景，从历史演变的广阔画面反映了农民的斗争过程，揭示了中国革命的发展道路，表现了中国农民在共产党的领导下组织起来自己解放自己的重大主题。

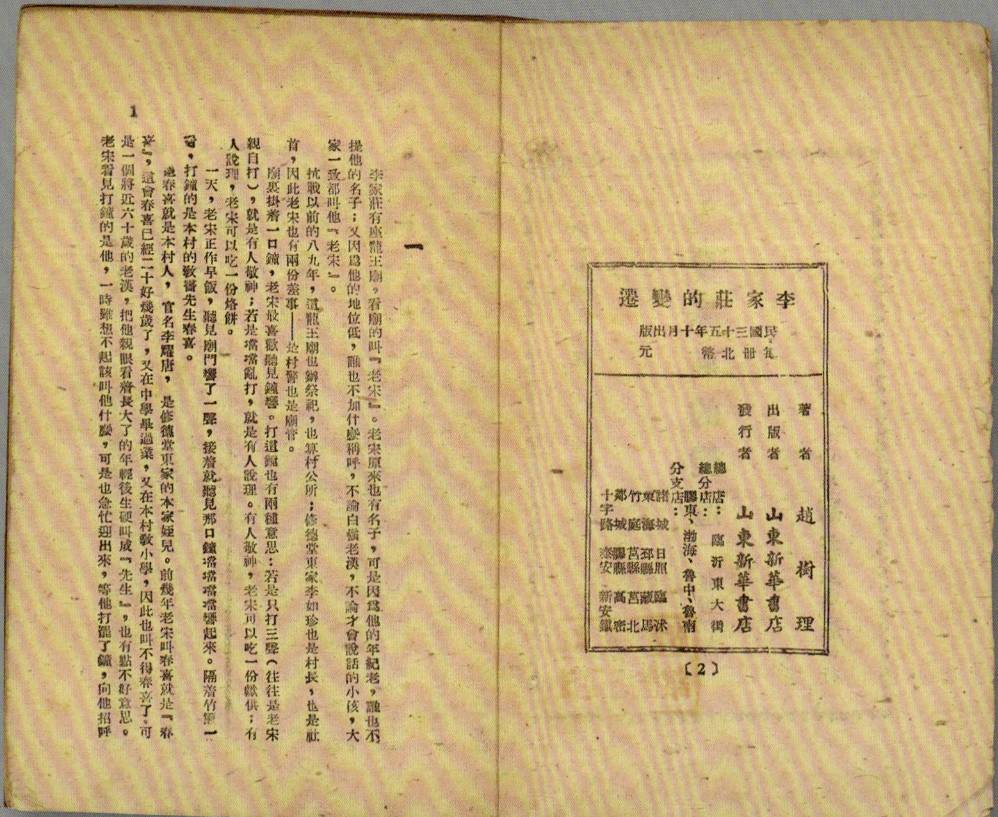

赵树理著、湖北新华书店印行《传家宝》

1949年
山东博物馆藏

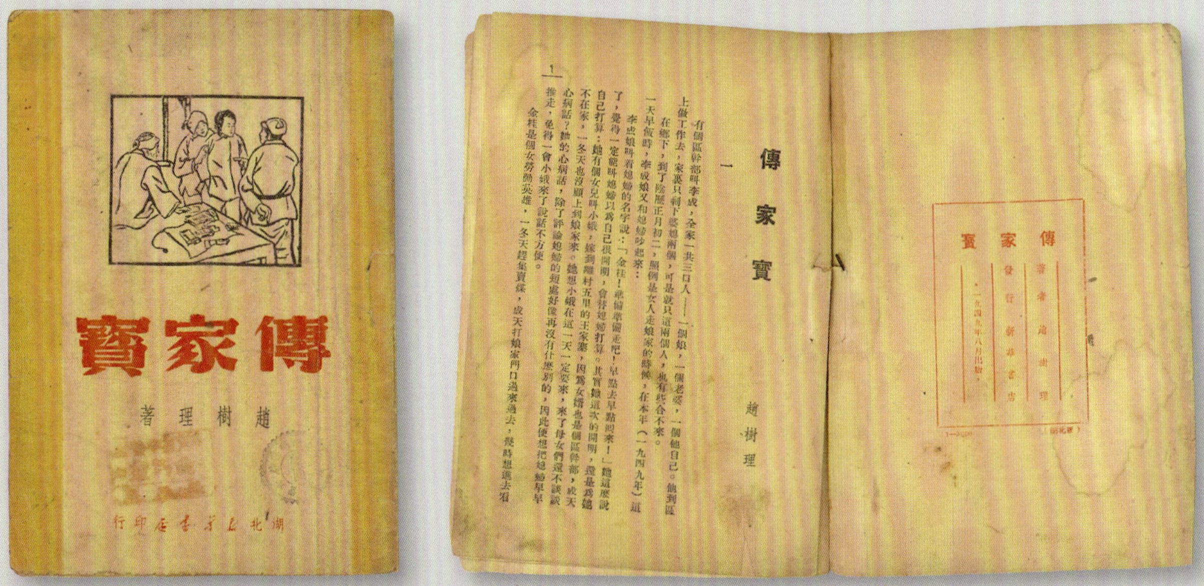

《传家宝》，赵树理著，1949年4月19、20日发表于《人民日报》，湖北新华书店1949年8月出版。

小说主要内容为，金桂的婆婆李成娘是一名恪守旧规的典型的封建妇女，她勤俭持家，但却顽固守旧，不仅自己被落后的生产生活方式束缚着，还顽固地将封建教条看成传家宝，要传给下一代。金桂是既参加生产劳动又投身社会活动的新型妇女，她不理睬妇女应该“大门不出，二门不迈”、一心只做侍奉婆婆的孝女的老观念，勇敢地追求思想解放和人格平等，在与婆婆的交锋中取得胜利。《传家宝》通过描写农村日常生活中的婆媳矛盾，反映了解放区农村生活的巨大变革及其给农民精神面貌、生活观念带来的冲击、变化。作品发表后，《人民日报》曾发表文章给予作品很高评价，认为其是“一章历史，一面镜子”。

邹韬奋

1895—1944

江西余江人。出生于福建长乐。16 岁入南洋公学小学部，1921 年毕业于上海圣约翰大学文科三年级，获文学学士学位。自 1926 至 1944 年期间，主编《生活》周刊，创办生活书店、《大众生活》周刊、《全民抗战》，曾两度被迫流亡海外。1944 年病逝于上海。根据其遗嘱的请求，同年 9 月中共中央在唁电中追认其为中国共产党党员。

华中新华书店发行邹韬奋遗作《患难余生记》

1946年
山东博物馆藏

1946年华中新华书店发行、韬奋出版社出版。本书是邹韬奋先生的个人回忆录，从1933年的第一次流亡写起，共准备写六次流亡生活以及此间的坎坷与奋争。由于作者的病情，该书并未写完，仅仅创作到结尾的第三章。

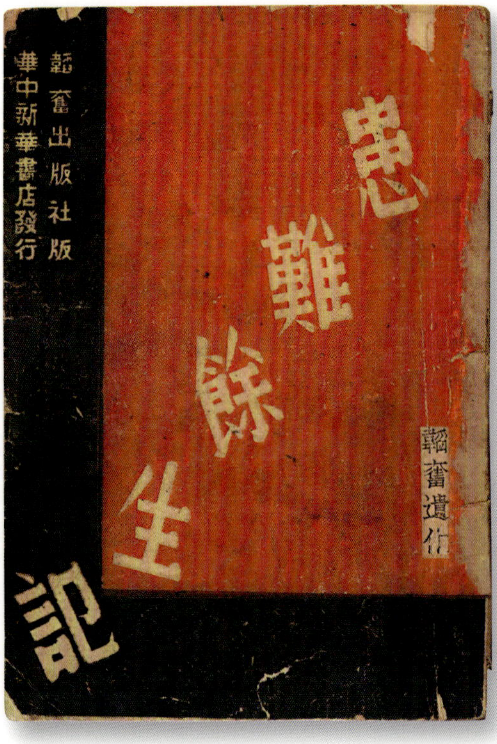

胶东新华书店出版戏剧杂耍集《王大娘拥军》

1946年
山东博物馆藏

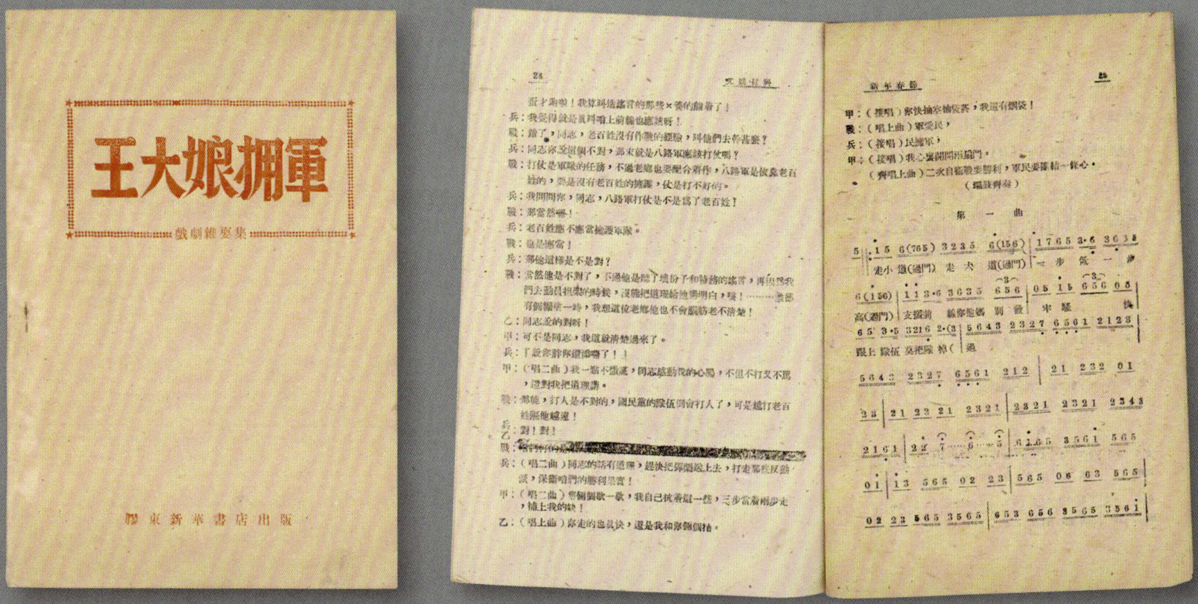

《王大娘拥军》主要内容是以戏剧的形式刻画了解放区人民王大娘积极支援解放战争，争取全国早日解放的故事。

胶东新华书店于1945年10月成立于山东莱阳，属中共胶东区党委宣传部领导。下设总务部、营业部、编辑部和印刷厂。其中，编辑部包含编辑科、出版科、资料室，除编辑出版图书外，还编辑出版《胶东大众》杂志。1947年7月，国民党重点进攻胶东，胶东保卫战开始，该店全体职工拿起武器同敌人游击作战，同时坚持出版发行书刊。该店出版的马克思经典文献和一般政治理论读物、文艺作品、自然科学著作等总计337种。1949年冬，该店停止图书出版业务。

胶东文艺社编《胶东文艺》（创刊号）

1947年9月15日
烟台市牟平区博物馆藏

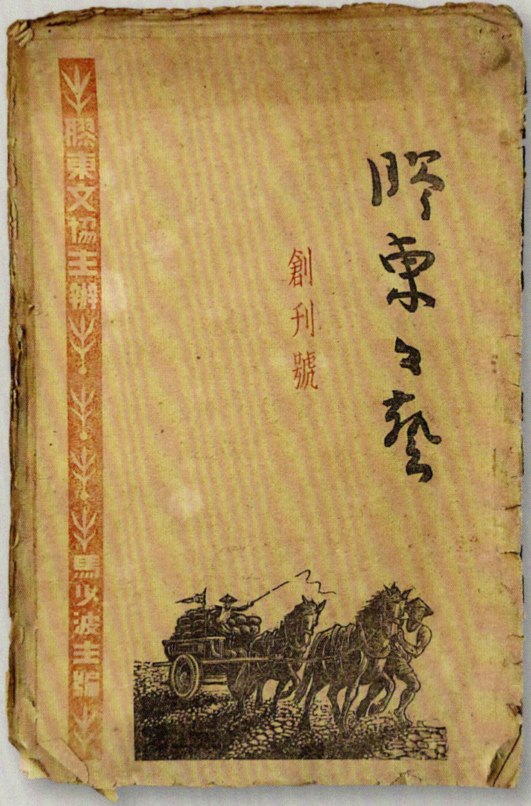

胶东文化协会主办，胶东文艺社编，胶东新华书店发行，马少波主编。

《胶东文艺》创刊号正文前的发刊词详述办刊任务、内容特点等，所刊载的文章，主要是配合革命战争形势需要，进行参军、支前的宣传；交流文艺工作经验等。内刊载杂文3篇，理论2篇，报告7篇，鼓词板话诗5篇，童话、民间故事、歌谣5篇，评介、书简5篇。在文艺战线上进行反帝反封建的斗争。

1947年9月，正值国民党反动派重点进攻胶东，为了在文艺战线上紧密结合反帝反封建的革命斗争，胶东文化协会决定将1942年创刊的《胶东大众》改编为《胶东文艺》。改编后的《胶东文艺》继承了《胶东大众》的战斗传统，以领导胶东的文艺运动为己任，以广大农村为基础，以城乡知识分子和区村以上干部为读者群体，主要发表文艺理论、小说、诗歌、散文、戏剧、曲艺、民间文学、美术等作品。它的任务主要是活跃群众文化生活，帮助胶东领导干部学习时事、学习政策、提高文化水平和理论水平，同时也作为城乡知识分子的一种经常读物，以推进新民主主义的文化运动。

山东渤海新华书店出版六幕名歌剧《白毛女》

1946年
山东博物馆藏

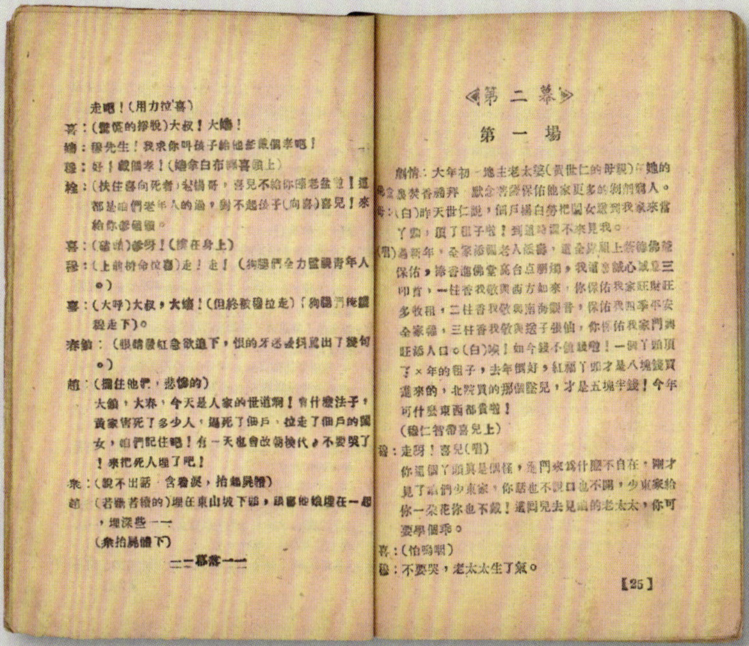

延安鲁艺集体创作，贺敬之执笔，1947年渤海新华书店出版发行，共六幕。《白毛女》源自20世纪40年代初晋察冀辖区流传的“白毛仙姑”的民间传说。1943年，诗人邵子南从前方返回延安时带回了这个故事。1945年延安鲁迅艺术学院据此集体创作出歌剧《白毛女》。歌剧描写的是佃农杨白劳，因还不起地主黄世仁家的租子，而被逼将亲生女儿喜儿卖给黄家顶租，杨白劳痛苦之下自杀身亡。喜儿在黄家惨遭蹂躏，后躲进深山，因长期营养不良，喜儿浑身毛发变白，成为“白毛仙姑”，直到八路军到来才将她解救出来。这是一部具有深远历史影响的文艺作品。此作品后来被改编成多种艺术形式，经久不衰。

卢那察尔斯基

1875—1933

苏联著名社会活动家、文学理论家、作家，十幕剧《解放了的董·吉诃德》为其代表作之一，初版于1922年。1930年，上海神州国光社主动约请鲁迅编一套专收苏联文学作品的丛书，《解放了的董·吉诃德》是其中之一，但后来因出版社畏惧国民党当局压迫，该书未得出版，仅由鲁迅根据日文本并参考德文本译出第一幕，发表于《北斗》月刊第1卷第3期（1931年11月20日）。而后鲁迅得到俄文原本，得知德、日译本均有删节，决定转而托瞿秋白将俄文原本全本译出。瞿秋白遂以"易嘉"为笔名，将译文发表于《北斗》月刊第1卷第4期。瞿秋白的译稿尚未在《北斗》登完，这份左联杂志就被迫停刊，于是鲁迅又另行为之张罗出版，最终该译著作为《文艺连丛》之一由上海联华书局于1934年4月出版，鲁迅还为之增补作者传略并撰写后记。山东新华书店1948年4月翻印了此书，在山东广为流传。

［俄］A. 卢那察尔斯基著、瞿秋白译、山东新华书店出版《解放了的董·吉诃德》

1948年
山东博物馆藏

《解放了的董·吉诃德》〔俄〕A. 卢那察尔斯基著，瞿秋白译，山东新华书店1948年4月翻印，原本为华北新华书店1947年8月版。内有鲁迅先生所作《〈解放了的董·吉诃德〉后记》。

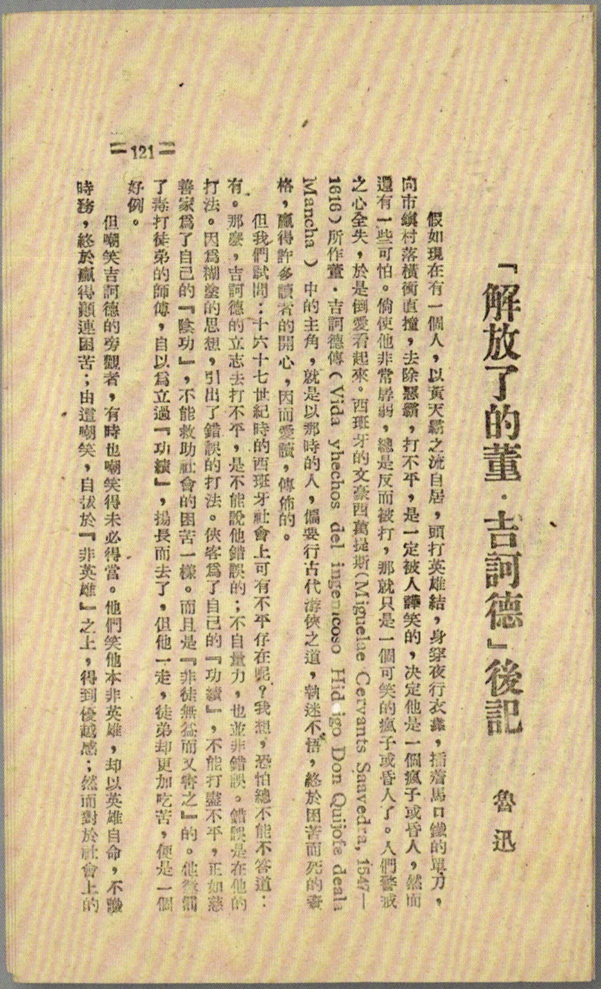

「解放了的董·吉訶德」後記

魯迅

假如現在有一個人，以黃天霸之流自居，頭打英雄結，身穿夜行衣靠，插着馬口鐵的單刀，向市鎮村落橫衝直撞，去除惡霸，打不平，是一定被人譁笑的，決定他是一個瘋子或昏人，然而還有一些可怕。倘使他非常孱弱，總是反而被打，那就只是一個可笑的瘋子或昏人了。人們警戒之心全失，於是倒愛看起來。西班牙的文豪西萬提斯(Miguelae Cervants Saavedra, 1547—1616)所作董·吉訶德傳(Vida yhechos del ingenioso Hidalgo Don Quijofe deala Mancha)中的主角，就是以那時的人，偏要行古代游俠之道，執迷不悟，終於困苦而死的資格，贏得許多讀者的開心，因而愛讀，傳佈的。

但我們試問：十六十七世紀時的西班牙社會上可有不平存在呢？我想，恐怕總不能不答道：有。那麼，吉訶德的立志去打不平，是不能說他錯誤的；不自量力，也並非錯誤。錯誤是在他的打法。因為糊塗的思想，引出了錯誤的打法。俠客為了自己的「功績」，不能打盡不平，正如慈善家為了自己的「陰功」，不能救助社會的困苦一樣。而且是「非徒無益而又害之」的。他懲罰了毒打徒弟的師傅，自以為立過「功績」，揚長而去了，但他一走，徒弟卻更加吃苦，便是一個好例。

但嘲笑吉訶德的旁觀者，有時也嘲笑得未必得當。他們笑他本非英雄，卻以英雄自命，不識時務，終於贏得顛連困苦；由這嘲笑，自拔於「非英雄」之上，得到優越感；然而對於社會上的

—121—

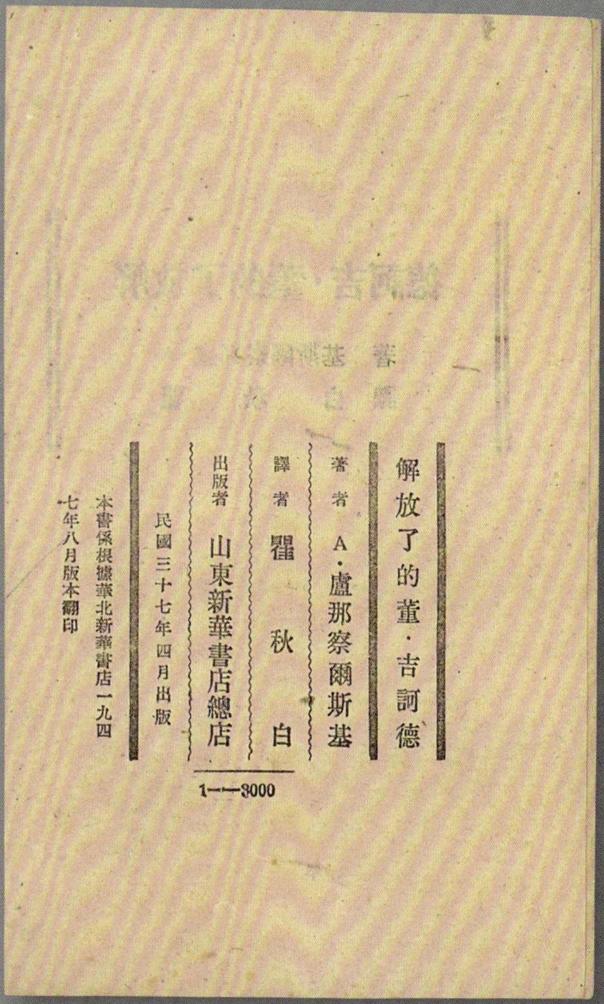

解放了的董·吉訶德

著者 A·盧那察爾斯基

譯者 瞿秋白

出版者 山東新華書店總店

民國三十七年四月出版

1——3000

本書係根據華北新華書店一九四七年八月版本翻印

［俄］卡达耶夫著、茅盾译、华东新华书店出版《团的儿子》

1948年

山东博物馆藏

《团的儿子》〔俄〕卡达耶夫著，茅盾译，华东新华书店出版。《团的儿子》讲述了男孩凡尼亚的亲人全被德军杀害，想为亲人报仇的他在被苏联红军收养后，在与德军的战斗中逐渐成长为红军战士的故事。1946年9月，茅盾根据刊登于《国际文学》1945年11月上的英译本将该书译为中文。

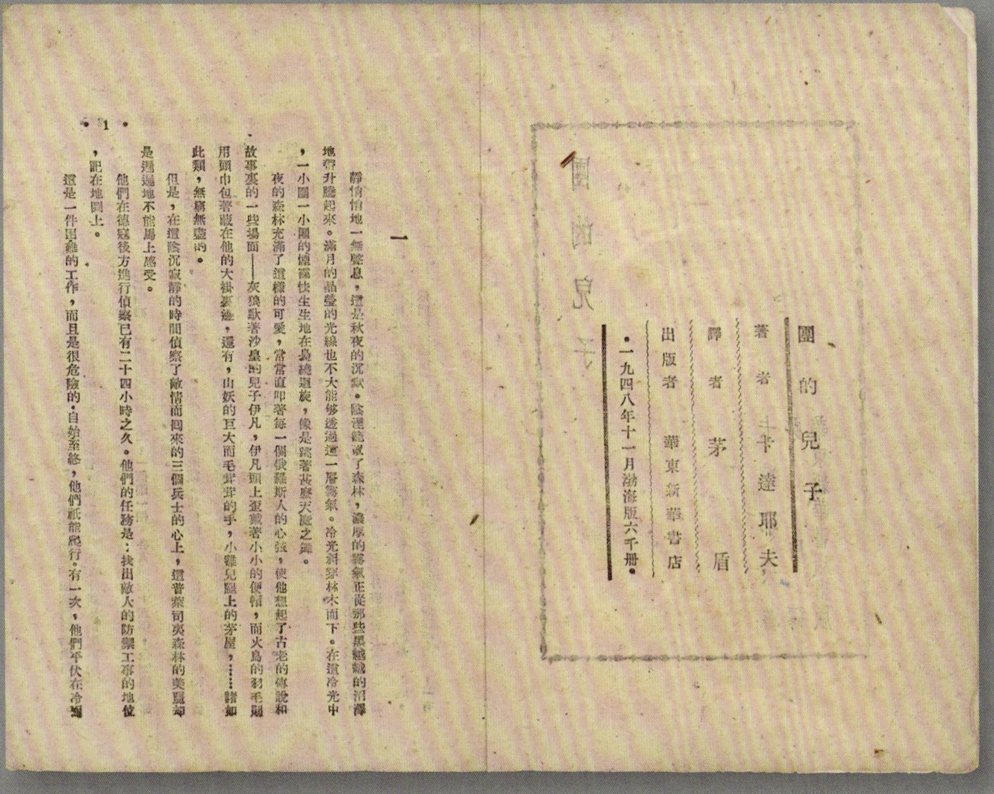

團的兒子
著者 卡達耶夫
譯者 茅盾
出版者 華東新華書店
•一九四八年十一月渤海版六千冊•

一

靜悄悄地一無聲息，這是秋夜的沉默。陰霾籠罩了森林，濃厚的霧氣正從那些黑魆魆的沼澤地帶升騰起來。滿月的晶瑩的光線也不大能夠透過這一層霧氣。冷光斜穿林木而下。在這冷光中，一小團一小團的爐霧快生生地在盤繞迴旋，像是跳著甚麼天魔之舞。

夜的森林充滿了這樣的可愛，常常直叩著每一個俄羅斯人的心弦，使他想起了古老的傳說和故事裏的一些場面——灰狼馱著沙皇的兒子伊凡，伊凡頭上歪戴著小小的便帽，而火鳥的羽毛則用頭巾包著藏在他的大褂裏邊，還有，山妖的巨大而毛茸茸的手，小雞兒腿上的茅屋，……諸如此類，無窮無盡的。

但是，在這陰沉寂靜的時間偵察了敵情而回來的三個兵士的心上，這曾經司爽森林的美麗卻是邈邈地不能馬上感受。

他們在德寇後方進行偵察已有二十四小時之久。他們的任務是：找出敵人的防禦工事的地位，記在地圖上。

還是一件困難的工作，而且是很危險的。自始至終，他們祇能爬行。有一次，他們平伏在冷濕

•1•

［俄］西蒙诺夫著、山东新华书店出版《日日夜夜》（通俗本）

1948年
山东博物馆藏

《日日夜夜》（通俗本），〔俄〕西蒙诺夫著，山东新华书店1948年5月出版。《日日夜夜》描述了苏联卫国战争时期，在斯大林格勒保卫战中，苏军营长萨布洛夫大尉为保卫阵地，带领战士击退德军的一次次进攻，终于迎来了反攻的时刻。通过对萨布洛夫营战斗经历的刻画，展现出卫国战争期间苏联军民坚韧不拔的战斗精神。

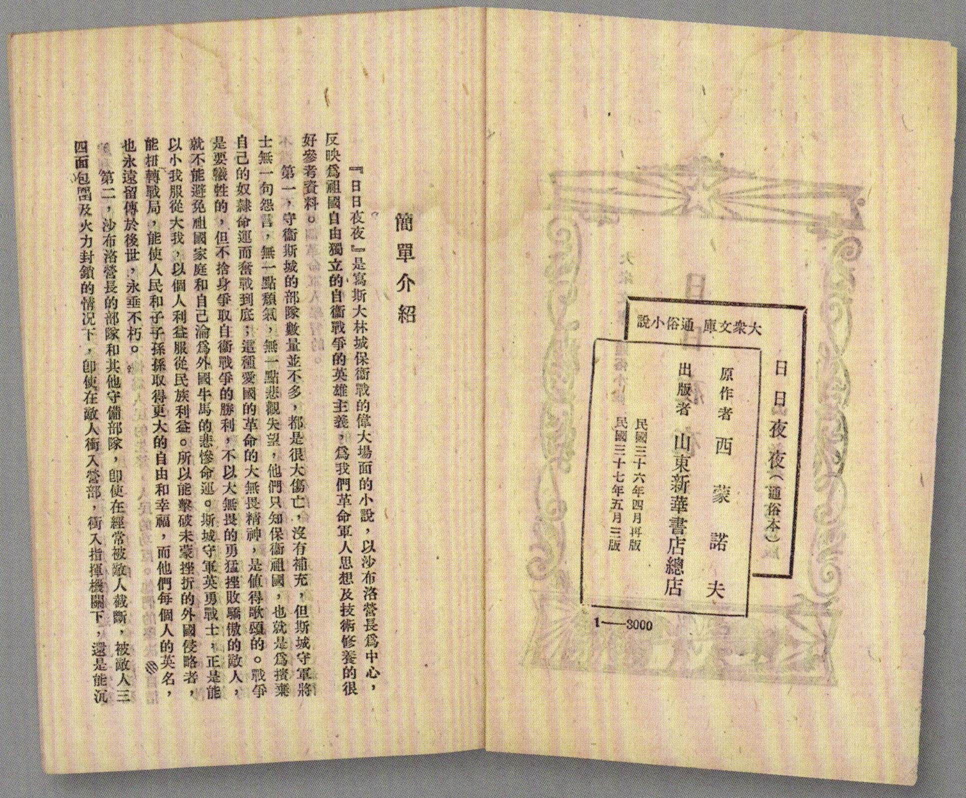

大衆文庫　通俗小說
日日夜夜（通俗本）
原作者　西蒙諾夫
出版者　山東新華書店總店
民國三十六年四月再版
民國三十七年五月三版
1——3000

簡單介紹

『日日夜夜』是寫斯大林城保衛戰的偉大場面的小說，以沙布洛營長爲中心，反映爲祖國自由獨立的自衛戰爭的英雄主義，爲我們革命軍人思想及技術修養的很好參考資料。

第一，守衛斯城的部隊數量並不多，都是很大傷亡，沒有補充，但斯城守軍將士無一句怨言，無一點頹氣，無一點悲觀失望，他們只知保衛祖國，也就是爲擯棄自己的奴隸命運而奮戰到底；這種愛國的革命的大無畏精神，是值得歌頌的。戰爭是要犧牲的，但不捨身爭取自衛戰爭的勝利，不以大無畏的勇猛挫敗驕傲的敵人，就不能避免祖國家庭和自己淪爲外國牛馬的悲慘命運。斯城守軍英勇戰士，正是能以小我服從大我，以個人利益服從民族利益。所以能擊破未蒙挫折的外國侵略者，能扭轉戰局，能使人民和子子孫孫取得更大的自由和幸福，而他們每個人的英名，也永遠留傳於後世，永垂不朽。

第二，沙布洛營長的部隊和其他守備部隊，即使在經常被敵人截斷，被敵人三四面包圍及火力封鎖的情況下，即使在敵人衝入營部，衝入指揮機關下，還是能沉

胶东军区政治部宣传队编《练兵文娱材料》

1949年

山东博物馆藏

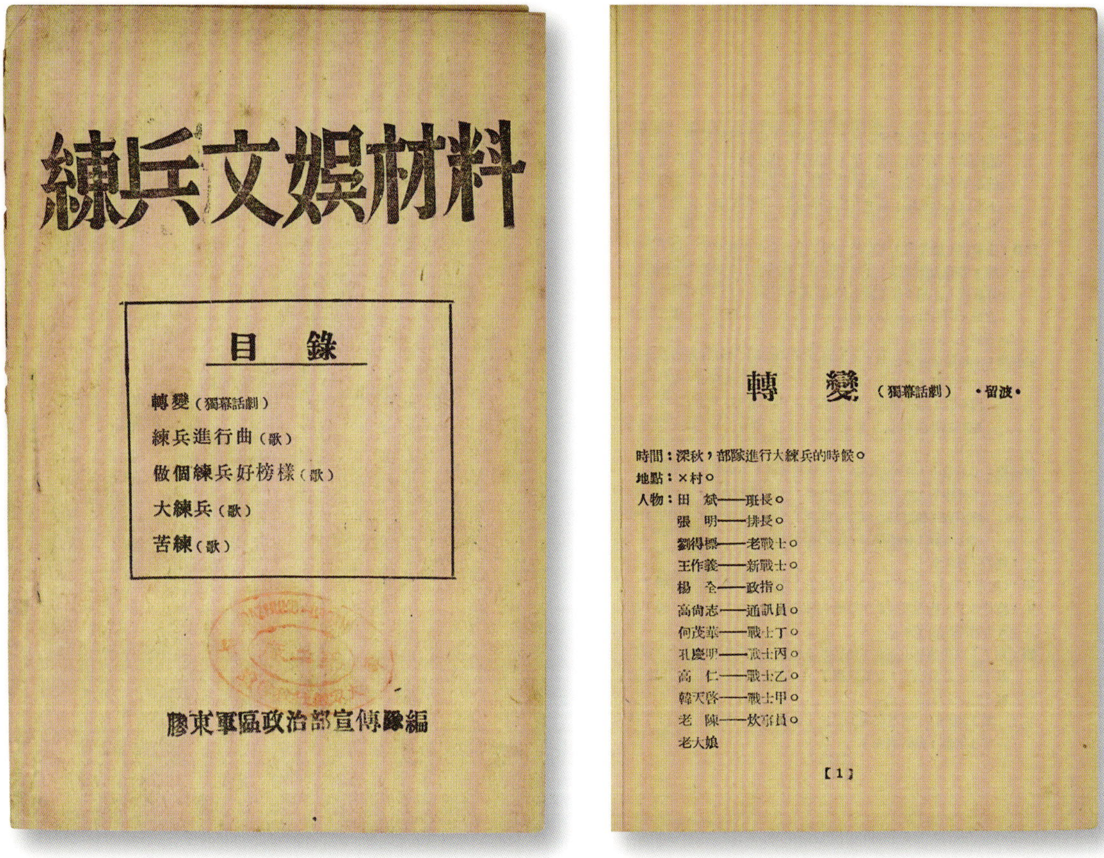

《练兵文娱材料》，胶东军区政治部宣传队编，包含有独幕话剧《转变》，以及《练兵进行曲》《做个练兵好榜样》《大练兵》《苦练》等歌曲。

1948年初，山东兵团在胶东地区进行新式整军结束后，随即冒着风雪严寒投入练兵热潮。他们根据战争形势的发展和作战任务的需要，缜密地研究历次攻坚作战的经验，集中训练了干部，统一和提高了中下级指挥员的攻坚战术思想水平。经短期突击练兵，使部队的战术技术水平有了很大提高，战斗力有了进一步增强，为春季攻势作战打下坚实的基础。练兵完成后，山东兵团在春季攻势中歼敌8.5万余人，克城17座，使津浦路以东山东地区除青岛、烟台、临沂等少数城市外，均获解放。

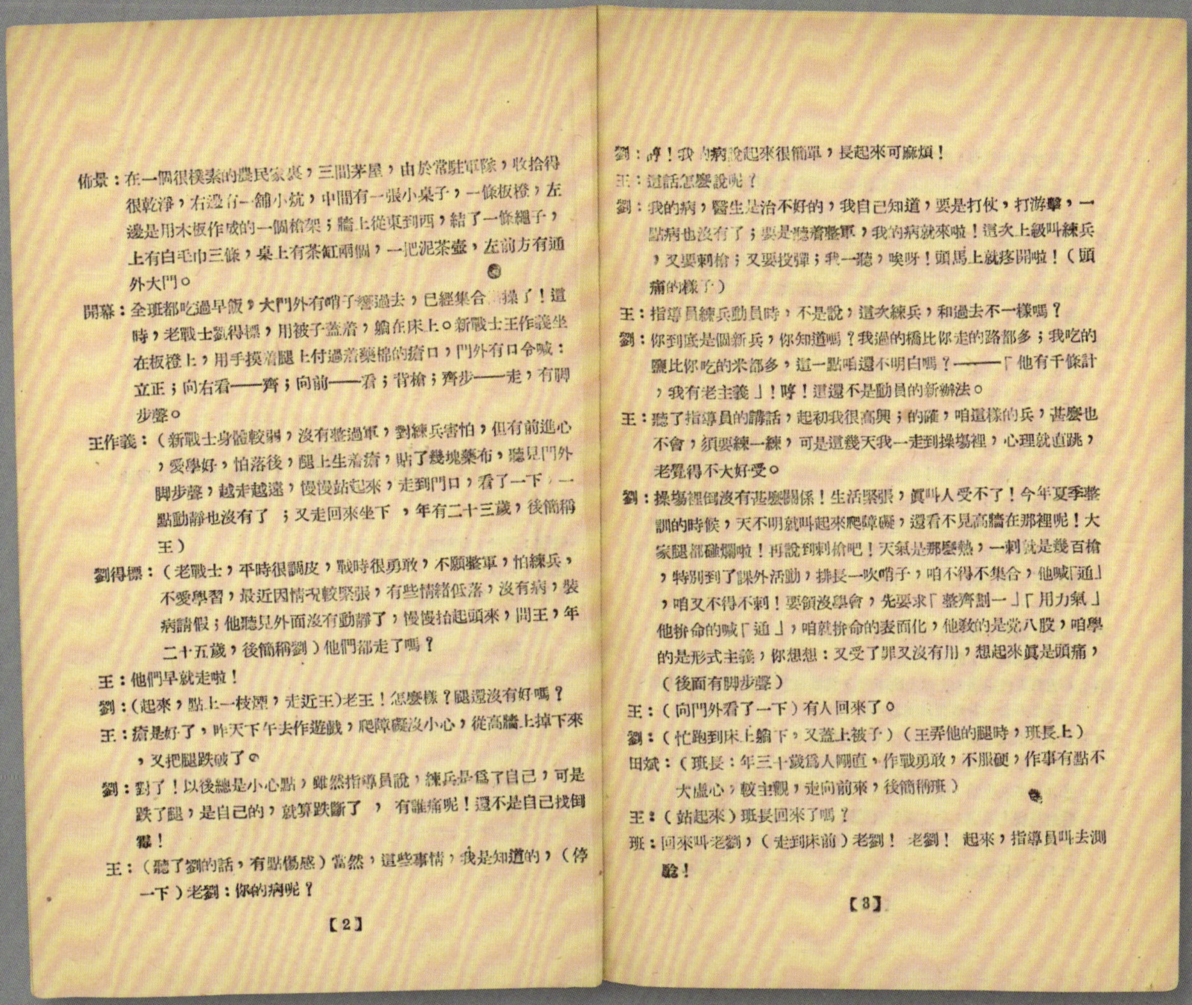

佈景：在一個很樸素的農民家裏，三間茅屋，由於常駐軍隊，收拾得很乾淨，右邊有一舖小炕，中間有一張小桌子，一條板橙，左邊是用木板作成的一個槍架；牆上從東到西，結了一條繩子，上有白毛巾三條，桌上有茶缸兩個，一把泥茶壺，左前方有通外大門。

開幕：全班都吃過早飯，大門外有哨子響過去，已經集合出操了！這時，老戰士劉得標，用被子蓋着，躺在床上。新戰士王作義坐在板橙上，用手摸着腿上付過着藥棉的瘡口，門外有口令喊：立正；向右看——齊；向前——看；背槍；齊步——走，有脚步聲。

王作義：（新戰士身體較弱，沒有整過軍，對練兵害怕，但有前進心，愛學好，怕落後，腿上生着瘡，貼了幾塊藥布，聽見門外脚步聲，越走越遠，慢慢站起來，走到門口，看了一下，一點動靜也沒有了；又走回來坐下，年有二十三歲，後簡稱王）

劉得標：（老戰士，平時很調皮，戰時很勇敢，不願整軍，怕練兵，不愛學習，最近因情況較緊張，有些情緒低落，沒有病，裝病請假；他聽見外面沒有動靜了，慢慢抬起頭來，問王，年二十五歲，後簡稱劉）他們都走了嗎？

王：他們早就走啦！

劉：（起來，點上一枝煙，走近王）老王！怎麼樣？腿還沒有好嗎？

王：瘡是好了，昨天下午去作遊戲，爬障礙沒小心，從高牆上掉下來，又把腿跌破了。

劉：對了！以後總是小心點，雖然指導員說，練兵是爲了自己，可是跌了腿，是自己的，就算跌斷了，有誰痛呢！還不是自己找倒霉！

王：（聽了劉的話，有點傷感）當然，這些事情，我是知道的，（停一下）老劉：你的病呢？

【2】

劉：哼！我的病說起來很簡單，長起來可麻煩！

王：這話怎麼說呢？

劉：我的病，醫生是治不好的，我自已知道，要是打仗，打游擊，一點病也沒有了；要是聽着整軍，我的病就來啦！這次上級叫練兵，又要刺槍；又要投彈；我一聽，唉呀！頭馬上就疼開啦！（頭痛的樣子）

王：指導員練兵動員時，不是說，這次練兵，和過去不一樣嗎？

劉：你到底是個新兵，你知道嗎？我過的橋比你走的路都多；我吃的鹽比你吃的米都多，這一點咱還不明白嗎？——「他有千條計，我有老主義」！哼！這還不是動員的新辦法。

王：聽了指導員的講話，起初我很高興；的確，咱這樣的兵，甚麼也不會，須要練一練，可是這幾天我一走到操場裡，心理就直跳，老覺得不大好受。

劉：操場裡倒沒有甚麼關係！生活緊張，眞叫人受不了！今年夏季整訓的時候，天不明就叫起來爬障礙，還看不見高牆在那裡呢！大家腿都碰爛啦！再說到刺槍吧！天氣是那麼熱，一刺就是幾百槍，特別到了課外活動，排長一吹哨子，咱不得不集合，他喊「通」，咱又不得不刺！要領沒學會，先要求「整齊劃一」「用力氣」他拚命的喊「通」，咱就拚命的表面化，他教的是黨八股，咱學的是形式主義，你想想：又受了罪又沒有用，想起來眞是頭痛，（後面有脚步聲）

王：（向門外看了一下）有人回來了。

劉：（忙跑到床上躺下，又蓋上被子）（王弄他的腿時，班長上）

田斌：（班長：年三十歲爲人剛直，作戰勇敢，不服硬，作事有點不大虛心，較主觀，走向前來，後簡稱班）

王：（站起來）班長回來了嗎？

班：回來叫老劉，（走到床前）老劉！老劉！起來，指導員叫去測驗！

【3】

孔厥著、胶东新华书店出版《一个女人翻身的故事》

1946年

山东博物馆藏

《一个女人翻身的故事》，胶东新华书店1946年6月出版。1943年3月30日，孔厥在《解放日报》发表《一个女人翻身的故事——记边区女参议员折聚英同志》。该作品讲述童养媳折聚英因不满夫家折磨参加红军，战胜种种困难，当选为整风学习模范与边区参议员，成长为一个革命新人的故事，反映出“革命就是解放”的主题。

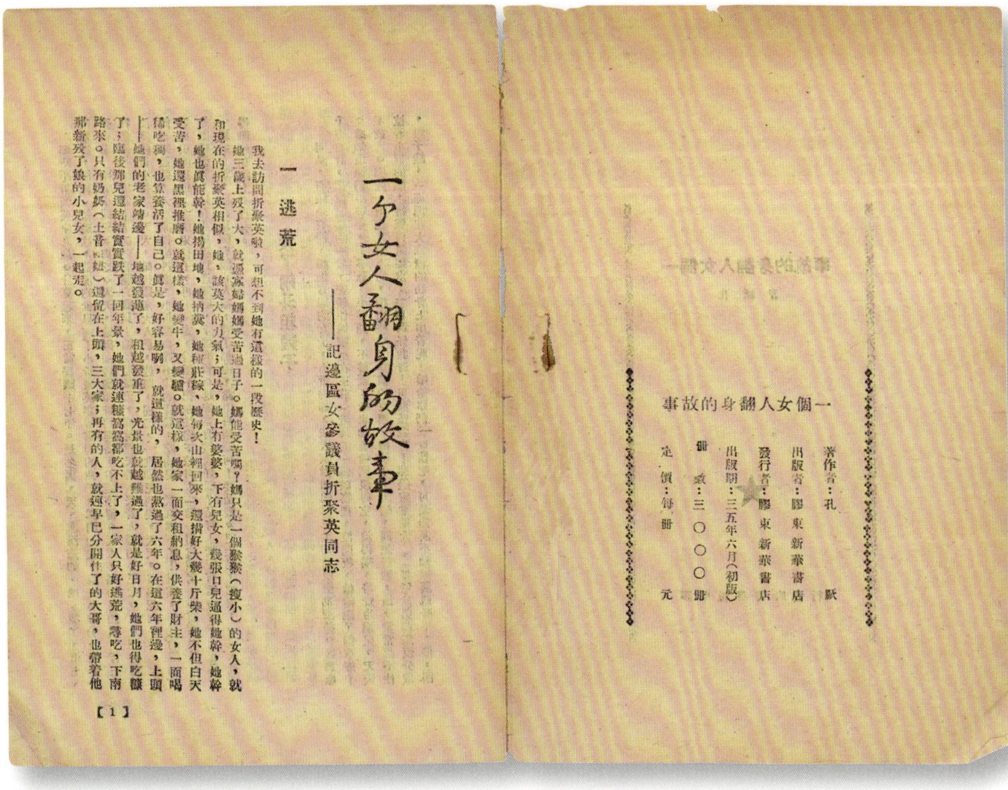

一個女人翻身的故事

著作者：孔厥
出版者：膠東新華書店
發行者：膠東新華書店
出版期：三五年六月（初版）
冊數：三〇〇〇冊
定價：每冊　元

一个女人翻身的故事
——記邊區女參議員折聚英同志

一 逃荒

我去訪問折聚英啦，可想不到她有這樣的一段歷史！

她三歲上歿了大，就跟寡婦媽媽受苦過日子。媽能受苦嗎？媽只是一個猴猴（瘦小）的女人，就和現在的折聚英相似，她，該莫大的力氣；可是，她上有婆婆，下有兒女，幾張口兒逼得她幹，她幹了，她也真能幹！她揭田地，她納糞，她種莊稼，她每次山裡回來，還揹好大幾十斤柴，她不但白天受苦，她還黑裡推磨。就這樣，她變牛，又變驢。就這樣，她家一面交租納息，供養了財主，一面糊吃狗，也算養活了自己。真是，好容易啊，就這樣的，居然也熬過了六年。在這六年裡邊，上頭——她們的老家靖邊——地越發薄了，租越發重了，光景也就越難過了，就是好日月，她們也得吃糠了；臨後那兒還結結實實跌了一回年景，她們就連糠窩窩都吃不上了，一家人只好逃荒，尋吃，下南路來。只有奶奶（土音唸「妳」）還留在上頭，三大家；再有的人，就連早已分開作了的大哥，也帶着他那新歿了娘的小兒女，一起走。

【1】

李燕荪作、华东野战军政治部出版《莱芜大捷鼓词》

1947年9月
山东省图书馆藏

李燕荪创作，1947年9月华东野战军政治部出版、山东新华书店印行，战时小丛书之一。版权页有如下说明：各解放区书店翻印本书时，请声明系根据山东新华书店民国三十六年九月原版本翻印，并盼检寄样本二份，可知《莱芜大捷鼓词》由山东新华书店最先出版。

莱芜大捷是解放战争时期，华东野战军在山东莱芜地区对国民党军进行的一次规模较大、战果辉煌的运动歼灭战。此次战役，华东野战军以伤亡6500余人的代价，取得了歼灭国民党军7个师共5.6万余人的重大胜利。解放了莱芜、博山、淄川等13座县城，使渤海、鲁中、胶东解放区连成一片，粉碎了国民党军的“鲁南会战”计划，取得了打大规模运动战的重要经验。《莱芜大捷鼓词》一书，以人民群众喜闻乐见的说唱文学形式记录了这次战役的经过，是山东解放区说唱文学的代表作。

鼓词是以鼓板击节说唱的曲艺形式，起源于宋代的鼓子词，清初以后分为北方鼓词和南方鼓词。前者主要流行于河北、河南、山东、北京、天津等地。《莱芜大捷鼓词》以十字一句的鼓词语言对莱芜战役进行了生动描述，包括战前形势、群众支援、战役经过等，反映了当时解放区说唱文学的发展，是解放战争中山东战场重要战役的宝贵记录形式。

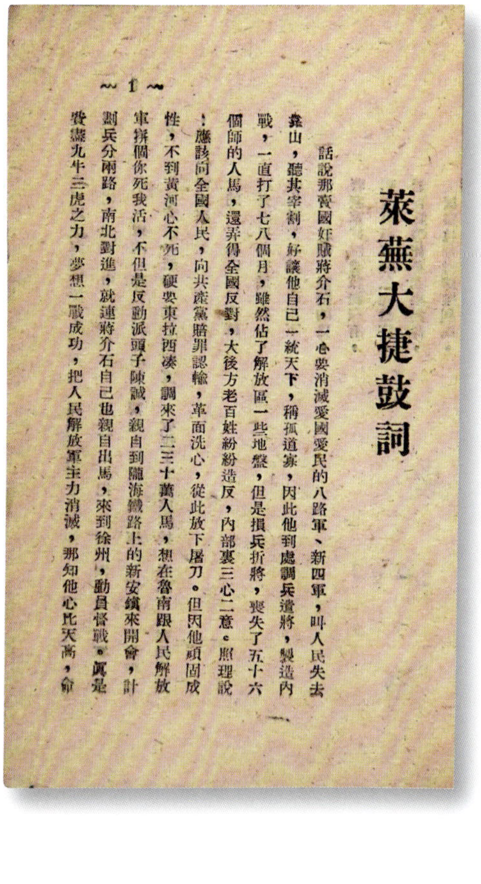
~1~

萊蕪大捷鼓詞

話說那賣國奸賊蔣介石，一心要消滅愛國愛民的八路軍、新四軍，叫人民失去靠山，聽其宰割，好讓他自已一統天下，稱孤道寡，因此他到處調兵遣將，製造內戰，一直打了七八個月，雖然佔了解放區一些地盤，但是損兵折將，喪失了五十六個師的人馬，還弄得全國反對，大後方老百姓紛紛造反，內部裏三心二意。照理說：應該向全國人民，向共產黨賠罪認輸，革面洗心，從此放下屠刀。但因他頑固成性，不到黃河心不死，硬要東拉西湊，調來了二三十萬人馬，想在魯南跟人民解放軍拼個你死我活，不但是反動派頭子陳誠，親自到隴海鐵路上的新安鎮來開會，計劃兵分兩路，南北對進，就連蔣介石自已也親自出馬，來到徐州，動員督戰。眞是費盡九牛三虎之力，夢想一戰成功，把人民解放軍主力消滅，那知他心比天高，命

蒋元椿

笔名江南。浙江绍兴人。福建省立农学院肄业。1940年加入中国共产党。曾任新华通讯社华东前线分社、解放军第三野战军前线分社记者、编辑。中华人民共和国成立后，历任新华社国际新闻编辑部编辑、记者、评论员，《人民日报》评论员、东方部主任、国际部主任，国际关系学院兼职教授。长期从事国际问题评论工作。1984年被评为全国优秀新闻工作者。著有散文集《沂蒙山》、通讯散文集《黄樨集》，译有苏俄作家西蒙诺夫《战斗着的中国》等。

蒋元椿著、山东新华书店出版《沂蒙山》

1948年
山东博物馆藏

《沂蒙山》，山东新华书店1948年3月出版，共46页，收录《沂蒙山》《无人区》《乡音》《天亮庄》《母亲》《肩膀》《鸡与树》《懦怯者》等篇目。散文集《沂蒙山》发表于1948年，反映了解放战争时期山东解放区的基本情况。《沂蒙山》中收录的《天亮庄》一篇，为蒋元椿的代表作之一，其描述了解放战争时期解放军宿营在百姓家中的经历，展现了百姓与解放军间深厚的情谊，歌颂了军民鱼水情。该作从小小的宿营地入手，不但真挚地表现了解放军与老百姓间互相信任、互相帮助、互相依托的情谊，更表达了对中国共产党必胜的信心和对未来美好生活的展望。

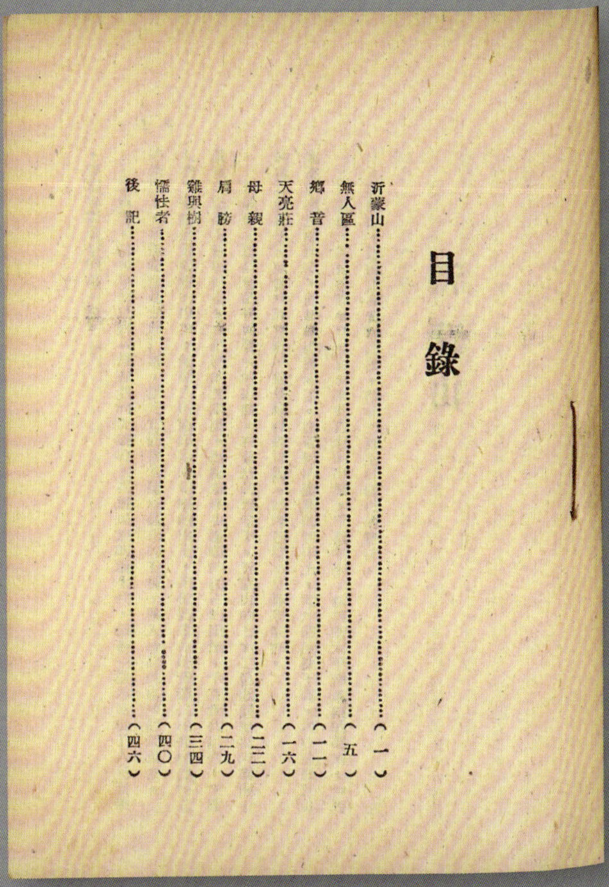

目 錄

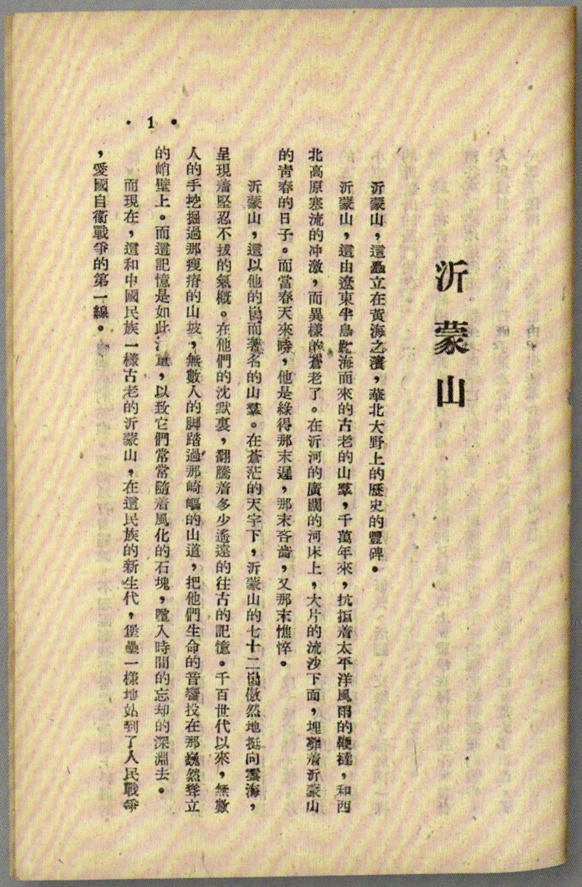

沂蒙山

沂蒙山，這矗立在黃海之濱，華北大野上的歷史的豐碑。

沂蒙山，這由遼東半島跨海而來的古老的山羣，千萬年來，抗拒着太平洋風雨的鞭撻，和西北高原寒流的冲激，而異樣的蒼老了。在沂河的廣闊的河床上，大片的流沙下面，埋葬着沂蒙山的青春的日子。而當春天來時，他是綠得那末遲，那末吝嗇，又那末憔悴。

沂蒙山，還以他的崮而著名的山羣。在蒼茫的天宇下，沂蒙山的七十二崮傲然地挺向雲海，呈現着堅忍不拔的氣概。在他們的沈默裏，翻騰着多少遙遠的往古的記憶。千百世代以來，無數人的手挖掘過那瘦瘠的山坡，無數人的脚踏過那崎嶇的山道，把他們生命的音響投在那巍然聳立的峭壁上。而這記憶是如此沉重，以致它們常常隨着風化的石塊，墮入時間的忘却的深淵去。

而現在，這和中國民族一樣古老的沂蒙山，在這民族的新生代，堡壘一樣地站到了人民戰爭，愛國自衛戰爭的第一線。

· 1 ·

蒋元椿译、山东新华书店总店出版《苏维埃军人》

1948年
山东博物馆藏

《苏维埃军人》，山东新华书店总店1948年1月出版，共58页。该书为对苏联报纸上报道的苏联人民在卫国战争中的英雄事迹的摘录，收录《斯大林之鹰报》1942年3月13日《死也执行任务》、《消息报》1943年10月5日《永世不忘》等通讯报道。

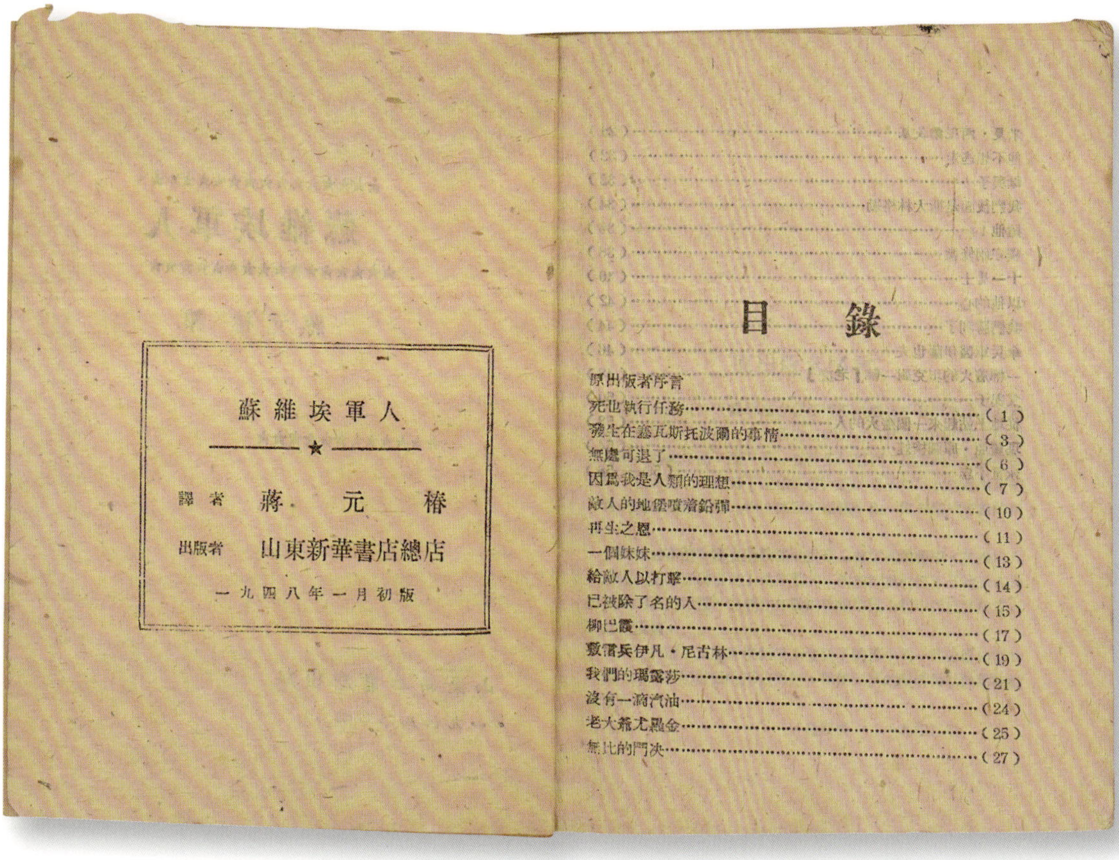

蘇維埃軍人

譯者 蔣元椿
出版者 山東新華書店總店
一九四八年一月初版

目錄

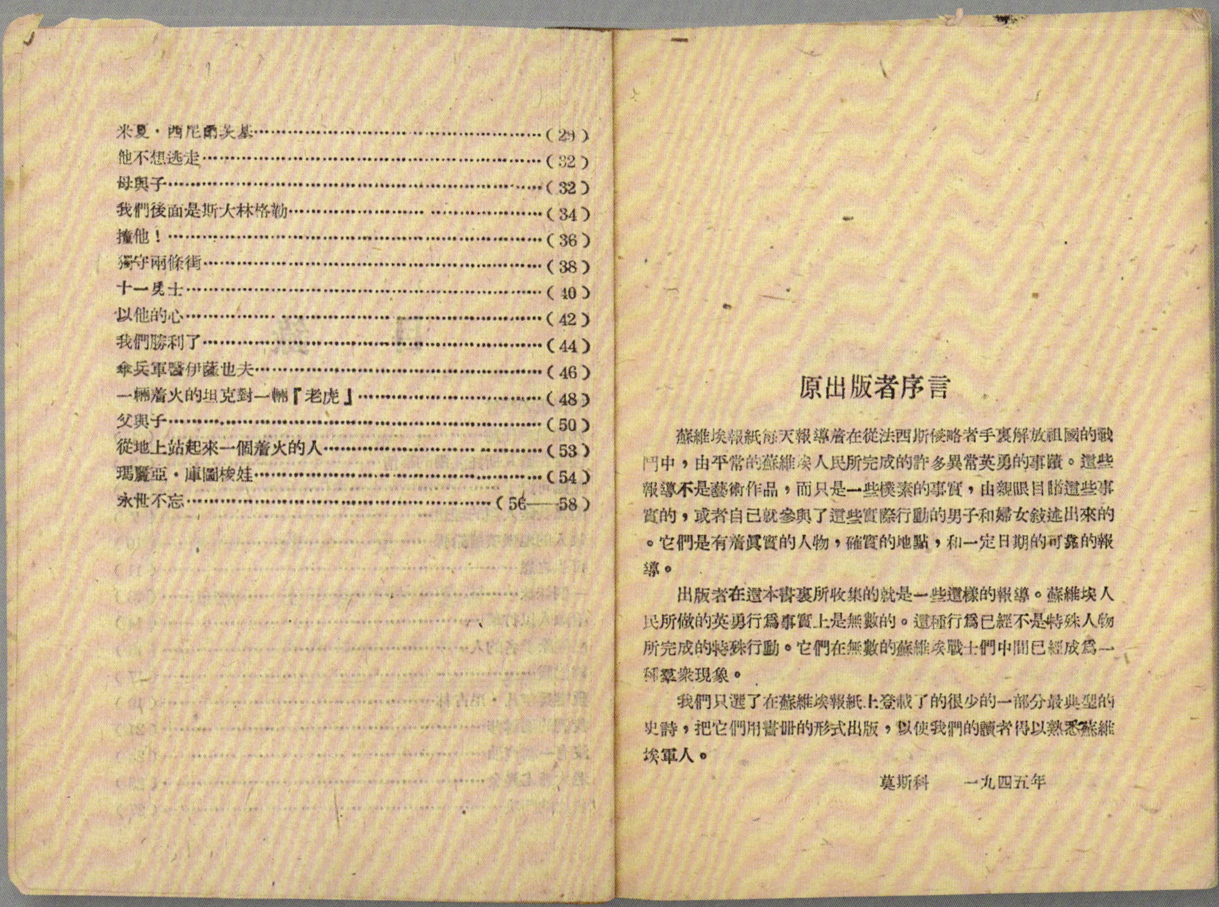

原出版者序言

蘇維埃報紙每天報導着在從法西斯侵略者手裏解放祖國的戰鬥中，由平常的蘇維埃人民所完成的許多異常英勇的事蹟。這些報導不是藝術作品，而只是一些樸素的事實，由親眼目睹這些事實的，或者自己就參與了這些實際行動的男子和婦女敘述出來的。它們是有着眞實的人物，確實的地點，和一定日期的可靠的報導。

出版者在這本書裏所收集的就是一些這樣的報導。蘇維埃人民所做的英勇行爲事實上是無數的。這種行爲已經不是特殊人物所完成的特殊行動。它們在無數的蘇維埃戰士們中間已經成爲一種羣衆現象。

我們只選了在蘇維埃報紙上登載了的很少的一部分最典型的史詩，把它們用書冊的形式出版，以使我們的讀者得以熟悉蘇維埃軍人。

莫斯科　一九四五年